Mediation und Collaborative Law unter besonderer Berücksichtigung relevanter Rechtsbereiche im österreichischen Zivilrecht

Salzburger Studien zum Europäischen Privatrecht

Herausgegeben von Prof. DDr. J. Michael Rainer

Band 29

PETER LANG

Frankfurt am Main · Berlin · Bern · Bruxelles · New York · Oxford · Wien

Karin Schwarz

Mediation und Collaborative Law unter besonderer Berücksichtigung relevanter Rechtsbereiche im österreichischen Zivilrecht

PETER LANG
Internationaler Verlag der Wissenschaften

Bibliografische Information der Deutschen Nationalbibliothek
Die Deutsche Nationalbibliothek verzeichnet diese Publikation in der Deutschen Nationalbibliografie; detaillierte bibliografische Daten sind im Internet über http://dnb.d-nb.de abrufbar.

Gedruckt mit Unterstützung
durch die Stiftungs- und Förderungsgesellschaft
der Paris-Lodron-Universität Salzburg
und die Evers-Marcic-Stiftung
an der Rechtswissenschaftlichen Fakultät
der Universität Salzburg.

ISSN 1435-6069
ISBN 978-3-631-63550-6

Internationaler Verlag der Wissenschaften
Frankfurt am Main 2011

www.peterlang.de

Inhaltsverzeichnis

I. Abkürzungsverzeichnis

aA	anderer Ansicht
aaO	am angegebenen Ort
ABGB	Allgemeines Bürgerliches Gesetzbuch
ABl	Amtsblatt
Abs	Absatz
aF	alte Fassung
aM	anderer Meinung
Anm	Anmerkung
AnwBl	Österreichisches Anwaltsblatt
arg	argumento
Art	Artikel
AußStrG	Außerstreitgesetz
BAG	Berufsausbildungsgesetz
BaySchlG	Bayerisches Schlichtungsgesetz
BFG	Berliner Forum Gewaltprävention
BGB	(deutsches) Bürgerliches Gesetzbuch
BGBl	Bundesgesetzblatt
BlgNR	Beilage(n) zu den stenographischen Protokollen des Nationalrates
BMWA	(deutscher) Bundesverband für Mediation in Wirtschaft und Arbeitswelt
BRAO	(deutsche) Bundesrechtsanwaltsordnung
BVerfG	(deutsches) Bundesverfassungsgericht
BVerfGE	Erkenntnis des Bundesverfassungsgerichts
bzw	beziehungsweise
dAnwBl	deutsches Anwaltsblatt
dEGZPO	deutsches Einführungsgesetz der Zivilprozessordnung

dl	download
DRiG	Deutsches Richtergesetz
dStPO	deutsche Strafprozessordnung
dZPO	deutsche Zivilprozessordnung
ecolex	Zeitschrift für Wirtschaftsrecht
EFSlg	Ehe- und familienrechtliche Entscheidungen
EheG	Ehegesetz
EheRÄG	Eherechts-Änderungsgesetz
ErläutRV	Erläuterungen zur Regierungsvorlage
EvBl	Evidenzblatt der Rechtsmittelentscheidungen in „Österreichische Juristen-Zeitung“
f	und der/die folgende
ff	und der/die folgenden
FamErbRÄG	Familien- und Erbrechts-Änderungsgesetz
FamRÄG	Familienrechts-Änderungsgesetz
FamRZ	Zeitschrift für das gesamte Familienrecht
FLAG	Familienlastenausgleichsgesetz
FMedG	Fortpflanzungsmedizingesetz
Fn	Fußnote
FS	Festschrift
GebAG	Gebührenanspruchsgesetz
gem	gemäß
Geo	Geschäftsordnung für die Gerichte I. und II. Instanz
GesBR	Gesellschaft bürgerlichen Rechts
GesRZ	„Der Gesellschafter“
GP	Gesetzgebungsperiode
GVBl	Gesetz- und Verordnungsblatt
hA	herrschende Ansicht

HAÜ	Haager Übereinkommen über den Schutz von Kindern und die Zusammenarbeit auf dem Gebiet der internationalen Adoption
Hg	der/die Herausgeber
idF	in der Fassung
immolex	Neues Miet- und Wohnrecht
iS	im Sinne
iVm	in Verbindung mit
JAP	Juristische Ausbildung und Praxisvorbereitung
JBl	Juristische Blätter
JGG	Jugendgerichtsgesetz
JGS	Justizgesetzsammlung
JN	Jurisdiktionsnorm
JRP	Journal für Rechtspolitik
Jud	Judikatur
JWG	Jugendwohlfahrtsgesetz
KindRÄG	Kindschaftsrecht-Änderungsgesetz
KSchG	Konsumentenschutzgesetz
mE	meines Erachtens
ME	Ministerialentwurf
MRG	Mietrechtsgesetz
MRK	Europäische Menschenrechtskonvention
mwN	mit weiteren Nachweisen
NJOZ	Neue Juristische Online-Zeitschrift
NO	Notariatsordnung
Nr	Nummer
NZ	Österreichische Notariats-Zeitung
ÖA	Der österreichische Amtsvormund
OGH	Oberster Gerichtshof

ÖJZ	Österreichische Juristen-Zeitung
PStG	Personenstandsgesetz
PStV	Personenstandsverordnung
RAO	Rechtsanwaltsordnung
RBerG	Rechtsberatungsgesetz
RDG	Rechtsdienstleistungsgesetz
RdU	Recht der Umwelt
RGBl	Reichsgesetzblatt
RL	Richtlinie der EU
RL-BA	Richtlinien für die Ausübung des Rechtsanwaltsberufes, für die Überwachung der Pflichten des Rechtsanwaltes und für die Ausbildung der Rechtsanwaltsanwärter
Rspr	Rechtsprechung
RV	Regierungsvorlage
RVG	Rechtsanwaltsvergütungsgesetz
RWZ	Österreichische Zeitschrift für Rechnungswesen
Rz	Randziffer
RZ	Österreichische Richterzeitung
S	Seite
SchiedsVZ	Zeitschrift für Schiedsverfahren
stRspr	ständige Rechtsprechung
SWK	Österreichische Steuer- und Wirtschaftskartei
SZ	Entscheidungen des österreichischen Obersten Gerichtshofes in Zivil- (und Justizverwaltungs-)sachen
taxlex	Zeitschrift für Steuer und Beratung
TKG	Telekommunikationsgesetz
UVP	Umweltverträglichkeitsprüfungsgesetz
üL	überwiegende Lehre

vgl	vergleiche
VWT	Vereinigung Österreichischer Wirtschaftstreuhänder
wbl	„wirtschaftsrechtliche Blätter“, Zeitschrift für österreichisches und europäisches Wirtschaftsrecht
WIPO	World Intellectual Property Organisation
wobl	Wohnrechtliche Blätter
Z	Ziffer
ZAS	Zeitschrift für Arbeitsrecht und Sozialrecht
ZfRV	Zeitschrift für Rechtsvergleichung, Internationales Privatrecht und Europarecht
ZivMediatG	Zivilrechts-Mediations-Gesetz
ZivRÄG	Zivilrechts-Änderungsgesetz
ZKM	Zeitschrift für Konfliktmanagement
ZPO	Zivilprozessordnung

II. Einleitung

Die vorliegende Arbeit beschäftigt sich mit rechtlichen Aspekten der Mediation und mit Collaborative Law, einem weiteren außergerichtlichen Konfliktlösungsverfahren. Vorweg sei erwähnt, dass Mediation und Collaborative Law – obwohl es sich jeweils um außergerichtliche Konfliktlösungsmethoden handelt – nicht ohne juristische Grundüberlegungen auskommen. Vielmehr wirft der Einsatz von außergerichtlichen Methoden zur Streitbeilegung neue und bisweilen ungeklärte rechtliche Fragen auf. Andererseits können juristische Aspekte der Mediation bzw des Collaborative Law keineswegs ohne die Kenntnisse des Verfahrens und der einzelnen Techniken und Methoden dieser Konfliktbeilegungsverfahren beurteilt werden. Als Juristin und ausgebildete Mediatorin ist es der Autorin der vorliegenden Dissertation ein besonderes Anliegen sowohl rechtliche als auch verfahrensspezifische und methodische Aspekte von Mediation und Collaborative Law miteinander in Beziehung zu setzen.

A. Begriffsbestimmung

Der Begriff Mediation leitet sich aus dem Lateinischen[1] ab und wird mit „Vermittlung" übersetzt. Das österreichische ZivMediatG[2] definiert in § 1 Abs 1 Mediation als

> „eine auf Freiwilligkeit der Parteien beruhende Tätigkeit, bei der ein fachlich ausgebildeter, neutraler Vermittler (Mediator) mit anerkannten Methoden die Kommunikation zwischen den Parteien[3] systematisch mit dem Ziel fördert, eine von den Parteien selbst verantwortete Lösung ihres Konfliktes zu ermöglichen."[4]

Die Richtlinie 2008/52/EG über bestimmte Aspekte der Mediation in Zivil- und Handelssachen („Mediationsrichtlinie"[5]) definiert in Art 3 Mediation als

> „ein strukturiertes Verfahren unabhängig von seiner Bezeichnung, in dem zwei oder mehr Streitparteien mit Hilfe eines Mediators auf freiwilliger Basis selbst versuchen, eine Vereinbarung über die Beilegung ihrer Streitigkeiten zu erzielen."

Wiederum eine ähnliche Definition spricht von Mediation als

---

1 „Medius" oder „medium".

2 Zivilrechts-Mediations-Gesetz BGBl I 2003/29.

3 Im Folgenden als Medianden bezeichnet.

4 Ähnlich auch die Definition von Hopt/Steffek, Mediation. Rechtsvergleich, Regelungsmodelle, Grundsatzprobleme, in Hopt/Steffek (Hg), Mediation (2008) 5 (12).

5 ABl L 136/3 vom 24.4.2008.

> "the intervention in a conflict by a neutral third party who assists the conflicting parties in managing or resolving their dispute. The unbiased third party is the mediator, who uses a variety of techniques to assist the disputants in arriving at a consensual agreement to settle their conflict."[6]

Mediation stellt daher – vereinfacht ausgedrückt – eine Vermittlungsmethode dar, die vom Prinzip „Kooperation statt Konfrontation" ausgeht. Mittels kreativer Suche nach neuen, gemeinsamen Lösungen findet eine Überwindung des Denkens in Positionen statt. Dabei wird die Konzentration auf die hinter den Positionen der Konfliktparteien liegenden Interessen angestrebt, wodurch es mit Unterstützung des Mediators[7] ermöglicht wird, dass beide Parteien am Ende des Verfahrens zu einer auf Konsens beruhenden Lösung des ursprünglichen Konflikts gelangen.[8] Mediation bedeutet folglich eine Abkehr vom so genannten „Gewinner-Verlierer-Denken"[9], welches im klassischen Gerichtsprozess zwangsläufig praktiziert wird. Als ein die Kompetenzen der Konfliktparteien stärkendes Verfahren orientiert sich Mediation insbesondere an der Autonomie und Selbstbestimmtheit der Parteien des Konflikts.[10]

Den Hauptanwendungsbereich der Mediation stellt nach wie vor die so genannte Familienmediation dar. Davon sind insbesondere Trennungs- und Scheidungskonflikte[11] (Trennungs- und Scheidungsmediation) umfasst.[12] Zunehmend

---

6 Grover Duffy, Introduction to Community Mediation Programs: Past Present, and Future, in Grover Duffy/Grosch/Olczak (Hg), Community Mediation. A Handbook for Practitioners and Researchers2 (1991) 21 (22).

7 Der vorliegende Text bezieht sich gleichermaßen auf männliche und weibliche Personen. Alleine aus Gründen der besseren Lesbarkeit wurde auf die zweifache Schreibweise verzichtet und nur die männliche Form verwendet.

8 Zur konstruktiven Konfliktbewältigung im Sinne der Berücksichtigung der Interessen, welche hinter den Positionen der Parteien liegen, siehe etwa Müller-Fohrbrodt, Konfliktorientierte Moderation in inhaltsorientierten Gruppen, in Dieter/Montada/Schulze (Hg), Gerechtigkeit im Konfliktmanagement und in der Mediation (2000) 119 (125)

9 Der Erfolg einer Partei entspricht unweigerlich dem Misserfolg der anderen Partei.

10 Weiterführend Haynes/Bastine/Link/Mecke, Scheidung ohne Verlierer (2001) 19.

11 Anlässlich der Auflösung einer Ehe bzw einer Lebensgemeinschaft fallen darunter vor allem Konflikte im Rahmen der Aufteilung des Vermögens, des Ehegatten- und Kindesunterhalts, des Besuchsrechts und der Obsorge der gemeinsamen Kinder sowie pensions- und versicherungsrechtliche Fragen. Siehe dazu Leibetseder, Definitionen, in Leibetseder/Engelbrecht/Glasl/Bacher (Hg), Wie kann Familienmediation gelingen? Mut zum Frieden – Neue Wege in der systemischen Familienmediation2 (2008) 17; Von Schlieffen/Ponschab/Rüssel/Harms, Mediation und Streitbeilegung, Verhandlungstechnik und Rhetorik (2006) 56.

12 Weitere Anwendungsgebiete für Familienmediation sind beispielsweise Gewalt in der Ehe, Erziehungskonflikte, Adoption oder Pflegekindschaft. Andere Bereiche können Unstimmigkeiten hinsichtlich der Familienplanung, die Berufstätigkeit eines Partners

wird Mediation auch sehr erfolgreich in der Wirtschaft, beispielsweise bei innerbetrieblichen Auseinandersetzungen, bei Mobbing, Team- und Hierarchiekonflikten oder Unstimmigkeiten zwischen mehreren Unternehmen, erfolgreich angewendet. Auch internationale oder interkulturelle Konflikte, politische Auseinandersetzungen bzw Differenzen im öffentlichen Bereich[13], Kontroversen im Nachbarschafts- oder Schulbereich oder auch Sportkonflikte[14] eignen sich mitunter für die Beilegung durch Mediation.

Auch wenn sich Mediation primär nicht auf rechtliche Positionen und Ansprüche der Konfliktparteien, sondern auf deren dahinter liegende Bedürfnisse und Interessen konzentriert, finden Mediationsverfahren keineswegs im rechtsfreien Raum statt. So stellt es innerhalb der professionell durchgeführten Mediation sogar einen Grundsatz dar, die Konfliktparteien auf externe Rechtsberatung[15] hinzuweisen, um sicherzustellen, dass die Parteien auch in einem ausreichenden Maße über ihre Rechtspositionen Informationen erhalten.[16] Das Recht steckt in dem Sinne weite Grenzen ab und bildet einen wichtigen Orientierungs- und Ordnungsrahmen, innerhalb dessen sich die Konfliktparteien eigenverantwortlich in ihrer Lösungsfindung bewegen können.[17]

Eine außergerichtliche Konfliktbeilegungsmethode, welche insbesondere die juristisch fundierte Beratung und Vertretung in komplexen Rechtskonflikten, andererseits aber auch die Grundsätze der Mediation in den Verhandlungen gewährleistet, stellt Collaborative Law dar. Dieses aus den USA stammende Verfahren weist zahlreiche Ähnlichkeiten zur klassischen Mediation auf und wird als weiterer Schwerpunkt im Rahmen der vorliegenden Arbeit behandelt.

---

oder – in interkulturellen Familien – auch Konflikte, welche aufgrund der unterschiedlichen kulturellen Identifikation entstehen, betreffen. Ebenfalls kann Mediation im familiären Bereich auch bei „untypischen Familienkonstellationen“, wie Adoptiv- und Stieffamilien oder homosexuellen Paaren Anwendung finden. Siehe dazu Haynes/Bastine/Link/Mecke, Scheidung ohne Verlierer 328f.

13 Siehe etwa Ferz, Mediation im öffentlichen Bereich. Zur Stellung der Behörde als „dritte Partei“, in Gruber/Pichler (Hg), Wirtschaftsmediation zwischen Theorie und Praxis (2005) 67ff.

14 Dazu insbesondere Hagen, Lösungsalternativen in Sportkonflikten, in Urnik (Hg), Sport und Gesundheit in Wirtschaft und Gesellschaft (2007) 287 ff.

15 Zur Rechtsberatung in der Mediation siehe etwa Haynes/Bastine/Link/Mecke, Scheidung ohne Verlierer 21; Mähler/Mähler, Außergerichtliche Streitbeilegung – Mediation, in Büchting/Heussen (Hg), Beck´sches Rechtsanwalts-Handbuch9 (2007) Rz 74.

16 So genanntes Grundprinzip der Informiertheit; vgl dazu Schröder, Familienmediation (2004) Rz 95ff.

17 Siehe dazu auch die Ausführungen von Falk, Die Entwicklung der Mediation, in Töpel/Pritz (Hg), Mediation in Österreich2 (2005) 3 (15); Trenczek, Recht in der Mediation, perspektive mediation 2006/2, 92.

Collaborative Law, im deutschsprachigen Raum auch als „kooperatives Anwaltsverfahren“[18] bezeichnet, ist ein klientenzentriertes, strukturiertes, außergerichtliches Konfliktlösungsverfahren. Innerhalb eines Collaborative Law Verfahrens wird allen Konfliktparteien eine umfassende rechtliche Beratung seitens ihrer jeweiligen Rechtsanwälte, welche das Verfahren leiten und sich zu Beginn des Verfahrens zum Verhandeln nach fairen bzw mediativen Grundsätzen verpflichten, gewährleistet. Kennzeichnend für das Verfahren ist zudem, dass die Rechtsanwälte bei einem etwaigen Scheitern der einvernehmlichen Konfliktbeilegung als Parteienvertreter in einem nachfolgenden streitigen Verfahren vor den ordentlichen Gerichten nicht mehr als Rechtsanwälte zur Verfügung stehen.[19]

B. Einordnung in das System der ADR-Verfahren

Ausgehend von den USA entstanden ab Mitte der 1970er Jahre neue Verfahren zur Konfliktbeilegung unter der Bezeichnung „Alternative Dispute Resolution“ (ADR), welche den traditionellen gerichtlichen Entscheidungsverfahren gegenübergestellt wurden. Grundsätzlich beruht das ADR-Konzept[20] auf folgenden drei Säulen[21]: „negotiation“[22], „arbitration“[23] sowie „mediation“[24].

---

18 Haniger-Limburg, Collaborative Law und Mediation durch anwaltliche MediatorInnen – ein Vergleich, perspektive mediation 2005/3, 148.

19 Distenfield/Distenfield, Guide To Divorce 180; Nurse/Thompson, Collaborative Divorce: An Interdisciplinary Approach For Resolving Divorce Conflicts, in Vande-Creek/Jackson (Hg), Innovations in Clinical Practice: A Source Book: Volume 18 (2000) 169 (173).

20 Dazu ausführlich Gottwald, Mediation in den USA, in Henssler/Koch (Hg), Mediation in der Anwaltspraxis2 (2004) § 7 Rz 1ff. Siehe auch Hagen, Verfahrensalternativen und Verfahrensäquivalente in Wirtschaftskonflikten, in Gruber/Pichler (Hg), Wirtschaftsmediation zwischen Theorie und Praxis (2005) 41 (44); Hagen in Urnik, Sport und Gesundheit 287 (290f).

21 Ähnlich die Unterscheidung von non-direktiven und direktiven Konflikt-Interventionsmöglichkeiten. Werden von der Drittpartei keine eigenen Entscheidungen getroffen, sondern werden nur die Parteien zur autonomen Lösungssuche angeregt, handelt es sich um eine non-direktive Intervention (Mediation). Bekommen hingegen die Konfliktparteien von der Drittpartei zwingend Lösungen bzw Entscheidungen vorgegeben, spricht man von direktiver Konflikt-Interventionsmöglichkeit (Arbitration). Dazu Glasl, Wie geht Mediation mit Macht um? perspektive mediation 2009/2, 66 (69).

22 Verhandlung.

23 Schiedsverfahren.

Innerhalb der ersten Säule („negotiation“) verhandeln die Konfliktparteien direkt miteinander, wobei die Interessen der Parteien besondere Berücksichtigung finden. Im Gegensatz zu klassischen Gerichtsprozessen folgen diese Verhandlungen gewissen Grundsätzen, welche insbesondere auf dem so genannten Harvard Konzept[25] basieren.

Im Bereich der zweiten Säule – „arbitration“ – verhandeln die Parteien des Konflikts mit Unterstützung eines Dritten, einem unabhängigen und neutralen Schiedsrichter. Dieser fällt am Ende des Verfahrens einen für die Parteien bindenden Schiedsspruch, welcher – ähnlich einer richterlichen Entscheidung – häufig nicht im Sinne (zumindest einer) der Konfliktparteien liegt.[26]

Bei einem Mediationsverfahren, als dritte ADR-Säule, verhandeln die Konfliktparteien ebenfalls mit Unterstützung eines unparteiischen Dritten, welchem jedoch (im Vergleich zu einem Schiedsverfahren) keinerlei Entscheidungskompetenz zukommt.[27] Ziel[28] einer Mediation ist ein Übereinkommen zwischen den Parteien, das auf Eigenverantwortung basiert.

Collaborative Law kann hingegen nicht eindeutig in eine der drei Säulen des ADR-Konzepts eingeordnet werden. Vielmehr stellt Collaborative Law eine Kombination aus den kennzeichnenden Elementen der ersten sowie der dritten ADR-Säule dar. Einerseits werden Verhandlungen (erste Säule) nach interessens- und bedürfnisorientierten Grundsätzen zwischen den Konfliktparteien geführt. Andererseits werden Elemente der Mediation (dritte Säule) insofern in das Verfahren einbezogen, als mediative Kommunikationstools eingesetzt werden, um die Parteien zu unterstützen, eigenverantwortlich eine nachhaltige einvernehmliche Lösung zu entwickeln. Dies ermöglicht vor allem die – ebenfalls für Mediation typische – Berücksichtigung der Beziehungsebene.[29] Somit eignet sich Collaborative Law vor allem für die Lösung von komplexen Konflikten, in denen ökonomische Aspekte und Beziehungsebene miteinander verknüpft sind. Collaborative Law stellt – ähnlich der Mediation – ein klar strukturiertes Ver-

---

24 Vermittlung bzw Mediation.

25 Siehe dazu Kapitel X. C. Die zugrunde gelegte Idee: Das Harvard Konzept.

26 Zur Abgrenzung zwischen Arbitration und Mediation siehe etwa Grover Duffy in Grover Duffy/Grosch/Olczak, Community Mediation 21 (23); Hagen in Urnik, Sport und Gesundheit 287 (294).

27 Dazu etwa Glenewinkel, Mediation als außergerichtliches Konfliktlösungsmodell. Am Beispiel der Trennungs- und Scheidungsmediation in der Bundesrepublik Deutschland (1999) 58.

28 Weiterführend Breidenbach, Mediation. Struktur, Chancen und Risiken von Vermittlung im Konflikt (1995) 114ff.

29 Dazu etwa Dulabaum, Mediation: Das ABC. Die Kunst, in Konflikten erfolgreich zu vermitteln4 (2003) 32.

fahren dar. Ebenso gelten für Mediatoren und Rechtsanwälte innerhalb eines kooperativen Anwaltsverfahrens dieselben Grundsätze.[30] Ein grundlegender Unterschied zur klassischen Mediation, bei welcher ein neutraler unabhängiger Mediator für alle Konfliktparteien aktiv wird, ist das Tätigwerden von mindestens zwei parteiischen Collaborative Law Anwälten.

C. Aufbau der Arbeit

Im Anschluss an diese Einleitung wird ein Überblick über das Verfahren der Mediation gegeben, indem die typischen Phasen eines solchen Verfahrens erläutert werden. Das nachfolgende Kapitel umfasst „das Recht der Mediation", welches insbesondere die Entwicklung der Mediation, Rechte und Pflichten innerhalb des Verfahrens sowie das Berufsrecht von Mediatoren behandelt. Dies geschieht unter besonderer Berücksichtigung des ZivMediatG, welches in Österreich in Geltung steht und die Mediation in Zivilrechtsangelegenheiten regelt. Um die Wichtigkeit dieses Gesetzes zu verdeutlichen, wird innerhalb dieses Kapitels ein Rechtsvergleich zwischen Österreich und Deutschland vorgenommen. Danach werden die Vertragsverhältnisse – der Mediationsvertrag und die Mediationsvereinbarung – zwischen den Parteien des Mediationsverfahrens dargestellt. Da nicht nur Gesetze, sondern auch Verträge die Inanspruchnahme von Mediation vorsehen können, widmet sich das nächste Kapitel der so genannten Mediationsklausel, in welcher sich die Vertragsparteien bereits vor dem Auftreten eines konkreten Konflikts zur außergerichtlichen Streitbeilegung verpflichten. Die rechtliche Qualifikation der Ergebnisse eines Mediationsverfahrens wird im nachfolgenden Kapitel behandelt. Im Anschluss widmet sich ein weiterer Abschnitt jenen Bereichen innerhalb des österreichischen Zivilrechts, die für außergerichtliche Streitbeilegung besonders relevant erscheinen. Im Rahmen dieses Kapitels werden unter anderem die einvernehmliche Scheidung, die Adoption, die Pflegekindschaft und das Nachbarschaftsrecht thematisiert. Überlegungen hinsichtlich der Verankerung der Mediation in verschiedenen Materiengesetzen, welche die verpflichtende Inanspruchnahme eines außergerichtlichen Streitbeilegungsverfahrens für Konflikte in bestimmten Rechtsbereichen vorsehen, sind Anlass für das darauf folgende Kapitel, innerhalb dessen die „verpflichtende Mediation" thematisiert wird. In einem letzten Abschnitt wird Collaborative Law bzw Collaborative Practice behandelt. Dabei werden etwa

30 Beispielsweise Eigenverantwortlichkeit, Freiwilligkeit, Vertraulichkeit, Informiertheit. Vgl Diez/Krabbe/Thomsen, Familien-Mediation und Kinder3 (2009) Rz 48ff.

das zugrunde liegende Konzept, der Verfahrensaufbau sowie typische Indikationen für die Inanspruchnahme des Verfahrens vorgestellt.

III. Ablauf eines Mediationsverfahrens

Mediation stellt ein strukturiertes Verfahren dar, welches in verschiedene Abschnitte, so genannte Phasen, unterteilt wird. Um einen Einblick in den grundsätzlichen Aufbau eines Mediationsverfahrens zu erhalten, werden im nun Folgenden die fünf[31] Phasen eines Mediationsverfahrens kurz erörtert.[32] Nicht unerwähnt bleiben sollte, dass von dem hier vorgestellten Phasenschema in der Praxis auch abgewichen werden kann und die schematische Darstellung hauptsächlich Orientierungscharakter aufweist.

Phase 1: Einleitung

Innerhalb der ersten Phase des Verfahrens wird das System bzw der Ablauf einer Mediation vorgestellt. Insbesondere dient der Einstieg in ein Mediationsverfahren dem Beziehungsaufbau und einem ersten Kennenlernen des Mediators sowie der teilnehmenden Konfliktparteien (Medianden). In diesem ersten Zusammentreffen findet die Erarbeitung von Kommunikations- bzw Mediationsregeln statt. Zudem wird die Rolle des Mediators innerhalb des Verfahrens erläutert und die Medianden definieren das Ziel des Verfahrens. Am Ende der Phase eins steht üblicherweise die Auftragserteilung an den Mediator, welche die Durchführung des Verfahrens beinhaltet.

---

31 Obschon es unterschiedliche Konzepte über die Anzahl der Phasen, welche einem Mediationsverfahren zugrunde gelegt werden, gibt, folgt die vorliegende Arbeit dem Konzept der Unterteilung in fünf Phasen.

32 Der hier vorgestellte Überblick über den Aufbau eines Mediationsverfahrens stellt eine Zusammenfassung der Verfahrensabschnitte, welche in der Literatur bereits umfassend behandelt werden, dar. Siehe etwa Besemer, Mediation. Vermittlung in Konflikten12 (2007) 56ff; Delerue/Reeckmann-Fiedler, Mediation bei Scheidung und Erbschaft (2005) 46ff; Diez/Krabbe/Thomsen, Familien-Mediation Rz 68ff; Eidenmüller, Verhandlungsmanagement durch Mediation, in Henssler/Koch (Hg), Mediation in der Anwaltspraxis2 (2004) § 2 Rz 58; Fürst, Umweltmediation (2004) 25ff; Glenewinkel, Mediation 98ff; Gröne, Lösungen durch Scheidungsmediation. Chancen und Grenzen für betroffene Kinder (2007) 66f; Haynes/Bastine/Link/Mecke, Scheidung ohne Verlierer 33ff; Hohmann/Morawe, Praxis der Familienmediation (2001) 115ff; Lenitz, Der Mediationsprozess, in Töpel/Pritz (Hg), Mediation in Österreich2 (2005) 51 (51ff); Lenz, Mediation und ihre gesetzliche Verankerung in Deutschland (2008) 23ff; Schröder, Familienmediation Rz 41ff; Weihing, Mediation und Familienmediation – Partner statt Gegner beim Lösen von (familiären) Konflikten (2007) 13f.

Phase 2: Darstellung der Standpunkte der Konfliktbeteiligten

In der nun folgenden Phase zwei werden die in der Mediation zu behandelnden Themen bzw Regelungspunkte gesammelt. Jede Konfliktpartei erhält die Möglichkeit den Konflikt aus der jeweiligen Sicht darzustellen. Diese Phase dient insbesondere der Sachverhaltsdarstellung und der Erstellung einer Agenda für das weitere Verfahren.

Phase 3: Konflikterhellung

Die Phase drei, welche das Kernelement einer Mediation bildet, dient der Aufdeckung von Interessen und Beweggründen der Parteien. Alle Themen, welche in der Phase zwei gesammelt wurden, werden in Hinblick auf die zugrunde liegenden, mitunter verborgenen Interessen besprochen. Die Konflikterhellung wird durch Fragetechniken und gezieltes methodisches Vorgehen seitens des Mediators unterstützt und dient hauptsächlich der Selbstklärung der Streitparteien sowie deren Verständnis für die Ursachen des Konflikts. Die Parteien sollten infolgedessen nach und nach die jeweiligen Interessen und Beweggründe der Gegenpartei verstehen können. Dies gilt als Ziel der dritten Phase des Verfahrens.

Phase 4: Entwurf von Optionen und Lösungen

Aufbauend auf die Interessen der Konfliktparteien, welche innerhalb der vorausgegangenen dritten Phase Beachtung gefunden haben, wird nun eine Auswahl an Lösungsmöglichkeiten für die vom Konflikt betroffenen Bereiche gesammelt. In dieser vierten Phase der Mediation kommt es insbesondere zum Einsatz von Kreativitätstechniken[33], welche zur Überwindung von gewohnten Denkmustern beitragen sollen. Ziel dieser Techniken, die das kreative Potential der Mediandenden fördern, ist die Entwicklung einer möglichst großen Anzahl von verschiedenen Ideen und Varianten zur Streitbeilegung. Dabei werden die Konfliktparteien vom Mediator unterstützt, möglichst viele – durchaus originelle –

---

33 Beispielsweise Brainstorming, Brainwriting, Mindmapping, Kartenabfrage, Analogien mittels Bionik, Assoziationen, Konfrontationen. Siehe dazu etwa Besemer, Mediation 130ff; Wittmann/Leimbeck/Tomp, Innovationen erfolgreich steuern (2006) 63ff.

und phantasievolle Optionen für die Lösung des jeweiligen Konflikts anzuführen.

Nach Abschluss der kreativen Phase erfolgt die Bewertung der gesammelten Ideen der Konfliktparteien. Nur überprüfbare – und insofern realistische – Optionen können zu einer tragfähigen und endgültigen Lösung weiterentwickelt werden. Zur Bewertung der Lösungsmöglichkeiten werden Kriterien erarbeitet, welche von beiden Parteien als fair erachtet werden. Am Ende dieser Phase stehen realisierbare Vorschläge, welche den Interessen beider Parteien weitgehend gerecht werden.

Phase 5: Verhandeln der Übereinkunft

In der letzten Phase eines Mediationsverfahrens wird über jene Lösungsoptionen verhandelt, welche von beiden Konfliktparteien als realistisch bewertet wurden. In einer abschließenden vertraglichen Vereinbarung wird die endgültige Lösung des Konflikts im Detail dokumentiert. Das Ergebnis eines Mediationsverfahrens stellt neben der konkreten Konfliktbeilegung auch die Verbesserung der Beziehungen zwischen den Parteien des ursprünglichen Konflikts dar.

IV. Das Recht der Mediation - Ein Rechtsvergleich zwischen Österreich und Deutschland

Nach einer kurzen Abhandlung der Rechtsentwicklung der Mediation in Österreich und Deutschland werden deren gesetzliche Verankerungen in den nationalen Rechtsordnungen untersucht sowie die Rechte und Pflichten des Mediators innerhalb der Mediation aufgezeigt. Dazu sollen im Folgenden, aufgrund der geographischen Nähe, die österreichische und deutsche Rechtslage unter Beachtung der – soweit bereits ansatzweise bestehenden – europäischen Rechtsvorschriften miteinander verglichen werden, um anhand deren Gemeinsamkeiten und Unterschiede Erkenntnisse für die Rechtsgestaltung der Mediation de lege ferenda zu gewinnen.

A. Rechtsentwicklung der Mediation

1. Österreich

Mediation hielt in Österreich etwa ab Beginn der 1990er Jahre Einzug.[34] So kam es im Jahr 1993 zur Einrichtung einer parlamentarischen Enquete zum Thema „Mediation und Probleme von Minderjährigen bei Trennung und Scheidung ihrer Eltern", in welcher erstmals über Mediation als außergerichtliche Konfliktlösungsmöglichkeit bei familienrechtlichen Konflikten diskutiert wurde.[35]

An den Gerichtsstandorten Wien-Floridsdorf und Salzburg kam es Mitte der 1990er Jahre zur Durchführung eines Modellprojekts, welches das Bundesministerium für Justiz gemeinsam mit dem damaligen Bundesministerium für Umwelt, Jugend und Familie durchführte. Unter dem Titel „Familienberatung bei Gericht, Mediation und Kinderbegleitung bei Trennung oder Scheidung der Eltern" sollte es Paaren in der Scheidung bzw Trennung ermöglicht werden, ihre rechtlichen und wirtschaftlichen Angelegenheiten nach dem Konzept der so genannten „Co-Mediation"[36], bei welcher zwei Mediatoren (einer mit psychosozia-

34 Falk/Pruckner, Rechtsgrundlagen der Mediation, in Falk/Heintel/Krainz (Hg), Handbuch Mediation und Konfliktmanagement (2005) 113 (114).

35 Ferz/Filler, Mediation. Gesetzestexte und Kommentar (2003) 15.

36 Zur Co-Mediation weiterführend Diez/Krabbe/Thomsen, Familien-Mediation3 Rz 565ff; Hohmann/Morawe, Familienmediation 223f; Leibetseder in Leibetseder/Engelbrecht/Glasl/Bacher, Familienmediation 20.

lem Hintergrund sowie einer mit juristischer Ausbildung) gleichzeitig eine Mediation mit den Konfliktparteien durchführen, zu regeln.[37]

Im Jahr 2000 ersuchte der Nationalrat, im Zuge der Verabschiedung des KindRÄG 2001[38], den Bundesminister für Justiz um die Vorlage eines Gesetzesvorschlages für eine umfassende Regelung der Mediation. Die eingebrachte Regierungsvorlage[39] zum ZivMediatG wurde im April 2003 vom Nationalrat einstimmig verabschiedet. Mit 1.5.2004[40] trat in Österreich das ZivMediatG in Kraft, welches im Interesse von Mediationsparteien und qualifizierten Mediatoren gesetzliche Grundlagen sowie Qualitätsgarantien für die Nutzung von Mediation darstellen. Diese Normierung der Mediation in Zivilrechtsangelegenheiten[41] stellt das erste Mediationsgesetz in einem deutschsprachigen Land dar.[42] Österreich hat mit dieser umfassenden Regelung bezüglich Zivilrechtsmediationen somit eine gewisse Vorreiterrolle übernommen.

Die gesetzliche Normierung[43] mediativer Instrumente war der österreichischen Rechtsordnung aber auch bereits vor dem Inkrafttreten des ZivMediatG nicht gänzlich fremd. Schon seit dem Jahr 1988 ist im Bereich des österreichischen Jugendstrafrechts (JGG[44]) im Rahmen des außergerichtlichen Tatausgleichs[45] die Funktion des Konfliktreglers bekannt.

---

37 Ferz/Filler, Mediation 15f.

38 BGBl I 2000/135.

39 Ursprünglich RV 1284 BlgNR XXI. GP, aufgrund des vorzeitigen Endes der Legislaturperiode neuerlich eingebracht RV 24 BlgNR XXII. GP.

40 Der VI. Abschnitt des ZivMediatG, welcher die Ausbildungseinrichtungen und Lehrgänge für Mediation behandelt, trat bereits mit 1.1.2004 in Kraft.

41 Das Gesetz bezieht sich ausschließlich auf Konflikte in Zivilrechtsangelegenheiten deren Entscheidung den ordentlichen Zivilgerichten obliegen würde. § 1 Abs 2 ZivMediatG; Leibetseder in Leibetseder/Engelbrecht/Glasl/Bacher, Familienmediation 17.

42 Falk/Pruckner in Falk/Heintel/Krainz, Mediation und Konfliktmanagement 113 (114); Lenz, Mediation 245.

43 Ausführlich zur Verankerung von Mediation in einzelnen österreichischen Gesetzen siehe im folgenden Kapitel „Gesetzliche Verankerung der Mediation".

44 Jugendgerichtsgesetz BGBl 1988/599.

45 Dazu bzw zur Diversion siehe etwa Hinterhofer, Einleitung und Wiederaufnahme des Strafverfahrens nach bzw während diversioneller Erledigung, RZ 2003, 71; Roth/Gherdane, Mediation in Österreich. Zivilrechts-Mediations-Gesetz: Rechtlicher Rahmen und praktische Erfahrungen, in Hopt/Steffek (Hg), Mediation (2008) 105 (156); Ferz/Filler, Mediation 173ff. Einen Überblick über den Einsatz von Mediation innerhalb des Außergerichtlichen Tatausgleichs gibt insbesondere Sadoghi, Mediative Aspekte im Außergerichtlichen Tatausgleich (2008).

2. Deutschland

In der Bundesrepublik Deutschland wurde man auf die Idee der Mediation erstmals Ende der 1970er Jahre aufmerksam. Das Interesse für diese außergerichtliche Konfliktlösungsmethode entwickelte sich vor allem anlässlich von Berichten über den erfolgreichen Einsatz in den USA. Im Jahr 1981 wurde ausdrücklich im Rahmen des Forums „Alternative in der Ziviljustiz“ auf die Methode der Mediation hingewiesen, um der sich zunehmend entwickelnden Prozessflut wirkungsvoll begegnen zu können.[46]

In der ersten Hälfte der 1980er Jahre fanden die ersten Seminare und Tagungen aus dem Bereich Mediation statt, wobei das Verfahren vor allem im Bereich des Familienrechts angewendet wurde. Zu Beginn der 1990er Jahren kam es, als Antwort auf die zunehmende Unzufriedenheit mit Gerichtsprozessen in einzelnen Rechtsgebieten, zum Entstehen der so genannten „Mediationsbewegung“.[47] Mit der ersten Habilitationsschrift[48] Mitte der 1990er Jahre erlebte Mediation in Deutschland ihren wissenschaftlichen Durchbruch.[49]

In den Richtlinien für Mediation in Wirtschaft und Arbeitswelt[50] des deutschen BMWA heißt es, dass Mediation in Deutschland insbesondere bei Familienkonflikten, im Gesundheitsbereich, bei der Lösung von bioethischen Konflikten, bei Umweltstreitigkeiten sowie im wirtschaftlichen Bereich praktiziert wird.[51]

In Deutschland ist das Verfahren der Mediation bis dato nicht gesetzlich verankert, wobei vor allem angesichts des österreichischen ZivMediatG, welches eine gewisse Vorbildfunktion übernommen hat, auch in Deutschland zu-

---

46 Zur Entwicklung in Deutschland siehe etwa Besemer, Mediation 46ff; Lenz, Mediation 10; Schröder, Familienmediation Rz 5ff; Strempel, Mediation in Rechtspflege und Gesellschaft – Eine Einführung, in Strempel (Hg), Mediation für die Praxis (1998) 7 (10ff); Von Schlieffen, Ponschab, Rüssel, Harms, Mediation 1ff.

47 Alexander, Die Institutionalisierung von Mediation. Entwicklungen in den USA, Australien und Deutschland, ZKM 4/2001, 162 (164).

48 Breidenbach, Mediation. Struktur, Chancen und Risiken von Vermittlung im Konflikt (1995).

49 Lenz, Mediation 10.

50 BMWA, Richtlinien für Mediation in Wirtschaft und Arbeitswelt (2004). Abrufbar unter http://www.bmwa.de/dokumente/richtlinien_10_04.pdf (dl 5.4.2009).

51 Bei Erbstreitigkeiten ist Mediation bisweilen weniger anerkannt. Weiterführend Risse in Scherer, Anwaltshandbuch Rz 68, der insbesondere auf das weite Betätigungsfeld für Mediationen in diesem Bereich hinweist.

nehmend Diskussionen über eine Normierung der Mediation in einem geschlossenen Regelwerk geführt werden[52].

B. Gesetzliche Verankerung der Mediation

1. Österreich

Die Verankerung der Mediation in Österreich besteht aus dem, insbesondere berufsrechtlichen Qualitätskriterien schaffenden, ZivMediatG und Mediatonsbestimmungen in einzelnen Materiengesetzen. Eine gesetzliche Normierung des Verfahrens der Mediation besteht bis dato nicht.

Im folgenden Abschnitt werden jene österreichischen Rechtsetzungsakte kurz vorgestellt, die Hinweise und Regelungspunkte bezüglich Mediation enthalten. Insbesondere in jüngster Zeit hat sich in Österreich die so genannte „obligatorische Mediation" als Voraussetzung für die Einleitung eines Gerichtsverfahrens oder für den Eintritt bestimmter Rechtsfolgen entwickelt. Die Inhalte und Hauptregelungspunkte des österreichischen ZivMediatG werden in einem eigenen Kapitel gesondert dargestellt.

a. Meilensteine in der österreichischen Gesetzgebung

Durch das EheRÄG 1999[53] sowie das KindRÄG 2001[54] wurden erste gesetzliche Bestimmungen für Mediationen in Zivilrechtskonflikten geschaffen.[55] Im EheRÄG[56] wurde Mediation als Instrument zur Erzielung einer einvernehmlichen

52 Teils wird die Ansicht vertreten, dass möglichst differenzierte gesetzliche Regelungen geschaffen werden sollten, die Gegenansicht vertritt wiederum, dass Mediation aus prinzipiellen Gründen gar nicht gesetzlich normiert werden soll. Die dritte (so genannte vermittelnde) Auffassung geht davon aus, dass statistische Auswertungen sowie die Erfahrungen der Entwicklung des österreichischen ZivMediatG abgewartet und herangezogen werden sollten, um nicht vorzeitig für die Praxis unzufriedenstellende Reglementierungen durchzuführen. Siehe dazu Lenz, Mediation 153.

53 Eherechts-Änderungsgesetz 1999 BGBl I 1999/125.

54 Kindschaftsrechts-Änderungsgesetz 2001 BGBl I 2000/135. Der Gesetzgeber hat anlässlich der Verabschiedung des Kindschaftsrechts-Änderungsgesetzes den Bundesminister für Justiz ersucht einen Gesetzesvorschlag für die gesetzliche Normierung der Mediation vorzubereiten.

55 Holzhammer/Holzhammer, Ehe und Familie2 (2001) 51.

56 Weiterführend dazu Grünberger, Die Regelung der Mediation im EheRÄG 1999, ÖJZ 2000, 50. Der durch das EheRÄG 1999 in das EheG eingefügte § 99 EheG wurde je-

Einigung über die Scheidung bzw Scheidungsfolgen, im KindRÄG[57] im Zuge von Pflegschaftsverfahren erwähnt. Das österreichische Verwaltungsrecht[58] nimmt seit der Novelle[59] zum UVP-G[60] auf Mediation bei großen Interessenskonflikten, im Rahmen von Genehmigungsverfahren, Bezug.[61] Art III des ZivRÄG 2004[62] sieht nunmehr für Nachbarschaftskonflikte[63] die obligatorische[64] Vorschaltung von außergerichtlichen Streitbeilegungsmethoden (unter anderem Mediation) vor Befassung der Zivilgerichte vor.[65] Seit dieser Gesetzesnovelle ist daher eine Klage nur mehr in solchen Konfliktfällen zulässig, in denen innerhalb von drei Monaten[66] keine gütliche Einigung erzielt worden ist. Seit Juni 2008 ist im BAG[67] für die außerordentliche Auflösung eines Lehrverhältnisses die Aufnahme eines Mediationsverfahrens Voraussetzung[68], wobei der Lehrberechtigte einen Mediator nach dem ZivMediatG vorzuschlagen hat.[69] Aufgrund dieser

---

doch durch das ZivMediatG wieder aufgehoben. Zu alldem auch Falk/Pruckner in Falk/Heintel/Krainz, Mediation 113f.

57 Art XVI KindRÄG.

58 Ferz, Mediation und Verwaltungsrecht in Österreich, ZKM 1/2001, 24 ff.

59 BGBl I 2000/89.

60 Bundesgesetz über die Prüfung der Umweltverträglichkeit 2000 BGBl 1993/697 idF BGBl I 2008/2. Diese Bestimmung führte insbesondere zur Mediation am Wiener Flughafen, die auch als weltweit umfangreichstes Mediationsprojekt bezeichnet wird. So Falk, Zur Geschichte der Mediation (2008) 5.

61 § 16 Abs 2 UVP-G; zur Umweltmediation siehe Filler, Erfahrungen mit dem österreichischen Zivilrechtsmediationsgesetz in Greger/Unberath (Hg), Die Zukunft der Mediation in Deutschland (2008) 65 (73f).

62 Zivilrechts-Änderungsgesetz 2004 BGBl I 2003/91.

63 Jene im Sinne des § 364 Abs 3 ABGB.

64 Inwieweit dies einen Verstoß gegen das grundlegende Prinzip der Freiwilligkeit innerhalb eines Mediationsprozesses darstellt, wird an dieser Stelle nicht weiter erläutert. Siehe dazu weiterführend etwa Allmayer-Beck, Einigung ist planbar, RZ 2008, 201 (202); Lenz, Mediation 34; Roth/Gherdane in Hopt/Steffek, Mediation 105 (110); Schröder, Familienmediation Rz 38.

65 Glavac, Mediation im Nachbarschaftsrecht, immolex 2006, 177.

66 Gerechnet ab Einleitung des Schlichtungsverfahrens, ab Einlangen des Antrags bei Gericht oder ab Beginn der Mediation.

67 Berufsausbildungsgesetz BGBl 1969/142 idF BGBl I 2008/82.

68 Zweck der Mediation ist die Darstellung der Problemlage für die Beteiligten und die Erörterung ob bzw unter welchen Vorraussetzungen, eine Fortsetzung des Lehrverhältnisses möglich ist. Die Kosten des Verfahrens sind gem § 15a Abs 5 vom Lehrberechtigten zu tragen.

69 § 15a Abs 3 BAG; Koch, Neu: Lehrvertragsauflösung nach Mediation gesetzlich verankert, taxlex 2008, 392; Schrenk, Rückblick und Vorschau im Arbeitsrecht 2008/2009, taxlex 2008, 522 (525); Winkler, Eine neue Möglichkeit der vorzeitigen Auflösung von Lehrverhältnissen, ZAS 2008/37, 244; Steinlechner, Außerordentliche

Regelung wird Mediation nun auch im österreichischen Arbeitsrecht angewendet.[70] Zudem sei darauf hingewiesen, dass auch in Bestimmungen zum Berufsrecht der Rechtsanwälte, wie der RAO[71] bzw den RL-BA[72] von Mediation die Rede ist, da Mediation oftmals von Rechtsanwälten ausgeübt wird und demnach zu dessen Berufsfeld zählt.[73]

b. Das Zivilrechts-Mediations-Gesetz

Österreich ist es als erstes Land in Europa gelungen, die Mediation in Zivilrechtssachen gesetzlich zu regeln.[74] Mit dem ZivMediatG wurde nicht nur Rechtssicherheit geschaffen, sondern es stellt auch einen wesentlichen Schritt in Richtung Qualitätssicherung für den Beruf des Mediators dar. Darüber hinaus dient das Gesetz der Herstellung eines rechtlich geschützten Rahmens für Medianden.[75] Das ZivMediatG ist aus einzelnen Regelungen, wie beispielsweise dem Ehegesetz, dem Entwurf der Mediationsrichtlinie[76] und dem Entwurf des „Gesetzes zur gerichtsnahen Mediation“[77], welches ebenfalls als Vorläufer des ZivMediatG gilt, entstanden.

Intention dieser gesetzlichen Regulierung der Mediation war vor allem die unzureichende Information der breiten Öffentlichkeit über diese Konfliktregelungsmethode und die daraus resultierende Skepsis von Seiten der Gesellschaft.

Auflösung des Lehrverhältnisses, taxlex 2008, 349. Kritisiert wird, dass einerseits im § 15a Abs 4 BAG daraufhingewiesen wird, dass auf das Mediationsverfahren das ZivMediatG anzuwenden ist und in dessen Definition in § 1 Abs 1 ZivMediatG von „Freiwilligkeit“ die Rede ist, welche mit der hier vorliegenden „obligatorischen“ Mediation nur schwer vereinbar ist. Weiterführend dazu Maska, Der Ausbildungsübertritt: Mediation versus Mediationsgespräch, ecolex 2009, 153 (154); weitere kritische Anmerkungen dazu etwa Filler in Greger/Unberath, Mediation 65 (85).

70 Risak, Mediation in Arbeitsrechtssachen, ZAS 2008/28.

71 Rechtsanwaltsordnung RGBl 1868/96 idF BGBl I 2009/1. Vgl § 8 Abs 5 RAO.

72 RL-BA 1977, kundgemacht im „Amtsblatt zur Wiener Zeitung“ vom 14.12.1977 idF 28.4.2008.

73 Falk, Geschichte der Mediation 5; Hoffmann, Ein neues Tätigkeitsfeld für den Rechtsanwalt, AnwBl 1999, 133.

74 Roth/Markowetz, Bundesgesetz über Mediation in Zivilrechtssachen – Ein Überblick über die neuen Bestimmungen, JBl 2004, 296 (296).

75 Vgl dazu das Erfordernis der gesetzlichen Regelung in RV 24 BlgNR 22. GP.

76 Vom Österreichischen Rechtsanwaltskammertag wurde ab dem Jahr 1998 ein Arbeitskreis Mediation eingesetzt, der mit der Vorbereitung des Entwurfes der Mediationsrichtlinie beauftragt wurde. Die erarbeiteten Bestimmungen sollen die Tätigkeit des Rechtsanwaltes als Mediator regeln. Lenz, Mediation 156ff.

77 Lenz, Mediation 159f.

Zudem sollten Mediationsinteressenten aufgrund des ZivMediatG im Stande sein, die Qualität der Mediatoren in Österreich besser beurteilen zu können.[78] Mit anderen Worten schafft das ZivMediatG einen rechtlichen Rahmen der Mediation zur Abgrenzung von anderen Berufsfeldern, die sich ebenfalls mit Konfliktbewältigung beschäftigen. Zudem dient es der Stärkung des Vertrauens in diese neue Methode. Betont sei an dieser Stelle, dass das eigentliche Verfahren der Mediation jedoch frei von jeglicher Verregulierung bleibt.[79] Dies bedeutet, dass etwa die im Schrifttum vertretenen Prinzipien und Phasen eines Mediationsverfahrens oder die vom Mediator angewandten Methoden nicht gesetzlich normiert wurden. Hinsichtlich seines „Handwerkszeugs" bzw der konkreten Vorgehensweise in einer Mediation bleibt dem Mediator deshalb, trotz des ZivMediatG, ein weiter Spielraum.

Das ZivMediatG regelt unter anderem die Einrichtung eines Beirats[80] für Mediation beim Bundesministerium für Justiz, welcher dem Bundesminister für Justiz beratend in Angelegenheit der Mediation zur Seite steht. Die Schaffung eines rechtlichen Rahmens über die Voraussetzungen für die Eintragung[81], in die beim Bundesministerium für Justiz geführte Liste von Mediatoren sowie die Rechte und Pflichten[82] dieser so genannten „eingetragenen Mediatoren"[83], sind weitere Regelungspunkte.[84] Als Voraussetzungen für die Eintragung in diese Liste, in der sich bis dato in etwa 6000[85] Mediatoren österreichweit eintragen ließen, gelten gem § 9 Abs 1 Z 1 - 4 ZivMediatG der Nachweis der Vollendung des 28. Lebensjahrs[86], fachliche Qualifikation im Sinne einer Ausbildung im

78 RV 24 BlgNR XXII. GP.

79 Ferz/Filler, Mediation 17f.

80 §§ 4 ZivMediatG.

81 Weiterführend dazu Roth/Gherdane in Hopt/Steffek, Mediation 105 (168); Roth/Markowetz, JBl 2004, 296 (299).

82 §§ 15 ff ZivMediatG. Vgl dazu das Kapitel unten „Rechte und Pflichten in der Mediation".

83 Die Begrifflichkeit „eingetragener Mediator" ist leider etwas unglücklich gewählt, da dieser „Titel" gerade für Personen die nicht mit dem ZivMediatG vertraut sind, wobei dies für potentielle Konsumenten von Mediation die Regel darstellen wird, eine aussagelose Wortfolge darstellt. Sinnvoller wäre mE etwa die Bezeichnung „akademischer", „diplomierter" oder „qualifizierter" Mediator.

84 Falk/Pruckner in Falk/Heintel/Krainz, Mediation 114ff.

85 Falk, Geschichte der Mediation 5.

86 Die Eintragung in die Liste kommt erst nach Vollendung des 28. Lebensjahres in Betracht, da der eingetragene Mediator eine „gewisse Reife" und „Lebenserfahrung" mitbringen sollte; so RV 24 BlgNR XXII. GP. Die sachliche Rechtfertigung dieses unbestimmten Begriffes der „gewissen Reife mit 28" erscheint jedoch fragwürdig, da alleine wegen der Nichterfüllung der Altersgrenze (vorausgesetzt die anderen Vorausset-

Sinne des ZivMediatG, der Nachweis der Vertrauenswürdigkeit[87] sowie der Abschluss einer entsprechenden Haftpflichtversicherung. Bei Vorliegen dieser Voraussetzungen besteht für den Antragswerber ein Rechtsanspruch auf Eintragung in die Mediatorenliste.

Zudem werden vom ZivMediatG Vorgaben für die Eintragung von Ausbildungseinrichtungen und Lehrgängen[88] in eine, ebenfalls vom Justizministerium geführte Liste der Bildungseinrichtungen, welche zukünftige „eingetragene Mediatoren" ausbilden, festgeschrieben.

Trotz der an sich begrüßenswerten Regelungen des ZivMediatG, darf nicht davon ausgegangen werden, dass diese Norm auf alle Mediationen, welche in Österreich durchgeführt werden, anzuwenden ist. Das Gesetz gilt insbesondere nicht für jene Mediatoren, die - aus welchen Gründen auch immer - nicht in die angeführte Liste beim Bundesministerium für Justiz eingetragen sind.[89] Der gesetzliche Wirkungsbereich ist zudem auf Mediationen in Konflikten, die in die sachliche Entscheidungskompetenz der ordentlichen Zivilgerichte fallen würden, beschränkt. Nicht erfasst sind demnach Konflikte, die in einer anderen Verfahrensart, beispielsweise etwa im Rahmen eines Verwaltungsverfahrens, mediiert werden.[90]

Der österreichische Gesetzgeber verzichtet somit auf eine Exklusivität von „eingetragenen Mediatoren". Die Bezeichnung „Mediator" ist innerhalb Österreichs also keineswegs geschützt. Dies bedeutet, dass durchaus auch Personen, welche nicht die Voraussetzungen des ZivMediatG erfüllen, in Österreich Mediationen in Zivilrechtssachen durchführen dürfen.[91] Solche Mediatoren sind jedoch nicht berechtigt, sich als „eingetragener Mediator", sondern (nur) als „Mediator", zu bezeichnen. Zudem greifen nicht die relevanten Verfahrensvorteile

---

zungen liegen kumulativ vor) wohl kaum die Eintragung aufgrund „mangelnder persönlichen Reife" aus sachlich gerechtfertigten Gründen, untersagt werden kann. Vielmehr sollte das Alter im Rahmen einer Gesamtschau der Voraussetzungen miteinbezogen werden. Eine scharfe Altersgrenze zu ziehen und ab dem Tag der Vollendung des 28. Lebensjahres plötzlich von einer „gewissen Reife" auszugehen, welche für die Tätigkeit als „eingetragener Mediator" ausreicht, erscheint, insbesondere auch hinsichtlich des verfassungsgesetzlich gewährleisteten, aus Art 7 B-VG ausfließenden Sachlichkeitsgebotes, äußerst fragwürdig.

87 Diese ist mittels Strafregisterbescheinigung nachzuweisen, welche nicht älter als drei Monate sein darf. Pruckner, Mediation § 9 ZivMediatG Rz 2.

88 §§ 23 ff ZivMediatG.

89 Siehe dazu insbesondere das Kapitel IV. D. Berufsrecht.

90 Beispielsweise Umweltmediationen oder Mediationen im Bereich der Schule (so genannte „Peer-Mediationen"). Siehe RV 24 BlgNR XXII. GP zu § 1.

91 Ferz/Filler, Mediation § 15 Rz 4.

der gesetzlichen Verschwiegenheit und der Hemmung von Fristen[92], welche das ZivMediatG vorsieht.[93] Fragwürdig bleibt mE insbesondere im Sinne der Konsumentenfreundlichkeit, ob potentiellen Medianden diese feine Abweichung in der Berufsbezeichnung auf den ersten Blick auffällt bzw ob ihnen die damit einhergehenden Unterschiede in der Qualifikation eines Mediators auch bewusst sind. Abhilfe dagegen könnte eine standesrechtlich geschützte Berufsbezeichnung, wie sie etwa für Ärzte und Rechtsanwälte gilt, schaffen.

2. Deutschland

Im folgenden Abschnitt findet nach einer kurzen Vorstellung jener deutschen Gesetze, welche Mediation bzw außergerichtliche Streitbeilegung explizit nennen, eine Darstellung des deutschen Einführungsgesetzes zur Zivilprozessordnung und des Bayrischen Schlichtungsgesetzes statt. Diese beiden Gesetze wurden innerhalb dieser Arbeit als Beispiele für die gesetzliche Manifestierung von außergerichtlicher Streitbeilegung in der deutschen Rechtsordnung gewählt.

Im deutschen Recht gibt es keine gesetzliche Definition von Mediation. Insbesondere zur Abgrenzung gegenüber anderen Konfliktlösungsverfahren wäre dies jedoch sinnvoll. Wie die folgenden Ausführungen zeigen, ist in deutschen Normen eher die Rede von „außergerichtlicher Streitschlichtung" oder „Gütestelle", worunter teilweise auch ein Mediationsverfahren subsumiert werden kann. Für die Medianden bestehen jedoch große Unsicherheiten hinsichtlich des durchgeführten Verfahrens, das formell unter dem Deckmantel Mediation geführt wird, tatsächlich jedoch nicht den Grundsätzen der Mediation entspricht. In der Praxis resultiert dies dann in - für die gesellschaftliche Akzeptanz von Mediation nicht förderlichen - falschen Vorstellungen von Mediation. Im Rahmen der Qualitätssicherung des Verfahrens sowie der Rechtssicherheit der Medianden innerhalb Deutschlands, wird deshalb an dieser Stelle auf die Wichtigkeit einer gesetzlichen Normierung dezidiert hingewiesen.

---

92 Siehe zur Verschwiegenheit und zur Hemmung von Fristen das Kapitel IV. C. Rechte und Pflichten in der Mediation.

93 Ferz, Kenne deine Rechte und Pflichten – Das österreichische Zivilrechts-Mediations-Gesetz in der Praxis, perspektive mediation 2005/1, 17.

a. „Mediation“ in der deutschen Gesetzgebung

In der dZPO findet sich bislang der Begriff Mediation nicht, wobei im § 278 Abs 5 dZPO[94] die außergerichtliche Streitschlichtung angesprochen ist. Danach besteht für Richter die Möglichkeit, Mediation, sozusagen als Unterfall der außergerichtlichen Streitschlichtung, vorzuschlagen und bei Einverständnis der Parteien gegebenenfalls das Ruhen des Gerichtsverfahrens anzuordnen.[95]

Im Bereich des deutschen Anwaltsrechts ist im § 2 Abs 3 Z 4 Rechtsdienstleistungsgesetz (RDG[96]) niedergeschrieben, dass es sich bei Mediation nicht um Rechtsberatung handelt. Eine weitere gesetzliche Erwähnung von Mediation im Anwaltsrecht findet sich zur Anwaltsvergütung in § 34 Rechtsanwaltsvergütungsgesetz (RVG[97]).

Mediation ist ebenfalls im § 5a Abs 3 des deutschen Richtergesetzes (DRiG[98]) angeführt. Das Gesetz nennt Mediation als ein Beispiel für die Schlüsselqualifikationen, welche innerhalb der universitären Juristenausbildung zu vermitteln sind.

Schließlich ist noch in § 124 des deutschen Telekommunikationsgesetzes (TKG[99]) davon die Rede, dass die Bundesnetzagentur in geeigneten Fällen zur Beilegung telekommunikationsrechtlicher Streitigkeiten den Konfliktparteien einen einvernehmlichen Einigungsversuch vor einer Gütestelle vorschlagen kann, wobei in einem Klammerzusatz „Mediationsverfahren“ angeführt ist. Zweifelhaft ist jedoch, ob es sich dabei um ein den Qualitätskriterien der klassischen Mediation entsprechendes Verfahren handelt, da nach den Begründungen zum Gesetz, der Mediator selbst Lösungsvorschläge anbieten soll.[100] Dies steht

---

94 Zivilprozessordnung der Republik Deutschland BGBl I S 3202 vom 5.12.2005 zuletzt geändert durch Art 1 des Gesetzes vom 30.10.2008 BGBl I S 2122.

95 Oehlerking, Die Mediation im Visier der nationalen Gesetzgebung, in Greger/Unberath (Hg), Die Zukunft der Mediation in Deutschland (2008) 55; Zu den Hintergründen bzw Zielen dieser Regelung siehe etwa Spindler, Gerichtsnahe Mediation in Niedersachsen. Eine juristisch-rechtsökonomische Analyse (2006) Rz 1ff.

96 Rechtsdienstleistungsgesetz (Gesetz über außergerichtliche Rechtsdienstleistungen) BGBl I S 2840 vom 12.12.2007 zuletzt geändert durch Art 6 des Gesetzes vom 12.6.2008 BGBl I S 1000.

97 Gesetz über die Vergütung der Rechtsanwältinnen und Rechtsanwälte (Rechtsanwaltsvergütungsgesetz) BGBl I S 718, 788 vom 5.5.2004 zuletzt geändert durch Art 6 des Gesetzes vom 30.10.2008 BGBl I S 2122.

98 Deutsches Richtergesetz BGBl I S 713 vom 19.4.1972 zuletzt geändert durch Art 9 des Gesetzes vom 5.2.2009 BGBl I S 160.

99 Telekommunikationsgesetz BGBl I S 1190 vom 22.6.2004 zuletzt geändert durch Art 4 des Gesetzes vom 29.4.2009 BGBl I S 994.

100 Oehlerking in Greger/Unberath, Zukunft der Mediation 55.

dem Prinzip der Eigenverantwortlichkeit entgegen, nach welchem die Medianden selbst bestimmen und unter eigener Verantwortung eine Beilegung des Konflikts erzielen sollen.

b. Das Einführungsgesetz der Zivilprozessordnung - § 15a dEGZPO

Zur Förderung der Akzeptanz des Gedankens der außergerichtlichen Streitlösung sowie zur Stärkung der privatautonomen Beilegung von Konflikten wurde im deutschen Bundesrecht eine Ermächtigungsklausel eingeführt, welche die Länder zur gesetzlichen Verankerung von obligatorischen außergerichtlichen Streitbeilegungsverfahren berechtigt.

Die Öffnungsklausel des § 15a[101] dEGZPO, der am 1.1.2000 in Deutschland in Kraft getreten ist, bietet seither den Bundesländern die Möglichkeit durch Landesgesetz festzulegen, dass bei Konflikten über bestimmte Angelegenheiten die Erhebung einer Klage erst zulässig ist, nachdem von einer durch die Landesjustizverwaltung eingerichteten oder anerkannten Gütestelle ein Versuch zur einvernehmlichen Beilegung der Streitigkeit unternommen wurde.[102] In den Anwendungsbereich des § 15a dEGZPO fallen vermögensrechtliche Konflikte vor dem Amtsgericht über Ansprüche, deren Gegenstand in Geldeswert die Höhe von € 750 nicht übersteigt[103] sowie Streitigkeiten über Ansprüche aus dem Nachbarrecht[104]. Zudem sind Konflikte über Ansprüche wegen Verletzung der persönlichen Ehre, mit Ausnahme jener, die in Presse oder Rundfunk begangen werden, sowie Konflikte über gewisse Ansprüche aus dem Allgemeinen Gleichbehandlungsgesetz[105] in § 15a dEGZPO angeführt.

---

101 Eingefügt mit Gesetz vom 15.12.1999 BGBl I S 2400.

102 Siehe zu § 15a dEGZPO etwa Alexander, Die Institutionalisierung von Mediation. Entwicklungen in den USA, Australien und Deutschland, ZKM 4/2001, 162 (165); Grziwotz, Erfolgreiche Verhandlungsführung und Konfliktmanagement durch Notare (2001) Rz 351ff; Hartges, Außergerichtliche Konfliktlösung in Deutschland – Modell ÖRA – (2003) 139; Kocher in Schiek (Hg), Allgemeines Gleichbehandlungsgesetz (AGG). Ein Kommentar aus europäischer Perspektive (2007) 446ff; Lenz, Mediation 92ff; Von Marcard, Das Berufsrecht des Mediators (2004) 17f.

103 Auch als Bagatellstreitigkeiten bezeichnet. Vgl Kempe, Die Stellung des Rechtsanwalts im obligatorischen Schlichtungsverfahren nach § 15a EGZPO, dAnwBl 7/2003, 393.

104 Ausschließlich Streitigkeiten gemäß §§ 906, 910, 911, 923 BGB sowie den landesgesetzlichen Vorschriften im Sinne des Art 124 des Einführungsgesetzes zum BGB, sofern es sich nicht um Einwirkungen eines gewerblichen Betriebes handelt.

105 Allgemeines Gleichbehandlungsgesetz (AGG) vom 14.8.2006 BGBl I S 1897 zuletzt geändert durch Art 15 Abs 66 des Gesetzes vom 5.2.2009 BGBl I S 160.

Eine Klage betreffend die angeführten Rechtsstreitigkeiten kann nur dann bei Gericht eingebracht werden, wenn die Gütestelle der klagenden Person eine (auf Antrag auszustellende) Bescheinigung über einen erfolglosen Einigungsversuch ausstellt.[106] Zum Verfahren enthält § 15a dEGZPO keine weiteren Angaben und bietet hinsichtlich der jeweiligen Umsetzung den Ländern einen durchaus großen Spielraum.[107]

Die Ziele[108] des § 15a dEGZPO sind einerseits die Förderung des Verfahrens der außergerichtlichen Konfliktlösungsmöglichkeiten und andererseits die Entlastung der Amtsgerichte, da die Länder durch den außerordentlichen Anstieg der Geschäftszahlen, einhergehend mit der Notwendigkeit des Aufbaus bzw Ausbaus einer rechtsstaatlichen Justiz in den neuen Bundesländern Deutschlands, schon seit Beginn der 1990er Jahre nach Entlastungsmöglichkeiten für die Zivilgerichte Ausschau hielten und wohl immer noch halten.[109]

I. Das Bayrische Schlichtungsgesetz

Das BaySchlG stellt das erste[110] Landesgesetz dar, welches im Rahmen des § 15a dEGZPO erlassen wurde[111] und zeigt, dass das Gesetz insbesondere auf die Kompetenz der rechtsberatenden Berufe vertraut, da als Schlichter ex lege aus-

---

106 Dies auch, wenn der zuständige Schlichter von vornherein die Angelegenheit für eine Schlichtung aus rechtlichen oder tatsächlichen Gründen für ungeeignet erachtet, wobei jedoch die Gründe davor in der Bescheinigung anzuführen sind. Vgl Art 4 Abs 2 und 3 BaySchlG.

107 Gößl, Außergerichtliche Konfliktlösung, in Hannemann/Wiegner (Hg), Wohnraummietrecht2 (2005) Rz 11.

108 Alexander, ZKM 4/2001, 162 (165); Greger, Abschlussbericht Forschungsprojekt „Außergerichtliche Streitbeilegung in Bayern" (2004) 7f.

109 Weiterführend und durchaus auch mit kritischen Anmerkungen zum § 15a dEGZPO vgl etwa Greger, Mediation und Justiz, in Greger/Unberath (Hg), Die Zukunft der Mediation in Deutschland (2008) 89 (96), welcher ein feiner abgestimmtes System eines obligatorischen Güteverfahrens vorschlägt und den § 15a dEGZPO als „viel zu holzschnittartig" bezeichnet.

110 Zur Entstehung des Gesetzes siehe Heßler, Das Bayrische Schlichtungsgesetz: Einführung und Erwartungen an dessen Umsetzung, MittBayNot 2000 Sonderheft zu Ausgabe 4, 2 (2).

111 Weitere Schlichtungsgesetze wurden beispielsweise in Baden-Württemberg, Brandenburg, Hessen, Nordrhein-Westfalen, Sachsen-Anhalt und Schleswig-Holstein erlassen. Als Folge dieser föderalen Lösung kommt es freilich zu einer – durchaus auch kritisch zu betrachtenden – Rechtszersplitterung. Dazu weiterführend siehe Jenkel, Der Streitschlichtungsversuch als Zulässigkeitsvoraussetzung in Zivilsachen. Eine Untersuchung des § 15a EGZPO und seiner Landesausführungsgesetze mit vergleichendem Blick auf Konfliktlösungsmechanismen in den USA (2002) 99ff.

schließlich Rechtsanwälte[112], Notare und dauerhaft eingerichtete Schlichtungsstellen der Kammern, Innungen und Berufsverbände vorgesehen sind.[113]

Eine Schlichtungsstelle kann entweder einvernehmlich oder einseitig angerufen werden, um die Prozessvoraussetzung des Schlichtungsversuches zu erfüllen. Folglich unterscheidet das BaySchlG auch zwischen der einvernehmlich obligatorischen Schlichtung gem Art 3 Abs 1 BaySchlG und der einseitigen Antragstellung (von nur einer Konfliktpartei) gem Art 6 BaySchlG.

Hervorzuheben ist, dass es keinen Zwang zur Teilnahme am obligatorischen Schlichtungsverfahren gibt. Als Sanktion eines unentschuldigten Fernbleibens vom Schlichtungstermin ordnet Art 11 Abs 4 BaySchlG lediglich folgende Rechtsfolge an: Erscheint der Antragssteller nicht, gilt der gestellte Antrag als zurückgenommen, wenn nicht bereits ein Teil der Vergütung[114] (so genannter Vorschuss) für das Tätigwerden des Schlichters eingezahlt wurde. Bleibt der Antragsgegner unentschuldigt fern, wird dem Antragsteller nach Ablauf von 14 Tagen ein Zeugnis über die Erfolglosigkeit der Schlichtung ausgestellt. Damit wird dem Antragsteller der Weg zu Gericht eröffnet. Eine Pflicht zum Erscheinen vor der Schlichtungsstelle ordnet das Gesetz demnach nicht an.

Art 8 BaySchlG regelt die Pflichten des Schlichtungsorgans. Konkrete Pflichten werden bis auf den Hinweis der unparteiischen[115] und unabhängigen Ausübung des Amtes bzw die zügige Erledigung des Schlichtungsverfahrens, jedoch nicht dezidiert genannt. Es wird lediglich auf die allgemeinen Berufspflichten der Schlichtungsorgane hingewiesen. Hinsichtlich der Tatsachen, die Gegenstand des Schlichtungsverfahrens sind, wird gem Art 8 Abs 2 BaySchlG ein Zeugnisverweigerungsrecht anerkannt.

Das obligatorische Schlichtungsverfahren ist expressis verbis eine Prozessvoraussetzung für ein nachfolgendes Gerichtsverfahren.[116] Der Terminus „obligatorisch" sollte jedoch mE nicht überbewertet werden. Ein für ein etwaiges Gerichtsverfahren zwingend notwendiges Zeugnis wird nämlich mitunter auch dann von der Schlichtungsstelle ausgestellt, wenn die Schlichtung nur von einer einzigen Konfliktpartei versucht wurde, die Gegenpartei jedoch gar nicht zum Schlichtungstermin erschienen ist. Der Weg zu den ordentlichen Gerichten ist

---

112 Wobei diese nicht gleichzeitig Parteienvertreter sein dürfen.

113 Art 3 Abs 1 BaySchlG. Dazu weiterführend Heßler, Das Bayrische Schlichtungsgesetz, MittBayNot 2000 Sonderheft zu Ausgabe 4, 2 (4).

114 Siehe dazu Abschnitt IV des BaySchlG über die Vergütung der Gütestellen. Die Gebühr für das Verfahren beträgt gem Art 13 Abs 2 BaySchlG € 50, wenn das Verfahren ohne Schlichtungsgespräch endet, bzw € 100 falls ein Schlichtungsgespräch stattfindet.

115 Vgl dazu Art 8 Abs 2 Satz 2: „Wer als Schlichter tätig war, kann in derselben Sache keine der Parteien im gerichtlichen Verfahren vertreten."

116 Art 1 BaySchlG.

demnach ebenfalls eröffnet und die „obligatorische" Inanspruchnahme einer außergerichtlichen Streitbeilegung ist faktisch obsolet geworden. Somit kann, kritisch betrachtet, die obligatorische Schlichtung auch als das „Schaffen einer bloß formalen Voraussetzung" für ein - unter Umständen mangels Überzeugung von außergerichtlichen Konfliktlösungsverfahren - von vornherein angestrebtes, Gerichtsverfahren gesehen werden.

Abgrenzung zwischen Schlichtung und Mediation

Die Unterscheidung zwischen Schlichtung und Mediation ist gerade deshalb ein schwieriges Unterfangen, weil in der Alltagspraxis die beiden Termini sehr undifferenziert verwendet werden. Oftmals wird – untechnisch – von Mediation gesprochen, obwohl korrekterweise Schlichtung gemeint ist und umgekehrt.

Unumstritten ist jedoch, dass Schlichtung und Mediation miteinander verwandte Verfahren sind. So wird etwa sowohl eine Schlichtung als auch eine Mediation von einer dritten neutralen Person (Mediator bzw Schlichter) begleitet. Auch hinsichtlich des Abschlusses der Verfahren sind die beiden außergerichtlichen Konfliktbeilegungsverfahren sehr ähnlich: Ein Schlichtungsverfahren kann gleich einer Mediation mit einer vertraglichen Vereinbarung (Vergleich) enden.[117]

Wie die Bezeichnung des BaySchlG schon zeigt, geht es in diesem Gesetz nicht um Mediation, sondern um Schlichtung. Ein Unterschied[118] zwischen Schlichtung und Mediation kann, gerade bei der Analyse des BaySchlG, insofern festgestellt werden, als Schlichter eher rechtliche Positionen bzw Kompromissvorschläge abgeben und somit stets ein gewisses Risiko besteht, dass sich das gesamte Verfahren relativ rasch auf die Diskussion von rechtlichen Einzelfragen konzentriert.[119] Auch dies ist mitunter ein Grund dafür, weshalb für Schlichtungen nach dem BaySchlG Rechtsexperten herangezogen werden. Kennzeichnend für eine Schlichtung ist zudem, dass sich der Schlichter (ähnlich der Richter innerhalb eines Gerichtsverfahrens) meist mit der Bewertung des Sachverhalts beschäftigt. Bewirkt eine Schlichtung die Beilegung des Konflikts, geschieht dies typischerweise durch beiderseitiges Nachgeben der Streitparteien im Sinne eines Kompromisses.[120]

---

117 Art 12 BaySchlG.

118 Zur Abgrenzung von Vermittlung und Schlichtung siehe weiterführend etwa Glenewinkel, Mediation 50f; Von Marcard, Berufsrecht 15ff.

119 So zeigte die Evaluierung des BaySchlG, dass die meisten Schlichter mit „eigenen Vorschlägen" und „eigenen Stellungnahmen" den Konflikt zu lösen versuchten. Vgl Greger, „Außergerichtliche Streitbeilegung in Bayern" 13.

120 Vgl dazu Von Bargen, Gerichtsinterne Mediation: Eine Kernaufgabe der rechtsprechenden Gewalt (2008) 54ff.

Der Mediator hingegen ist allparteilich und nimmt grundsätzlich keine Bewertungen des Sachverhaltes vor. Zur Beilegung des Konflikts kommt es nicht infolge des beiderseitigen Abrückens von den Ausgangsforderungen der Parteien. Vielmehr liegt der Fokus des Mediationsverfahrens auf den Interessen der Medianden. Im Gegensatz zur bloßen Kompromisslösung wird im Rahmen eines Mediationsverfahrens somit eine Konsenslösung ermöglicht.

Bei der Analyse des BaySchlG fällt relativ schnell auf, dass jenes Schlichtungsverfahren, von dem das BaySchlG ausgeht, nur sehr wenig mit Mediation bzw den ihr zugrunde liegenden Prinzipien, gemeinsam hat. Klar wird dies insbesondere im Art 10 Abs 1 BaySchlG, der wie folgt lautet: *„Auf Grundlage der Schlichtungsverhandlung kann er [der Schlichter; Anmerkung der Autorin] den Parteien einen Vorschlag zur Konfliktbeteiligung unterbreiten.“* Dies führt mE bei den Konfliktparteien zu einem erheblichen Einigungsdruck, welcher sich negativ auf das gesamte Verfahren auswirken kann. Die zentrale Annahme, welche der Mediation zugrunde liegt, nämlich das Prinzip der Eigenverantwortlichkeit[121], ist dadurch nicht verwirklicht. Mediation geht insbesondere davon aus, den Konfliktparteien keine Konfliktbeilegungsmöglichkeiten[122] von außen stehenden Dritten aufzuoktroyieren. Vielmehr werden die Parteien innerhalb des Mediationsverfahrens unterstützt, selbst eine – meist besser akzeptierte und bei weitem nachhaltigere – Lösung zu erarbeiten. Diese Konzentration auf die Interessen der Parteien eines Konflikts zeichnet Mediation gerade aus; davon lebt ihr Erfolgspotential.

Ein Schlichtungsverfahren stellt insbesondere für Sachkonflikte, beispielsweise anlässlich einer mangelhaften Leistung, ein schnelles und kostengünstiges Verfahren dar.[123] Hier liegt mE ebenso ein wesentlicher Unterschied zur Mediation, bei der es gerade nicht um die Erläuterung rechtlicher Ansprüche geht. Reine Sachkonflikte eignen sich demnach – im Vergleich zu Interessenskonflikten – weniger für die Lösung mittels Mediation. Insofern könnte ein Schlichtungsverfahren[124] für Konflikte über vermögensrechtliche Angelegenheiten durchaus einen sinnvollen Beitrag zur Entlastung der Gerichte leisten. Dies war ursprünglich in Art 1 Abs 1 BaySchlG vorgesehen. Allerdings wurde diese Bestimmung bereits durch Art 21 Abs 2 BaySchlG aufgehoben. Für die im BaySchlG angeführten nachbarrechtlichen Konflikte oder die Ansprüche wegen Verletzung der persönlichen Ehre wäre wohl Mediation einem Schlichtungsver-

---

121 Dazu weiterführend etwa Hohmann/Morawe, Praxis der Familienmediation 3; Schröder, Familienmediation Rz 37; Von Bargen, Gerichtsinterne Mediation (2008) 26f.

122 Bewusst wird hier nicht das Wort „Lösung“ verwendet!

123 Gößl in Hannemann/Wiegner, Wohnraummietrecht Rz 13.

124 Siehe dazu Art 21 Abs 2 BaySchlG.

fahren vorzuziehen. Dies insbesondere deshalb, weil sich die hinter den Positionen der Konfliktparteien verborgenen Interessen üblicherweise nicht auf den ersten Blick identifizieren lassen.[125] Häufig gehen mit diesen Streitigkeiten nicht zu unterschätzende Emotionslagen einher, wobei sich der Konflikt bereits auf einer durchaus kritischen Eskalationsstufe befinden kann. All dies ist in einem Mediationsverfahren grundsätzlich besser aufgehoben.

Verbesserungspotential des BaySchlG

Das BaySchlG stellt innerhalb Deutschlands einen Pilotversuch der Förderung der außergerichtlichen Streitbeilegung dar. Sicherlich ist dadurch eine – an sich begrüßenswerte – Entwicklung in Gang gekommen, die aber zweifelsohne noch einer Verbesserung bedarf. Die vorliegende Untersuchung hat gezeigt, dass das im BaySchlG vorgesehene Verfahren zur außergerichtlichen Streitbeilegung kaum mediative Elemente enthält. Das Konzept der obligatorischen Schlichtung, von dem das BaySchlG ausgeht, sollte mE insbesondere eine Entwicklung in Richtung Mediation erfahren.

Schlichtung und Mediation müssen klar voneinander unterschieden werden. Bei der Mediation werden die Parteiinteressen in den Mittelpunkt gestellt. Der Mediator gibt keinen Vorschlag zur Beilegung des Konflikts ab. Schlichter hingegen unterbreiten den Konfliktparteien eigene Ideen zur Lösung des Konflikts. Die Vorteile und die Sinnhaftigkeit der jeweiligen Verfahrensart hängen vom jeweiligen Konflikt ab, wobei sich die Schlichtung insbesondere für Sach-, oder Vermögensangelegenheiten eignet. Für Interessenskonflikte, insbesondere bei familienrechtlichen Auseinandersetzungen bzw falls zwischen den Konfliktparteien ein miteinander in Kontakttreten in Zukunft möglich sein sollte, ist Mediation der Vorzug zu gewähren.

Da im Art 21 Abs 2 BaySchlG das Außerkrafttreten des Art 1 Abs 1 BaySchlG mit 31.12.2005 vorgesehen war[126], wurden die Auswirkungen des Gesetzes bereits im Jahr 2004 umfassend analysiert.[127] Diese Untersuchung hat insbesondere ergeben, dass in Zukunft zwar das Konzept der „professionellen Schlichtung"[128] beibehalten werden sollte, dass es jedoch insoweit verbesse-

125 Alexander, ZKM 4/2001, 162 (165).

126 Bayern hat das Gesetz als so genanntes „Zeitgesetz" konzipiert.

127 Weiterführend die wissenschaftliche Untersuchung des Lehrstuhls für Bürgerliches Recht, Zivilprozessrecht und freiwillige Gerichtsbarkeit der Juristischen Fakultät der Friedrich-Alexander-Universität Erlangen-Nürnberg in Greger, „Außergerichtliche Streitbeilegung in Bayern" (2004).

128 Diese Bezeichnung deshalb, weil in Bayern Notare und Rechtsanwälte, aber keine juristischen Laien als Schiedspersonen tätig werden. Greger, „Außergerichtliche Streitbeilegung in Bayern" 7.

rungsfähig wäre, als das Tätigwerden bzw die Zulassung von Schlichter vom Nachweis einer besonderen Schlichtungskompetenz abhängig gemacht werden könnte.[129] Vergleicht man gerade die Erfolgspotentiale[130] von Schlichtung und Mediation könnte das deutsche Modell mE insofern verbessert werden, als für die Tätigkeit der Schlichter ähnliche (Zusatz-) Qualifikationen, wie jene für „eingetragene Mediatoren" nach dem österreichischen ZivMediatG[131], normiert werden. Das Einbeziehen von mediativen Elementen in die Schlichtung nach dem BaySchlG würde wohl zu einer nachhaltigen Erfolgsauswirkung führen.

3. Die Mediationsrichtlinie

Innerhalb der europäischen Rechtsbereiche wird in den letzten Jahren die Tendenz zur Förderung alternativer Streitbeilegungsmethoden zunehmend erkennbar.[132] Insbesondere die Richtlinie des Europäischen Parlaments und des Rates aus dem Jahr 2008 über bestimmte Aspekte der Mediation in Zivil- und Handelssachen[133] (im Folgendem kurz: Mediationsrichtlinie) hat innerhalb Deutschlands für eine Diskussion zur Ausgestaltung eines Mediationsgesetzes gesorgt. Diese Richtlinie gibt als europaweiten Stichtag für die Umsetzung in die jeweilige nationale Rechtsordnung den 21.5.2011[134] vor. Spätestens bis dahin muss auch der nationale Gesetzgeber handeln, da die verbindlichen Mindestvorgaben umzusetzen sind.

Als Grund für die Erlassung der Richtlinie wird in den Erwägungen unter anderem angeführt, dass Mediation ein kostengünstiges und auf die Bedürfnisse der Parteien zugeschnittenes Verfahren darstellt. Vereinbarungen die innerhalb eines Mediationsverfahrens getroffen wurden, werden eher freiwillig eingehalten. Daraus folgt, dass die Entwicklung von zukunftsfähigen Beziehungen zwi-

---

129 Greger, „Außergerichtliche Streitbeilegung in Bayern" 106.

130 So ist bei Konfliktparteien, welche Mediation in Anspruch genommen haben noch nach mehreren Jahren ein Grad der Zufriedenheit von etwa 80 % vorhanden. Bei Schlichtungsverfahren hingegen liegt die Befriedigungswirkung bei lediglich 37 %, wobei oftmals keine grundlegende Verbesserung des zukünftigen Verhältnisses der Parteien bewirkt werden konnte. So Greger, „Außergerichtliche Streitbeilegung in Bayern", 38f; Siehe auch Lenz, Mediation 151.

131 öBGBl I 29/2003.

132 Siehe dazu etwa Mayr/Weber, Europäische Alternativen zur Förderung der alternativen Streitbeilegung, ZfRV 2007/26, 163.

133 Richtlinie 2008/52/EG vom 21.5.2008 über bestimmte Aspekte der Mediation in Zivil- und Handelssachen, ABl L 136/3 vom 24.4.2008.

134 Art 12 RL 2008/52/EG

schen den ehemaligen Konfliktparteien gefördert und letztendlich auch möglich wird.[135]

Unter anderem regelt die Richtlinie das Verhältnis von Mediation und Gerichtsverfahren in Zivil- und Handelssachen, jedoch nur bei grenzüberschreitenden[136] Konflikten.[137] Eine grenzüberschreitende Mediation liegt vor, wenn zumindest eine Mediationspartei ihren Wohnsitz oder gewöhnlichen Aufenthalt in einem anderen Mitgliedsstaat als die andere Partei aufweist. Aus Erwägungsgrund 16 der Richtlinie geht hervor, dass die Mitgliedstaaten die Aus- und Fortbildung von Mediatoren sowie die Einrichtung von wirksamen Mechanismen zur Qualitätskontrolle hinsichtlich Mediationsdienstleistungen mit allen, geeignet erscheinenden, Mitteln zu fördern haben.[138] Ziel dieser Bestimmung sollte die Sicherstellung von Mediationen, welche wirksam, unparteiisch und sachkundig durchgeführt werden, sein. Zudem ist in Art 4 Abs 1, die als sinnvoll erachtete Entwicklung und Einhaltung von freiwilligen Verhaltenskodizes[139] durch Mediatoren bzw Organisationen, welche Mediationsdienstleistungen erbringen, angeführt. Solche Verhaltenskodizes stellen beispielsweise die Verfahrensordnung des BMWA innerhalb Deutschlands, die Ethikrichtlinie des österreichischen Netwerks für Mediation[140] oder auch der Europäische Verhaltenskodex für Mediatoren[141] dar.

Die normierten Regelungen zur Vollstreckung, zur Hemmung von Fristen sowie zur Vertraulichkeit des Mediationsverfahrens, bilden grundlegende Voraussetzungen für die Rechtssicherheit der Medianden. Gerade der Grundsatz der Vertraulichkeit[142] innerhalb eines Mediationsverfahrens wird durch die Bestimmung in Art 7 gewahrt. Danach dürfen weder Mediatoren noch anderweitig in die Durchführung des Mediationsverfahren eingebundene Personen[143] gezwungen werden, in Gerichts- oder Schiedsverfahren bzw in Zivil- und Han-

---

135 Erwägungsgrund 6 zur RL 2008/52/EG.

136 Erwägungsgrund 8 zur RL 2008/52/EG. Ausführlich dazu Art 2 RL 2008/52/EG.

137 Wobei es den Mitgliedstaaten frei steht die Bestimmungen auch auf interne Mediationsverfahren anzuwenden.

138 Erwägungsgrund 16 zur RL 2008/52/EG.

139 Art 4 RL 2008/52/EG.

140 Österreichisches Netzwerk Mediation, Ethikrichtlinien für MediatorInnen (2005).

141 Abrufbar unter http://ec.europa.eu/ (dl 4.5.2009).

142 Siehe dazu die Ausführungen zur Verschwiegenheit und Vertraulichkeit, welche im österreichischen ZivMediatG normiert sind, im nachfolgenden Kapitel „Rechte und Pflichten in der Mediation".

143 Darunter werden wohl Hilfspersonen, Sekretäre oder Praktikanten zu verstehen sein. So auch die Regelung über die Vertraulichkeit im § 18 ZivMediatG in dem es lautet: „Gleiches gilt für Hilfspersonen des Mediators sowie für Personen, die im Rahmen einer Praxisausbildung bei einem Mediator unter dessen Anleitung tätig sind."

delssachen auszusagen oder Informationen der Öffentlichkeit zugänglich zu machen, die aus einem Mediationsverfahren oder im Zusammenhang mit einem solchen, bekannt geworden sind.[144] Ein generelles Aussageverweigerungsrecht, welches das nationale deutsche Recht bislang nicht vorsieht ist im österreichischen Recht bereits durch das Vernehmungsverbot und das Zeugnisverweigerungsrecht im zivil- und strafgerichtlichem Verfahren gem § 320 Abs 1 Z 4 ZPO[145] und § 157 Abs 1 Z 3 StPO[146] verwirklicht. Kritisiert wird, dass die Richtlinie keine Regelungen für die Verwendung von während einer Mediation erlangten Informationen in einem Gerichtsverfahren gegen die jeweils andere Partei trifft.[147]

Ein weiterer Kernaspekt der Richtlinie ist die Auswirkung der Mediation auf Verjährungsfristen. Nach Art 8 haben die Mitgliedstaaten dafür Sorge zu tragen, dass die Parteien, welche einen Konflikt im Wege der Mediation beizulegen versuchen, im Anschluss daran nicht durch das Ablaufen der Verjährungsfristen daran gehindert werden, ein Gerichts- oder Schiedsverfahren hinsichtlich derselben Streitigkeit einzuleiten.[148] Auch dies ist eine grundlegende Voraussetzung für die Parteien der Mediation, um ohne Zeitdruck zu einer einvernehmlichen Lösung zu finden und nicht befürchten zu müssen, dass im Falle des Scheiterns der Mediation, ursprünglich vorhandene Rechtsansprüche obsolet geworden sind.[149]

Aus der Richtlinie geht zudem hervor, dass staatlichen Richtern die Befugnis zukommt, die Parteien aufzufordern[150] eine Mediation zur Streitbeilegung in Anspruch zu nehmen. Begrüßenswert erscheint auch jenes Detail im Art 5 der Mediationsrichtlinie, worin von Informationsveranstaltungen über die Nutzung von Mediation die Rede ist, zu dessen Besuch die Konfliktparteien ebenfalls von Richtern aufgefordert werden können, vorausgesetzt solche Veranstaltungen

144 Art 7 RL 2008/52/EG. Mit dieser Bestimmung korrespondiert Art 18 ZivMediatG wobei im österreichischen Recht für einen Verstoß gegen die Pflicht zur Verschwiegenheit und Vertraulichkeit sogar eine Strafbestimmung in § 31 ZivMediatG vorgesehen ist.

145 Zivilprozessordnung 1895 RGBl 1895/113 idF 2009/30.

146 Strafprozessordnung 1975 BGBl 1975/631 idF BGBl I 2007/109.

147 Hamburger Wirtschaft, Mediation. Gesetz bis Mai 2011, Ausgabe Februar 2009, abrufbar http://www.hk24.de/share/hw_online/hw2009/artikel/19_recht_fairplay/09_02_48_mediation.html (dl 2.5.2009).

148 Art 8 RL 2008/52/EG.

149 Österreich regelt die Fristen hemmende Wirkung im § 22 ZivMediatG, welcher seit 1.5.2004 den §§ 99 EheG sowie den Art XVI KindRÄG ersetzt.

150 Wobei darunter keine verbindliche Verweisung zu verstehen ist.

werden durchgeführt und sind leicht zugänglich.[151] Über die Umsetzung dieser „Kann-Bestimmung" entscheidet jedoch der jeweilige Mitgliedstaat. Letztendlich wird es – vorausgesetzt die Entscheidungsträger erklären sich dazu bereit – wiederum die Aufgabe der Politik und des jeweiligen nationalen Staates bleiben, finanzielle Mittel für solche Informationskampagnen über außergerichtliche Konfliktlösungsmethoden wie Mediation bereitzustellen.

Die bloße Umsetzung der Richtlinie „hinter verschlossenen Türen", ohne weiterführende staatliche Bemühungen, wird wahrscheinlich zu keiner nachhaltigen Bewusstseinsänderung der Bevölkerung bzw der klassischen Streitkultur und des Denkens in Rechtsansprüchen (welches von Entscheidungsträgern leider häufig noch immer präferiert wird) führen.

a. Umsetzung der Mediationsrichtlinie durch das ZivMediatG

Das österreichische Recht sieht etwa hinsichtlich der Verjährung von Fristen im § 22 ZivMediatG für Mediationen, welche von „eingetragenen Mediatoren" durchgeführt werden folgendes vor: Der Beginn und die gehörige Fortsetzung einer Mediation hemmen Anfang und Fortlauf der Verjährung sowie sonstiger Fristen zur Geltendmachung der von der Mediation betroffenen Rechte und Ansprüche. Auch hinsichtlich der in der Richtlinie vorgesehenen Qualitätsstandards für Mediatoren erfüllt das österreichische ZivMediatG mit dem Abschnitt VI „Ausbildungseinrichtungen und Lehrgänge" bereits die Vorgaben der Richtlinie. In der österreichischen ZPO ist in § 204 Abs 1 auch eine Hinweispflicht der Gerichte auf Einrichtungen zur einvernehmlichen Lösung von Konflikten vorgesehen, welche mit Art 5 der Mediationsrichtlinie korrespondiert.

Es sind aber auch im ZivMediatG Modifikationen hinsichtlich der Umsetzung der Mediationsrichtlinie vorzunehmen, da bisweilen keine Bestimmungen über grenzüberschreitende Mediationen im ZivMediatG enthalten sind. Im Großen und Ganzen stellt das ZivMediatG jedoch eine Basis dar, welche die von der Richtlinie vorgesehenen Intentionen, nämlich das Verfahren der Mediation qualitativ abzusichern bzw zu fördern, durchaus auf nationaler Ebene umsetzt.

151 Art 5 RL 2008/52/EG.

C. Rechte und Pflichten in der Mediation

Die Rechte und Verpflichtungen des Mediators und der Medianden ergeben sich vor allem aus den Grundprinzipien[152] der Mediation als typische Vertragsinhalte[153], aus vertraglichen Zusatzvereinbarungen und für Mediationen, auf welche gesetzliche Bestimmungen anzuwenden sind (wie Zivilrechtsmediationen nach dem ZivMediatG), insbesondere aus dem Gesetz.

Die Tätigkeit eines Mediators beinhaltet die professionelle Verhandlungsbegleitung, wobei er verpflichtet ist, den Parteien durch diese Verhandlungsbegleitung eine eigenverantwortliche Konfliktlösung zu ermöglichen. Dabei hat der Mediator sorgfältig vorzugehen, haftet jedoch nicht für das Zustandekommen, den Inhalt oder die Qualität des Mediationsergebnisses. Ein Mediator schuldet somit eine de-lege-artis[154] vorgenommene Mediation, also eine den Regeln der Kunst entsprechende Durchführung des Verfahrens im Sinne einer gewissenhaften Verfahrensleitung, wobei er mangels inhaltlicher Kompetenz nicht für das Zustandekommen einer einvernehmlichen Lösung verantwortlich ist.[155] Bei Vorliegen aller Voraussetzungen für die Bejahung von Schadenersatzansprüchen können sowohl in Österreich als auch in Deutschland, Mediatoren für Pflichtverletzungen zur Haftung herangezogen werden.

1. Österreich

In Österreich sind die, durchaus den allgemeinen, sich in der Literatur entwickelnden Prinzipien der Mediation entsprechenden, Rechte und Pflichten des

---

152 Vgl etwa die Aufzählung in BMWA, Verfahrensordnung Punkt 2; Fitsch, Rechtsfragen des Mediationsvertrages (Teil I) Grundsätzliches und Vertragsnatur, JAP 2000/2001, 70 ff; Kollros, Die Rechtsstellung des Mediators nach dem Zivilrechts-Mediations-Gesetz, ecolex 2003, 745; Schröder, Familienmediation Rz 27ff.

153 Hält sich der Mediator demnach nicht an die von Theorie und Praxis ausgearbeiteten Prozessabläufe bzw Mediationsphasen, wurde zu Beginn des Verfahrens eigens Mediation vereinbart und sind alle weiteren Voraussetzungen für die Bejahung eines Schadenersatzanspruchs gegeben, wird wohl eine Haftung bei Verletzung der Mediationsgrundsätze anzunehmen sein. Siehe etwa Kollros, ecolex 2003, 745 (746); Fitsch, Rechtsfragen des Mediationsvertrages (Teil II) Rechtsfolgen und Sonderfragen, JAP 2000/2001, 139 (141 ff).

154 Für Österreich vgl Fitsch, JAP 2000/2001, 141 ff; Lenz, Mediation 74; Roth/Gherdane in Hopt/Steffek, Mediation 105 (157); Für Deutschland vgl Schröder, Familienmediation Rz 86ff, welcher von allgemein anerkannten Regeln der „mediativen Kunst“ spricht.

155 Lenz, Mediation 74; Pruckner, Mediation 28f.

Mediators in einem eigenen Abschnitt des ZivMediatG geregelt. Aufgrund der maßgeblichen Bedeutung des ZivMediatG in Österreich wird im Folgenden insbesondere auf die gesetzlich verankerten Rechte und Pflichten von „eingetragenen Mediatoren" gem den §§ 15ff ZivMediatG eingegangen.

Für jene Mediationen, welche nicht unter das ZivMediatG zu subsumieren sind, sei an dieser Stelle insbesondere zur Rechtssicherheit der Mediandenen, auf die privatrechtlichen Vertragsgestaltungsmöglichkeiten zu Beginn des Verfahrens hingewiesen.[156]

a. Rechte und Pflichten gem ZivMediatG

I. Führen der Bezeichnung „eingetragener Mediator"

Mediatoren, die wegen ihrer fachlichen Qualifikation[157] und der Erfüllung der sonstigen Voraussetzungen[158], in der Liste des Bundesministeriums für Justiz aufgrund ihres Antrags[159] angeführt sind, sind nicht nur berechtigt sondern ferner verpflichtet[160], sich gem § 15 Abs 1 ZivMediatG, als „eingetragene Mediatoren" zu bezeichnen.[161] Diese geschützte Bezeichnung gilt, wie *Ferz*[162] es formuliert, als *„öffentliches Qualitätssiegel"*[163] für „eingetragene Mediatoren".

II. Unvereinbarkeit mit Beratungs-, Vertretungs- oder Entscheidungstätigkeiten

Im § 16 Abs 1 ZivMediatG heißt es, dass derjenige, der selbst Partei, Parteienvertreter, Berater oder Entscheidungsorgan in einem Konflikt zwischen den Mediationsparteien ist oder in der Vergangenheit war, nicht als Mediator im selben Konflikt tätig werden darf.[164] Als Begründung für diese so genannte Unvereinbarkeitsregelung[165] wird angeführt, dass sich der Mediator in den angeführten

156 Dazu oben im Kapitel IV. B. 1. b. Zivilrechts-Mediations-Gesetz.

157 § 10 ZivMediatG.

158 Roth/Markowetz, JBl 2004, 296 (299).

159 § 11 ZivMediatG.

160 Ferz/Filler, § 15 ZivMediatG Rz 4; Kollros, ecolex 2003, 745.

161 § 15 Abs 1 ZivMediatG.

162 Ferz, perspektive mediation 2005/1, 17.

163 Auch als „Öffentliches Gütesiegel" bezeichnet; so Ferz/Filler, §15 ZivMediatG Rz 3; RV 24 BlgNR XXII. GP, 18. Gem § 32 Abs 1 begeht eine Person, die sich unbefugt als „eingetragener Mediator" bezeichnet eine Verwaltungsübertretung, welche mit bis zu € 3.500 zu bestrafen ist.

164 Ferz/Filler, § 16 ZivMediatG Rz 2; Roth/Markowetz, JBl 2004, 296 (300).

165 Ferz, perspektive mediation 2005/1, 18. Beachte jedoch die Ausnahme vom Vertretungs- und Beratungsverbot insbesondere für Rechtsanwälte und Notare. Dazu Falk/Koren, ZivMediatG § 16 Rz 12ff.

Konstellationen notwendigerweise mit der Position einer Konfliktpartei bereits auseinandergesetzt und eventuell auch bereits identifiziert hat. Die dadurch entstandene Nähe bzw Distanz zu einer der Mediationsparteien erscheint mit der Rolle als Mediator jedenfalls unvereinbar.[166]

III. Aufklärungs- und Hinweispflichten

Der Mediator hat die Parteien gem § 16 Abs 2 ZivMediatG vor Beginn des Verfahrens über das Wesen der Mediation sowie deren Rechtsfolgen[167] und alle notwendigen Grundlagen für ihre Entscheidungsfindung aufzuklären. Insbesondere ist gem § 16 Abs 3 auch auf einen Beratungsbedarf in rechtlicher Hinsicht, der sich im Zusammenhang mit der Mediation ergibt, hinzuweisen. An dieser Stelle ist anzumerken, dass insbesondere die Verletzung der Aufklärungspflicht als Hauptanknüpfungspunkt der Mediatorenhaftung gilt.[168] Nach *Ferz*[169] ist über die rechtliche Beratung hinausgehend auch auf etwaigen Beratungsbedarf in sonstiger Hinsicht, insbesondere wirtschaftliche oder therapeutische Beratungen, die sich im Zusammenhang mit der Mediation ergeben, aufmerksam zu machen.

Oftmals thematisiert wird das Verhältnis von Mediation, Rechtsauskunft und Rechtsberatung. Als durchaus im Rahmen der Mediation zulässige Rechtsauskunft wird

> „die bloße Wiedergabe von Gesetzestexten und von einfachen Rechtskenntnissen“ [170]

verstanden. Rechtsberatung stellt hingegen

> „die Diskussion der Für und Wider von verschiedenen rechtlichen Vorgangsweisen bzw die Bildung einer Rechtsansicht, aufgrund von Lehre und Rechtsprechung“171 bzw „die aufklärende Beratung über die Rechtslage mit Darlegung von Interpretationsspielräumen und Risikoabwägung einschließlich Prozessprognosen“[172]

166 RV 24 BlgNR XXII. GP.

167 Vor allem die Hemmung von Fristen sowie die Verschwiegenheitsverpflichtung des Mediators.

168 Weiterführend dazu Roth/Gherdane in Hopt/Steffek, Mediation 105 (163).

169 Ferz, perspektive mediation 2005/1, 19.

170 Mähler/Mähler in Büchting/Heussen, Rechtsanwalts-Handbuch Rz 74, die zu Recht davon ausgehen, dass Rechtsberatung in der Mediation in erster Linie eine einzelfallbezogene Rechtsaufklärung darstellt.

171 Lenz, Mediation 40. Siehe auch Hagen, Recht und Mediation, in Hagen/Lenz (Hg), Wirtschaftsmediation (2008) 155 (162).

172 Mähler/Mähler in Büchting/Heussen, Rechtsanwalts-Handbuch Rz 74, die zu Recht davon ausgehen, dass Rechtsberatung in der Mediation in erster Linie eine einzelfallbezogene Rechtsaufklärung darstellt.

dar und ist ausschließlich Rechtsanwälten vorbehalten. Somit fällt es nicht in die Kompetenz eines Mediators nach dem ZivMediatG Rechtsberatungen durchzuführen. Dennoch sollte er mit den rechtlichen Grundlagen seiner Tätigkeit vertraut sein[173], da die Erfassung der rechtlichen Dimension des Konflikts eine Grundvoraussetzung für das jeweilige zielgerichtete Vorgehen des Mediators darstellt.[174]

IV. Dokumentationspflicht

Der Mediator hat gem § 17 Abs 1 ZivMediatG sowohl den Beginn[175], die gehörige Fortsetzung[176] als auch das Ende[177] der Mediation zu dokumentieren. Dies geschieht insbesondere aus Gründen der Beweissicherung[178] bzw der Fristenhemmung nach § 22 ZivMediatG. Aufgrund dieser Aufzeichnungen soll in einem etwaigen nachfolgenden Zivilverfahren beweisbar sein, ob die Mediation auch gehörig fortgesetzt wurde.[179] Zudem ist die siebenjährige[180] Aufbewahrungspflicht der Aufzeichnungen nach Beendigung der Mediation zu beachten.

V. Verschwiegenheit und Vertraulichkeit

Die Verschwiegenheitspflicht des Mediators, welche für die Mediationspraxis besondere Wichtigkeit darstellt, zählt nicht nur in Österreich und Deutschland zu den wichtigsten Grundregeln der Mediation, sondern ist in allen weltweit veröffentlichten Standards enthalten und gehört somit zum festen Bestandteil des Berufsbildes des Mediators.[181] Von Konfliktparteien, die ein Mediationsver-

---

173 Filler in Greger/Unberath, Mediation 65 (83).

174 Insbesondere sieht auch die im ZivMediatG statuierte Ausbildung vor, dass zivilrechtliche Fragen der Mediation sowie Rechtsfragen von Konflikten, die für eine Mediation besonders in Betracht kommen, teil der theoretischen Ausbildung sind. Vgl § 29 Abs 2 Z 1 lit h ZivMediatG.

175 Ferz/Filler, § 17 ZivMediatG Rz 1. Wobei als Beginn der Mediation jener Zeitpunkt gilt, zu dem die Parteien übereinkommen, ihren Konflikt durch Mediation lösen zu wollen. Dieser Zeitpunkt muss jedoch nicht mit jenem des Abschlusses des Mediationsvertrags identisch sein, da die Übereinkunft der Parteien bereits zu einem früheren Zeitpunkt erfolgen kann. Pruckner, § 17 ZivMediatG Rz 3.

176 RV 24 BlgNR XXII. GP.

177 Das Ende einer Mediation ist dann erreicht, wenn eine Lösung erzielt wurde oder eine der Parteien bzw der Mediator erklärt, die Mediation nicht mehr fortsetzen zu wollen oder kein Ergebnis erzielt wurde.

178 Roth/Markowetz, JBl 2004, 296 (301).

179 Ferz/Filler, § 17 ZivMediatG Rz 1.

180 § 17 Abs 3 ZivMediatG.

181 Mähler/Mähler in Büchting/Heussen, Rechtsanwalts-Handbuch Rz 76.

fahren in Anspruch nehmen, wird die Vertraulichkeit des Verfahrens als eine der bedeutendsten Vorteile gesehen.[182]

Im § 18 ZivMediatG ist die Verschwiegenheitspflicht[183] des Mediators normiert. Diese umfasst alle Tatsachen, die dem Mediator im Rahmen der Mediation anvertraut oder sonst bekannt wurden. Zudem hat er Unterlagen, die während der Mediation erstellt oder übergeben wurden, vertraulich zu behandeln. Diese Pflichten des Mediators gelten auch für Hilfspersonen bzw Personen, die bei einem Mediator aufgrund einer Praxisausbildung tätig sind.[184] Hintergrund dieser gesetzlichen Bestimmungen ist zum einen der Schutz des Rechtes auf Achtung der Privatsphäre der Medianden (als ein allgemeines Grundrecht jedes einzelnen) und zum anderen der Schutz des engen Vertrauensverhältnisses zwischen Mediator und Medianden.[185] Im § 31 ZivMediatG ist für Mediatoren, welche entgegen ihrer Pflicht Tatsachen offenbaren oder verwerten und dadurch ein berechtigtes Interesse einer Person verletzen, ein eigener Straftatbestand eingeführt.[186]

Abgesichert sind die Verschwiegenheit und Vertraulichkeit, wie die folgenden Ausführungen zeigen werden, sowohl im Zivilprozess- als auch im Strafprozessrecht.

Zivilrecht

Nach dem von Amts wegen zu beachtenden Beweisaufnahmeverbot[187] gem § 320 Z 4 ZPO dürfen „eingetragene Mediatoren“ nach dem ZivMediatG, über Tatsachen, welche ihnen im Rahmen des Mediationsverfahrens bekannt wurden, nicht als Zeugen vernommen werden. Die Mediationsparteien können den Mediator davon auch nicht entbinden.[188] Betont wird, dass die Einvernahme von

182 Fuchshuber, Mediation im Zivilrecht. Neue Wege der Konfliktlösung (2004) XIV.

183 Nach Pruckner wäre der Ausdruck „Geheimhaltungsverpflichtung“ treffender, da nicht nur das ausdrückliche Stillschweigen des Mediators, sondern auch jegliche Art der Preisgabe von Informationen und Tatsachen, die innerhalb der Mediation anvertraut wurden, von der Bestimmung im ZivMediatG umfasst werden. Pruckner, Mediation 33.

184 Ferz, perspektive mediation 2005/1, 17 (20).

185 Pruckner, Mediation 33.

186 Die vom § 31 Abs 1 angeführte Strafe für das Privatanklagedelikt kann ein Ausmaß von bis zu sechs Monaten oder eine Geldstrafe von 360 Tagessätzen betragen.

187 Frauenberger in Fasching/Konecny (Hg), Kommentar zu den Zivilprozessgesetzen2 (2004) § 320 ZPO Rz 2.

188 Anders bei Geistlichen und Staatsbeamten. Siehe etwa Likar/Krommer, Mediation und Recht – Das Recht in der Mediation, AnwBl 2005, 60. Für Hopt/Steffek scheinen die Beweisverbote betreffend der Mediatoren überzogen, da sie allseits zwingend ausgestaltet sind und nicht ersichtlich ist, warum die Mediationsparteien den Mediator im all-

Mediatoren nach dem ZivMediatG nicht schlechthin als unzulässig gilt, sondern eben nur in Ansehnung dessen, was dem Mediator im Laufe der Mediation bekannt wurde.[189]

Mayr/Weber[190] stellen die sachliche Rechtfertigung des Vernehmungsverbots für „eingetragene Mediatoren" in Frage. Dies deshalb, weil die Vertraulichkeit auch bei den rechtsberatenden Berufen als oberstes Prinzip gilt, diesen jedoch (nur) ein Entschlagungsrecht und kein Vernehmungsverbot zukommt.[191] Insofern wird darin eine *„Systemwidrigkeit der ZPO"*[192] gesehen, welche beseitigt werden sollte. Hierzu kann entgegnet werden, dass die konstruktive Atmosphäre einer Mediation nur durch deren absolute Vertraulichkeit gewährleistet werden kann und deshalb der österreichische Gesetzgeber bewusst die Möglichkeit einer Entbindung eines Mediators von der Verschwiegenheitspflicht nicht vorgesehen hat. Nur Medianden, welche umfassend darauf vertrauen können, dass die Äußerungen in der Mediation in einem etwaigen späteren Gerichtsverfahren nicht gegen sie verwendet werden können, werden sich dem Mediator gegenüber hinreichend öffnen. [193] Insofern kann eine Mediation keineswegs mit einer Rechtsberatung, die sich nicht in ähnlicher Weise mit der persönlichen Vertrauenssphäre auseinandersetzt, verglichen werden.

Ein juristischer Meinungsstreit[194] hat sich über die Bedeutung der Nichtanführung von Hilfskräften des Mediators und auszubildenden Personen im § 320 Z 4 ZPO gebildet. Die zentrale Frage die sich hier stellt, ist die Behandlung von Hilfskräften und Auszubildenden[195], welche im § 320 Z 4 ZPO nicht, im § 18 ZivMediatG jedoch schon, angeführt sind. ME ist hinsichtlich des Grundgedankens der Mediation, welcher nur mit der umfassenden Verschwiegenheitsregelung gem § 18 ZivMediatG vereinbar ist, jedenfalls davon auszugehen, dass auch Hilfspersonen und hospitierende Personen, welche bei „eingetragenen Mediatoren" tätig sind, in das Beweisaufnahmeverbot des § 320 Z 4 ZPO einzube-

---

seitigen Einvernehmen von der Schweigepflicht nicht entbinden können. Hopt/Steffek, in Hopt/Steffek, Mediation 5 (41).

189 Wehinger, Rechte und Pflichten im Zusammenhang mit Verschwiegenheit in sozialen Berufen (2007) 26.

190 Mayr/Weber, Europäische Alternativen, ZfRV 2007/26 (175).

191 Frauenberger in Fasching/Konecny2, § 320 Rz 9.

192 Mayr/Weber, ZfRV 2007/26 (175).

193 Wehinger, Verschwiegenheit in sozialen Berufen 26.

194 Einerseits wird, wie oben bereits ausgeführt, nach einer restriktiven Sichtweise selbst den „eingetragenen Mediatoren" ein Vernehmungsverbot mangels sachlicher Rechtfertigung abgesprochen, andererseits könnte das Vernehmungsverbot für „eingetragene Mediatoren" auch auf deren Hilfspersonal ausgedehnt werden.

195 In der StPO sind diese dezidiert angeführt.

ziehen sind.[196] Andernfalls wäre dieser grundlegende Richtsatz der Mediation dermaßen beeinträchtigt, dass die hinter § 18 ZivMediatG stehende Intention des Gesetzgebers nicht verwirklicht wäre.[197] Zudem ist § 320 Z 4 ZPO ohnehin (nur) für „eingetragene Mediatoren" anzuwenden und demnach auch „nur" für dessen Hilfspersonal. Haben sich Medianden dazu entschieden eine Mediation unter den Qualitätskriterien des ZivMediatG durchzuführen und somit einem „eingetragenen Mediator" ihr Vertrauen geschenkt, kann nur davon ausgegangen werden, dass dieselben Verschwiegenheitsregeln uneingeschränkt auch für dessen Hilfspersonen gelten; gilt doch die Wahrung der Vertraulichkeit als Voraussetzung für die Ausübung einer qualitativ hochwertigen Mediation.

Lenz[198] merkt zu Recht an, dass die Regelung des § 18 ZivMediatG insofern eine Lücke enthält, als die Verschwiegenheits- und Vertraulichkeitspflicht nur für den Mediator gilt. Dieser Ansicht nach sollte auch eine Verpflichtung zur Vertraulichkeit bzw Verschwiegenheit für die Medianden untereinander normiert werden.[199] Eine Verschwiegenheitspflicht könnte zwar durch einen privatrechtlichen Vertrag zwischen den Mediationsparteien begründet werden, dabei handelt es sich jedoch nicht um die so genannte „staatlich anerkannte" Verschwiegenheitspflicht, welche gesetzlich angeordnet ist.[200] Verpflichten sich die Medianden im Mediationsvertrag zur Verschwiegenheit und schließen somit eine Verschwiegenheitsabrede, wird dies in Österreich als Beweisvertrag anzusehen sein, welcher jedoch mit dem zwingenden Charakter der öffentlichrechtlichen Prozessvorschriften[201] unvereinbar und demnach unwirksam ist.[202]

Nach der Definition des OGH[203] sind Beweisverträge jene Verträge zwischen den Prozessparteien, mit welchen sich diese verpflichten dem Gericht eine bestimmte Beweiswürdigung vorzuschreiben oder den Beweismitteln einen bestimmten Beweiswert zuzugestehen. Beweisverträge sind nach österreichischer

---

196 AA Frauenberger in Fasching/Konecny2, § 320 Rz 9, welcher dieser Personengruppe nur ein Aussageverweigerungsrecht gem § 321 Abs 1 Z 3 ZPO zukommen lässt, wodurch eine Entbindung der Parteien möglich wäre.

197 RV 24 BlgNR XXII. GP, 20.

198 Lenz, Mediation 169.

199 Die „Klagelust" im Hinterkopf der Medianden, welche einer gelungenen Mediation im Wege stehen kann, könnte somit durchaus eingeschränkt werden.

200 Zenz, "Staatlich anerkannte Pflicht zur Verschwiegenheit" bestimmter Berufsgruppen im Verhältnis zur Zeugnisablegung im Verwaltungs-, Zivil- und Strafverfahren, JRP 2005, 230.

201 Siehe insbesondere § 272 ZPO.

202 Deutschmann/Lenz, Die Verschwiegenheit in der Mediation, perspektive mediation 2009/2, 98 (101).

203 OGH 7.10.2003, 4 Ob 188/03f = SZ 2003/116 = RZ 2004, 10.

herrschender Lehre[204] sowie Rechtsprechung unzulässig[205] und können weder erzwungen noch kann ihre Verletzung im laufenden Rechtsstreit selbst geltend gemacht werden. Verträge dieser Art verstoßen gegen das Verbot des Konventionalprozesses und stehen dem zwingenden Grundsatz der freien Beweiswürdigung entgegen. Als Ausfluss dieser Unzulässigkeit sind die Gerichte nicht an solche Vereinbarungen der Parteien gebunden, da, wie bereits erwähnt, die freie Beweiswürdigung den zentralen Grundsatz im Beweisverfahren darstellt. Richter haben den Sachverhalt umfassend zu ermitteln, können von Amts wegen Beweismittel aufnehmen bzw können insbesondere auch Zeugen vernehmen. Parteienverträge, welche festschreiben, dass nur bestimmte Beweismittel beantragt werden dürfen bzw dass eine Partei hinsichtlich des Vorbringens von Tatsachen beschränkt ist, sind im österreichischen Zivilprozess unwirksam. Somit sind die Konfliktparteien aus prozessrechtlicher Sicht jedenfalls nicht an eine im Mediationsvertrag vereinbarte Verschwiegenheitsverpflichtung gebunden und können auch bei Vorliegen einer entsprechenden Klausel im Mediationsvertrag Informationen bzw Tatsachen, welche aus der Mediation bekannt wurden, in das Gerichtsverfahren einbringen ohne in irgendeiner Weise Sanktionen befürchten zu müssen.[206]

Strafrecht

Im Strafverfahren sind Mediatoren, deren Hilfspersonen sowie Auszubildende zur Verweigerung der Aussage berechtigt, wobei es sich bei dieser Regelung im § 157 Abs 1 Z 3 StPO um ein bloßes Entschlagungsrecht und nicht um ein Vernehmungsverbot wie im Zivilverfahren handelt. Dies bedeutet, dass ein geladener Mediator vor der Zeugenvernehmung belehrt werden muss und in Folge auch rechtswirksam auf das Entschlagungsrecht verzichten kann.[207] Die Entscheidung über eine Aussage liegt, trotz gültiger Entbindung durch den Klienten, jeweils im freien Ermessen des Mediators.[208]

---

204 Bajons, Außergerichtliche Güteverfahren als Mittel der Prozessvermeidung und Konfliktlösung, ÖJZ 1984, 368 (FN 22); Fasching, Lehrbuch des Österreichischen Zivilprozessrechts² (1990) Rz 823; Siehe auch schon Pollak, System des österreichischen Zivilprozessrechts² (1932) 771f.

205 OGH 7.10.2003, 4 Ob 188/03f = SZ 2003/116 = RZ 2004, 10.

206 Deutschmann/Lenz, Die Verschwiegenheit, perspektive mediation 2009/2, 98 (101).

207 Ferz, perspektive mediation 2005/1, 17 (20).

208 Wehinger, Verschwiegenheit in sozialen Berufen 47.

VI. Fristenhemmung

Der Hemmung von Fristen ist im ZivMediatG ein eigener Abschnitt gewidmet. Diese besondere gesetzliche Vorkehrung ist deshalb notwendig, da die Mediation in Zivilrechtssachen gerade infolge des damit verbundenen Rechtsgestaltungspotenziales im Bereich des Zivilrechts ausreichend Rechtssicherheit für die Medianden bieten soll. Ziel der Regelung ist es, die Konfliktparteien eines laufenden Mediationsverfahrens keinesfalls unter Druck zu setzen, ihre Rechtsansprüche gerichtlich geltend zu machen, um diese nicht zu verlieren.[209] Das voreilige Einleiten eines Gerichtsverfahrens, welches in einem sachlichen Zusammenhang mit dem Thema der Mediation steht und dadurch zweifellos den Erfolg dieser erheblich beeinträchtigen würde, sollte durch § 22 ZivMediatG vermieden werden.

Der Beginn und die gehörige Fortsetzung einer Mediation hemmen gem § 22 ZivMediatG[210] den Anfang sowie den Fortlauf der Verjährung sowie sonstiger Fristen zur Geltendmachung der von der Mediation betroffenen Rechte und Ansprüche. Dazu zählen die zum materiellen Recht gehörenden Verjährungs- und Ausschlussfristen, jedoch keine verfahrensrechtlichen Fristen im Sinne des § 128 Abs 1 ZPO. Beispielsweise sind Schadenersatzansprüche, Gewährleistungsansprüche, die Geltendmachung von Scheidungsgründen und Ansprüchen zur Aufteilung des ehelichen Gebrauchsvermögens sowie der ehelichen Ersparnisse oder die Geltendmachung von Unterhaltsansprüchen im Pflegschaftsverfahren von der Fristenhemmung des § 22 ZivMediatG umfasst.[211]

Zudem ist es nach § 22 Abs 2 ZivMediatG möglich, dass die Parteien eine schriftliche Vereinbarung abschließen, wonach auch andere zwischen ihnen bestehende Ansprüche, die von der Mediation nicht betroffen sind, von der Hemmung umfasst sind. Sind jedoch Rechte und Ansprüche aus dem Familienrecht[212] von der Mediation betroffen, sind diese von der Fristenhemmung auch ohne eine schriftliche Vereinbarung ex lege umfasst.[213] Diese gesetzliche Regelung ist jedoch dispositiv. Insofern steht es den Parteien frei, bei familienrechtli-

209 Ferz/Filler, § 22 ZivMediatG Rz 1f.

210 Als Vorgängerbestimmungen gelten § 99 Abs 1 EheG für Scheidungsmediationen sowie Art XVI KindRÄG 2001 für Pflegschaftsmediationen.

211 Pruckner, Mediation 38.

212 Falk/Koren, § 22 ZivMediatG Rz 10ff.

213 Diese Bevorzugung der Familienmediation, welche bereits in § 99 EheG sowie in Art XVI KindRÄG 2001 verankert war, wurde durch das ZivMediatG nicht nur aufrechterhalten sondern insbesondere auch ausgeweitet. Falk/Koren, § 22 ZivMediatG Rz 10.3.

chen Ansprüchen aufgrund einer schriftlichen Vereinbarung die Fristenhemmung auch auszuschließen.[214]

Als weitere Verpflichtungen für eingetragene Mediatoren werden der Vollständigkeit halber noch die Pflicht zum Abschluss einer Haftpflichtversicherung[215] gem § 19 ZivMediatG sowie die Pflicht zur angemessenen Fortbildung, die dem Bundesministerium für Justiz gem § 20 ZivMediatG alle fünf Jahre nachzuweisen ist, angeführt.

2. Deutschland

Auch in Deutschland werden innerhalb der aktiv tätigen Mediatoren die Grundprinzipien der Verschwiegenheit, der Allparteilichkeit, der Freiwilligkeit, die Unabhängigkeit und Unbefangenheit sowie Informations- und Aufklärungspflichten akzeptiert. Mangels gesetzlicher Verankerung existieren diese Verpflichtungen jedoch bisweilen großteils „auf ungeschriebenen Grundsätzen" bzw auf den zu Beginn der Mediation verfassten privatrechtlichen Verträgen.[216] Da in der Literatur durchwegs die im österreichischen ZivMediatG angeführten Rechte und Pflichten[217] auch für deutsche Mediatoren genannt werden, wird aufgrund der vorhergehenden Darstellung im Folgenden nur auf Einzelheiten bzw abweichende gesetzliche Grundlagen in Deutschland eingegangen.

a. Verschwiegenheit und Vertraulichkeit

Hinsichtlich des Rechts auf Zeugnisverweigerung bestehen auch in Deutschland gesetzliche Bestimmungen. Grundsätzlich muss hinsichtlich der Zeugnisverweigerung auch dort zwischen einer zivil- und strafprozessualen Ausprägung unterschieden werden:

---

214 Ferz/Filler, § 22 ZivMediatG Rz 3f; Pruckner, Mediation 37f; Roth/Markowetz, JBl 2004, 296 (300f).

215 Falk/Koren, § 19 ZivMediatG Rz 1ff. Die Mindestversicherungssumme hat für jeden Versicherungsfall gem § 19 Abs 2 Z 2 ZivMediatG € 400.000 zu betragen.

216 Dazu unten im Kapitel V. Mediationsvertrag-Mediationsvereinbarung.

217 So etwa die Dokumentation in Hinblick auf die Verjährungshemmung bzw der Abschluss einer Haftpflichtversicherung. Dazu Oehlerking in Greger/Unberath, Zukunft der Mediation 55 (58).

Zivilprozess

Einschlägig für die Beurteilung des Zeugnisverweigerungsrechts im deutschen Zivilprozess ist § 383 dZPO, wobei in dieser Bestimmung Mediatoren nicht ausdrücklich erwähnt sind.

Mediatoren, welche nicht unter eine der Berufsgruppen, die in § 383 dZPO angeführt sind, fallen, könnten im Zivilprozess gem § 383 Abs 1 Z 6 dZPO als so genannte „Geheimnisträger kraft Amtes" zur Zeugnisverweigerung berechtigt sein, obwohl sie im Unterschied zu Rechtsanwälten oder Notaren nicht im Gesetz genannt sind. Die Generalklausel stellt sich wie folgt dar:

> „Zur Verweigerung des Zeugnisses sind berechtigt: Personen, denen kraft ihres Amtes, Standes oder Gewerbes Tatsachen anvertraut sind, deren Geheimhaltung durch ihre Natur oder durch gesetzliche Vorschrift geboten ist, in Betreff der Tatsachen, auf welche die Verpflichtung zur Verschwiegenheit sich bezieht."[218].

Oehlerking[219] führt an, dass die Geltung dieser Norm für Mediatoren schon weit verbreitete Auffassung in Deutschland darstellt.

Lenz[220] dagegen vertritt die Meinung, dass Mediatoren, denen aufgrund ihres Berufsrechts kein Zeugnisverweigerungsrecht zukommt, auch kein gesetzliches Zeugnisverweigerungsrecht aus § 383 dZPO ableiten können. Abhilfe könnte eine privatrechtliche Vertragsklausel schaffen, in welcher sich die Parteien verpflichten, den Mediator in einem nachfolgenden Gerichtsverfahren nicht als Zeugen zu benennen.

Für Rechtsanwälte bestimmt sich das gesetzliche Zeugnisverweigerungsrecht durch § 383 Abs 1 Z 6 dZPO iVm § 43a Abs 2 Bundesrechtsanwaltsordnung (BRAO[221]), wonach Rechtsanwälte zur Verschwiegenheit auf all jenes, was ihnen in Ausübung ihres Berufs bekannt geworden ist, verpflichtet sind. Gleiches gilt für Notare gem § 18 Bundesnotarordnung (BNotO[222]).

Erwähnt sei an dieser Stelle noch die aus § 385 Abs 2 dZPO hervorgehende Möglichkeit, die in § 383 dZPO Abs 1 Z 6 genannten Personen von der Verpflichtung zur Verschwiegenheit zu entbinden. Hinsichtlich der Förderung des Erfolgs der Mediation ist den Medianden davon jedoch weitgehend abzuraten.[223]

---

218 § 383 Abs 1 Z 6 dZPO.

219 Oehlerking in Greger/Unberath, Zukunft der Mediation 55 (58).

220 Lenz, Mediation 70ff.

221 Bundesrechtsanwaltsordnung BGBl Teil III vom 1.8.1959, Gliederungsnummer 303-8 zuletzt geändert durch Art 5 des Gesetzes vom 11.12.2008 BGBl I S 2418.

222 Bundesnotarordnung BGBl I S 98 vom 24.2.1961 zuletzt geändert durch Art 1 des Gesetzes vom 2.4.2009 BGBl I S 696.

223 Siehe dazu die Vertragsklausel in Lenz, Mediation 73.

Strafprozess

Gem § 53 dStPO kommt den dort angeführten Personen ein Zeugnisverweigerungsrecht aus beruflichen Gründen zu. Dies erscheint hinsichtlich Mediation insbesondere für Rechtsanwälte und Psychologen bedeutend.[224] Wünschenswert wäre selbstverständlich die ausdrückliche Nennung von Mediatoren, wobei dies wiederum nur dann sinnvoll ist, wenn der Beruf des Mediators bzw Mediation gesetzlich definiert wird.

Eine Ausdehnung auch auf in § 53 dStPO nicht ausdrücklich bezeichneten Personen, wie beispielsweise Mediatoren, qua weiter Auslegung dieser Bestimmungen ist aufgrund einer Entscheidung des BVerfG aus 1972 bislang nicht möglich. In dieser Entscheidung wurde die Ausdehnung des Zeugnisverweigerungsrechts auf Sozialarbeiter verneint, wodurch § 53 dStPO in seiner Geltung stark eingeschränkt wurde.[225]

Im § 53 Abs 1 Z 3 dStPO heißt es zudem, dass das Zeugnisverweigerungsrecht nur in Bezug auf Umstände gilt, die den genannten Berufsgruppen in ihrer Eigenschaft anvertraut worden sind. Daraus stellt sich die schwierig zu beantwortende Frage, ob Mediation zum Tätigkeitsfeld bzw Berufsbild eines Psychotherapeuten oder Rechtsanwalts zählt. Für Rechtsanwälte ist dies zu bejahen, da aus § 18 der Berufsordnung für Rechtsanwälte (BORA[226]) explizit hervorgeht, dass auch Mediation als anwaltliche Tätigkeit gilt. Auch für Notare kann aufgrund des § 14 Abs 4 BNotO von einer entsprechenden Zuweisung der Mediation als berufsspezifische Tätigkeit ausgegangen werden.[227] Die anderen in § 53 StPO genannten Berufsgruppen können sich, mangels Anführung von Mediation in den jeweiligen Berufsordnungen, nicht auf ein Zeugnisverweigerungsrecht berufen.[228] Im Ergebnis bedeutet dies, dass sich Personen, die als Mediatoren tätig sind, deren Grundberuf jedoch nicht in § 53 dStPO angeführt ist, nicht ex lege auf diese Regelung berufen können. Davon sind wohl sehr viele der in der Bundesrepublik tätigen Mediatoren betroffen.

---

224 Eigens angeführt sind neben Rechtsanwälten in § 53 Abs 1 Z 3 beispielsweise auch Patentanwälte, Notare, Wirtschaftsprüfer, Steuerberater oder Psychotherapeuten. Ob Mediation für diese Berufsgruppen, mit Ausnahme der Rechtsanwälte, zu deren Berufsbild gehört, ist nicht abschließend geklärt; vgl Oehlerking in Greger/Unberath, Zukunft der Mediation 55 (58).

225 BVerfGE 33, 367 vom 19.17.1972.

226 Berufsordnung für Rechtsanwälte idF 1.7.2008.

227 Lenz, Mediation 72.

228 Eine „stillschweigende Zurechnung" von Mediation als Berufszugehörigkeit für sämtliche anderen (außer Rechtsanwälte und Notare) im § 53 StPO genannten Berufsgruppen wird abgelehnt. Lenz, Mediation 72.

3. Resümee

Somit kann hinsichtlich der Verschwiegenheitspflicht festgestellt werden, dass der Grundsatz der Vertraulichkeit in der Mediation in Österreich umfangreicher geschützt ist als in Deutschland. In Österreich kommt „eingetragenen Mediatoren" ein von Amts wegen zu beachtendes Vernehmungsverbot zu. In Deutschland kann, nach nicht gefestigter Ansicht, bestenfalls das Recht auf Zeugnisverweigerung auf Mediatoren ausgedehnt werden. Handelt es sich bei einem in der Bundesrepublik tätigen Mediator nicht um einen Rechtsanwalt oder Notar, welchen aufgrund ihres Grundberufes ein Zeugnisverweigerungsrecht zukommt, sind die Rechte des Mediators bzw der Medianden nur unzureichend geschützt.

Auch hinsichtlich der Bestimmungen zur Zeugnisverweigerung im Strafrecht ist nur in der österreichischen StPO ausdrücklich von Mediatoren die Rede. In Deutschland kommen wiederum lediglich jenen Mediatoren, die aufgrund ihres Grundberufes von einem Zeugnisverweigerungsrecht Gebrauch machen können, die jeweiligen Rechte zu.

D. Berufsrecht

1. Österreich

Vor dem Inkrafttreten des ZivMediatG gab es für Mediatoren in Österreich keine einheitlichen Qualitätsstandards über die zu absolvierende Ausbildung. Aufgrund der Bestimmungen im ZivMediatG[229] wird nun die Ausbildung, um eine Eintragung in der Liste der Mediatoren zu erlangen, festgeschrieben. Seither wird vom Bundesministerium für Justiz eine eigene elektronisch zugängliche Liste der Ausbildungseinrichtungen und Lehrgänge (so genannte „eingetragenen Lehrgänge") geführt, welche Mediatoren im Sinne des ZivMediatG ausbilden.

a. Mediator nach dem ZivMediatG

Mediation durch eingetragene Mediatoren stellt eine so genannte freiberufliche Tätigkeit dar. Gem § 35 ZivMediatG ist die GewO[230]

> „auf die Tätigkeit eingetragener Mediatoren nicht anzuwenden". Pruckner[231]

stellt fest, dass mit dem Begriff *„Tätigkeit"* in § 35 ZivMediatG ausgedrückt wird, dass mit der Eintragung in die Liste des Bundesministeriums für Justiz *alle*

229 VI. Abschnitt des ZivMediatG über Ausbildungseinrichtungen und Lehrgänge.

230 Gewerbeordnung 1994 BGBl 1990/194 idF BGBl I 2008/86.

231 Pruckner, Mediation 55.

Arten von Mediationen, insbesondere auch jene Mediationen die *nicht* in Zivilrechtssachen durchgeführt werden, berufsrechtlich „gedeckt" sind. Eine andere Auffassung wäre, dass auch für eingetragene Mediatoren ein bewilligungspflichtiges Gewerbe besteht, wenn diese in einem, außerhalb der Zivilrechtsmediationen liegenden Bereich (Schulmediationen, Umweltmediationen), tätig werden.[232]

b. Mediator nach der GewO

Wie oben bereits erwähnt, ist das ZivMediatG nicht für alle Mediatoren anwendbar. Eine Anwendung der GewO kommt bei selbständiger und gewerbsmäßiger[233] Ausübung von Mediation für nicht eingetragene Mediatoren in Betracht. Im angeführten Fall ist vom Vorliegen des bewilligungspflichtigen gebunden Gewerbes „Lebens- und Sozialberatung eingeschränkt auf Mediation" auszugehen. Die Gewerbebehörde (Bezirkshauptmannschaft) prüft die Erfüllung der allgemeinen und besonderen Voraussetzungen und nimmt bei kumulativem Vorliegen dieser, die Eintragung im Gewerberegister vor.[234] Nachdem Mediation ein reglementiertes Gewerbe darstellt, ist zur Ausübung ein Nachweis der fachlichen Qualifikation durch fachlich einschlägige Praxis und/oder Prüfungen zu erbringen.[235]

c. Ausbildung zum „eingetragenen Mediator"

Hinsichtlich der Ausbildung von eingetragenen Mediatoren ist die Zivilrechts-Mediations-Ausbildungsverordnung zu beachten. Die Verordnungsermächtigung im § 29 ZivMediatG bestimmt, dass der Bundesminister für Justiz nach Anhörung des Beirats für Mediation durch Verordnung nähere Bestimmungen über die Ausbildung für Mediatoren festzulegen hat. Die für die Eintragung in die Mediatorenliste erforderlichen Qualifikationen wurden deshalb im ZivMediatG nicht im Detail geregelt, weil es sich bei der Mediation um ein Tätigkeitsfeld mit besonders dynamischer Entwicklung handelt und dieser durch das flexiblere Regelungsinstrument der Verordnung besser Rechnung getragen werden kann.[236] Aus der Ausbildungsverordnung[237] geht hervor, dass sowohl ein theore-

232 Ferz/Filler, Mediation § 35 ZivMediatG Rz 2.

233 Dies dann, wenn die Mediation selbständig, auf eigene Rechnung, Gefahr und Verantwortung sowie regelmäßig und mit Erfolgsabsicht durchgeführt wird.

234 Pruckner, Mediatio 56f.

235 Pruckner, Mediatio 59.

236 Ferz/Filler, Mediation § 29 ZivMediatG Rz 2.

tischer als auch ein anwendungsorientierter Teil zu absolvieren ist. So sind in der Verordnung als Bestandteile des theoretischen Teils der Ausbildung etwa Grundzüge und Entwicklung der Mediation, Verfahrensablauf, Methoden und Phasen der Mediation, grundlegende Kommunikationstechniken, ethische Fragen der Mediation sowie auch die Grundzüge der rechtlichen Bestimmungen, angeführt. Der anwendungsorientierte Teil besteht zum einen in Einzel- und Gruppenselbsterfahrung, aus Praxisseminaren zur Übung der Mediationstechniken unter Anwendung von Rollenspielen, aus Peergruppenarbeit und einer Fallarbeit und zum anderen aus einer begleitenden Teilnahme an einer Praxissupervision im Bereich der Medition.[238] § 29 Abs 2 ZivMediatG legt den zeitlichen Umfang der Ausbildung fest. Für den theoretischen Teil sind 200 bis 300, für den anwendungsorientierten Teil 100 bis 200 Ausbildungsstunden (je 45 Minuten[239]) festgelegt.

Bestimmte Ausbildungsinhalte aus vorher absolvierten Berufsausbildungen und bereits berufstypische Praxiserfahrungen können unter Umständen angerechnet werden, wobei der Erwerb einer Befugnis zur Ausübung eines gesetzlich geregelten freien Berufes nicht einer erfolgreichen Mediationsausbildung gleichzusetzen ist und kann die Mediatorenausbildung nie gänzlich ersetzen.[240] Angemerkt sei, dass je nach Grundberuf verschiedene Ausbildungsinhalte angerechnet bzw im Rahmen der Mediatorenausbildung nicht mehr absolviert werden müssen.[241] So entfällt beispielsweise für Rechtsanwälte, Notare, Richter, Staatsanwälte und Juristen der Finanzprokuratur jeweils ab Ablegung der Berufsprüfung der Ausbildungspunkt „Grundzüge der rechtlichen Bestimmungen“.[242]

Für bereits eingetragene Mediatoren ist jedenfalls die Verpflichtung zur entsprechenden Weiterbildung, zumindest im Ausmaß von 50 Stunden innerhalb eines Zeitraums von fünf Jahren, gem § 20 zu beachten. Da es sich bei Mediation insbesondere um eine junge und sich ständig weiterentwickelnden Konfliktlösungsmethode in Österreich handelt, ist diese Regelung sehr zu begrüßen.

---

237 Verordnung des Bundesministers für Justiz über die Ausbildung zum eingetragenen Mediator (Zivilrechts-Mediations-Ausbildungsverordnung - ZivMediat-AV) vom 22.1.2004 BGBl I 2003/29.

238 Siehe dazu die Anlagen zur Zivilrechts-Mediations-Ausbildungsverordnung; Ferz/Filler, Mediation § 29 ZivMediatG Rz 6ff; Roth/Gherdane, in Hopt/Steffek, Mediation 105 (165).

239 Ferz/Filler, Mediation § 29 ZivMediatG Rz 4.

240 Pruckner, Mediation § 29 ZivMediatG Rz 2.

241 § 5 Zivilrechts-Mediations-Ausbildungsverordnung; Pruckner, Mediation § 10 ZivMediatG Rz 7ff; Roth/Gherdane, in Hopt/Steffek, Mediation 105 (164).

242 Anlage 2 zur Zivilrechts-Mediations-Ausbildungsverordnung.

In Österreich existieren bisweilen zahlreiche private Bildungseinrichtungen, welche die Ausbildung zum „eingetragenen Mediator“ anbieten.[243] Diese Privatisierung der Mediationsausbildung bringt auch Nachteile mit sich, da bei der Analyse des Mediationsmarktes in Österreich ein zunehmendes Ungleichgewicht von Angebot und Nachfrage auffällt. Private Bildungsträger vermarkten zum einen die privat zu zahlende Ausbildung zum „eingetragenen Mediator“ und bilden jährlich zahlreiche mitunter sehr gut qualifizierte Mediatoren aus, die auf dem Markt kaum Fuß fassen können.[244] Das Dilemma des Ungleichgewichts zwischen ausgebildeten Mediatoren und öffentlichem Bewusstsein innerhalb der Gesellschaft über Mediation wird klar ersichtlich.[245] ME kann dem nur insofern erfolgreich begegnet werden, als einerseits strengere Zugangsvoraussetzungen[246] für „eingetragene Mediatoren“ hinsichtlich ihrer Qualifikation bzw Aufnahme in eine Bildungseinrichtung, welche zum „eingetragenen Mediator“ ausbilden und andererseits die bereits erwähnten Informationskampagnen über außergerichtliche Konfliktlösungsmethoden ins Leben gerufen werden. Es ist jedoch davon auszugehen, dass dies die österreichische „Mediatorenausbildungslobby“ nicht ohne Widerstand zulassen wird.

d. Mediator und Rechtsanwalt: Der anwaltliche Mediator

Für viele Konfliktparteien ist es einer der ersten Schritte innerhalb einer konfliktbehafteten Situation, einen Rechtsanwalt aufzusuchen, um von diesem erste Lösungsvorschläge zu erhalten. Besonders begrüßenswert ist es dann, wenn der Rechtsanwalt in Konfliktsituationen, in denen das Verfahren der Mediation erfolgsversprechend zu sein scheint, auch seine Dienste als Mediator anbieten kann.[247]

---

243 Siehe dazu die Liste auf www.mediatorenliste.justiz.gv.at.

244 Zweifelsohne gibt es auch Personen die eine Mediationsausbildung im Rahmen einer betrieblichen oder rein interessengeleiteten, privaten Weiterbildung nützen; nicht alle Auszubildenden streben eine selbständige Tätigkeit als Mediator im freien Wirtschaftsmarkt an.

245 Wobei dies durchaus auch in anderen Ländern der Fall ist; siehe etwa Alexander, ZKM 4/2001, 162 (165).

246 Entgegengesetzte Meinungen gehen davon aus, dass schon das Inkrafttreten des ZivMediatG in erster Linie eine Zugangsbarriere darstellt und der Beruf des Mediators dadurch monopolisiert wird. Vgl Hagen in Hagen/Lenz, Wirtschaftsmediation 155 (167).

247 Allmayer-Beck, RZ 2008, 201 (201).

Mediation wird oftmals von Rechtsanwälten[248] ausgeübt und gehört zu dessen Berufsfeld.[249] Im folgenden Abschnitt wird ein Überblick über die Regelungen, welche speziell für österreichische Rechtsanwälte gelten, gegeben.

Bereits im Jahr 1998 wurde von der österreichischen Rechtsanwaltskammer ein Arbeitskreis für Mediation eingerichtet.[250] Ziel war der Entwurf einer Mediationsrichtlinie, welche nach mehrfacher Überarbeitung in die bestehende „Richtlinie für die Ausübung des Rechtsanwaltsberufes und für die Überwachung der Pflichten des Rechtsanwaltes“[251] integriert wurde. Unter der Überschrift des „Artikel XII – Rechtsanwalt und Mediation“ ist die Mediation durch Rechtsanwälte geregelt.[252] Im § 63 RL-BA ist explizit festgeschrieben, dass die anwaltliche Tätigkeit auch Mediation umfasst. Ein Rechtsanwalt kann trotz unterschiedlicher Interessenlage für beide Parteien gemeinsam (und gleichzeitig gegen keine der Parteien tätig werden). Einen solchen Auftrag kann er mit Einverständnis der Parteien sowie nach vorhergehender sachbezogener Aufklärung auch als Mediator durchführen.[253] In solch einem Fall wird von einem so genannten Mediationsmandat gesprochen.[254] Zu beachten ist, dass einseitige Vertretung bzw Beratung einer der Parteien in dieser bzw einer damit zusammenhängenden Angelegenheit gegen andere Parteien, die an der Mediation teilgenommen haben, unzulässig ist, wenn der Rechtsanwalt als Mediator tätig geworden ist.[255] Damit sollte vermieden werden, dass Rechtsanwälte nur halbherzig an einem Mediationsverfahren arbeiten und während der Mediation schon Überlegungen oder Strategien für ein streitiges Gerichtsverfahren anstellen.[256] Solch ein Vorgehen würde den Erfolg einer einvernehmlichen Lösung durch Mediation erheblich schwinden lassen. Zudem wäre der Grundsatz der Allparteilichkeit und Neutralität in hohem Maße gefährdet. In § 64 RL-BA ist hingegen eigens die Pflicht zur

---

248 Der Rechtsanwalt erarbeitet demnach gemeinsam mit den Parteien eine Konfliktregelung ohne jegliche Entscheidung zu treffen.

249 Siehe etwa Hoffmann, Ein neues Tätigkeitsfeld für den Rechtsanwalt, AnwBl 1999, 133; der davon ausgeht, dass durch Mediation das Aufgabengebiet der Rechtsanwälte zunehmend erweitert wird. Ähnlich auch Lenz, Mediation 157. So auch in Deutschland nach § 18 BORA.

250 Steinacher, AnwBl 2000, 124.

251 RL-BA 1977, kundgemacht im „Amtsblatt zur Wiener Zeitung“ vom 14.12.1977 idF 28.4.2008.

252 Likar/Krommer, AnwBl 2005, 60.

253 § 63 RL-BA.

254 Holzhammer, Parteien und Parteienvertreter im Zivilprozeß3 (2002) 48.

255 § 68 RL-BA.

256 Dies wird von Mediatoren die aus rechtsfernen Grundberufen stammen (zu Unrecht, da eben die Ausführungen der RL-BA bestehen!) oftmals an den „Rechtsanwaltsmediatoren“ kritisiert.

Unabhängigkeit, Allparteilichkeit und Neutralität des Rechtsanwalts als Mediator normiert. Bei Fehlen einer der Voraussetzungen hat der Rechtsanwalt das Mediationsmandat (je nach Zeitpunkt im Verfahren) gar nicht anzunehmen bzw die Mediation zu beenden.[257]

Als Mediator tätig gewordene Rechtsanwälte dürfen bei ausdrücklicher Beauftragung unvertretener Parteien oder mit ausdrücklicher Zustimmung der Parteienvertreter der Medianden, die vor dem Gericht bzw der Behörde vorzulegende Mediationsvereinbarung mit dem rechtlich gebotenen Inhalt und der gesetzlich geforderten Form verfassen und für diese Leistung ein nicht im Rahmen der Mediation abzugeltendes Honorar verlangen.[258] Diese Bestimmung ist in Anbetracht der juristischen Ausbildung[259] eines Rechtsanwalts wohl unumgänglich, da die Medianden ansonsten zur „Konkurrenz" entsandt werden müssten um einen Vertrag aufsetzen zu lassen. Kritische Stimmen sehen darin jedoch eine Unvereinbarkeit mit der Rolle als Mediator.[260]

Wie für all seine Tätigkeitsbereiche gilt für Rechtsanwälte die absolute Verschwiegenheitspflicht. Aufzeichnung dürfen nicht an Dritte[261] herausgegeben werden.

Für die Übernahme eines Mediationsmandats[262] sieht die RL-BA die schriftliche Vereinbarung der wesentlichen Grundregeln der Mediation und deren Ziele vor, wobei die Tätigkeit des Rechtsanwalts als Mediator als eine Höchstpersönliche anzusehen ist.

Im § 8 Abs 5 der RAO[263] wird darauf hingewiesen, dass ein Rechtsanwalt, welcher als Mediator tätig wird, die ihn als Rechtsanwalt treffenden Berufspflichten einzuhalten hat. Besondere Regelungen für Mediatoren nach anderen Rechtsvorschriften[264] werden durch die Bestimmung in der RAO nicht berührt.

Abschließend kann festgestellt werden, dass ein anwaltlicher Mediator bei der Durchführung der Mediation den Berufsregeln der Rechtsanwälte unterliegt. Wenn der Rechtsanwalt nicht als Mediator in der Liste des Justizministeriums

---

257 Fuchshuber, Mediation im Zivilrecht 61ff. Roth/Gherdane, in Hopt/Steffek, Mediation 105 (160).

258 § 67 RL-BA; dazu auch Roth/Gherdane, in Hopt/Steffek, Mediation 105 (153f).

259 Zu überdenken wäre hingegen die Situation von Juristen, die dasselbe rechtswissenschaftliche Studium (aber nicht die Rechtsanwaltsprüfung) absolviert haben, die jedoch trotz juristischem Wissen keinen Vertrag gestalten dürfen.

260 Steinacher, AnwBl 2000, 124 (129f).

261 Darunter fallen auch Gerichte oder Behörden.

262 Für den Mediationsvertrag zu Beginn der Mediation, der zwischen Mediator/Rechtsanwalt und Medianden abgeschlossen wird.

263 RGBl 96/1868 idF BGBl I 1/2009.

264 Beispielsweise das ZivMediatG, falls für die Mediation anwendbar.

eingetragen ist, darf er auch nicht den Eindruck erwecken er sei „eingetragener Mediator".[265] Die Rolle als Rechtsanwalt und jene als Mediator sind klar voneinander zu trennen[266]. Demnach muss es für die Parteien von Anfang an klar sein, ob die dritte Person als Rechtsanwalt oder Mediator auftritt.

Zu beachten ist § 16 Abs 1 ZivMediatG, wonach nach Beendigung einer Mediation ein Mediator im Rahmen seiner sonstigen beruflichen Befugnisse und mit Zustimmung aller betroffenen Parteien zur Umsetzung des Mediationsergebnisses tätig sein darf. Hierbei ist insbesondere an einen von einem Rechtsanwalt abgefassten Vergleich zu denken. Die notwendige berufsrechtliche Berechtigung hierfür erwächst jedoch nur aus den sonstigen beruflichen Befugnissen eines Rechtsanwalts und wird nicht etwa aus der Existenz des ZivMediatG verliehen.[267] Dies bedeutet, dass eingetragene Mediatoren ohne diese berufsrechtlichen Befugnisse nicht berechtigt sind einen anwaltlichen Vergleich abzuschließen.[268]

2. Deutschland

Innerhalb Deutschlands gibt es keine gänzlich übereinstimmenden Meinungen die notwendigen Grundvoraussetzungen einer Mediatorenausbildung betreffend. Vereinigungen bieten jedoch sinnvolle Ausbildungsrichtlinien bzw bei entsprechender Absolvierung einer solchen Ausbildung auch Zertifizierungen für die Mediatoren an. Im Rahmen der Konsumentenfreundlichkeit hinsichtlich potentieller Medianden ist es für diese jedenfalls schwierig, die Ausbildung des Mediators abzuschätzen – insbesondere auch aufgrund der unterschiedlichen Zertifizierungen der jeweiligen Vereinigungen. Im Folgenden werden die vom BMWA festgelegten Ausbildungsstandards aufgezeigt, wobei darauf hinzuweisen ist,

265 Likar/Krommer, AnwBl 2005, 60.

266 Wobei mediative Fähigkeiten oder Kommunikationstools auch in der Tätigkeit als Rechtsanwalt beachtliche Vorteile mit sich bringen!

267 Ferz/Filler, Mediation § 16 ZivMediatG Rz 5, Falk/Koren, ZivMediatG § 16 Rz 13.1; Pruckner, Mediation § 16 ZivMediatG Rz 1ff.

268 Hinzuweisen ist jedoch auf die Bestimmung des § 17 Abs 2 ZivMediatG, wonach jeder Mediator auf Verlangen der Parteien die Ergebnisse der Mediation sowie dessen Umsetzung schriftlich festzuhalten hat. Das Instrument, mit welchem das Ergebnis der Mediation realisiert wird (Vergleich, Vertrag) ist davon jedoch nicht erfasst. Der Mediator hat sich auf die Erteilung von entsprechenden Hinweisen für die Umsetzung des Ergebnisses zu beschränken. Ferz/Filler, Mediation, § 16 Rz 5 bzw § 17 ZivMediatG Rz 4.

dass der BMWA nicht als einzige deutsche Institution Ausbildungsstandards festlegt.[269]

a. Ausbildungsstandards des BMWA

Die Qualifikation von Mediatoren zu fördern bzw sicherzustellen ist ein besonderes Anliegen des BMWA, welches durch die Erarbeitung einer eigenen Richtlinie Ausdruck findet.[270]

In den Ausbildungsstandards des BMWA[271] werden die Voraussetzungen und Inhalte der Ausbildung von deutschen Mediatoren, sowie Standards von Ausbildungsinstituten aufgestellt. Personen, welche sich bei Ausbildungslehrgängen, die den Standards des BMWA entsprechen, ausbilden lassen, erlangen die Berechtigung sich als „Mediator BMWA" bzw „Wirtschaftsmediator BMWA" zertifizieren zu lassen – ein Qualitätsmerkmal, an dem sich insbesondere Medianden orientieren können. Voraussetzung für die Zertifizierung beim BMWA ist zusätzlich zur Ausbildung die Vollendung des 28. Lebensjahres, ein abgeschlossenes Studium oder vergleichbare berufliche Qualifikation sowie eine mindestens dreijährige Berufserfahrung.[272]

Vergleicht man diese Voraussetzungen für die Zertifizierung in Deutschland mit den österreichischen Voraussetzungen nach dem ZivMediatG für eine Eintragung in die Mediatorenliste beim Bundesministerium für Justiz, fällt auf den ersten Blick sofort die Voraussetzung eines „abgeschlossenen Studiums bzw einer vergleichbaren beruflichen Qualifikation" auf, welche im österreichischen ZivMediatG nicht gefordert ist. Insbesondere die Voraussetzung eines abgeschlossenen Studiums erscheint sehr begrüßenswert, da somit der Flut an Mediatoren, die für ein Ungleichgewicht an Angebot und Nachfrage auf dem Mediationsmarkt sorgen, vorgebeugt werden könnte. Sicherlich wäre dies keine gänzlich zufriedenstellende Situation, weil von vielen Seiten oftmals auch berechtigte Stimmen laut werden würden, die ein abgeschlossenes Hochschulstudium keineswegs als Voraussetzung für eine Mediatorentätigkeit sehen. Für Ausnahmefälle könnte auch in Österreich die in Deutschland bestehende Möglichkeit, ein abgeschlossenes Studium mit einer *„vergleichbaren beruflichen Qualifikation*" zu kompensieren, herangezogen werden.

---

269 Vgl etwa auch die Ausbildungsrichtlinien der BAFM, abrufbar unter http://www.bafm-mediation.de/ausbildung/ausbildungs-richtlinien-der-bafm/ (dl 15.5.2009).

270 BMWA, Richtlinien für Mediation, Punkt VII.

271 BMWA, Ausbildungsstandards vom 17.6.2001, 1. Fassung geändert am 24.1.2004 (Stand März 08), abrufbar unter http://www.bmwa.de/dokumente/standards_03_08.pdf (dl 15.5.2009).

272 BMWA, Ausbildungsstandards, Punkt 2.3.

Die Voraussetzung der mindestens dreijährigen Berufserfahrung in Deutschland ist sicherlich ebenfalls sinnvoll. Auch dazu findet sich im österreichischen ZivMediatG keine „Gegenspielerbestimmung".

Hinsichtlich des Mindestalters sind die Voraussetzungen in Österreich und Deutschland deckungsgleich – eine Benachteiligung von jüngeren Personen, welche etwa aufgrund außerordentlichen Fleißes alle Voraussetzungen (bis auf das Alter von 28 Jahren) nicht erfüllen ist mE nicht gerechtfertigt.[273]

Das Stundenausmaß der BMWA Ausbildung umfasst jedenfalls

> „nicht weniger als 200 Stunden je 60 Minuten"[274]

(dies entspricht 267 Stunden je 45 Minuten). In dieser Zeitspanne sind Selbstreflexion, Gruppen und/oder Einzelsupervision sowie Peergruppenarbeit umfasst. Als abgeschlossen gilt die Ausbildung wenn der Kandidat vier Falldokumentationen[275] eingereicht hat. Zudem muss eine Abschlussarbeit (Umfang mindestens 20 Seiten) verfasst sowie ein so genanntes Abschlusskolloquium bestanden werden.

In Österreich reicht für die Eintragung in die Liste beim Bundesjustizministerium hingegen bereits ein einziger durchgeführter praktischer Mediationsfall, zudem ist weder eine Abschlussarbeit noch ein Abschlusskolloquium vorausgesetzt. Angemerkt sei, dass sicherlich in Österreich viele Ausbildungen zum „eingetragenen Mediator" weit über die Vorschriften nach dem ZivMediatG bzw die Ausbildungsverordnung hinausgehen und sehr wohl auch Prüfungen und schriftliche Abschlussarbeiten vorsehen. Trotzdem könnte die gesetzliche Normierung von Prüfungen und Abschlussarbeiten im österreichischen Recht den Qualitätsstandard der „eingetragenen Mediatoren" weiter anheben, da eine noch so gute (insbesondere selbst bezahlte) Ausbildung – ohne abschließende Prüfung – kein verlässlicher Maßstab für das umfassende Verständnis der Ausbildungsinhalte und somit für die spätere qualifizierte Tätigkeit als „eingetragener Mediator" ist.

b. Mediator und Rechtsanwalt: Der anwaltliche Mediator

Auch in Deutschland wird insbesondere von Rechtsanwälten Mediation ausgeübt. Mediation gehört nach § 18 BORA zum Berufsbild des Rechtsanwaltes und zählt, wie in Österreich zur unmittelbar anwaltlichen Tätigkeit. Als Ausfluss daraus unterliegen Rechtsanwälte, die Mediation ausüben, den Regeln des Be-

---

273 Siehe dazu auch die Kritik im Kapitel „Das Zivilrechts-Mediations-Gesetz" oben.

274 BMWA, Ausbildungsstandards, Punkt 2.4.1.

275 BMWA, Ausbildungsstandards, Punkt 2.4.2.

rufsrechts.[276] Gem § 7a BORA sind deutsche Rechtsanwälte, unter der Voraussetzung einer geeigneten Ausbildung, auch berechtigt die Bezeichnung „Mediator" zu führen.

Aus § 3 BORA sowie § 43a BRAO geht klar hervor, dass Rechtsanwälte keine widerstreitenden Interessen vertreten dürfen. Dieses Verbot erfasst auch die Mediation durch Anwaltsmediatoren, weshalb die Vertretung eines Medianden vor bzw nach einem Mediationsverfahren (im selben Konfliktfall) unzulässig ist.[277] *Darunter fällt auch das Vertreten beider Parteien bei einem anschließenden einvernehmlichen Scheidungsverfahren. Hier sei auf die Situation in Österreich hingewiesen, wo ein einziger Rechtsanwalt beide Parteien gemeinsam bei einer einvernehmlichen*[278] *Scheidung durchaus vertreten kann.*[279]

Innerhalb Deutschlands stellte sich in den letzten Jahren die Frage, ob Mediation eine im Sinne des Rechtsberatungsgesetzes erlaubnispflichtige Tätigkeit sei. Kontrovers diskutiert wurde vor allem, ob Mediation als Rechtsberatung und Besorgung fremder Rechtsangelegenheiten anzusehen sei und folglich innerhalb Deutschlands nahezu ausschließlich den Rechtsanwälten zuzuweisen wäre.[280] Zum einen kann die Ansicht vertreten werden, dass Mediationsverfahren als erlaubnispflichtige Rechtsberatungen zu qualifizieren sind.[281] Die Befürworter der Gegenmeinung vertreten wiederum den (mE nachvollziehbaren) Standpunkt, dass insbesondere Bezug nehmend auf das Wesen der Mediation und die Hinweis- und Aufklärungspflichten eines Mediators bezüglich externer Rechtsberatung, eine Mediation per se nichts mit Rechtsberatung zu tun hat.[282] Vorausgesetzt der Mediator nimmt den Grundsatz der Selbstverantwortlichkeit der Medianden während des Verfahrens ernst und verstößt nicht insofern gegen das RberG, als er eigene rechtliche Lösungsvorschläge anbietet und juristische Beurteilungen des Konflikts während des Verfahrens anbietet, liegt bei der Durchführung einer Mediation nach den anerkannten Prinzipien keineswegs die Besorgung fremder[283] Rechtsangelegenheiten vor.[284]

---

276 Mähler/Mähler in Büchting/Heussen, Rechtsanwalts-Handbuch Rz 76.

277 Von Marcard, Berufsrecht 117.

278 Mähler/Mähler in Büchting/Heussen, Rechtsanwalts-Handbuch Rz 76, sprechen von „einverständlicher" Scheidung.

279 Mähler/Mähler in Büchting/Heussen, Rechtsanwalts-Handbuch Rz 76.

280 Von Marcard, Berufsrecht 50f; Trenczek, perspektive mediation 2006/2, 92.

281 Vor allem von psychosozialen Berufsgruppen wurde dies als unzufriedenstellende Situation im Sinne einer Beeinträchtigung ihrer Arbeit empfunden.

282 Trenczek, perspektive mediation 2006/2, 92.

283 Siehe dazu § 1 RberG.

284 So auch im Ergebnis Von Schlieffen/Ponschab/Rüssel, Mediation 47ff.

Eine klarstellende Regelung trifft auch das RDG, dessen § 2 Abs 3 Z 4 normiert, dass unter Rechtsdienstleistung gerade nicht Mediation oder eine vergleichbare Form der alternativen Streitbeilegung zu verstehen ist, sofern die Tätigkeit nicht durch rechtliche Regelungsvorschläge in die Gespräche der Beteiligten eingreift.

In Deutschland wird das Problem der Abgrenzung von Rechtsauskunft zu Rechtsberatung innerhalb der Mediation vor allem mit der Bezugnahme auf die Verfahrensordnung des BMWA gelöst. Rechtsfragen, welche sich in der Mediation ergeben, sind nicht vom Mediator zu beantworten. Rechtsauskünfte dürfen hingegen grundsätzlich erteilt werden. In Deutschland wird demnach ein Mediator, der nach der Mediationsverfahrensordnung des BMWA bzw den BMWA-Richtlinien Mediationen durchführt, keine Rechtsberatung durchführen. So lautet es in Punkt V der BMWA-Richtlinien[285], der das Zusammenwirken der Disziplinen im Mediationsprozess regelt. Ein sinnvolles Zusammenwirken der Disziplinen ist demnach nur durch die Kenntnis der jeweiligen professionellen Kompetenzen und Grenzen der unterschiedlichen Disziplinen möglich. Insbesondere Verweisungsmöglichkeiten an benachbarte Disziplinen sollten von allen Mediatoren wahrgenommen werden, um die Zusammenarbeit in einem professionellen Netzwerk zu ermöglichen.

Anwaltsmediatoren und Beratungsanwälte sind in den Richtlinien für Mediation in Wirtschaft und Arbeitswelt eigens erwähnt. Anwaltsmediatoren sind Rechtsanwälte welche über eine zusätzliche Mediationsausbildung verfügen. Beratungsanwälte sind Rechtsanwälte welche die Medianden während des Verfahrens juristisch beraten, sie beispielsweise zu einzelnen Mediationssitzungen begleiten bzw die am Ende des Verfahrens abgeschlossene Mediationsvereinbarung[286] auf die juristische Haltbarkeit hin überprüfen. Insbesondere dann, wenn der Mediator nach dem Rechtsberatungsgesetz nicht selbst zur rechtlichen Beratung berechtigt ist, hat die Beratung durch Beratungsanwälte zu erfolgen. Auch für Anwaltsmediatoren ist es möglich, das Ergebnis der Mediation in einer juristisch fundierten Vereinbarung auszuführen. Gerade wegen der engen tatsächlichen und rechtlichen Verknüpfung ist besonderes Augenmerk darauf zu richten, dass jedes Teilergebnis im Hinblick auf die Folgen für alle sonstigen Regelungsbereiche von Personen mit juristischer Theorie- und Praxiserfahrung, wie dies auf Rechtsanwälte zutrifft, überprüft wird.[287]

---

285 BMWA, Richtlinien für Mediation, Punkt V.

286 Dazu ausführlich unten.

287 BMWA, Richtlinien für Mediation, Punkt VI.

E. Resümee

Mit dem österreichischen ZivMediatG ist ein bedeutender Schritt für die Entwicklung der Mediation im deutschsprachigen Raum gesetzt worden. Ein Bedarf nach einer gesetzlichen Regelung der Mediation existiert mE, insbesondere im Sinne einer umfassenden Qualitätssicherung, auch in Deutschland. Gerade durch die räumliche und sprachliche Nähe sowie der zahlreichen Wirtschaftsbeziehungen zwischen Österreich und Deutschland lässt die Beobachtung der Entwicklung des ZivMediatG eine Prognose für die deutschen Bestrebungen zur Rechtsverankerung der Mediation zu. Zukünftig werden in Deutschland wohl zunehmend mediationsspezifische Regelungen in bestehende Gesetze integriert werden. Der nächste Schritt wäre die Verfassung eines Mediationsgesetzes[288], wobei sich dieses wahrscheinlich an das österreichische Gesetz anlehnen würde.[289]

Insbesondere hat die vorliegende Untersuchung gezeigt, dass vor allem in Deutschland für interdisziplinär tätige Mediatoren eine gesetzliche Grundlage für die ihnen zukommenden Rechte und Pflichten dringend notwendig ist. In vielen Grundberufen ist Mediation nicht in den Berufsordnungen festgeschrieben bzw nicht vom formellen Tätigkeitsfeld umfasst. Daraus folgend kommt diesen Mediatoren beispielsweise kein umfassendes Zeugnisverweigerungsrecht vor Gericht zu. In Anbetracht der Rechtssicherheit bzw des Verbraucherschutzes für Medianden stellt dies eine unzufriedenstellende Situation dar, da es für potentielle Mediationsklienten nahezu unmöglich ist, über die Rechte und Pflichten ihres Mediators aus dem jeweiligen Grundberuf, bescheid zu wissen. Die Vereinheitlichung im österreichischen ZivMediatG für eingetragene Mediatoren stellt insofern eine, im Vergleich gesehene, bessere Ausgangssituation dar.

Als Abschluss dieses Kapitels sei noch erwähnt, dass Mediation zwar theoretisch, insbesondere in der Literatur, im System der Konfliktbewältigungsmethoden sowohl in Österreich als auch in Deutschland bekannt ist und als hilfreiches Verfahren der kooperativen Streitbeilegung auch in der Praxis zunehmend anerkannt wird. Ihr gesamtes Potential schöpft diese außergerichtliche Methode, Konflikte einvernehmlich beizulegen, jedoch bei weiten noch nicht aus.[290] Daran kann auch die Vorreiterrolle Österreichs durch die Schaffung des ZivMediatG

---

288 Einen Entwurf eines Mediationsgesetzes für Deutschland siehe in Lenz, Mediation 170ff.

289 Aufgrund der Erfahrungen aus der Anwendung des österreichischen ZivMediatG würden in Deutschland jedoch Modifizierungen vorgenommen werden.

290 Hopt/Steffek in Hopt/Steffek, Mediation 5 (7); Risse in Scherer, Anwaltshandbuch Rz 68, spricht davon, dass Mediation in Deutschland bisweilen noch immer mit einem „nebulösen Image“ zu kämpfen habe. Diese Aussage ist, zumindest für manche Bereiche, sicherlich auch für Österreich nicht gänzlich verfehlt.

nichts ändern, denn nach wie vor wird den traditionellen gerichtlichen Konfliktlösungsmechanismen auch dort bedeutend mehr politische, mediale und finanzielle Aufmerksamkeit geschenkt. In Zukunft gilt es, Mediation zunehmend in das Gesamtgebilde der Rechtsordnungen zu integrieren und somit innerhalb der Gesellschaft ein Bewusstsein für das Erfolgspotential zu schaffen.

V. Mediationsvertrag – Mediationsvereinbarung

Mediationsvertrag und Mediationsvereinbarung stellen mehrseitige Vereinbarungen dar, die im Wege privatautonomer Gestaltung Details hinsichtlich des außergerichtlichen Verfahrens regeln. Mangels gesetzlicher Definition werden die Begriffe „Mediationsvertrag" und „Mediationsvereinbarung" im österreichischen und deutschen Schrifttum uneinheitlich verwendet. Die vorliegende Arbeit geht davon aus, dass als Mediationsvertrag jene vertragliche Vereinbarung, welche *zu Beginn* eines Mediationsverfahrens zwischen den Mediationsbeteiligten festgelegt wird, gilt.[291] Die Mediationsvereinbarung hingegen, fasst die einvernehmlichen, im Laufe des Verfahrens entwickelten, Ergebnisse *am Ende* des Mediationsverfahrens zusammen. Insbesondere bei der Mediationsvereinbarung wird deutlich, dass auch in einem Mediationsverfahren das Recht nicht ausgeklammert werden kann, sondern lediglich die gesetzlich gewährten Handlungsspielräume für die Bedürfnisse und Interessen der Medianden genutzt werden, um zu einer möglichst zufriedenstellenden, jedoch auch rechtlich einwandfreien, Vereinbarung zu gelangen.[292]

A. Der Mediationsvertrag

Der Mediationsvertrag[293] ist ein der Privatautonomie unterliegender, grundsätzlich formfreier[294] Vertrag, welcher mehrere vertragliche Beziehungen regelt:

---

291 Vgl jedoch Hagen in Hagen/Lenz, Wirtschaftsmediation 155 (171): Der Vertrag zwischen den Streitteilen über die Durchführung der Mediation wird als „Mediationsvereinbarung" (zweiseitiges Rechtsgeschäft) bezeichnet. Der Vertrag zwischen den Verfahrensparteien und dem Mediator wird als „Mediatorvertrag" (dreiseitiges Rechtsgeschäft) bezeichnet. Insofern wird nach dieser Ansicht beim Mediationsvertrag noch weiter differenziert in Mediationsvereinbarung und Mediatorvertrag. Zusammen ergeben Mediationsvereinbarung und Mediatorvertrag den Mediationsvertrag. In der Praxis wird meist ein Vertragswerk (Mediationsvertrag) zu Beginn des Verfahrens abgeschlossen, in dem die wechselseitigen Beziehungen zwischen Medianden und Mediatoren einheitlich in einem Vertrag geregelt werden.

292 Mähler/Mähler in Büchting/Heussen, Rechtsanwalts-Handbuch Rz 73.

293 Vgl hierzu Falk/Koren, §17 ZivMediatG Rz 5; Pruckner, Mediation 19; Roth/Gherdane in Hopt/Steffek, Mediation 105 (144); Völkl/Perner, Die Haftung von Schiedsrichtern und Mediatoren, NZ 2006/24, 129 (134).

294 Zu beachten ist jedoch die Ausnahme von der Formfreiheit bei geförderten Mediationen in familienrechtlichen Konfliktfällen. Eine Mediation kommt diesbezüglich nur durch Abschluss eines schriftlichen Mediationsvertrags zustande. Vgl § 11 Ausfüh-

Zum einen die Vertragsbeziehung zwischen Mediator und Mediandenüber die Durchführung der Mediation und zum anderen die vertragliche Beziehung zwischen den Konfliktparteien untereinander über deren wechselseitige Rechte und Pflichten.[295] Er kommt durch übereinstimmende Willenserklärung der Vertragsparteien zustande (Konsensualvertrag) und legt die Hauptleistungspflichten der Parteien fest.

1. Rechtsnatur

Der Mediationsvertrag ist als Vertragskoppelung zweier Hauptverträge zu sehen, die – ohne dass die jeweiligen Leistungen aus jedem einzelnen Verhältnis in einem inneren Zusammenhang stehen – voneinander wechselseitig abhängig sind.[296] Weitgehend unbestritten ist, dass es sich um einen atypischen Vertrag handelt, der unter keinen gesetzlich bestehenden Vertragstyp subsumierbar ist. Nach hA wird das Verhältnis zwischen Mediator und Medianden in der Regel als freier Dienstvertrag zu qualifizieren sein.[297] ME dürfen darüber hinaus werkvertragliche Elemente nicht außer Acht gelassen werden[298], wobei die Erfüllung der im Mediationsvertrag festgelegten Hauptleistungspflicht, also eine lege artis vorgenommene Verfahrensbegleitung, und gegebenenfalls eine lege artis erarbeitete Mediationsvereinbarung, den nötigen Erfolg darstellt, um die werkvertraglichen Regelungen zur Anwendung zu bringen.[299]

---

rungsrichtlinie zur Mediation gem § 39c FLAG BGBl 1967/376. Eine weitere Ausnahme stellt § 66 RL-BA 1977 dar, welche Schriftlichkeit für die Übernahme eines Mediationsmandates zwischen Rechtsanwalt, der als Mediator tätig wird, und Medianden vorsieht.

295 Pruckner, Mediation 20. So auch im deutschen Schrifttum Wegmann, Außergerichtliche Streitbeilegung, insbesondere Mediation, und Vertragsgestaltung, in Strempel (Hg), Mediation für die Praxis: Recht, Verfahren, Trends (1998) 29 (40).

296 Zutreffend Fitsch, JAP 2000/2001, 81; Likar/Krommer, AnwBl 2005, 66.

297 Fitsch, JAP 2000/2001, 80f; Likar/Krommer, AnwBl 2005, 66; unklar Völkl/Perner, NZ 2006/24, 135. Zur Einordnung des Mediationsvertrages in Deutschland: Nach Strempel enthält der Mediationsvertrag hinsichtlich des Verhältnisses zum Mediator dienstvertragliche Elemente. Seiner Rechtsnatur kommt der Mediationsvertrag einem Schiedsgutachtervertrag oder Schiedsrichtervertrag nahe, ohne dass er prozessvertragliche Elemente enthält. Wegmann in Strempel, Mediation für die Praxis 40.

298 Vgl die hA zum Schiedsrichtervertrag, die einen Werkvertrag annimmt: Fasching, Zivilprozessrecht2 Rz 2198; Rechberger/Simotta, Zivilprozessrecht7 Rz 961.

299 Vgl auch Fitsch, JAP 2000/2001, 80.

2. Vertragsinhalt

Als essentialia negotii gelten die Durchführung der Mediation, der Konfliktgegenstand sowie die Namen der Mediationsbeteiligten. Zusätzlich empfiehlt es sich, das Honorar des Mediators festzulegen.[300] Weiters ist es empfehlenswert, die grundsätzlichen Rechte und Pflichten[301] der Vertragsparteien vertraglich abzusichern. Die Pflichten des Mediators lassen sich in Haupt- und Nebenpflichten unterteilen. Als Hauptpflicht[302] gilt die Verfahrensbegleitung bzw die Leitung des Verfahrens nach den individuell vereinbarten Grundsätzen. Als Nebenpflichten gelten etwa die Bereitstellung der organisatorischen Voraussetzungen für die Mediation, Aufklärungs- und Sorgfaltspflichten oder Protokollierungen.[303]

Aus dem ZivMediatG sowie aus der Ausführungsrichtlinie zur Mediation gem § 39c FLAG lassen sich Grundprinzipen der Mediation und daraus wiederum weitere typische Inhalte des Mediationsvertrags ableiten: So ergibt sich beispielsweise aus dem Prinzip der „Offenlegung aller notwendigen Informationen" oder der „Pflicht, alles zu verhindern, was dem konstruktiven Fortgang des Verfahrens schaden könnte"[304], dass der Mediationsvertrag nicht nur Rechte und Pflichten zwischen Mediator und Konfliktparteien, sondern auch zwischen den Medianden untereinander regelt.[305] In diesem Sinne handelt es sich beim Mediationsvertrag um ein mehrseitiges Rechtsgeschäft[306], da zu dessen Zustandekommen die Übereinstimmung des erklärten Willens mehrerer Parteien erforderlich ist.[307] Aufgrund des Grundsatzes der Freiwilligkeit werden wohl immer sämtliche Konfliktparteien den Vertrag unterzeichnen, da ein Vertragsschluss nur eines Medianden, gegen den Willen der anderen Parteien, der Durchführung der Mediation entgegenstehen würde.

Zum typischen Inhalt eines Mediationsvertrages zählt, neben der Anführung der Verfahrensgrundsätze wie Freiwilligkeit, Vertraulichkeit, Eigenverantwort-

---

300 So auch Hutner, Die Mediationsvereinbarung - Regelungsgegenstände und vertragsrechtliche Qualifizierung, SchiedsVZ 2003, 226 (228).

301 Vgl dazu die Ausführungen im Kapitel oben „Rechte und Pflichten in der Mediation".

302 Vgl Kollros, ecolex 2003, 745 (746).

303 Hagen in Hagen/Lenz, Wirtschaftsmediation 155 (174); Kollros, ecolex 2003, 745 (747).

304 Als Beispiel eines typischen Vertragspunktes.

305 Pruckner, Mediation 21f.

306 Siehe dazu Koziol/Welser, Bürgerliches Recht I13 (2006) 114.

307 Völkl/Perner, NZ 2006/24, 134 sprechen beim Vertrag zwischen den Medianden und dem Mediator als Mediationsvertrag im engeren Sinn, wobei als vertragsschließende Parteien der Mediator und die Konfliktparteien gelten.

lichkeit und der Offenlegung von Informationen, auch der dilatorische Klagsverzicht[308]. Die Konfliktparteien verzichten bei einem solchen auf eine Prozessführung während des Mediationsverfahrens.[309] Da es sich bei einem Mediationsvertrag um einen typisch offenen Vertrag handelt, kann er im Verfahrenslauf ergänzt, erweitert und konkretisiert werden. Bei vielen Regelungspunkten innerhalb des Mediationsvertrages handelt es sich um Programm- bzw Kommunikationsregeln, die insbesondere als ethische Regelungspunkte gelten.[310]

Wird im Vertrag kein Entgelt ausdrücklich vereinbart, ist nach *Pruckner*[311] § 1152 ABGB zu beachten. Fehlt eine Regelung über die Aufteilung der Kostentragung hinsichtlich des Honorars des Mediators, wird im Zweifel eine gesamtschuldnerische Haftung der Mediandenanzunehmen sein.[312]

Jedem Mediator steht es frei, Allgemeine Geschäftsbedingungen zu vereinbaren, wobei die gesetzlichen Grenzen des ABGB[313] und in der Regel auch des KSchG[314] zu beachten sind.

Ziel des Mediationsvertrags ist jedenfalls die Gewährleistung funktionierender Rahmenbedingungen für die Erarbeitung eines Ergebnisses, nicht jedoch die Erstellung eines bestimmten Lösungsplanes.[315] Leistungsgegenstand ist somit nicht die Entwicklung eines Endergebnisses, sondern die Schaffung eines Umfeldes, um effizient an einer Konfliktlösung arbeiten zu können.

---

308 Im Lateinischen: pactum de non petendo.

309 Dieser Klagsverzicht gilt jedoch nur während des Mediatiosverfahrens, beinhaltet aber keinen generellen Klagsverzicht (peremptorischer Klagsverzicht). Hagen in Hagen/Lenz, Wirtschaftsmediation 155 (172).

310 Hagen in Hagen/Lenz, Wirtschaftsmediation 155 (173).

311 Siehe dazu Pruckner, Mediation 24. Auch die Aufteilung der Kostentragung ist sinnvoller Weise, vor allem in Trennungs- und Scheidungsmediationen, schon im Mediationsvertrag zu vereinbaren. Vgl Völkl/Perner, NZ 2006/24.

312 § 891 ABGB; Wegmann in Strempel, Mediation für die Praxis 40.

313 Etwa §§ 864a, 879 ABGB.

314 Bundesgesetz vom 8. März 1979, mit dem Bestimmungen zum Schutz der Verbraucher getroffen werden (Konsumentenschutzgesetz) BGBl 1979/140 idF BGBl I 2008/21.

315 Die Konfliktlösung wird in einem vom Mediationsvertrag getrennten Schuldverhältnis, der Mediationsvereinbarung, verbindlich. Fitsch, JAP 2000/2001, 139.

3. Haftung des Mediators

Mediation gilt als berufliche Tätigkeit im Sinne des § 1299 ABGB.[316] Demzufolge trifft den Mediator eine verschärfte Sachverständigenhaftung, wonach er für die durchschnittlichen Fähigkeiten eines Mediators einzustehen hat. Die verschiedenen Grundberufe, welche Mediatoren aufweisen, können in die vertragliche Gestaltungsmöglichkeiten insoweit miteinbezogen werden, als bei einer Mediation professionelle Erfahrungswerte bzw bestimmte zusätzliche Kenntnisse und Fähigkeiten des Mediators, welche aus seinem Grundberuf resultieren, zum Vertragsgegenstand erhoben werden.[317]

Eine Haftung trifft den Mediator dann, wenn ein Mediationsverfahren durchgeführt wird, welches von den anerkannten Grundsätzen der Mediation merkbar abweicht. Die Beurteilung der Einhaltung dieser Grundsätze ist freilich in der Praxis schwierig. Im Übrigen wird es oftmals an Beweisen für ein haftungsbegründendes Verhalten mangeln. Wesentlich sind vor allem die individuellen Vereinbarungen im Mediationsvertrag. *Kollros*[318] empfiehlt in diesem Sinne individuelle Verfahrenszüge bzw spezielle Verfahrensabläufe in den Mediationsvertrag aufzunehmen, um Schadenersatzansprüche weitgehend ausschließen zu können.

Gem § 19 ZivMediatG hat ein Mediator in Hinblick auf mögliche Schadenersatzansprüche eine Haftpflichtversicherung abzuschließen.[319] Dies gilt als

316 Fitsch, JAP 2000/2001, 141 ff; Kollros, ecolex 2003, 745 (747); Roth/Gherdane in Hopt/Steffek, Mediation 105 (161). Insbesondere ist auch die Sachverständigenhaftung gem § 1300 ABGB zu beachten.

317 Siehe dazu ausführlich Fitsch, JAP 2000/2001, 143; Kollros, ecolex 2003, 745; Völkl/Perner, NZ 2006/24. Was die Haftung des deutschen Mediators anbelangt, ist je nach Abschnitt des Verfahrens zu unterscheiden. Schon bei einem vorvertraglichen Anbahnungsverhältnis, welches eine Vorstufe des konkreten Vertrags mit Sorgfaltspflichten der Beteiligten untereinander begründet, verlassen die Beteiligten den rechtsfreien Raum mit seiner Unverbindlichkeit. Dies gilt selbstverständlich auch für die Haftungsrisiken in Österreich, wobei insbesondere die Haftung aus culpa in contrahendo (cic-Haftung) zu beachten ist. Im deutschen Recht kommen für Pflichtverletzung des Mediators Schadenersatzansprüche nach § 280 BGB in Verbindung mit §§ 281 und 282 BGB in Betracht. Ebenso ist an die Rücktrittsmöglichkeiten nach den §§ 324, 241 Abs 2 BGB zu denken. Siehe Lenz, Mediation 74; Schröder, Familienmediation Rz 80ff.

318 Kollros, ecolex 2003, 745 (747).

319 Für den Versicherungsvertrag muss österreichisches Recht anwendbar sein. Die Mindestversicherungssumme hat 400.000 Euro für jeden Versicherungsfall zu betragen. Siehe dazu etwa Völkl/Perner, NZ 2006/24, 138.

Voraussetzung für die Eintragung in die beim Justizministerium geführte Liste der Mediatoren.

4. Verfahrensordnungen – Vertragliche Basis für Mediationsverträge in Deutschland

Um rechtliche Unsicherheiten im Bereich der Mediation mangels einer dem österreichischen ZivMediatG nahe kommenden gesetzlichen Verankerung entgegenzutreten, bildeten sich in Deutschland mehrere Mediations-Vereinigungen, wie etwa die Bundesarbeitsgemeinschaft für Familien-Mediation (BAFM)[320], der Bundesverband Mediation in Wirtschaft und Arbeitswelt (BMWA[321]) oder der Bundesverband Mediation (BMEV[322]).

Im Folgenden wird der deutsche Bundesverband für Mediation in Wirtschaft und Arbeitswelt sowie die von ihm aufgestellte Verfahrensordnung[323], welche die gegenseitigen Rechte und Pflichten innerhalb des Verfahrens festlegt und für viele Mediationen als vertragliche Basis herangezogen wird, behandelt.[324]

Der Verband entstand 1996 und widmet sich seither der Anwendung und Verbreitung der Mediation in Wirtschaft, Organisationen und Arbeitswelt sowie der Vernetzung sowie Aus- und Weiterbildung für Mediatoren in diesen Bereichen. Von besonderer Bedeutung ist in Deutschland die BMWA-Verfahrensordnung, welche allen Mediationsbeteiligten die Möglichkeit gibt, auf ein vollständiges Regelwerk der Mediation insbesondere in Wirtschaftsangelegenheiten zurückzugreifen. Die Verfahrensordnung des BMWA kann präventiv (in Form einer Vertragsklausel) oder aber reaktiv (bei aktuellen Konflikten) mittels einer Vereinbarung eingeführt werden und gewährleistet somit die Anwendung von Qualitätsstandards.[325] Sie bildet insofern einerseits eine in sich geschlossene vertragliche Basis, kann aber je nach Bedürfnissen und Vorstel-

---

320 www.bafm-mediation.de (9.3.2009).

321 www.bmwa.de (9.3.2009).

322 www.bmev.de (9.3.2009).

323 BMWA, Verfahrensordnung Mediation (2002), abrufbar unter www.bmwa.de (dl 18.5.2009).

324 Ein anderes Regelwerk, welches als Grundlage für ein Mediationsverfahren in Deutschland herangezogen werden kann, stellt beispielsweise jenes der WIPO (World Intellectual Property Organisation) mit Sitz in Genf dar. Die vorliegende Auseinandersetzung beschränkt sich jedoch auf die Darstellung der Verfahrensordnung des BMWA, da eine weiterführende Darstellung den Rahmen der Arbeit überschreiten würde.

325 Lenz, Mediation 56ff.

lungen der Mediationsbeteiligten auch individuell modifiziert werden. Unterwerfen sich die Parteien der Verfahrensordnung, können Verstöße gegen diesen Vertrag gerichtlich geltend gemacht werden.

Lenz[326] formuliert treffend, dass die Verfahrensordnung des BMWA einerseits große Freiheiten der Medianden und des Mediators bietet und andererseits eine wohldurchdachte Struktur schafft, um bei einer beginnenden Mediation nicht den oftmals von Mediationsbeteiligten befürchteten Anschein eines „unverbindlichen Psychogesprächs" aufkommen zu lassen.

Die Verfahrensordnung ist ähnlich strukturiert wie ein Gesetz und enthält nach einer Präambel und den Ausführungen zur Anwendbarkeit eine umfassende Aufzählung der Grundprinzipien der Mediation. Unter dem Regelungspunkt „Verfahren"[327] finden sich Ausführungen über den Beginn und den Ablauf der Mediation. Zudem ist die Vertraulichkeit[328] der Informationen, welche innerhalb des Verfahrens ausgetauscht werden, festgehalten. Über die Beendigung der Mediation besagt die Verfahrensordnung, dass nur schriftlich vereinbarte Mediationsergebnisse[329] verbindlich sind, wobei das Mediationsverfahren jederzeit (auch mündlich) für beendet erklärt werden kann.[330] Wichtige Hinweise enthält die Verfahrensordnung auch bezüglich der Verjährung von Fristen und des Honorars[331] des Mediators. Gerade die Information über den Rahmen des Honorars des Mediators ist sicherlich sinnvoll, damit die Medianden die theoretisch oftmals „totgeschwiegene", aber in der Praxis gerade bei neuen Konfliktregelungsverfahren relevante Frage des finanziellen Aufwandes, schon vorweg abschätzen können. In Österreich fehlt eine offizielle Honorarregelung noch gänzlich; meist wird das Honorar jedoch im eingangs verfassten Mediationsvertrag verbindlich vereinbart[332], wobei die Höhe des Honorars je nach Mediator sehr weit variiert.[333] Die Ethikrichtlinien des Österreichischen Netzwerks für Mediation legen

326 Lenz, Mediation 57.

327 BMWA, Verfahrensordnung Punkt 3.

328 BMWA, Verfahrensordnung Punkt 4.

329 Mediationsvereinbarung.

330 BMWA, Verfahrensordnung Punkt 5.

331 Danach beträgt das Honorar des Mediators je nach wirtschaftlicher Bedeutung und Komplexität des Konfliktfalles zwischen € 125,- und € 300,-. Siehe dazu BMWA, Verfahrensordnung, Punkt 8.

332 Pruckner, Mediation 24.

333 Roth/Gherdane in Hopt/Steffek, Mediation 105 (130).

diesbezüglich fest, dass eine Mediation erst dann beginnt, wenn die grundsätzlichen Fragen über die Honorarvergütung geklärt sind.[334]

Schlussendlich ist, trotz des an sich begrüßenswerten Ansatzes der Erstellung von allgemein zugänglichen Verfahrensordnungen für Mediationen innerhalb Deutschlands, einer gesetzlichen Verankerung der Mediation der Vorzug zu gewähren. Der grundlegende Unterschied des ZivMediatG zu den deutschen Verfahrensordnungen liegt vor allem darin, dass das ZivMediatG unabdingbar für alle „eingetragenen Mediatoren" in Österreich gilt, die Verfahrensordnungen jedoch jederzeit von den vertragsschließenden Parteien modifziert[335] werden können, bzw nicht zwingend Vertragsinhalt werden. Zudem fehlen in den Verfahrensordnungen des BMWA auch verwaltungs- und strafrechtliche Sanktionsmöglichkeiten[336], wie diese im ZivMediatG vorgesehen sind.

B. Die Mediationsvereinbarung

Die Mediationsvereinbarung findet am Ende des Verfahrens statt und wird auch als Abschlussvereinbarung[337], Mediationsvergleich[338] oder – im deutschen Schrifttum – als Memorandum[339] bezeichnet.[340] Grundsätzlich gibt es – ebenso wie beim Mediationsvertrag – keine allgemein geltenden gesetzlichen Vorschriften über die Inhalte einer Mediationsvereinbarung. Das Recht der Medianden, ihren Konflikt durch eine abschließende einvernehmliche Vereinbarung zu be-

334 Österreichisches Netzwerk Mediation, Ethikrichtlinien, Punkt 2.2.5. Dieser Ansicht ist jedoch nicht zuzustimmen, da die Vereinbarung eines Entgelts nicht Voraussetzung für den Beginn der Mediation ist. Im Übrigen steht dem auch § 1152 ABGB entgegen.

335 So etwa die Schlussbestimmungen des BMWA, Verfahrensordnung, Punkt 13.1.

336 §§ 31, 32 ZivMediatG

337 Hagen in Hagen/Lenz, Wirtschaftsmediation 155 (175).

338 Dies deshalb, weil es sich materiellrechtlich um einen Vergleich im Sinne des § 1380 ABGB handelt. Vgl Hagen in Hagen/Lenz, Wirtschaftsmediation 155 (171).

339 Diez/Krabbe/Thomsen, Familien-Mediation3 Rz 334f.

340 Zur Situation in Deutschland vgl BMWA, Richtlinien für Mediation, Punkt 1.3, in welchem es lautet: „Der Mediator unterstützt die Partner darin, in einem fairen Prozeß eine wechselseitig befriedigende, interessengerechte und auch im Ergebnis faire Vereinbarung zu erzielen." AA jedoch Strecker, Scheidung 69f.

enden, beruht auf der Privatautonomie[341] und der daraus ausfließenden Vertragsabschlussfreiheit.[342]

Zahlreiche Autoren[343] sehen in der Mediationsvereinbarung die einvernehmliche, privatautonome Entscheidung der Konfliktbeteiligten, wie die erzielten Ergebnisse in der Zukunft umgesetzt werden.[344] Nach dieser Auffassung wird die Mediationsvereinbarung am Ende des Verfahrens zwischen den Parteien abgeschlossen[345], wobei die Einigung der Parteien auf ein Mediationsergebnis nicht immer auch die Beendigung der Mediation bedeutet.[346] Über die rechtlichen Qualifikationen der Mediationsvereinbarung führt *Pruckner* aus, dass diese, wie grundsätzlich für alle Verträge, nach dem Parteiwillen der Mediaanden auszulegen sind.[347]

Andere Autoren[348] gehen wiederum davon aus, dass die Mediationsvereinbarung zwischen den Konfliktparteien abgeschlossen wird, in dem sich die Me-

---

341 Gerade im für die Mediation besonders relevanten Bereich der einvernehmlichen Scheidung müssen Regelungen bezüglich der betroffenen Kinder pflegschaftsgerichtlich bewilligt werden und unterliegen deshalb nicht der gänzlich freien Vertragsgestaltung.

342 So auch für Deutschland Diez/Krabbe/Thomsen, Familien-Mediation3 Rz 335.

343 Chiu, Rechtliche Rahmenbedingungen für Umweltschutz in Asien: Das | Modell in Taiwan, RdU 2008/113; Czinglar, Stellungnahme zum Entwurf für das Ehe- und Scheidungsrechtsänderungsgesetz 1998, AnwBl 1998, 718; Derfler, Wege zur Win-Win-Situation - Lösungsmechanismen in der Wirtschaftsmediation, VWT 2005 Heft 3, 41; Dolp/Soder/Hütter, Mediation im österreichischen Umweltschutzrecht – Praktische Überlegungen für Vorhabenswerber, Beteiligte und Behörden aus Anlass des UVP-Gesetzes 2000, RdU 2001, 11; Fitsch, JAP 2000/2001, 139 ff; Kollros, ecolex 2003, 745 ff; Leibetseder/Engelbrecht/Glasl/Bacher, Familienmediation 59; Pruckner, Mediation 50; Steinacher, AnwBl 2000, 124.

344 In der Mediationsvereinbarung kann eine konkrete Konfliktlösung festgelegt werden.

345 So auch Derfler, VWT 2005 Heft 3, 41, der davon ausgeht, dass der Mediationsvereinbarung rechtliche Bindung zukommt, wobei dezidiert auf die Prüfung durch externe (Rechts)Experten hingewiesen wird.

346 Dies etwa dann, wenn eine Vereinbarung über die Aufteilung des Vermögens, welche für die Medianden im Falle einer Scheidungsmediation besonders dringend scheint, getroffen wird, gleichzeitig aber die Frage des Aufenthalts der Kinder noch nicht abschließend geklärt ist. Zudem können auch nach erfolgter Mediationsvereinbarung die Parteien einvernehmlich Termine zur Begleitung des Umsetzungsprozesses bzw zur so genannten „Realitätsprüfung“ vereinbaren. Vgl Pruckner, Mediation 50.

347 So kann überlegt werden, ob die Medianden nur von einem unverbindlichen Besprechungsprotokoll ausgingen oder ob sie sich an die Vereinbarung schon endgültig binden wollten.

348 Ganner, Vertragsgerechtigkeit durch Mediation, ÖJZ 2003/43; Völkl/Perner, NZ 2006/24, 65 ff.

dianden verpflichten, untereinander nach Kräften ein Umfeld zu schaffen, welches ein konstruktives Arbeiten am Konflikt ermöglicht.

Hoffmann[349] etwa versteht unter der Mediationsvereinbarung die vertragliche Beziehung zwischen Mediator und Medianden zu Beginn des Verfahrens, in welcher das Thema der Mediation, die Vorgangsweise sowie die Entlohnung festgelegt werden. Sinngemäß ist nach dieser Auffassung die Mediationsvereinbarung zu Beginn des Verfahrens angesiedelt (siehe die Ausführungen oben zum Mediationsvertrag).

Für *Glavac*[350] stellt eine Mediationsvereinbarung eine Vereinbarung mit gewissen Mindestinhalten dar, in welcher festgelegt wird, dass bzw unter welchen Rahmenbedingungen ein Mediationsverfahren stattfindet. Klar wird bei dieser Definition jedoch nicht, ob es sich um eine vertragliche Beziehung zwischen Mediator und Medianden oder zwischen den Medianden untereinander handelt.

Likar/Krommer[351] weisen zwar theoretisch auf die Differenzierung zwischen Mediationsvereinbarung (zwischen den Konfliktparteien) und dem Mediationsvertrag (zwischen Mediator und Konfliktparteien) hin, ziehen aber aus praktischen Gründen die einheitliche Verwendung des Begriffs „Mediationsvereinbarung“ vor, da ihrer Ansicht nach in der Praxis überwiegend eine[352] „Vereinbarung“ getroffen wird, die sämtliche Rechte und Pflichten sowie das Verfahren regelt. Von der Mediationsvereinbarung sind demnach sowohl die Pflichten der Konfliktparteien als auch jene des Mediators im Konfliktlösungsprozess umfasst.

Da im § 13 der Ausführungsrichtlinie zur Mediation gem § 39c FLAG[353] klar die Rede von einer Mediationsvereinbarung[354] war und dies unter der Paragraphenüberschrift „Abschluss der Mediation“ geschrieben stand, ist mE jener Ansicht zu folgen, welche die Mediationsvereinbarung als Vereinbarung zwi-

349 Hoffmann, Mediation, AnwBl 2001, 361. Wobei es sich dabei, nach der in dieser Arbeit vertretenen Auffassung, um den Mediationsvertrag handelt.

350 Glavac, immolex 2006, 177.

351 Likar/Krommer, AnwBl 2005, 60.

352 Hierbei kann wohl nur zu Beginn des Mediationsverfahrens von einer „einzigen“ Vereinbarung gesprochen werden, wobei der in dieser Arbeit definierte Mediationsvertrag (zwischen Mediator und Medianden) auch die Vereinbarung der Medianden untereinander (Kommunikationsregeln usw) umfasst.

353 Ausführungsrichtlinie zur Mediation gem § 39c FLAG 1967 vom 3.11.1999, mittlerweile vollständig inhaltlich ersetzt aufgrund der Ausführungsrichtlinie zur Mediation gem § 39c FLAG 1967 vom 22.12.2004.

354 § 13 Abs 1 der Ausführungsrichtlinie gem § 39 FLAG lautete: „Eine Mediation wird beendet durch: a) eine schriftliche Punktation oder Mediations(teil)vereinbarung zwischen den Medianden.“

schen den Konfliktparteien am Ende eines Mediationsverfahrens, über die konkreten Lösungen und Streitbeilegungsergebnisse, versteht.

Hinzuweisen ist an dieser Stelle, dass die Mediationsvereinbarung zwar häufig einen außergerichtlichen Vergleich im Sinne des § 1380 ABGB, welcher durch wechselseitiges Nachgeben strittige bzw zweifelhafte Rechte neu festlegt[355] darstellt, aber nicht mit einem Prozessvergleich[356] (gerichtlicher Vergleich) verwechselt werden darf. Der Prozessvergleich gem § 204 ZPO ist ein vor Gericht geschlossener, protokollierter prozeßrechtlicher Vertrag, durch den die Parteien den Rechtsstreit gütlich beenden oder einzelne Streitpunkte bereinigen wollen und welcher das gerichtliche Urteil ersetzt. Der bedeutende Unterschied zum Vergleich im Sinne des § 1380 ABGB ist die Vollstreckbarkeit (Exekutionstitel) des prozeßbeendenden gerichtlichen Vergleichs.[357]

---

355 Holzhammer/Roth, Bürgerliches Recht mit Internationalem Privatrecht6 (2004) 114.

356 Ertl in Rummel (Hg), Kommentar zum ABGB3 (2003) § 1380 Rz 8; Pruckner, Mediation 52; Riedler, Privatrecht II Schuldrecht Allgemeiner Teil3 (2006) 184ff.

357 Vgl dazu die Ausführungen im Kapitel unten „Ergebnisse eines Mediationsverfahrens aus rechtlicher Perspektive".

VI. Die Mediationsklausel

Das folgende Kapitel der vorliegenden Arbeit beschäftigt sich mit der rechtlichen Untersuchung von Mediationsklauseln. Gleich vorweg sei erwähnt, dass Mediationsklauseln in Verträgen sicherlich eine wirkungsvolle und bedeutende Möglichkeit darstellen, um Mediation als außergerichtliche Konfliktbeilegungsmethode im Vertragsalltag zu etablieren.

A. Definition

Grundsätzlich gibt es zwei unterschiedliche Möglichkeiten, um zu einem Mediationsverfahren zu gelangen. Zum einen können sich die Parteien eines (bereits bestehenden) Konflikts ad hoc dazu entscheiden, Mediation in Anspruch zu nehmen.[358] Die Entscheidung für ein Mediationsverfahren wird insofern von den Parteien erst nach dem Auftreten eines konkreten Streitfalles getroffen.[359]

Die zweite Möglichkeit besteht darin, bereits vor der Entstehung eines Konflikts in einer entsprechenden vertraglichen Vereinbarung festzulegen, dass im Falle von auftretenden Konflikten vor der Klagseinbringung ein Mediationsverfahren (bzw ein Mediationsversuch) vorzuschalten ist. Diese vertragliche Vereinbarung, welche für das Bestehen eines zukünftigen Konfliktes (der im Abschlusszeitpunkt noch ungewiss ist) die Inanspruchnahme eines Mediationsverfahrens vor einer Klage bei Gericht vorsieht, wird als Mediationsklausel[360] be-

---

358 Fritz, Konfliktprophylaxe und Streitbeilegung in Personengesellschaften, GesRZ 2003, 79 (94); Völkl/Perner, NZ 2006/24, 134; Benn-Ibler, Außergerichtliche Streitbeilegung, AnwBl 2004, 373, weist richtigerweise darauf hin, dass die Wahrscheinlichkeit, dass sich Konfliktparteien nach Auftreten der Streitigkeit einer Mediation unterwerfen geringer ist, als die Bereitschaft vor dem Auftreten jeglicher Konflikte eine Mediationsklausel in den Vertrag aufzunehmen.

359 Trams, Die Mediationsvereinbarung – eine vertragsrechtliche Analyse (2008) 35.

360 Hausmaninger in Fasching/Konecny2, § 581 Rz 159 spricht hingegen von „Mediationsvereinbarung". Der Verständlichkeit halber wird in der hier vorliegenden Arbeit im Falle einer vertraglichen Vereinbarung über zukünftige Mediationen ausschließlich von Mediationsklausel gesprochen. Die Mediationsvereinbarung hingegen, ist die Übereinkunft der Konfliktparteien über die Beilegung des konkreten Konflikts und findet sich grundsätzlich am Ende eines (erfolgreichen) Mediationsverfahrens. Siehe dazu Kapitel V. Mediationsvertrag – Mediationsvereinbarung.

zeichnet. Eine solche Mediationsklausel beinhaltet einen temporären Verzicht auf den gesetzlichen Richter.[361]

Wird eine Mediationsklausel in einen Vertrag aufgenommen, kann im Konfliktfall wertvolle Zeit gespart werden, weil eine voreilige Anrufung der Gerichte unterbleibt.[362] Insofern ist es jedenfalls sinnvoll in Verträge eine Mediationsklausel einzuarbeiten, welche die Parteien verpflichtet vor der Anrufung des Gerichts zumindest einen Mediationsversuch zu unternehmen.[363]

B. Schlichtungsklausel versus Mediationsklausel

In der einschlägigen Literatur und Judikatur ist die Bezeichnung „Schlichtungsklausel" bei weitem häufiger vorzufinden als „Mediationsklausel". Auch wenn häufig davon ausgegangen wird, dass es sich bei Schlichtung und Mediation um ein und dasselbe Verfahren handelt[364] – und somit die Termini Schlichtung und Mediation oftmals als Synonyme verwendet werden – handelt es sich um zwei voneinander zu unterscheidende Verfahren.[365]

Berning/Schwamberger weisen darauf hin, dass Mediation und Schlichtung zwar viele Gemeinsamkeiten aufweisen, ein Schlichter aber grundsätzlich über einen höheren Autoritätsgrad verfügt als ein Mediator und durchaus auch eigene – mitunter rechtliche – Wertungen vornimmt bzw sogar einen so genannten „Schlichtungsspruch" fällen kann.[366] Da der Erfolg außergerichtlicher Streitbeilegungsmethoden zu einem bedeutenden Maß vor allem in der Eigenverantwortlichkeit der Konfliktparteien sowie von der entsprechenden Ausbildung[367], der Unabhängigkeit[368], den eingesetzten Techniken sowie Methoden des Verfahrensleiters abhängen, sei am Rande dieser rechtlichen Beleuchtung der Mediati-

---

361 Fritz/Schauer, Chancen und Grenzen der Mediation in gesellschaftsrechtlichen Streitigkeiten, SWK 2003, W 169 (W 172).

362 Fritz, GesRZ 2003, 79 (94) spricht diesbezüglich vom Unterbleiben des so genannten „First-move"-Problems, welches eine strategische Barriere zur Einleitung von außergerichtlichen Konfliktbeilegungsverfahren darstellt, wenn der Streit schon eskaliert ist.

363 Benn-Ibler, AnwBl 2004, 373; Hausmaninger in Fasching/Konecny2, §581 Rz 159ff.

364 Etwa Hausmaninger in Fasching/Konecny2, §581 Rz 159ff.

365 Siehe insbesondere auch die bereits vorgenommene Abgrenzung zum Bayrischen Schlichtungsgesetz oben im Kapitel IV. B. 2. b. I.

366 Berning/Schwamberger, Wirtschaftsmediation für Steuerberater: Mediation als neues Beratungsfeld (2008) Rz 40ff.

367 Etwa die gesetzlich vorgeschriebene Ausbildung für „eingetragene Mediatoren" nach dem ZivMediatG.

368 So ist die Unabhängigkeit von Schlichtungsstellen nicht in dem Maße gesetzlich gesichert als dies bei Mediatoren nach dem ZivMediatG der Fall ist.

onsklausel jedenfalls darauf hingewiesen, dass in Zukunft vermehrt die Aufnahme von „Mediationsklauseln" anstelle von „Schlichtungsklauseln" in Verträgen wünschenswert wäre.

C. Gestaltung einer Mediationsklausel

Zweckmäßigerweise sollte eine Mediationsklausel den Grund für die Inanspruchnahme der Mediation festlegen. Solch eine Klausel in einem Vertrag könnte hinsichtlich ihres Geltungsraumes beispielsweise folgenderweise lauten:

> „Über alle Streitigkeiten aus oder im Zusammenhang mit diesem Vertrag, einschließlich seines gültigen Zustandekommens, seiner Erfüllung und Beendigung sowie seiner vor- und nachträglichen Wirkungen, wird vor Klageerhebung bei einem ordentlichen Gericht oder Schiedsgericht eine Mediation durchgeführt."[369]

Mit dieser Klausel bringen die Parteien zum Ausdruck, dass sie eine Vermittlung durch einen neutralen Dritten ohne Entscheidungskompetenz wünschen.[370] Die Benennung des Verfahrens als „Mediation" ist vor allem deshalb wichtig, um sämtliche Vorteile des Verfahrens – beispielsweise im Vergleich zu einer bloßen Verhandlung oder Schlichtung – zu gewährleisten. Besonders empfehlenswert sind weitere Ausführungen über den zu bestellenden Mediator in der Mediationsklausel. Eine Möglichkeit wäre im Falle eines auftretenden Konflikts einen Mediator aus der Liste der „eingetragenen Mediatoren" beim Bundesminsiterium für Justiz auszuwählen. Insbesondere die Qualifikation des Mediators und somit auch das Erfolgspotential des außergerichtlichen Verfahrens wären somit gewährleistet. Der Mediationsklausel kann somit folgendes hinzugefügt werden:

> „Um Unabhängigkeit und Vertraulichkeit zu gewährleisten, kommen nur „eingetragene" Mediatoren aus der Liste beim Bundesministerium für Justiz in Frage. Der Mediator wird innerhalb von 30 Tagen nach Aufforderung einer Partei zur Einleitung der Mediation von den Parteien aus der Liste des BMJ einvernehmlich ausgewählt."[371]

---

369 In Anlehnung an Liebscher, Mediationsklausel, in Hausmaninger/Petsche/Vartian (Hg), Wiener Vertragshandbuch Band 1 (2005) 57 (58); weitere Beispiele für Mediationsklauseln in Schoen, Konfliktmanagementsysteme für Wirtschaftsunternehmen (2003) 266; Institut Österreichischer Wirtschaftsprüfer, Empfehlung zur Aufnahme einer Mediationsklausel – Vorstandsbeschluss des iwp, RWZ 2006/31, 96. Siehe auch das Beispiel einer Mediationsklausel bei Hagen in Hagen/Lenz, Wirtschaftsmediation 155 (174).

370 Trams, Mediationsvereinbarung 35.

371 In Anlehnung an Liebscher in Hausmaninger/Petsche/Vartian, Vertragshandbuch 58.

Um Konflikte bezüglich der Person des Mediators zu vermeiden, kann auch gleich in der Mediationsklausel eine Person bzw Stelle genannt werden, die den zukünftigen Mediator auswählt, falls sich die Konfliktparteien über die Person des Mediators nicht einig werden.[372] Auch könnte in Erwägung gezogen werden, einen bestimmten Mediator bereits namentlich in der Mediationsklausel zu nennen.

Je nach Ausgestaltung der Mediationsklausel können auch noch Aussagen bezüglich des Ortes, an dem die Mediation stattfinden soll bzw des allfälligen Abbruchs einer bereits begonnen Mediation getroffen werden.[373]

Durchaus möglich ist auch die Kombination einer Mediationsklausel mit einer Schiedsgerichtsklausel. Nach gescheiterter Mediation wird sodann anstelle der staatlichen Gerichte ein Schiedsrichter mit der Entscheidung über den Konflikt befasst. Ist hingegen in der Mediationsklausel nichts über die Folgen eines allfälligen Scheiterns der Mediation erwähnt, sind automatisch die staatlichen Gerichte zuständig.[374]

Der sofortige Gang vor die Gerichte ist durch die Aufnahme einer Mediationsklausel in einen Vertrag mE gesperrt. Zumindest vorläufig kann kein Rechtsschutz erlangt werden. Kritisiert bzw als unzulässig erklärt wird die Sperrfunktion einer Mediation dann, wenn aus Kostengründen einer der Konfliktparteien die Inanspruchnahme eines Mediationsverfahrens nicht möglich ist, da die finanziell weniger bemittelte („arme“) Partei keine Konfliktlösung erzielen könnte. *Fritz/Schauer*[375] schlagen diesbezüglich vor, dass dem insbesondere entgegengewirkt werden könne, indem – beispielsweise in einem Gesellschafterkonflikt – die Gesellschaft die Kosten der außergerichtlichen Konfliktlösung übernimmt.[376] Um diesem Gedanken Rechnung zu tragen ist es jedenfalls sinnvoll, bereits in der Mediationsklausel die Kostentragung bzw die Aufteilung der Kosten zu erwähnen. Dies könnte etwa folgenderweise erfolgen:

---

372 So heißt es etwa in der empfohlenen Mediationsklausel des Instituts Österreichischer Wirtschaftsprüfer: „Sollten sich die Parteien nicht innerhalb von 14 Tagen einvernehmlich auf einen oder mehrere Mediatoren einigen, so wird dieser/werden diese aus den vorgeschlagenen Mediatoren durch den Präsidenten des Instituts österreichischer Wirtschaftsprüfer bestimmt.“ Institut Österreichischer Wirtschaftsprüfer, RWZ 2006/31, 96.

373 Siehe dazu Liebscher in Hausmaninger/Petsche/Vartian, Vertragshandbuch 59.

374 So auch Lenz, Mediation 17.

375 Fritz/Schauer, SWK 2003, W 169 (W 171).

376 Auch kann in einem Wohnungseigentumsvertrag die Finanzierung einer allenfalls durchzuführenden Mediation durch die Bildung einer angemessenen Rücklage geregelt werden. Allmayer-Beck, ADR im Wohnungseigentum, immolex 2006, 173 (176).

„Die Parteien des Mediationsverfahrens haften als Gesamtschuldner für die Kosten dieses Verfahrens.“[377]

D. Klagseinbringung vor Mediation: Umgehung der Mediationsklausel

Obwohl in der vertraglichen Vereinbarung, welche zwischen den Parteien abgeschlossen wurde festgeschrieben ist, dass vor Gerichtsanrufung ein Mediationsverfahren vorzuschalten ist, kann es vorkommen, dass sich eine der Vertragsparteien sogleich mit einer Klage an das Gericht wendet. Diesbezüglich ist zu untersuchen, welche Konsequenzen das Einbringen einer Klage bei Gericht ohne die vertraglich vorgesehene Vorschaltung eines Mediationsverfahrens hat.

Dementsprechend liegt es nahe – mangels Vorliegen einschlägiger Literatur bzw Entscheidungen über Mediationsklauseln – die Abgrenzung hinsichtlich Schieds- und Schlichtungsklausel heranzuziehen. Auch wenn, wie oben bereits erwähnt, Schlichtung und Mediation faktisch zwei unterschiedliche Verfahren darstellen, sind die bereits vorhandenen Überlegungen im Falle der Übergehung einer Schieds- bzw Schlichtungsklausel heranzuziehen.

Der bedeutende Unterschied zwischen Schieds- und Schlichtungsklausel besteht darin, dass bei Vereinbarung einer Schiedsklausel über den Konflikt ein Schiedsgericht anstelle eines staatlichen Gerichts entscheidet.[378] Daraus resultiert, dass die Vereinbarung eines Schiedsgerichtes bzw einer Schiedsklausel[379] ein Prozesshindernis der sachlichen Unzuständigkeit begründet.[380]

Eine Schlichtungsstelle ist hingegen lediglich dazu berufen, vor Anrufung eines Gerichtes den Rechtsstreit durch Herbeiführung einer Einigung zwischen den Streitparteien zu vermeiden. Kommt kein Konsens zustande, ist die Anrufung des ordentlichen Gerichtes jedoch möglich.[381]

---

377 Institut Österreichischer Wirtschaftsprüfer, RWZ 2006/31, 96.

378 Rechberger/Simotta, Grundriss des österreichischen Zivilprozessrechts7 (2009) Rz 1154.

379 Siehe dazu § 581 Abs 1 ZPO: „Die Schiedsvereinbarung ist eine Vereinbarung der Parteien, alle oder einzelne Streitigkeiten, die zwischen ihnen in Bezug auf ein bestimmtes Rechtsverhältnis vertraglicher oder nichtvertraglicher Art entstanden sind oder künftig entstehen, der Entscheidung durch ein Schiedsgericht zu unterwerfen. Die Schiedsvereinbarung kann in Form einer selbständigen Vereinbarung oder in Form einer Klausel in einem Vertrag geschlossen werden.“

380 9 Ob A 134/88; 8 Ob A 274/95; 8 Ob A 2128/96s; 1 Ob 300/00z; 6 Ob 41/03b; 7 Ob 64/06x.

381 Hausmaninger in Fasching/Konecny2, §581 Rz 159; Rechberger/Simotta, ZPR7 Rz 1154. Vgl etwa die Schlichtungsklausel in OGH 17.4.1997, 8 Ob A2128/96s: „Die In-

Da eine Mediationsklausel schon hinsichtlich des Ablaufes und Inhalts einer Mediation keineswegs mit einer Schiedsklausel (bzw dem Ablauf eines Schiedsverfahrens) verglichen werden kann und inhaltlich jedenfalls Mediation mehr Gemeinsamkeiten mit der Schlichtung aufweist, werden die Ausführungen in der Literatur bzw des OGHs hinsichtlich der Schlichtungsklausel genauer beleuchtet.

Das Übergehen einer obligatorischen Schlichtungsklausel führt zur Abweisung des Klagebegehrens mangels Klagbarkeit, falls vor Klagseinbringung kein Schlichtungsversuch unternommen wurde.[382] Dies deshalb, weil unter einer Schlichtungsklausel eine Bestimmung verstanden wird, welche die Klagbarkeit eines Anspruchs von der Durchführung eines vorherigen Schlichtungsverfahrens abhängig macht.[383]

Das Unterbleiben des Verfahrens vor einer Schlichtungsstelle begründet damit nicht die Unzulässigkeit des Rechtsweges, sondern nur den über rechtzeitige materiell-rechtliche Einwendungen wahrzunehmenden Mangel der (derzeitigen) Klagbarkeit. Ist diese Einwendung berechtigt, führt dies zur Abweisung des Klagebegehrens. Wenn hingegen ein Schlichtungsverfahren zwingend durch Gesetz vorgeschrieben ist und als Sanktion, für eine mangelnde Inanspruchnahme der Schlichtung, die Zurückweisung der frühzeitig erhobenen Klage anordnet, soll der Rechtsweg unzulässig sein.[384] Das Unterlassen eines gesetzlich vorgeschriebenen Schlichtungsverfahrens macht den Rechtsweg also nur unzulässig, soweit das Gesetz dies ausdrücklich bestimmt.[385]

Der Mangel der Nichtinanspruchnahme eines Schlichtungsverfahrens wird sozusagen an den jeweiligen materiell-rechtlichen Anspruch gekoppelt. Konsequenz der unterlassenen Schlichtung ist die Abweisung des Klagebegehrens. ME ist jedoch die richtige Konsequenz die Zurückweisung, weil es sich – ungeachtet der Qualifikation der Mediations- bzw Schlichtungsklausel (gesetzlich angeordnet oder vertraglich begründet) – bei unmittelbarer Inanspruchnahme des Gerichts um ein formales Gebrechen handelt und eine formelle Voraussetzung nicht erfüllt ist.

---

anspruchnahme von Gerichten ist aufgrund der österreichischen Rechtsordnung nicht grundsätzlich ausgeschlossen, jedoch ist vorerst die verbandsinterne Schlichtungsstelle in Anspruch zu nehmen. Verstöße gegen diese Bestimmung sind vereinsintern im Sinne der Vorschriften für die Strafausschlüsse zu ahnden."

382 9 Ob A 134/88; 8 Ob A 274/95; 8 Ob A 2128/96s; 1 Ob 300/00z; 6 Ob 41/03b; 7 Ob 64/06x.

383 Vgl Jabornegg, Grenzen kollektivvertraglicher Rechtssetzung und richterliche Kontrolle, JBl 1990, 205.

384 Rechberger/Simotta, ZPR7 Rz 1154.

385 Mayr in Fasching/Konecny2, § 230 Rz 24.

Im Interesse der Entlastung der Gerichte könnte jedenfalls angedacht werden, ob die Übergehung einer vertraglich vereinbarten Mediationsklausel nicht als fehlende Prozessvoraussetzung – und zwar jene der Unzulässigkeit des Rechtsweges – eingeordnet werden könnte. Die Zulässigkeit des streitigen Rechtsweges regelt die Abgrenzung zwischen dem streitigen Verfahren und den anderen zivilgerichtlichen Verfahrensarten, wie dem Außerstreit-, dem Exekutions-, oder dem Insolvenzverfahren.[386] Freilich handelt es sich bei einem Mediationsverfahren nicht um eine dieser genannten zivilgerichtlichen Verfahrensarten. Im Sinne der Etablierung des Verfahrens und – wie oben bereits angeführt – im Interesse der Entlastung der ordentlichen Gerichte könnte jedoch in Betracht gezogen werden, die mangelnde Inanspruchnahme eines Mediationsverfahrens als fehlende Prozessvoraussetzung anzusehen. Insofern wäre eine vorzeitige Klage mangels Vorliegen der Prozessvoraussetzung zurückzuweisen.

Wirft man einen Blick in das benachbarte Deutschland, findet man das Bayerische Schlichtungsgesetz[387], welches seit dem 1. Mai 2000 für Konflikte in bestimmten Angelegenheiten vor der Einbringung einer Klage eine obligatorische außergerichtliche Schlichtung vorsieht. Diese obligatorische Schlichtung gilt – und dies ist schon aus dem Wortlaut der Überschrift[388] des ersten Abschnittes zu schließen – ebenfalls als Prozessvoraussetzung.

Bei vertraglicher Vereinbarung einer Mediationsklausel könnte der Versuch der Mediation als Bedingung für die Klagbarkeit des Anspruchs gesehen werden. Die Klagbarkeit ist bis zur Durchführung des Mediationsversuchs (Bedingung) ausgeschlossen und somit aufschiebend bedingt.

386 Mayr in Fasching/Konecny2, § 230 Rz 21.

387 Siehe dazu ausführlich Kapitel IV. B. 2. b. I. Das Bayrische Schlichtungsgesetz.

388 Abschnitt I: „Obligatorische Schlichtung als Prozessvoraussetzung“.

VII. Ergebnisse eines Mediationsverfahrens aus rechtlicher Perspektive

Am Ende eines erfolgreichen Mediationsverfahrens steht regelmäßig eine – bereits behandelte[389] – Mediationsvereinbarung, welche die einvernehmliche privatautonome Konfliktlösung der Streitparteien festlegt. Das nunmehrige Kapitel beschäftigt sich mit der praktisch besonders relevanten Frage der Verbindlichkeit einer solchen Mediationvereinbarung, da das Erzielen eines konkreten Konfliktlösungsergebnisses innerhalb des Verfahrens mit Unterstützung eines Mediators nicht mit der praktischen Umsetzung der Ergebnisse gleichzusetzen ist. Mit anderen Worten kann auch ein interessensbasiertes Verfahren wie Mediation keine Erfolgs- bzw Umsetzungsgarantie abgeben. Auch wenn mittels Mediation besonders nachhaltige und zufrieden stellende Konfliktlösungen erzielt werden, ist es durchaus möglich, dass sich eine der Parteien aus unterschiedlichsten Gründen nicht an die Vereinbarung hält und wiederum ein Konflikt aufflammt. Insofern bedarf vor allem die rechtliche Qualifikation der im Rahmen der Mediation getroffenen Ergebnisse sowie deren Vollstreckbarkeit[390] einer genaueren Untersuchung.

A. Materiellrechtlicher Vergleich

Werden streitige oder zweifelhafte Rechte durch gegenseitiges Nachgeben der Konfliktparteien beseitigt, indem neue eindeutige Verbindlichkeiten geschaffen werden, liegt ein Vergleich vor. Dieser stellt einen Feststellungsvertrag dar, der in erster Linie der Vermeidung oder Beilegung eines Rechtsstreites dient.[391] Gem § 1380 ABGB handelt es sich bei einem Vergleich um einen Neuerungsvertrag, durch den streitige, oder zweifelhafte[392] Rechte insofern geregelt werden, als jede Partei sich wechselseitig etwas zu geben, zu tun, oder zu unterlassen verbindet. Ein streitiges oder zweifelhaftes Recht liegt dann vor, wenn die

---

389 Siehe Kapitel V. Mediationsvertrag – Mediationsvereinbarung.

390 Die Vollstreckbarkeit einer Mediationsvereinbarung zählt zu den externen Verfahrensfragen. Externe Verfahrensfragen sind solche, die Verfahrensabschnitte betreffen, die von der Mediation ausgelagert sind. Interne Verfahrensvorschriften hingegen betreffen hauptsächlich die, während der Mediation anzuwendenden, Verfahrensgrundsätze. Vgl dazu Hagen in Hagen/Lenz, Wirtschaftsmediation 155 (160f).

391 Vgl etwa OGH 16.3.2004, 10 Ob 62/03w = JBl 2004, 658.

392 Zur Zweifelhaftigkeit des verglichenen Rechtsgeschäfts vgl Heidinger in Schwimann (Hg), ABGB3 (2005) § 1380 Rz 5; Ertl in Rummel3, § 1380 Rz 3.

Meinungen der Parteien über Existenz, Fortbestehen, Höhe, Umfang oder Erlöschen eines Rechts voneinander abweichen.[393] Diese Beurteilung erfolgt rein subjektiv aus Sicht der Parteien.[394] Die innerhalb eines Mediationsverfahrens erzielten Ergebnisse (Mediationsvereinbarung) stellen häufig außergerichtliche Vergleiche dar.

Voraussetzung für einen Vergleich gem § 1380 ABGB ist das Vorliegen eines „ernsthaften Zweifels", da andernfalls ein unzulässiges abstraktes Rechtsgeschäft vorliegen würde. Die Einschaltung eines Gerichtes bzw ein gerichtsanhängiger Rechtsstreit ist hingegen keine Zulässigkeitsvoraussetzung.[395]

Durch den Vergleich wird im Einvernehmen festgelegt, ob oder in welchem Umfang das fragliche Recht besteht. Somit schafft der Vergleich einen neuen Rechtsgrund und wirkt konstitutiv.[396] Der Vergleich zählt zu den zweiseitig verbindlichen, entgeltlichen Verträgen. Das Nachgeben auf der einen Seite wird durch das Nachgeben auf der anderen Seite vergolten. Das entgeltliche Element des Vergleichs liegt somit im Nachgeben beider Seiten.[397]

1. Vergleiche im Familienrecht

Für Mediationsverfahren bei familienrechtlichen Konflikten ist es mitunter bedeutsam, dass die Rechtsverhältnisse der Ehe und der Abstammung nicht zur Disposition stehen. Vergleiche über Streitpunkte in solchen Rechtsverhältnissen sind aufgrund öffentlichen Interesses unzulässig.[398] So ist beispielsweise die Berufung auf die Nichtigkeit der Ehe erst ab Nichtigerklärung von Seiten des Gerichts zulässig und ein diesbezüglicher Vergleichsvertrag gem § 1382 ABGB ausgeschlossen.[399]

Hinsichtlich des gesetzlichen Unterhalts steht es den Konfliktparteien zwar frei, einen Vergleich abzuschließen, Unterhaltsansprüche sind gem § 94 Abs 3 ABGB jedoch für die Zukunft dem Grunde nach unverzichtbar. Lediglich wäh-

393 Riedler, Schuldrecht3 184.

394 Dies selbst dann, wenn die Standpunkte der Parteien objektiv unzutreffend sind. Heidinger in Schwimann3, § 1380 Rz 5.

395 Siehe hingegen zum Gerichtsvergleich (Prozessvergleich) die Ausführungen im nachfolgenden Kapitel.

396 Dullinger, Bürgerliches Recht II Schuldrecht3 (2008) Rz 5/8.

397 Holzhammer/Roth, Bürgerliches Recht6 114; Koziol/Welser, Bürgerliches Recht13 117.

398 Dullinger, Schuldrecht3 Rz 5/13.

399 Ertl in Rummel3, § 1382 Rz 2; Heidinger in Schwimann3, § 1380 Rz 9; Klicka in Fasching/Konecny2, §§ 204–206 ZPO Rz 15.

rend der aufrechten Ehe kann ein Ehepartner auf den Unterhalt verzichten. Dies beispielsweise dann, wenn der Unterhalt aus eigenem Einkommen bestritten wird. Pro futuro ist nur ein Verzicht bezüglich einzelner Teile von Unterhaltsleistungen möglich.[400] Davon darf jedoch nicht der so genannte notwendige Unterhalt erfasst sein. Grundsätzlich gilt für Unterhaltsvergleiche die Umstandsklausel. Daraus ergibt sich, dass bei wesentlichen Veränderungen der Verhältnisse der Unterhaltsanspruch neu bestimmt werden kann. Ein Verzicht auf die Umstandsklausel ist regelmäßig möglich; im Einzelfall kann der Verzicht jedoch sittenwidrig[401] sein.[402]

Ein Vergleich hinsichtlich des Unterhalts der Kinder, welcher am Ende einer Scheidungsmediation von den sich trennenden Eltern geschlossen wurde, ist gegenüber den Kindern noch nicht gültig. Vielmehr bedarf ein solcher Unterhaltsvergleich einer Genehmigung des Pflegschaftsgerichts.[403]

§ 1383 ABGB normiert, dass über den Inhalt einer letztwilligen Anordnung vor deren Bekanntmachung kein Vergleich errichtet werden darf. Vergleichsabschlüsse nach der Bekanntmachung der Anordnung sind hingegen zulässig.[404]

2. Anfechtung wegen Wurzelmängeln

Der Vergleich sollte Unklarheiten endgültig bereinigen (Bereinigungswirkung[405]) und kann nicht wegen *Irrtums über den streitigen oder zweifelhaften Sachverhalt* angefochten werden. Eine solche Anfechtungsmöglichkeit würde dem Rechtsinstitut gänzlich seinen Sinn entziehen, da bei einem Konflikt über bestehende Rechte immer eine Partei über die wahren Umstände irrt. Vom Irrtum über den streitigen oder zweifelhaften Sachverhalt ist hingegen der Erklä-

---

400 Heidinger in Schwimann3, § 1444 Rz 28.

401 Dies etwa dann, wenn der Unterhalt des berechtigten Ex-Ehepartners gefährdet ist oder dem Verpflichteten die Existenzgrundlage entzogen wird. Vgl dazu OGH 25.11.1999, 3 Ob 229/98t = JBl 2000, 513.

402 Siehe dazu auch die Ausführungen über den Scheidungsvergleich im Kapitel VIII. A. 1. d.

403 Heidinger in Schwimann3, § 1380 Rz 10 mwN.

404 Weiterführend siehe Ertl in Rummel3, § 1383 Rz 1.

405 Aus der Bereinigungswirkung des Vergleichs folgt, dass dieser auch gültig bleibt, wenn sich nachträglich die Streitfrage eindeutig klären lassen würde. Beachtenswert erscheint jedoch diesebzüglich, dass sich die Bereinigungswirkung jeweils nur auf die vom Vergleich erfassten Streitpunkte bezieht und die Bereinigungswirkung nicht für Forderungen gilt, die von einer Konfliktpartei verheimlicht wurden. Siehe dazu Heidinger in Schwimann3, § 1380 Rz 22; Neumayr in Koziol/Bydlinsky/Bollenberger (Hg), Kommentar zum ABGB2 (2007) § 1380 Rz 7; Riedler, Schuldrecht3 186.

rungsirrtum zu unterscheiden, dem eine Partei beim Abschluss des Vergleichs unterliegen kann. Unter den Voraussetzungen des § 871 ABGB ist die Partei, welche einem Erklärungsirrtum unterliegt, auch zur Anfechtung berechtigt.

Ebenso ist ein Vergleich wegen List oder Drohung gem § 870 ABGB anfechtbar.[406] Dies gilt auch dann, wenn der Irrtum einen Vergleichspunkt betroffen hat.[407] Die Rspr geht davon aus, dass Arglist bereits dann gegeben ist, wenn eine Partei von entscheidenden Tatsachen Gewissheit erlangt und dies der anderen Partei verheimlicht.[408] In Betracht kommt auch die Anfechtung des Vergleichsvertrages wegen Sittenwidrigkeit und Wucher im Sinne des § 879 Abs 2 Z 4 ABGB.[409]

Zu beachten ist, dass ein redlich errichteter Vergleich gem § 1386 ABGB jedoch nicht wegen laesio enormis (§ 934 ABGB) angefochten werden kann. Der Zweck dieser Bestimmung liegt in der Schwierigkeit, einem zweifelhaften und streitigen Recht einen zuverlässigen Preis zuzuordnen. Das – für die rechtlich zulässige Anfechtung wegen Wuchers nötige – „auffallende Missverhältnis" im Sinne des § 879 Abs 2 Z 4 ABGB ist objektiv leichter zu ermitteln als der „gemeine Wert", welcher für § 934 ABGB ausschlaggebend ist.[410]

3. Abgrenzung zu anderen Rechtsgeschäften

Die Mediationsvereinbarung am Ende der Mediation stellt sehr häufig einen Vergleich, für den – wie oben bereits ausgeführt – das Element des beiderseitigen Nachgebens charakteristisch ist, dar. Da jedoch innerhalb der Mediation nicht zwangsläufig ein Kompromiss im Sinne eines beiderseitigen Nachgebens zwischen den Konfliktparteien geschlossen wird, sondern der Fokus auf einem konsensualen Ergebnis liegt, kann es durchaus auch vorkommen, dass am Ende der Mediation beispielsweise ein einseitiges Nachgeben nur einer Konfliktpartei steht und somit ein Anerkenntnis[411] vorliegt. Der wesentliche Unterschied zum

406 Dazu etwa Ertl in Rummel3, § 1385 Rz 2.

407 OGH 14.6.1989, 9 Ob A 116/89 = JBl 1990, 333; OGH 31.8.1995, 3 Ob 563/95 = JBl 1996, 174.

408 JBl 1956, 453.

409 OGH 20.3.1985, 1 Ob 532/85 = JBl 1986, 777.

410 Ertl in Rummel3, § 1386 Rz 1.

411 Bei einem konstitutiven (echten) Anerkenntnis als Feststellungsvertrag gesteht eine Partei der anderen ein strittiges oder zweifelhaftes Recht zu. Dieses Anerkenntnis dient der Streitbereinigung zwischen den Parteien. Insofern bildet das konstitutive Anerkenntnis als Wilenserklärung einen neuen Verpflichtungsgrund. Die zweifelhafte Rechtslage wird neu begründet. Im Unterschied zu einem konstitutiven Anerkenntnis stellt das so genannte deklarative Anerkenntnis eine bloße Wissenserklärung dar und

Vergleich besteht darin, dass beim Anerkenntnis nur eine Partei nachgibt; während sich der Vergleich durch ein beiderseitiges Nachgeben auszeichnet.[412] Desgleichen kann am Ende eines Mediationsverfahrens beispielsweise ein Anerkenntnis[413], ein Verzicht[414], eine Schenkung[415] oder ein Kauf stehen.

B. Gerichtsvergleich

Der gerichtliche Vergleich (Prozessvergleich) gem § 204 ZPO stellt einen vor Gericht geschlossenen protokollierten prozessrechtlichen Vertrag dar, durch den die Parteien einen Rechtsstreit einvernehmlich beenden.[416] Wird ein bereits gerichtsanhängiges Verfahren unterbrochen, um mittels außergerichtlichem Streitbeilegungsverfahren eine Lösung des Konflikts herbeizuführen, kann nach dem erfolgreichen Mediationsverfahren[417] ein gerichtlicher Vergleich abgeschlossen werden.

Nach § 204 ZPO kann das Gericht „in jeder Lage der Sache" die Herbeiführung eines Vergleichs versuchen.[418] In dieser Gesetzesbestimmung ist dezitiert die Rede davon, dass von Seiten des Gerichts auf Einrichtungen, die zur einvernehmlichen Lösung von Konflikten bestehen, hinzuweisen ist. Ein ausdrücklicher Hinweis auf Mediation findet sich jedoch nicht.

Ein Unterschied des Prozessvergleichs zum materiellrechtlichen Vergleich[419] liegt darin, dass weder das Vorliegen eines strittigen Rechtes noch das gegenseitige Nachgeben, welches den materiellrechtlichen Vergleich kennzeichnet, erforderlich ist.[420] Weiters wird der gerichtliche Vergleich im Unterschied zum materiellrechtlichen Vergleich (§ 1380 ABGB) vor Gericht abgeschlossen und entfaltet – anders als ein bloß privatrechtliches Geschäft – auch

---

begründet keinen neuen Verpflichtungsgrund. Vgl Dullinger, Schuldrecht3 Rz 5/8ff; Ertl in Rummel3, § 1386 Rz 7; Heidinger in Schwimann3, § 1380 Rz 2.

412 Dullinger, Schuldrecht3 Rz 5/14.

413 Rechberger/Simotta, ZPR7 Rz 643.

414 Dullinger in Rummel3, § 1444 Rz 1ff; Rechberger/Simotta, ZPR7 Rz 640.

415 Siehe § 1381 ABGB.

416 Dazu Fucik, Der Vergleich, ÖJZ 2008/79, 741; Holzhammer/Roth, Bürgerliches Recht6 14; Gitschthaler in Rechberger3, §§ 204-206 Rz 2; Rechberger/Simotta, ZPR7 Rz 624.

417 Oder einem anderen außergerichtlichen Verfahren wie beispielsweise Collaborative Law.

418 Insbesondere die vorbereitende Tagsatzung (§ 258 Abs 1 Z 4 ZPO) zur mündlichen Verhandlung sieht die Vornahme eines Vergleichs vor.

419 Vgl dazu das vorhergehende Kapitel.

420 Ertl in Rummel3, § 1380 Rz 8.

prozessuale Wirkungen. Wird der gerichtliche Vergleich durch Unterfertigung des Verhandlungsprotokolls durch den Richter (und den allenfalls beigezogenen Schriftführer) unterzeichnet[421], bildet er gem § 1 Z 5 EO einen Exekutionstitel.[422] Dies bedeutet in der Praxis eine raschere Vollstreckbarkeit des Gerichsvergleichs im Gegensatz zum materiellrechtlichen Vergleich, welcher für sich alleine noch keinen eigenen Exekutionstitel darstellt. Haben die Parteien lediglich eine Mediationsvereinbarung im Sinne eines Vergleichs gem § 1380 ABGB geschlossen, ist bei einem nachfolgenden Streit das Einbringen einer Klage bei Gericht erforderlich. Im Zivilprozess wird sodann Beweis über Art und Inhalt der Mediationsvereinbarung erbracht. Eine direkte Vollstreckbarkeit des außergerichtlichen Vergleichs ist hingegen (ohne Notariatsakt[423]) nicht möglich.[424]

Gegenstand des Vergleichs ist lediglich die Regelung der im Prozess erhobenen Ansprüche und Einwendungen. Von Bedeutung ist, dass der gerichtliche Vergleich einerseits ein Verfahren beendet bzw Konfliktpunkte klärt und andererseits auch das Gerichtsurteil ersetzt und gem § 1 Z 5 EO – wie oben als bedeutender Unterschied zum materiellrechtlichem Vergleich bereits erwähnt – einen Exekutionstitel bildet. Ist vom Vergleich der Streitgegenstand umfasst, wirkt er prozessbeendend. Sind hingegen nur einzelne Streitpunkte betroffen, hat der Vergleich die Funktion eines Teil- bzw Zwischenurteils.[425]

Hinsichtlich der Rechtsnatur des Prozessvergleichs und des materiellrechtlichen Vergleichs existieren zwei unterschiedliche Theorien: Der *rein materiellrechtlichen Theorie* zufolge handelt es sich beim Gerichtsvergleich um einen rein privatrechtlichen Vertrag mit prozessualen Folgen. Die *rein prozeßrechtliche Theorie* hingegen, sieht den Prozessvergleich als völlig eigenständige Erscheinung des Prozessrechts, die nicht mit dem zivilrechtlichen Vergleich gleichzusetzen ist.[426] Vorherrschend ist jene Auffassung, die im Prozessvergleich sowohl Prozesshandlung als auch privatrechtlichen Vertrag sieht.[427]

---

421 Ein Prozessvergleich darf vom Richter nur dann protokolliert werden, wenn nicht gegen zwingendes materielles Recht verstoßen wird, da ansonsten unzulässigerweise ein abstraktes Rechtsgeschäft geschaffen werden würde. Heidinger in Schwimann3, § 1380 Rz 37.

422 Fucik, ÖJZ 2008/79, 741; Heidinger in Schwimann3, § 1380 Rz 33; Neumayr in Koziol/Bydlinsky/Bollenberger2, § 1380 Rz 9.

423 Siehe dazu unten ausführlich.

424 Pruckner, Mediation 52.

425 Ertl in Rummel3, § 1380 Rz 8; Heidinger in Schwimann3, § 1380 Rz 33.

426 Ertl in Rummel3, § 1380 Rz 8.

427 OGH 2.5.1968, 1 Ob 102/68 = SZ 41/55; OGH 29.8.2002, 6 Ob 151/02b = JBl 2003, 251; Fucik, Österreichisches und Europäisches Zivilprozessrecht10 (2009) 280; Heidinger in Schwimann3, § 1380 Rz 34; Neumayr in Koziol/Bydlinsky/Bollenberger2 Rz 9.

Bezüglich der Auswirkungen privatrechtlicher Mängel auf die prozessuale Gültigkeit des Vergleiches bzw umgekehrt finden sich zwei weitere Theorien. Zum einen die Lehre von der *Doppelnatur des Vergleichs* und zum anderen die *Theorie vom Doppeltatbestand:* Die (ältere) *Lehre von der Doppelnatur* des Vergleichs geht davon aus, dass der gerichtliche Vergleich einerseits einen nach materiellem Recht zu beurteilenden privatrechtlichen Vertrag und zugleich auch eine nach Prozessrecht zu beurteilende Prozesshandlung darstellt. Zur Wirksamkeit eines Gerichtsvergleichs müssen – der Lehre von der Doppelnatur des Vergleichs zufolge – beide Voraussetzungen (sozusagen als untrennbare Einheit[428]) vorliegen. Dies bedeutet, dass das Fehlen einer zivilrechtlichen Voraussetzung auch die prozessuale Ungültigkeit des Vergleiches mit sich zieht.[429]

Nach der plausibleren *Theorie vom Doppeltatbestand* des Vergleichs, sind die beiden Tatbestände – Prozeßhandlung und materielles Rechtsgeschäft – völlig unabhängig voneinander zu beurteilen. Dementsprechend bedeutet die Unwirksamkeit der Erklärung in einem Rechtsgebiet nicht auch die Unwirksamkeit im anderen Rechtsgebiet.[430]

Ein Prozess mit absoluter Anwaltspflicht kann durch Vergleich nur insofern beendet werden, als die Rechtsanwälte beim Vergleichsabschluss mitwirken.[431] Für den Abschluss eines gerichtlichen Vergleichs im Sinne des § 204 ZPO ist grundsätzlich die Vereinbarung der Schriftform anzunehmen.[432] Im Zweifel wird vermutet, dass die Parteien vor Erfüllung dieser Form keine rechtliche Bindung beabsichtigt haben.[433]

C. Prätorischer Vergleich

Gem § 433 Abs 1 ZPO ist jemand, der eine Klage zu erheben beabsichtigt, vor der Einbringung der Klage beim Bezirksgericht berechtigt, eine Ladung des Gegners zum Zwecke des Vergleichsversuches zu beantragen. Ist dieser Ver-

---

428 OGH 15.6.1983, 3 Ob 50/83.

429 Ertl in Rummel3, § 1380 Rz 8; Fucik, ÖJZ 2008/79, 741 (745f); Heidinger in Schwimann3, § 1380 Rz 34; Gitschthaler in Rechberger3, §§ 204-206 Rz 5.

430 OGH 15.6.1983, 3 Ob 50/83 = SZ 56/98; OGH 17.5.2000, 6 Ob 49/00z = JBl 2000, 797; Ertl in Rummel3, § 1380 Rz 8; Gitschthaler in Rechberger3, §§ 204-206 Rz 6; Heidinger in Schwimann3, § 1380 Rz 35; König, JBl 1971, 467; Neumayr in Koziol/Bydlinsky/Bollenberger2 Rz 9.

431 Zur Schriftform bei Abschluss eines Vergleichs im Sinne des § 204 ZPO siehe Fucik, ÖJZ 2008/79, 741 (742f).

432 OGH 21.10.1987, 8 Ob 579/87.

433 Vgl § 884 ABGB.

gleichsversuch erfolgreich, wird ein prätorischer Vergleich vor dem Bezirksrichter geschlossen. Dadurch lässt sich ein streitig gewordener Anspruch bereits vor Klagseinbringung durch Vergleich erledigen.[434] Rechtsunterworfenen wird dadurch die Möglichkeit geboten, mit Hilfe des Gerichts durch einen Vergleich einen Prozess zu vermeiden.[435]

Zu beachten ist, dass es sich bei einem, erst nach dem Zeitpunkt der Klagseinbringung geschlossenen Vergleich, der ein streitiges Verfahren beendet, um keinen prätorischen Vergleich, sondern um einen Prozessvergleich[436] handelt.[437]

Wie aus dem Normtext des § 433 ZPO hervorgeht, stellt der prätorische Vergleich die Möglichkeit einer echten Streitschlichtung vor Gericht dar. Ursprünglich wurde diese vereinfachte Streitschlichtung – insbesondere im ländlichen Bereich – auch häufig genutzt. Gegenwärtig stellt jedoch die richterliche Protokollierung von bereits außergerichtlich erfolgten Vergleichen das Hauptanwendungsgebiet des § 433 ZPO dar. Die Streitschlichtung hat meist bereits im Vorfeld (etwa bei einem Mediator oder Collaborative Practice Team) stattgefunden. Der Bezirksrichter wird in diesen Fällen nicht mehr als Streitschlichter tätig.[438]

Prätorische Vergleiche werden ausschließlich vor den Bezirksgerichten[439] abgeschlossen. Dennoch sind diese nicht auf bezirksgerichtliche Streitigkeiten beschränkt. Vielmehr ist ein Vergleichsversuch in allen vergleichsfähigen[440] Rechtsstreitigkeiten, ohne Rücksicht auf die Streithöhe oder die Streitart, möglich.[441]

Wird ein Rechtsstreit (vor der Einbringung einer Klage bei Gericht) erfolgreich mittels einer Mediationsvereinbarung beendet, kann durch die nachfolgende richterliche Protokollierung beim Bezirksgericht aus dem vorerst bloß materiellrechtlichen Vertrag (Vergleich im Sinne des § 1380 ABGB) ein exekutionsfähiger prätorischer Vergleich geschaffen werden.[442] Aus dem Wortlaut des §

---

434 Bajons, ÖJZ 1984, 368; Fucik in Rechberger3, § 433 ZPO Rz 1ff; Kodek in Fasching/Konecny2, § 433 ZPO Rz 1.

435 Feil/Kroisenbrunner, Zivilprozessordnung. Kurzkommentar für die Praxis (2003) Rz 1329.

436 Siehe dazu im vorhergehenden Abschnitt.

437 Vgl etwa Feil/Kroisenbrunner, Zivilprozessordnung Rz 1329.

438 Kodek in Fasching/Konecny2, § 433 ZPO Rz 1.

439 Sachliche Zuständigkeit.

440 Über den Gegenstand der beabsichtigten Klage muss grundsätzlich ein Vergleich möglich sein. Klauser/Kodek, Jurisdiktionsnorm und Zivilprozessordnung16 (2006) 1186.

441 Fucik, Zivilprozessrecht10 430; Klauser/Kodek, Zivilprozessordnung 1186; Kodek in Fasching/Konecny2, § 433 ZPO Rz 4.

442 Kodek in Fasching/Konecny2, § 433 ZPO Rz 2.

433 Abs 1 ZPO ist zu schließen, dass der Vergleichsversuch bzw der prätorische Vergleich voraussetzt, dass der Antragsteller die Einbringung einer Klage beabsichtigt. Dabei wird es aber als ausreichend erachtet, dass ein Konflikt tatsächlich vorliegt und dessen gerichtliche Klärung ernstlich erwogen wird. Insofern ist es auch zulässig, dass beide Parteien zum Zwecke eines Vergleichsversuchs ohne vorausgehende Ladung am Amtstag beim Bezirksgericht zum Abschluss eines prätorischen Vergleichs erscheinen. Dies stellt auch nach einem erfolgreichen Mediationsverfahren die Praxis dar.

Gegen diese Vorgehensweise ist jedoch einzuwenden, dass das Protokollieren einer außergerichtlich zustande gekommenen Einigung (ohne Klagsabsicht) der Parteien, nicht mehr im Sinne des § 433 ZPO liegt.[443] So führt § 547 Abs 3 Geo[444] aus, dass die ratio des prätorischen Vergleichs, die Bereinigung von streitigen Rechtsverhältnissen darstellt. Weiters heißt es in dieser Bestimmung, dass Gerichte weder verpflichtet noch berechtigt sind, zwischen den Parteien außergerichtlich zustande gekommene Vereinbarungen zu beurkunden und vollstreckbar zu machen, da zu solchen Zwecken die Einrichtung des vollstreckbaren Notariatsakts gem § 3 NO[445] (dazu sogleich) besteht.

Tatsächlich wird aber vom Gericht nicht geprüft, ob die Parteien die Einleitung eines Rechtsstreits beabsichtigen, sondern meist nur die diesbezügliche Behauptung der Parteien vorausgesetzt.[446] Insofern besteht auch für Vereinbarungen, die im Rahmen eines Mediationsverfahrens zustande gekommen sind, die Möglichkeit einen prätorischen Vergleich abzuschließen. Konfliktparteien sollten jedoch (insbesondere vom Mediator) auf die Variante des vollstreckbaren Notariatsakts hingewiesen werden.

Im Verfahren gem § 433 ZPO herrscht kein Anwaltszwang. Dies gilt auch dann, wenn die Rechtssache, über die im Klageweg zu entscheiden wäre, in die Zuständigkeit des Gerichtshofes fiele.[447]

---

443 Klauser/Kodek, Zivilprozessordnung 1186; Kodek in Fasching/Konecny2, § 433 ZPO Rz 9.

444 Verordnung des Bundesministeriums für Justiz vom 9. Mai 1951, womit die Geschäftsordnung für die Gerichte I. und II. Instanz (Geo) teilweise geändert und neu verlautbart wird BGBl 1951/264 idF BGBl II 2008/452.

445 Notariatsordnung RGBl 1871/75 idF BGBl I 2005/164.

446 Kodek in Fasching/Konecny2, § 433 ZPO Rz 9.

447 Vgl OGH 7.6.1978, 1 Ob 594/78 = RZ 1978/136, 270.

D. Vollstreckbarer Notariatsakt

Der in § 3 NO geregelte Notariatsakt ist wie ein vor Gericht abgeschlossener Vergleich exekutionsfähig, wenn folgende Voraussetzungen vorliegen: Im Notariatsakt muss eine Verpflichtung zu einer Leistung oder Unterlassung festgestellt werden[448], der Abschluss eines Vergleichs über die Verpflichtung muss grundsätzlich zulässig sein[449], die Person des Berechtigten und des Verpflichteten, sowie Rechtstitel[450], Gegenstand, Art, Umfang und Zeit der Leistung oder Unterlassung müssen aus dem Notariatsakt ersichtlich werden und der Verpflichtete muss im (mitunter gesonderten) Notariatsakt erklären, dass der Notariatsakt sofort vollstreckbar sein soll.[451]

Da in der Praxis häufig Vergleiche bei Rechtsanwälten ausgehandelt werden, wird von der österreichischen Anwaltschaft zunehmend die Aufnahme eines vollstreckbaren Rechtsanwaltsvergleichs in die RAO gefordert.[452] Dies sollte zur Folge haben, dass die Anwälte der Konfliktparteien (beispielsweise wenn nach einem Mediationsverfahren ein Anwalt zur Verfassung der Mediationsvereinbarung aufgesucht wird oder der Konflikt mittels Collaborative Law beigelegt wird) einen Vergleich abschließen können, der in Form eines gerichtlich durchsetzbaren Exekutionstitels für die Parteien vollstreckbar wird.[453] Dagegen sprechen vor allem rechtsdogmatische Überlegungen, die unter dem Stichwort „Paralleljustiz" angestellt werden sowie der Widerstand der Notare.[454]

---

448 Davon ausgenommen ist gem § 3 Abs 1 lit a NO die Verpflichtung zur Räumung einer Wohnung oder einzelner Wohnungsbestandteile, sofern es sich nicht um die Räumung durch den Eigentümer oder Miteigentümer der Liegenschaft handelt.

449 Vgl diesbezüglich §§ 1382ff ABGB.

450 Dem Notariatsakt muss der Rechtstitel (Rechtsgrund) zu entnehmen sein, um die Mindesterfordernisse für die Entstehung des Anspruchs erkennen zu lassen. Vgl dazu OGH 13.9.1995, 3 Ob 75/95 = ÖJZ 1996/21; Schumacher, Rechtstitel und Bestimmtheit als Voraussetzungen der Vollstreckbarkeit des Notariatsaktes, NZ 1996, 195.

451 So genannte Vollstreckungsunterwerfung. Diese Erklärung bedarf zu ihrer Rechtswirksamkeit gem § 3 Abs 1 lit d NO nicht der Annahme durch den Berechtigten. Wenn eine Privaturkunde nur vom Verpflichteten im Sinne des § 54 Abs 1 NO bekräftigt wird, ist dessen Vollstreckungsunterwerfung im hierüber errichteten Notariatsakt für die Vollstreckbarkeit seiner notariell bekräftigten Verpflichtung ausreichend. Siehe auch OGH 18.12.2002, 3 Ob 121/02v = NZ 2004/12.

452 Vgl dazu Frey, Anwälte, Notare streiten um Vergleich, Der Standard 2009/14/01.

453 Insbesondere für Obsorgeregelungen nach Scheidungen, nicht erfüllte Lieferverträge, Provisionsstreitigkeiten oder Mietzinsrückstände.

454 Von Seiten der Notare wird das Argument angeführt, dass mit der Errichtung von vollstreckbaren Vergleichen ausschließlich Stellen betraut werden sollten, die mit öffentlicher Hoheitsgewalt ausgestattet sind und Notare – im Vergleich zu Rechtsanwälten –

VIII. Mediationsrelevante Rechtsgebiete im österreichischen Zivilrecht

Im nun folgenden Kapitel werden ausgewählte Bereiche des österreichischen Zivilrechts jeweils in Grundzügen vorgestellt. Dabei handelt es sich um besonders relevante Anwendungsgebiete für Mediation, da Konflikte innerhalb dieser Rechtsgebiete durch Beziehungsgeflechte geprägt sind und deshalb für interessensbasierte außergerichtliche Streit-beilungungsverfahren besonders gut geeignet sind.

A. Die einvernehmliche Scheidung gem § 55a EheG

Im folgenden Kapitel wird die Scheidung im Einvernehmen überblicksmäßig dargestellt, wobei insbesondere auf die Scheidungsvereinbarung, als praktisch wichtigste Voraussetzung für die einvernehmliche Scheidung und gleichzeitig als Ziel einer Trennungs- und Scheidungsmediation, eingegangen wird. Dabei werden unter anderem auch potentielle Anwendungsbereiche für Mediation aufgezeigt und Vorschläge für die mögliche Manifestierung von Mediation im Verfahren der einvernehmlichen Scheidung abgegeben.

Seit der Familienrechtsreform im Jahr 1978 besteht in Österreich die Möglichkeit der einvernehmlichen Scheidung.[455] Für Mediationen bei Trennungs- und Scheidungskonflikten bildet die Scheidung im Einvernehmen die notwendige Basis, um rechtliche Themen, die aufgrund einer Trennung aufgeworfen werden, konsensual zu regeln.[456]

---

schon aufgrund ihrer Ausbildung und Auswahl befähigt sind, in einvernehmlichen Streitfällen die Rolle des Richters zu übernehmen. Frey, Anwälte, Notare streiten um Vergleich, Der Standard 2009/14/01.

455 BGBl 1978/280. Vor diesem Zeitpunkt konnten sich Ehegatten freilich auch zu einer Scheidung entschließen; de facto wurde in solchen Fällen ein Scheidungsgrund simuliert. Deixler-Hübner, Scheidung, Ehe und Lebensgemeinschaft10 (2009) Rz 138.

456 Weiterführend zur historischen Entwicklung siehe etwa Lorenz, Entwicklungsgeschichtliche und aktuelle Bemerkungen zur Mediation mit besonderem Bezug zum Kindschaftsrecht (2006) 10 (13); Zauner, Mediation im zivilgerichtlichen Alltag im Vergleich – interessensgerechtes und effizientes Vorgehen bei Konflikten am Beispiel der Scheidungsmediation (2009) 55.

In der Praxis werden nahezu 90[457] Prozent der durchgeführten Scheidungen einvernehmlich vorgenommen – nicht zuletzt deshalb, weil die Scheidung gem § 55a EheG praktisch relevante Vorteile, wie Zeit- und Kostenersparnisse[458] mit sich bringt. Innerhalb einer einvernehmlichen Scheidung unterbleiben die genaue Erörterung des Ehelebens und die Klärung der Verschuldensfrage. Dies wahrt insbesondere auch die Privatsphäre der Ehegatten.

Wie die Terminologie schon vermuten lässt, muss bei dieser praktisch äußerst relevanten Möglichkeit der Beendigung einer Ehe, zwischen den Ehegatten Einvernehmen über die angestrebte Scheidung bestehen.[459] Die einvernehmliche Scheidung ist im § 55a EheG[460] geregelt, welcher auf dem Zerrüttungsgrundsatz und dem Einvernehmlichkeitsprinzip aufbaut.

---

457 Im Jahr 2009 beispielsweise 87, 3 % aller Scheidungen bei einer Gesamtscheidungsrate von 46 % (Historischer Rekordwert im Jahr 2007 bei 49,5 %). Statistik Austria, Statistisches Jahrbuch, abrufbar unter: www.statistik.at/web_de/statistiken/bevoelkerung/scheidungen/index.html (dl 22.2.2010).

458 An Kosten für eine einvernehmliche Scheidung fallen an: € 253,- für den Scheidungsantrag und weitere € 253,- für den Vergleich in der Verhandlung. Im gegebenen Fall zudem € 379,- für die etwaige Vereinbarung der Eigentumsübertragung an unbeweglichen Sachen oder sonstiger Rechte. Zusätzlich können noch Anwaltskosten anfallen, wenn die Ehegatten bei der einvernehmlichen Scheidung von Rechtsanwälten vertreten werden. Dabei sind die entstandenen Anwaltskosten von beiden Teilen jeweils selbst zu tragen. Quelle: www.help.gv.at (dl 22.2.2010).

459 Siehe auch Koch-Hipp, Die einvernehmliche Scheidung. Voraussetzungen, Verfahren und Rechtskraft, FamZ 2006, 100 (100).

460 dRGBl 807/1938 idF 75/2009. Der Normtext des § 55a EheG lautet:

(1) Ist die eheliche Lebensgemeinschaft der Ehegatten seit mindestens einem halben Jahr aufgehoben, gestehen beide die unheilbare Zerrüttung des ehelichen Verhältnisses zu und besteht zwischen ihnen Einvernehmen über die Scheidung, so können sie die Scheidung gemeinsam begehren.

(2) Die Ehe darf nur geschieden werden, wenn die Ehegatten eine schriftliche Vereinbarung über den hauptsächlichen Aufenthalt der Kinder oder die Obsorge, die Ausübung des Rechtes auf persönlichen Verkehr und die Unterhaltspflicht hinsichtlich ihrer gemeinsamen Kinder sowie ihre unterhaltsrechtlichen Beziehungen und die gesetzlichen vermögensrechtlichen Ansprüche im Verhältnis zueinander für den Fall der Scheidung dem Gericht unterbreiten oder vor Gericht schließen. Hinsichtlich des Rechtes auf persönlichen Verkehr mit gemeinsamen Kindern können die Ehegatten vereinbaren, daß sie sich die Regelung vorbehalten.

(3) Einer Vereinbarung nach Abs. 2 bedarf es nicht, soweit über diese Gegenstände bereits eine rechtskräftige gerichtliche Entscheidung vorliegt. Daß die für eine solche Vereinbarung allenfalls erforderliche gerichtliche Genehmigung noch nicht vorliegt, ist für den Ausspruch der Scheidung nicht zu beachten.“

Der Zerrüttungsgrundsatz[461] basiert auf den zwei Tatbestandselementen des § 55a Abs 1 EheG. Zum einen muss die eheliche Lebensgemeinschaft der Ehegatten seit mindestens einem halben Jahr als aufgehoben gelten[462] und zum anderen müssen beide Ehegatten die unheilbare Zerrüttung des ehelichen Verhältnisses zugestehen.

Das Einvernehmlichkeitsprinzip[463] findet seinen Ausdruck in den drei weiteren Voraussetzungen der einvernehmlichen Scheidung: Zwischen den Ehegatten hat Einvernehmen über die Scheidung zu bestehen, beide haben gemeinsam die Scheidung zu begehren und zudem muss zwischen den Ehegatten Einigkeit über die Scheidungsfolgen herrschen.

Somit ist die einvernehmliche Scheidung, welche im Außerstreitverfahren[464] stattfindet, unter vier kumulativen Voraussetzungen[465] möglich:

- Scheidungsantrag der Ehegatten beim Außerstreitgericht
- Aufhebung der ehelichen Lebensgemeinschaft seit mindestens einem halben Jahr
- Beiderseitiges Zugeständnis der unheilbaren Zerrüttung der Ehe
- Einigung über die wesentlichen Folgen der Scheidung im Sinne eines Scheidungsvergleichs

1. Erörterung der einzelnen Tatbestandselemente

a. Scheidungsantrag

Umstritten ist, ob der Scheidungsantrag von beiden Ehegatten zusammen einzubringen ist, oder ob es auch ausreicht, dass der Antrag von einem Ehegatten eingebracht wird und der andere seine Zustimmung dazu erklärt.

Holzhammer/Holzhammer[466] etwa sind der Meinung, dass der Scheidungsantrag von beiden Ehegatten gemeinsam einzubringen ist, da nur beide gemein-

---

461 Stabentheiner in Rummel3, § 55a EheG Rz 1.

462 Kerschner, Familienrecht3 Rz 2/124.

463 Stabentheiner in Rummel3, § 55a EheG Rz 1.

464 Die Ehegatten beantragen gemeinsam die Scheidung und stehen sich nicht kontradiktorisch gegenüber.

465 Deixler-Hübner, Scheidung, Ehe, Lebensgemeinschaft10 Rz 138; Holzhammer/Holzhammer, Ehe und Familie 31; Holzhammer/Roth, Bürgerliches Recht6 345f; Koziol/Welser, Bürgerliches Recht13 494. Ähnlich auch Koch-Hipp, FamZ 2006, 100 (100f).

466 So Holzhammer/Holzhammer, Ehe und Familie 31.

sam antragslegitimiert sind. Wird der Antrag nur von einem Ehegatten eingebracht, sei dieser als unzulässig zurückzuweisen.[467]

Andere Autoren[468] hingegen gehen davon aus, dass ein gemeinsames Begehren auf Scheidung nicht schlechthin einen gemeinsamen Antrag voraussetzt, da auch die Zustimmung zu dem (von nur einem Ehegatten) gestellten Antrag genügt. Danach reiche auch ein einseitiger Antrag von einem der beiden Ehegatten aus, sofern der andere diesem zustimmt.

Diesbezüglich muss mE unterschieden werden, ob der Antrag nur von einem Ehegatten allein eingebracht wird und der andere Ehegatte nicht zustimmt, oder ob der Antrag von einem Ehegatten allein eingebracht wurde, der andere Ehegatte jedoch seine Zustimmung dazu erklärt. Insofern divergieren die Meinungen kaum, da *Holzhammer/Holzhammer* wahrscheinlich von jener Konstellation ausgehen, dass der zweite Ehegatte mit der Scheidung gar nicht einverstanden ist, somit seine Zustimmung nicht erklärt und folglich der einvernehmlichen Scheidung schon von vornherein der Weg abgeschnitten wäre.

Wird die Zustimmung widerrufen, bedeutet dies die einseitige Antragsrücknahme, wobei dies bis zur Rechtskraft des Scheidungsbeschlusses[469] möglich ist.[470] Die Zurücknahme des Antrags, welche von jedem Ehegatten erfolgen kann, hat zur Folge, dass ein schon ergangener Scheidungsbeschluss wirkungslos wird. Festzustellen hat dies das Gericht erster Instanz mittels Beschluss.[471]

b. Aufhebung der ehelichen Lebensgemeinschaft

Als materielle Voraussetzung für die einvernehmliche Scheidung gilt, dass die eheliche Lebensgemeinschaft im Sinne des § 90 ABGB[472] schon mindestens ein halbes Jahr ununterbrochen aufgehoben ist. Zu beachten ist, dass diesbezüglich

---

467 Siehe auch Aicher, Ehescheidung und Scheidungsfolgen, in Floretta (Hg), Das neue Ehe- und Kindschaftsrecht (1979) 83 (115).

468 Koch in Koziol/Bydlinsky/Bollenberger2, § 55a EheG Rz 1; Stabentheiner in Rummel3, EheG § 55a Rz 7, geht ebenfalls davon aus, dass kein gemeinsamer Antrag erforderlich ist und die Zustimmung zu dem vom anderen Ehegatten gestellten Antrag genügt, da es sich andernfalls „bloß um einen leeren Formalismus" handeln würde. Zustimmend auch Schwimann/Weitzenböck in Schwimann3, § 55a EheG Rz 3.

469 Siehe dazu § 43 AußStrG.

470 OGH, 1 Ob 518/96 = SZ 69/75; Stabentheiner in Rummel3, EheG § 55a Rz 7.

471 § 94 Abs 3 AußStrG.

472 Danach sind die Ehegatten zur umfassenden ehelichen Lebensgemeinschaft verpflichtet, worunter insbesondere gemeinsames Wohnen, Treue, anständige Begegnung und Beistand zu verstehen sind.

aber nicht die häusliche Gemeinschaft im Sinne des § 55 EheG[473] zu verstehen ist.

Unter der Auflösung der ehelichen Lebensgemeinschaft ist der Mangel an jeglicher Ehegesinnung zu verstehen. Dieser Mangel an Ehegesinnung kann (muss aber nicht) insbesondere durch äußere Momente, wie beispielsweise der Aufhebung der häuslichen Gemeinschaft, kundgetan werden. Zu beachten ist aber, dass die Aufhebung der häuslichen Gemeinschaft keine zwingende Voraussetzung darstellt.[474] Dem räumlichen Element der Trennung kommt dabei keine so maßgebliche Bedeutung zu wie bei der sogenannten Heimtrennungsklage gem § 55 EheG, bei der eine mehrjährige[475] Auflösung der häuslichen Gemeinschaft vorausgesetzt wird. Somit kann die eheliche Lebensgemeinschaft im Sinne des § 55a EheG trotz gemeinsamen Wohnens bereits aufgehoben sein.[476] Unter der ehelichen Lebenssgemeinschaft ist insbesondere die seelische Gemeinschaft der Ehegatten und der diesbezügliche Austausch im Sinne einer geistig-intellektuellen Gemeinschaft (Austausch von privater oder beruflicher Freude bzw von privatem oder beruflichem Leid) zu verstehen.[477]

c. Beiderseitiges Zugeständnis der unheilbaren Zerrüttung der Ehe

Ferner gilt das Zugeständnis beider Ehegatten über die unheilbare Zerrüttung der Ehe als Voraussetzung der Scheidung im Einvernehmen. Ein bloß einseitiges Zugeständnis führt hingegen zur Antragsabweisung. Nicht abschließend geklärt ist, ob das Zugeständnis der Ehegatten über die unheilbare Zerrüttung vom Gericht auf seinen Wahrheitsgehalt zu überprüfen ist. Dies wäre insbesondere dann relevant, wenn Zweifel an der unheilbaren Zerrüttung bestehen.[478] In der Praxis

473 Schwimann/Weitzenböck in Schwimann3, § 55 EheG Rz 7 gehen davon aus, dass der wesentliche Unterschied zwischen „häuslicher Gemeinschaft" und „ehelicher Lebensgemeinschaft" in der geistig-seelischen Komponente liegt. Leben und wirtschaften Ehegatten bloß gemeinsam („Zweckgemeinschaft"), liegt zwar eine „häusliche Gemeinschaft", jedoch keine „eheliche Lebensgemeinschaft" vor. Siehe auch Stabentheiner in Rummel3, EheG § 55 Rz 2.

474 Stabentheiner in Rummel3, EheG § 55a Rz 2.

475 Drei bzw sechs Jahre. Siehe dazu weiterführend Kerschner, Familienrecht3 Rz 2/121.

476 Dies etwa aufgrund von Wohnungsnot oder im Interesse der gemeinsamen Kinder. Stabentheiner in Rummel3, § 55a EheG Rz 2.

477 Schwimann/Weitzenböck in Schwimann3, § 55 EheG Rz 7.

478 Weiterführend dazu etwa Hopf/Kathrein, Eherecht2 (2005) § 55a EheG Anm 5; Stabentheiner in Rummel3, § 55a EheG Rz 3 mwN. Für eine Überprüfungspflicht des Richters bei zu Zweifeln Anlaß gebenden Anhaltspunkten Schalich, Das neue streitige Eheverfahren, RZ 1985, 28f; Stabentheiner in Rummel3, § 55a EheG Rz 3; Verschraegen, Die einverständliche Scheidung in rechtsvergleichender Sicht (1991) 463ff.

wird das Zerrüttungszugeständnis der Ehegatten jedoch regelmäßig ohne weitere Überprüfung vom Gericht hingenommen.[479] *Holzhammer/Roth* sprechen von einer nichtbeweisbedürftigen Formalerklärung.[480]

d. Einigung über die wesentlichen Folgen der Scheidung - Scheidungsvergleich

Die Ehe der Ehegatten darf gem § 55a Abs 2 nur dann geschieden werden, wenn eine schriftliche Vereinbarung (Scheidungsvergleich[481]) über die im Nachfolgenden angeführten Regelungspunkte, vorliegt. Gem § 55a Abs 2 EheG hat der Scheidungsvergleich die künftigen Rechte und Pflichten gegenüber den minderjährigen Kindern, die gegenseitigen unterhaltsrechtlichen Beziehungen sowie die gegenseitigen vermögensrechtlichen Ansprüche zu klären.[482]

Auch wenn in der Praxis eine Vielzahl der sich scheidenden Ehegatten eine einvernehmliche Scheidung, aufgrund der bereits genannten Vorteile, anstreben und die vorausgegangenen Vorraussetzungen erfüllt sind, bereitet die Vereinbarung über die Scheidungsfolgen häufig große Schwierigkeiten.[483] Vorallem stellen die Regelungen hinsichtlich der gemeinsamen Kinder eine große Herausforderung für die sich Trennenden dar, die eine einvernehmliche Scheidung mitunter sogar scheitern lassen. Insofern kommt diesbezüglich der Mediation – in concreto der Trennungs- und Scheidungsmediation – eine maßgebliche Bedeutung zu. Mittels der Inanspruchnahme eines Mediationsverfahrens wird es den Scheidungspartnern ermöglicht, aufgrund der Unterstützung eines neutralen Verfahrensleiters einen konkreten Scheidungsvergleich auszuarbeiten, welcher die beiderseitigen Interessen und Bedürfnisse der Parteien berücksichtigt. Um das Potential der Mediation in diesen geradezu prädestinierten Konfliktfällen auszuschöpfen, könnte der Gesetzgeber in den einschlägigen Gesetzen klar Me-

---

479 Koch-Hipp, FamZ 2006, 100 (100); Schwimann/Weitzenböck in Schwimann3, § 55a EheG Rz 9.

480 Holzhammer/Roth, Bürgerliches Recht6 346.

481 Dabei handelt es sich um einen Vergleich im Sinne des § 1380 ABGB, der wegen Geschäftsunfähigkeit ungültig, wegen List und Irrtum anfechtbar, wegen Sittenwidrigkeit nach § 879 ABGB nichtig oder als Scheingeschäft unwirksam sein kann. Siehe Holzhammer/Holzhammer, Ehe und Familie 32; Koch in Koziol/Bydlinski/Bollenberger2, § 55a EheG Rz 5; Verschraegen, Einverständliche Scheidung 502ff.

482 Stabentheiner in Rummel3, § 55a EheG Rz 10 spricht insofern vom „obligatorischen Inhalt" der Vereinbarung. Siehe auch Ferrari-Hofmann-Wellenhof, Ausgestaltung und Mangelhaftigkeit von Vereinbarungen im Zuge einer einvernehmlichen Scheidung, JBl 1992, 409.

483 Kerschner, Familienrecht Rz 2/124.

diation bzw eine Hinweispflicht auf diese Konfliktbeilegungsmethode in familienrechtlichen Belangen normieren.

Im § 95 Abs 2 AußStrG ist festgeschrieben, dass das Gericht die Ehegatten bei fehlender Scheidungsvereinbarung zur Schließung einer solchen „anzuleiten" hat.[484] Daraus kann kaum geschlossen werden, dass die Ehegatten tatsächlich einen konkreten Hinweis – auch wenn dies in der Praxis freilich vorkommt[485] – auf die Inanspruchnahme eines Mediationsverfahrens bzw die Potentiale von Mediation erhalten.

Angedacht werden könnte im § 95 AußStrG, im Falle von Uneinigkeiten bzw Konflikten die Scheidungsvereinbarung betreffend, Mediation dezitiert anzuführen. Im Abs 1 des § 95 AußStrG ist zwar die Rede davon, dass das Gericht auf entsprechende Beratungsangebote hinzuweisen hat, daraus kann aber keine Hinweispflicht auf Mediation bzw außergerichtliche Konfliktbeilegungsmethoden abgeleitet werden, da es sich bei Mediation schon aufgrund der Verfahrensart keineswegs um „Beratung" handelt. Eine Möglichkeit Mediation diesbezüglich zu verankern, wäre die Vorschaltung eines obligatorischen Mediationsverfahrens in jenen Fallkonstellationen, in denen den Scheidungswilligen keine einvernehmliche Scheidungsvereinbarung gelingt und das Gericht auf eine Verschuldens- bzw Zerrüttungsscheidung gem § 49 bzw § 55 EheG verweisen müsste.

In diesem Zusammenhang ist auch der § 29 AußStrG zu erwähnen, welcher darauf hinweist, dass das Gericht das Verfahren innehalten kann, wenn eine einvernehmliche Regelung zwischen den Parteien – hier erfolgt der konkrete Hinweis, dass dies insbesondere *„mit Unterstützung einer dafür geeigneten Einrichtung"* geschehen kann – zu erwarten ist. *Kerschner*[486] weist darauf hin, dass die Möglichkeit der Innehaltung des Verfahrens vor allem der Mediation oder der Familienberatung dienen soll.[487] Wünschenswert wäre dennoch die konkrete Anführung der Mediation nach dem ZivMediatG im Gesetzeswortlaut.

Auch aus § 13 AußStrG kann auf die durchaus spürbare Tendenz der Gerichte geschlossen werden, gerichtsanhängige Konflikte einvernehmlich beizulegen. So heißt es in § 13 Abs 3 AußStrG:

---

484 Schwimann/Weitzenböck in Schwimann3, § 55a EheG Rz 18 weisen darauf hin, dass diese Anleitungspflicht des Gerichts für unvertretene Parteien durch den § 95 AußStrG, welcher § 225 AußStrG aF ablöste, wesentlich ausgeweitet wurde.

485 Dabei kann die Scheidungsvereinbarung auch auf außergerichtlichem Wege geschlossen werden. Stabentheiner in Rummel3, § 55a EheG Rz 9, wobei diese Aussage noch auf § 225 AußStrG aF bezogen ist.

486 Kerschner, Familienrecht Rz 2/124.

487 Siehe dazu auch Koziol/Welser, Bürgerliches Recht13 494.

„Das Gericht hat in jeder Lage des Verfahrens auf eine einvernehmliche Regelung zwischen den Parteien hinzuwirken."

Scheidungsvereinbarung hinsichtlich der Kinder

Hinsichtlich der Rechte und Pflichten die gemeinsamen Kinder betreffend, ist der hauptsächliche Aufenthalt bzw die Obsorge, die Ausübung des Rechtes auf persönlichen Verkehr (Besuchsrecht) und die Unterhaltspflicht gegenüber den noch nicht selbsterhaltungsfähigen Kindern in der Vereinbarung dem Gericht zu unterbreiten.

Obsorge

Die Scheidungsvereinbarung kann entweder die Obsorge beider Eltern vorsehen (wobei diesbezüglich aber ein hauptsächlicher Aufenthaltsort des Kindes festgelegt werden muss) oder es kann auch die alleinige Obsorge eines Elternteils festgeschrieben werden.[488] Weiters besteht die Möglichkeit einen Elternteil mit der gesamten und den anderen mit teilweiser Obsorge zu betrauen. In solch einer Konstallation ist gem § 177 ABGB der hauptsächliche Aufenthalt immer bei jenem Elternteil angesiedelt, der weiterhin mit der gesamten Obsorge betraut ist.[489] Eine explizite Erwähnung des hauptsächlichen Aufenthalts hat in diesem Fall nicht zu erfolgen.[490] Unter dem hauptsächlichen Aufenthalt ist jener Haushalt zu verstehen, in dem sich der Lebensmittelpunkt[491] des Kindes befindet. Die Festlegung des hauptsächlichen Aufenthaltes bei beiden Elternteilen ist jedenfalls unzulässig.[492] Auch die Vereinbarung der teilweisen Obsorge beider Elternteile dergestalt, dass ein Elternteil mit der Pflege und Erziehung, der andere lediglich mit der Vermögensverwaltung betraut ist, gilt als unzulässig.[493]

---

488 In solch einem Fall bedarf es jedoch keiner gesonderten Aufenthaltsfestlegung. Holzhammer/Holzhammer, Ehe und Familie 32; Koch in Koziol/Bydlinski/Bollenberger2, § 55a EheG Rz 6.

489 Schwimann/Weitzenböck in Schwimann3, § 55a EheG Rz 12.

490 Stabentheiner in Rummel3, § 55a EheG Rz 11.

491 Auch als „Heim erster Ordnung" bezeichnet.

492 Gründler, Die gemeinsame Obsorge nach dem KindRÄG 2001, ÖJZ 2001, 701 (704); Hopf/Weizenböck, Schwerpunkte des Kindschaftsrechts-Änderungsgesetzes 2001, ÖJZ 2001, 485 (489).

493 Dabei würde es sich um eine unzulässige Aufspaltung der Obsorge, sozusagen um eine „geteilte" bzw beidseits beschränkte Obsorge handeln. Siehe dazu Stabentheiner in Rummel3, § 55a EheG Rz 12.

Unterhalt

Auch hinsichtlich des Unterhalts gegenüber gemeinsamen (auch adoptierten), nicht selbst erhaltungsfähigen, minderjährigen Kindern ist in der Scheidungsvereinbarung eine Regelung zu treffen.[494] Dabei handelt es sich um eine Unterhaltsvereinbarung der Kinder, welche durch einen Elternteil vertreten werden und nicht etwa um eine bloße Regelung zwischen den Ehegatten darüber, wie die Unterhaltslast im Innenverhältnis (zwischen den Elternteilen) aufgeteilt wird. Beachtet werden muss, dass Unterhaltsvereinbarungen stets die Umstandsklausel[495] zugrunde liegt, wenn die Vertragsparteien diese nicht ausgeschlossen[496] haben. Aus der Umstandsklausel ergibt sich, dass wesentliche Änderungen der Verhältnisse der Elternteile zu einer Neufestsetzung der Unterhaltsansprüche führen.[497]

Besuchsrecht

Fakultativer Inhalt der Scheidungsvereinbarung ist die Regelung des zukünftigen Rechts auf persönlichen Verkehr mit den gemeinsamen Kindern. Den Ehegatten steht es aber auch frei hinsichtlich des Rechts auf persönlichen Verkehr mit den Kindern gem § 55a Abs 2 Satz 2 EheG zu vereinbaren, dass sie sich weitere Regelungen vorbehalten.[498] Zuzustimmen ist diesbezüglich *Schwimann/Weitzenböck*, die deutlich auf die Problematik dieser Möglichkeit der aufgeschobenen Regelung der Ausübung des Besuchsrechts hinweisen.[499]

Rechtspolitisch begrüßenswert wäre es jedenfalls, wenn eine Regelung über das Besuchsrecht zwingend in den Scheidungsvergleich aufzunehmen wäre, da der Kontakt zum nicht überwiegend mit der Betreuung befassten Elternteil –

494 Dies jedoch nur dann, sofern die Kinder zum Zeitpunkt des Abschlusses der Scheidungsvereinbarung zumindest von einem Elternteil vertreten werden können. Andernfalls – bei fehlender Vertretungsbefugnis beider Elternteile – entfällt die Verpflichtung zum Abschluss der Vereinbarung, da die Scheidung in solch einer Konstellation vom Willen einer dritten Person abhängig wäre. Siehe dazu weiterführend Pichler, Probleme des Unterhalts, ÖA 1987, 91.

495 Deixler-Hübner, Scheidung, Ehe, Lebensgemeinschaft10 Rz 169; Gitschthaler, Unterhaltsrecht2 (2008) Rz 657; Schwimann/Kolmasch, Unterhaltsrecht4 (2008) 184f; Purtscheller/Salzmann, Unterhaltsbemessung (1993) Rz 294; Schwimann/Ferrari in Schwimann3, § 94 Rz 7.

496 So genannter Unterhaltsverzicht.

497 Schwimann/Kolmasch, Unterhaltsrecht4 184.

498 § 55a Abs 2 EheG letzter Satz.

499 So weisen Schwimann/Weitzenböck in Schwimann3, § 55a EheG Rz 14 darauf hin, dass eine mangelnde Regelung des Besuchsrechts häufig in heftige Besuchsrechtsstreitigkeiten mündet.

insbesondere auch im Sinne der Beachtung des Kindeswohls – von nicht zu unterschätzender Bedeutung ist. § 148 Abs 1 ABGB erwähnt ausdrücklich, dass sowohl dem Kind als auch jenem Elternteil, der nicht im gemeinsamen Haushalt mit dem Kind lebt, ein Recht auf persönlichen Verkehr zusteht. Zudem ist im § 148 ABGB angeführt, dass die Ausübung dieses Rechtes vom Kind und den Eltern einvernehmlich zu regeln ist.[500] Im Sinne einer einvernehmlichen Scheidungsregelung mag es verwundern, warum im Scheidungsvergleich, welcher für die einvernehmliche Scheidung vorausgesetzt wird, keine Regelung dieses besonders bedeutenden Bereichs vorgesehen ist.[501] In der Regierungsvorlage[502] zu § 55a Abs 2 EheG wird darauf hingewiesen, dass der Begutachtungsentwurf noch eine Bestimmung enthielt, welche zumindest die Grundsätze der Besuchsrechtsregelung als notwendigen Bestandteil des Scheidungsvergleichs vorsah. Aufgrund nahezu einhelliger Ablehnung im Begutachtungsverfahren wurde diese Bestimmung jedoch nicht aufrechterhalten.

Obschon eine fehlende Auseinandersetzung mit dem Besuchsrecht zum Zeitpunkt der Scheidung kein sicheres Aufflammen eines späteren Besuchsrechtsstreits bedeutet, stellt dies ein nicht zu unterschätzendes Konfliktpotential dar. An dieser Stelle sei ausdrücklich auf die Potentiale von Mediation hingewiesen, da ein Unterbleiben der Regelung des Besuchsrechts keineswegs eine endgültige und nachhaltige Lösung der mitunter schwerwiegenden Besuchsrechtskonflikte darstellt. Mediation kann in Besuchsrechtskonflikten vor allem dazu genutzt werden, um den sich Trennenden zu verdeutlichen, dass die Paar- und Elternebenen voneinander zu trennen sind und der Kontakt beider Eltern zu den Kindern für die Kindesentwicklung bzw das Kindeswohl besonders wertvoll ist.

Die Obsorge- und Unterhaltsvereinbarungen hinsichtlich der Kinder bedürfen zudem einer pflegschaftsgerichtlichen Genehmigung. Diesbezüglich bleibt

500 Weiters heißt es im letzten Satz des § 148 Abs 1: „Soweit ein solches Einvernehmen nicht erzielt wird, hat das Gericht auf Antrag des Kindes oder eines Elternteils die Ausübung dieses Rechtes unter Bedachtnahme auf die Bedürfnisse und Wünsche des Kindes in einer dem Wohl des Kindes gemäßen Weise zu regeln." Auch hier findet – leider – Mediation mit keinem Wort Erwähnung. Obschon dies ein geradezu prädestinierter Anwendungsbereich für die (möglicherweise sogar obligatorische) Vorschaltung eines außergerichtlichen Mediationsverfahrens vor ein allenfalls noch notwendiges Gerichtsverfahren wäre!

501 Kerschner, Familienrecht Rz 2/125 merkt an, dass die aufgeschobene Regelung über die Ausübung des Besuchsrechts aus Gründen der Streitvermeidung möglich ist. Hier kann nur die kurzfristige Streitvermeidung, nicht jedoch eine nachhaltige und zukunftsfähige Streitvermeidung – wie sie mittels Mediation angestrebt wird – gemeint sein.

502 RV 296 BlgNR XXI. GP.

es dem Pflegschaftsrichter überlassen jene Teile der Scheidungsvereinbarung, welche die Kinder betreffen, zu genehmigen. Sollte die Genehmigung dieser Vereinbarungsteile verweigert werden, wird der rechtskräftige Scheidungsausspruch jedoch nicht beeinträchtigt.[503]

Scheidungsvereinbarung hinsichtlich der Ehegatten untereinander

Die Scheidungsvereinbarung hat neben den die Kinder betreffenden Folgen der Scheidung auch für die Ehegatten die Konsequenzen der Scheidung zu regeln.

Unterhalt

Die Scheidungsvereinbarung hat die unterhaltsrechtliche Beziehung der Ehegatten für die Zeit nach der Scheidung zu gestalten. Dabei sind unterschiedlichste Regelungen denkbar: So können sich die Ehegatten darauf beschränken den Berechtigten und Verpflichteten bzw den Unterhaltsbetrag festzulegen.[504] Hinreichend ist jedoch auch die Erklärung, dass keine gegenseitigen Unterhaltsansprüche (beiderseitiger Unterhaltsverzicht[505]) bestehen.[506]

Wesentliche Änderungen der Verhältnisse führen zur Neufestsetzung des Unterhalts. Diesem Grundsatz entsprechend liegt Unterhaltsverträgen jeweils die Umstandsklausel[507] stillschweigend zugrunde. Ausgeschlossen ist die Umstandsklausel nur dann, wenn ausdrücklich und in einer jeden Zweifel ausschließenden Weise auf eine Änderung der Unterhaltsvereinbarung, auch für den Fall einer wesentlichen Änderung in den beiderseitigen Verhältnissen, verzichtet wurde.[508] Zu beachten ist, dass nach Ansicht des OGH[509] ein Unterhaltsverzicht, verbunden mit dem Ausschluss der Umstandsklausel für den Fall unverschuldeter Not des Berechtigten, zur Sittenwidrigkeit führt.

---

503 Ferrari-Hofmann-Wellenhof, JBl 1992, 409 (414); Koch in Koziol/Bydlinski/Bollenberger2, § 55a EheG Rz 8; Koziol/Welser, Bürgerliches Recht13 495. Siehe jedoch OGH 10.6.1992, 3 Ob 506/92 = JBl 1992, 694. Danach darf eine Ehe gem § 55a EheG nicht geschieden werden, wenn zu erwarten ist, dass die Scheidungsvereinbarung bezüglich der Kinder gerichtlich nicht genehmigt werden wird. So auch Feil, Ehegesetz2 (1999) § 55a Rz 5.

504 Koch in Koziol/Bydlinski/Bollenberger2, § 55a EheG Rz 6; Schwimann/Weitzenböck in Schwimann3, § 55a EheG Rz 16.

505 Zum Unterhaltsverzicht siehe Purtscheller/Salzmann, Unterhaltsbemessung (1993) Rz 289.

506 Holzhammer/Holzhammer, Ehe und Familie 32; Feil, Ehegesetz § 55a Rz 7.

507 Dazu auch oben zum Kindesunterhalt.

508 OGH, RIS-Justiz RS0024477; OGH, RIS-Justiz RS0016554; OGH 10.9.1996, 3 Ob 76/95 = EFSlg 81.688 = RZ 1997/55.

509 OGH 24.11.1999, 3 Ob 229/98t.

Aufteilung des ehelichen Gebrauchsvermögens und der ehelichen Ersparnisse

Diesbezüglich hat die Vereinbarung eine Regelung hinsichtlich der Aufteilung des ehelichen Gebrauchsvermögens und der ehelichen Ersparnisse zu enthalten. Jene Ansprüche auf Abgeltung der Mitwirkung im Erwerb des anderen Ehegatten im Sinne des § 98 ABGB sind nicht notwendigerweise in der Scheidungsvereinbarung zu berücksichtigen, da diese nicht auf den Fall der Scheidung beschränkt sind und schon vor der Ehescheidung entstehen.[510] Als ausreichend gilt jedoch wiederum ein wechselseitiger Verzicht oder die Erklärung, dass die Aufteilung bereits erfolgt ist und insofern keine weiteren Ansprüche mehr bestehen.[511] Der Dispositionsfreiheit sind freilich jeweils durch die Sittenwidrigkeit Grenzen gesetzt.[512]

Zu beachten ist, dass der Scheidungsrichter, dem zwar grundsätzlich keine Befugnis zur inhaltlichen[513] Prüfung der Scheidungsvereinbarung zukommt, eine so genannte Grundlagenprüfung im Sinne einer Mindestkontrolle der Vereinbarung vornimmt. Dabei wird in einem ersten Schritt überprüft, ob überhaupt eine Vereinbarung mit den erforderlichen Regelungspunkten vorliegt. In weiterer Folge wird eine Kontrolle nach den §§ 878, 879 ABGB durchgeführt. Dies dient in erster Linie dazu, um offenkundige Gesetzwidrigkeit oder Sittenwidrigkeit der getroffenen Regelungen aufzudecken.[514] Hegt der Richter diesbezügliche Bedenken, wird die Beurkundung des Vergleichs verweigert. Können sich die Parteien – trotz richterlicher Anleitung – auf keine Vereinbarung hinsichtlich der Scheidung einigen, führt dies letztendlich zu einer Abweisung des Scheidungsantrages.

2. Sittenwidrigkeit der Scheidungsvereinbarung

Bei jenem Teil der Vereinbarung, welcher den Unterhalt regelt, muss darauf bedacht genommen werden, dass dem Unterhaltspflichtigen durch die Unterhaltsvereinbarung nicht die Existenzgrundlage entzogen wird. Dabei würde es sich

510 Feil, Ehegesetz § 55a Rz 8; Stabentheiner in Rummel3, § 55a EheG Rz 14 mwN.

511 Holzhammer/Holzhammer, Ehe und Familie 32; Koch in Koziol/Bydlinski/Bollenberger2, § 55a EheG Rz 6; Koziol/Welser, Bürgerliches Recht13 495.

512 Aicher in Floretta, Ehe- und Kindschaftsrecht 111.

513 Es findet somit keine Inhaltsprüfung der Vereinbarung statt. Feil, Ehegesetz § 55a Rz 9.

514 Beispiele dafür wären etwa der grundlose Unterhaltsverzicht für ein Kind oder eine grundlose wesentliche Einschränkung des Kindesunterhalts. Kerschner, Familienrecht3 Rz 2/124; Schwimann/Weitzenböck in Schwimann3, § 55a EheG Rz 19; Stabentheiner in Rummel3, § 55a EheG Rz 13.

um eine sogenannte „ruinöse Vereinbarung“ handeln, welche aufgrund Sittenwidrigkeit Nichtigkeit zur Folge hätte.[515] Der Ausschluss der clausula rebus sic stantibus bei Unterhaltsvergleichen ist prinzipiell zulässig.[516] Zu beachten ist jedoch, dass ein solcher Ausschluss unter Umständen dann sittenwidrig ist, wenn der Verpflichtete in seiner Existenz gefährdet wird oder der Not ausgesetzt wäre. Dies ist etwa dann anzunehmen, wenn ein krasses Missverhältnis zwischen dem verbleibendem Einkommen des Verpflichteten und dem nunmehrigen Unterhalt des Berechtigten besteht und insofern der Verpflichtete in seiner Lebensführung extrem eingeschränkt wäre (extreme Einkommensverminderung).[517]

3. Trennungs- und Scheidungsmediation

a. Aufgabenbereich

Die Mediation in Trennungs- und Scheidungskonflikten unterstützt die Streitparteien in einer fairen Art und Weise, einvernehmlich sowie unter Berücksichtigung der Interessen des jeweiligen Konfliktgegners, zu einer zukunftsfähigen Lösung, welche im Sinne aller Betroffenen – insbesondere auch der Kinder – liegt, zu gelangen. Der Ansatz der Mediation vertraut dabei grundsätzlich darauf, dass in jedem Menschen die Fähigkeit steckt, ihn betreffende Probleme zu einem großen Teil selbst zu lösen.[518] Mittels Mediation werden die vorhandenen Streitpunkte zwischen den Beteiligten soweit gelöst, dass die Konfliktparteien zur Wahrnehmung der gemeinsamen Elternverantwortung – vorausgesetzt es sind Kinder aus der Beziehung hervorgegangen – wieder befähigt werden.

Hauptsächlich werden in einer Scheidungs- bzw Trennungsmediation drei unterschiedliche Themenkomplexe behandelt: Bei Paaren mit gemeinsamen Kindern steht das Thema *„Kinder“* häufig an erster Stelle. Diese Konflikte betreffen die generelle Verantwortung, die Betreuung, die Obsorge und das Besuchsrecht des nicht mit dem Kind in einem Haushalt lebenden Elternteils.[519] Der zweite Themenkomplex behandelt Fragen betreffend der *„Aufteilung der*

---

515 Krejci in Rummel3, § 879 Rz 87.

516 OGH, RIS-Justiz RS0018900.

517 Krejci in Rummel3, § 879 Rz 103.

518 Dies stellt eine Grundaussage der Humanistischen Psychologie zum Wert des Menschen dar. Haynes/Bastine/Link/Mecke, Scheidung ohne Verlierer 19; Schürmann, Befrieden statt bekriegen. Kindeswohlorientierte Sachverständigentätigkeit in Familienrechtssachen (1993) 213.

519 Dazu ausführlich Haynes/Bastine/Link/Mecke, Scheidung ohne Verlierer 168ff.

Vermögenswerte"[520]. Als dritter großer Bereich gelten die *„zukünftigen Finanzleistungen"*, wobei dabei hauptsächlich der Unterhalt für Ehegatten und Kinder zu regeln ist.[521]

b. Entwicklung des Verfahrens

Die ansteigende Zahl der Scheidungen sowie die damit einhergehende Überlastung der Gerichte, führten ausgehend von den USA zur Etablierung der Mediation bei Scheidungskonflikten.[522] Der Bereich der Familienmediation, wobei dabei Scheidungskonflikte ein beachtliches Ausmaß einnehmen, ist jener der sich am schnellsten entwickelt hat.[523]

In Österreich kam es im Jahr 1993 zur Einrichtung einer parlamentarischen Enquete zum Thema „Mediation und Probleme von Minderjährigen bei Trennung und Scheidung ihrer Eltern", in welcher über neue außergerichtliche Konfliktlösungsmöglichkeiten bei familienrechtlichen Auseinandersetzungen diskutiert wurde.[524] An den Gerichtsstandorten Wien-Floridsdorf und Salzburg kam es Mitte der 1990er Jahre zur Manifestierung eines Modellprojekts, welches das Bundesministerium für Justiz gemeinsam mit dem damaligen Bundesministerium für Umwelt, Jugend und Familie durchführte. Unter dem Titel *„Familienberatung bei Gericht, Mediation und Kinderbegleitung bei Trennung oder Scheidung der Eltern"* sollte es Paaren in der Scheidung bzw Trennung ermöglicht werden, ihre rechtlichen und wirtschaftlichen Angelegenheiten nach dem Konzept der so genannten „Co-Mediation"[525] zu regeln. Dabei werden zwei Mediatoren gleichzeitig tätig, wobei einer über einen psychosozialen Hintergrund verfügt und der andere Mediator eine juristische Ausbildung aufweist.[526]

---

520 Dabei handelt es sich vor allem um einen Konfliktbereich, von dem auch kinderlose Paare betroffen sind!

521 Ähnlich auch Haynes/Bastine/Link/Mecke, Scheidung ohne Verlierer 25f.

522 In den USA entwickelten sich etwa ab den 1960er Jahren drei unterschiedliche Bereiche der Mediation: Divorce mediation, environment mediation und community mediation. Dazu Glenewinkel, Mediation 58.

523 Besemer, Mediation 48.

524 Ferz/Filler, Mediation 15.

525 Zur Co-Mediation weiterführend Diez/Krabbe/Thomsen, Familien-Mediation Rz 565ff; Hohmann/Morawe, Praxis der Familienmediation 223f; Leibetseder in Leibetseder/Engelbrecht/Glasl/Bacher, Familienmediation 20.

526 Ferz/Filler, Mediation 15f.

c. Co-Mediation

I. Das Konzept

Die Praxis reagierte auf die Komplexität und die interdisziplinären Herausforderungen der Mediation in Familienkonflikten mit dem Konzept der so genannten Co-Mediation, bei welcher zwei oder mehrere Mediatoren das Verfahren gemeinsam leiten und sich wechselseitig ergänzen. Dabei werden zwei Möglichkeiten der Teamarbeit unterschieden: Zum einen spricht man von Co-Mediation, wenn es sich um eine interdisziplinäre Zusammenarbeit handelt, bei welcher meist ein Mediator aus dem psychosozialen sowie einer aus dem juristischen Bereich miteinander das Verfahren führen. Andererseits kann es sich bei einer Co-Mediation auch um ein gemischt geschlechtliches Mediatorenteam handeln. Insbesondere innerhalb der Trennungs- und Scheidungsmediation hat es sich bewährt, das Mediationsverfahren von einer Frau und einem Mann, als Mediatorenteam, leiten zu lassen. Geschlechtsungleichgewichte und etwaige Unsicherheiten seitens der Konfliktparteien können somit hintan gehalten werden.[527]

Als beachtenswerte Vorteile einer Co-Mediation werden unter anderem die gesteigerte Dynamik und Lebendigkeit des gesamten Verfahrens, die offenkundige Balance für die einzelnen Mediatoren sowie die Erweiterung der Perspektiven und Optionen für die einzelnen Medianden gesehen.[528] Zudem kann etwaigen Machtungleichgewichten zwischen den Konfliktparteien mittels einer Co-Mediation besser entgegen gesteuert werden.

II. Geförderte Familienmediation gem § 39c FLAG

Das Konzept der Co-Mediation wird in Österreich durch die „geförderte Mediation in familienrechtlichen Konflikten“ bereits seit dem Jahr 1999, mit dem Inkrafttreten des § 39c FLAG[529] besonders gefördert.[530] Detaillierte Ausführungen, etwa über den Gegenstand der Förderung, die Förderungswerber[531] sowie die

---

527 So hat der Superior Court von Santa Clara, in Anwendung des kalifornischen Verfahrensrechts, festgeschrieben, dass familienrechtliche Co-Mediationen von einer Frau sowie einem Mann durchgeführt werden müssen. Vgl dazu Kulms, Alternative Streitbeilegung durch Mediation in den USA, in Hopt/Steffek (Hg), Mediation (2008) 403 (440).

528 Dazu umfassend Diez/Krabbe/Thomsen, Familien-Mediation Rz 573.

529 Familienlastenausgleichsgesetz BGBl 1967/376 idF 1999/136.

530 Ausführlich in Ferz/Filler, Mediation 85ff.

531 Förderungen können ausschließlich gemeinnützigen Einrichtungen (Rechtsträgern) gewährt werden, denen Mediatoren angehören, die einen Quellberuf im juristischen Bereich oder im psychosozialen Bereich ausüben. Insofern muss ein Mediator beispielsweise einem Verein (Rechtsträger) als Mitglied beitreten, um als Vermittler im

Ausbildung[532] der Mediatoren, welche die geförderte Co-Mediation durchführen, finden sich in der so genannten „Richtlinie zur Förderung der Mediation“[533] des Bundesministeriums für Gesundheit, Familie und Jugend, welche als Ausführungsbestimmung des § 39c Abs 5 FLAG erlassen wurde.

Parteien eines familien- oder kindschaftsrechtlichen Konfliktes ist es aufgrund der vorweg genannten Bestimmungen möglich, eine staatlich finanzierte Co-Mediation, durchgeführt von besonders qualifizierten Mediatoren, in Anspruch zu nehmen. Die Förderung beträgt je nach Höhe des Familieneinkommens sowie der Anzahl der unterhaltsberechtigten Kinder 0 – 100 %[534] des Honorars des Mediatorenteams. Das Co-Mediatorenteam besteht dabei jeweils aus einem Mediator mit juristischer sowie einem mit psychosozialer Grundqualifikation.[535] § 3 Abs 6 der Richtlinie sieht zudem vor, dass die Mediation möglichst durch ein gemischtgeschlechtliches Team durchzuführen ist. Die Kosten der Förderung, die gem § 4 Abs 3 der Richtlinie zur Förderung von Mediation nicht über ein Höchstausmaß von 12 Mediationssitzungen hinausgehen dürfen, werden dabei aus Mitteln des Ausgleichsfonds für Familienbeihilfen getragen.[536] Zu beachten ist jedoch, dass gem § 39c Abs 4 FLAG kein Rechtsanspruch auf die Gewährung der Förderung besteht.[537]

Entscheiden sich Konfliktparteien für die Inanspruchnahme einer Co-Mediation, welche den Kriterien der unterstützten Familienmediation entspricht, ist insbesondere die Qualifikation der Mediatoren gesichert. Neben einer anerkannten Grundausbildung und einschlägigen Weiterbildungen, verpflichten sich die Mediatoren im Sinne des § 39c FLAG auch zu einer kontinuierlichen Fortbildung.[538] Zudem ist eine Berufserfahrung von mindestens fünf Jahren im fami-

---

Sinne der „geförderten Co-Mediation“ tätig zu werden. Vgl § 3 Abs 1 Richtlinie GZ 425000/5-V/2/04.

532 § 3 Abs 1 lit b Richtlinie GZ 425000/5-V/2/04.

533 Richtlinie GZ 425000/5-V/2/04.

534 Vgl dazu die Tariftabelle abrufbar unter www.mediation.at (dl 20.8.2009). Daraus geht hervor, dass eine Mediationsstunde pro Mediatorenpaar mit € 182,- festgesetzt ist und je nach Tarifstufe der Medianden unterschiedliche Selbstbehalte anfallen.

535 Dabei bedarf ein Abgehen vom Prinzip der Co-Mediation der Zustimmung des Bundesministeriums für soziale Sicherheit, Generationen und Konsumentenschutz (gegenwärtig: Bundesministerium für Arbeit, Soziales und Konsumentenschutz). Vgl dazu § 3 Abs 6 der Richtlinien zur Förderung der Mediation GZ 425000/5-V/2/04.

536 Vgl dazu § 39c Abs 4 FLAG.

537 Siehe dazu auch die „Kann-Bestimmung“ in § 39c FLAG Abs 1 Z 2: „Der Bundesminister für Umwelt, Jugend und Familie kann gemeinnützige Einrichtungen, die das Angebot […] von Mediation oder Eltern- und Kinderbegleitung in Scheidungs- und Trennungssituationen gewährleisten, auf Ansuchen fördern.“

538 Dazu § 39c Abs 2 FLAG.

lienrechtlichen oder familienbezogenen Bereich[539] Voraussetzung, um als anerkannter Co-Mediator tätig zu werden.[540]

d. Profiteure einer Trennungs- und Scheidungsmediation

Eine Mediation zur Beilegung von Scheidungs- oder Trennungskonflikten ist nicht nur, wie man auf den ersten Blick meinen könnte, für die Familienmitglieder sinnvoll, sondern zudem auch für das gesamte soziale Umfeld, die Justiz und die Gesellschaft.

Kinder

Familienmediation ist insbesondere sinnvoll, wenn Kinder aus einer Beziehung hervorgegangen sind. Finden die Eltern eine faire Lösung, kann die Elternschaft gemeinsam fortgeführt werden, auch wenn die Eltern in Zukunft voneinander getrennt leben.[541] Dies geschieht nach dem Grundsatz: „Als Paar kann man sich trennen – Elternteil bleibt man ein Leben lang". Eltern werden innerhalb eines erfolgreichen Mediationsverfahrens befähigt, Konflikte über Erziehungsfragen zukünftig wieder selbständig zu lösen, wodurch es möglich wird, auch nach der Trennung die einstige Elternverantwortung fortzuführen. Kinder profitieren vor allem dann, wenn es die Eltern schaffen in Zukunft ehrlich und freundschaftlich miteinander umzugehen.[542]

Kinder, deren Eltern sich trennen bzw scheiden lassen, sehen oftmals „Trennung" als eine mögliche Form der Konfliktlösung an. Wird mit den Kindern nicht ausreichend über die Trennung der Eltern gesprochen, kann es durchaus vorkommen, dass die Auflösung einer Beziehung bzw das „Weglaufen" vor mitunter alltäglichen Problemen als Konfliktbewältigungsmethode herangezogen wird. Die Reaktion auf harmlose Konflikte kann Panik, gefolgt von voreiliger Beendigung einer Beziehung sein.[543] Eine Mediation, in die Kinder miteinbezogen werden, kann verdeutlichen, dass die Auflösung einer Beziehung nicht für jegliche Konflikte eine passende Lösungsstrategie darstellt. Ängste vor Kon-

---

539 Etwa in der Familienberatung.

540 Roth/Gherdane in Hopt/Steffek, Mediation 105 (129f).

541 Leibetseder in Leibetseder/Engelbrecht/Glasl/Bacher, Familienmediation 18f.

542 Carl, Mediation von Umgangskonflikten bei Trennung und Scheidung (2002) 16.

543 Kinder, deren Eltern sich getrennt haben, lernen häufig den konstruktiven Umgang mit Konflikten nicht ausreichend. In Folge werden Konflikte, mitunter sogar ein Leben lang, bedrohlich und als Gefahr empfunden und deshalb weitgehend vermieden. Als häufige Vermeidungsstrategie gilt es, die Beziehung zum Konfliktpartner abzubrechen. Trennungen bzw Scheidungen sind in der Folge vorprogrammiert.

flikten mit Freunden, Bezugspersonen oder Eltern können insofern vermieden werden.[544]

Eltern gelten als Vorbilder für das Gestalten des eigenen Lebens der Kinder. Gelingt es eine einvernehmliche Trennung mittels Inanspruchnahme eines Mediationsverfahrens vorzuleben, ist die Wahrscheinlich groß, dass sich Kinder – welche in einigen Jahrzehnten möglicherweise in identische Lebenssituationen kommen – ähnlich kooperativ verhalten.

Partner

Für das sich trennende Paar ist Familienmediation unumstrittener Weise sinnvoll. Einvernehmliche und autonom getroffene Vereinbarungen hinsichtlich einer Trennung werden eher eingehalten als Entscheidungen, welche von außen stehenden Dritten getroffen werden. Fühlt sich eine Partei noch nicht bereit eine endgültige Vereinbarung zu treffen, können Konfliktbereiche, die Unsicherheit oder Unbehagen auslösen, ohne Zeitdruck weiter behandelt und thematisiert werden. Stattgefundene Kränkungen, psychische Verletzungen und Emotionen[545] werden in der Familienmediation ebenso berücksichtigt.

Innerhalb einer Mediation werden Eltern auch über die psychischen Belastungspotentiale der betroffenen Kinder aufgeklärt. Infolgedessen fällt es den Konfliktparteien leichter, die Verhaltensweisen der Kinder nachzuvollziehen und letztendlich auch eine Entscheidung, welche im Sinne des Kindeswohles liegt, zu treffen. All dies stellt die Grundvoraussetzung dar, um zu einer fairen und einvernehmlichen Trennungs- bzw Scheidungsvereinbarung zu gelangen.

Soziales Umfeld

Mediation ist zudem für gemeinsame Freunde und Verwandte der Betroffenen sinnvoll, da diese bei einer Trennung im Freundeskreis häufig Vermittlungsversuche starten, die meist die bisherige Freundschaft zu einem bzw beiden Scheidungspartnern beeinträchtigen. Häufig treten diese als „persönliche Streithelfer“[546] auf, indem eine Konfliktpartei in der jeweiligen Position bestärkt wird. Parteiergreifung für einen der Partner steht jedoch regelmäßig einem Weiterbestand der freundschaftlichen Beziehung zu dem anderen Konfliktpartner ent-

544 Gröne, Scheidungsmediation 52.

545 So sind Mediatoren speziell ausgebildet, um mit Emotionen, die im Laufe eines Klärungsgesprächs aufkommen, professionell umzugehen. Siehe dazu Abramson, Mediation Representation. Advocating in a Problem-Solving Process (2004) 84f; Glasl, Selbsthilfe 180.

546 Lenz/Schwarzinger in Lenz/Salzer/Schwarzinger (Hg), Konflikt Kooperation Konsens. Über die Mediation hinaus. Das Modell der Cooperative Practice (2010) (9) 9.

gegen. Wird Mediation genutzt, kann sich das soziale Umfeld mit ruhigem Gewissen aus dem Konflikt heraushalten und auf Interventionen und Parteiergreifung verzichten. Die gemeinsamen Freundschaften während der aufrechten Beziehung können auch über die Trennung hinaus erhalten bleiben. Dies wirkt sich auch hinsichtlich der Kinder positiv aus, da das Weiterbestehen des bisherigen vertrauten sozialen Umfelds (beispielsweise der Kontakt zu Großeltern oder Freunden der Familie) für die emotionale Verarbeitung der Trennung der Eltern für die Kinder besondere Bedeutung aufweist.[547]

Justiz

Auch für die Justiz weist ein Mediationsverfahren, welches von den Parteien einer Scheidung genutzt wird, positive Aspekte in Hinblick auf die Entlastung der ordentlichen Gerichte auf.[548] Das Ziel der Mediation stellt eine einvernehmlich zustandegekommene Mediationsvereinbarung, im Sinne einer Vergleichsvereinbarung, dar. Individuelle Vereinbarungen, welche sich innerhalb des rechtlich zulässigen Rahmens bewegen, werden dem Richter vorgelegt.

Gesellschaft

Oftmals unbedacht bleibt die Tatsache, dass die Inanspruchnahme von Mediation auch für den Staat sehr sinnvoll ist. Die Scheidungsrate steigt bekanntlich kontinuierlich an. Die Gesellschaft bzw das so genannte „soziale Immunsystem" ist nicht mehr intakt. Mithilfe von Mediation können eskalierende Konflikte frühzeitig, noch vor dem Auftreten von biopsychosozialen Krankheitssymptomen[549], gelöst werden.[550] Schlussendlich hat die Gesellschaft bzw das Gesundheitssystem die Kosten der Behandlung von Krankheiten[551], welche aufgrund

547 Leibetseder in Leibetseder/Engelbrecht/Glasl/Bacher, Familienmediation 18f.

548 Dabei betont Eidenmüller, dass die Entlastung der Justiz keineswegs zum Ziel der Mediation werden darf, sondern allenfalls einen positiven Nebeneffekt in einer sich wandelnden Streit- und Konfliktbehandlungskultur darstellt. Eidenmüller in Henssler/Koch, Mediation § 2 Rz 95.

549 Siehe dazu Adler, Einführung in die biopsychosoziale Medizin (2005) 45ff.

550 Leibetseder in Leibetseder/Engelbrecht/Glasl/Bacher, Familienmediation 19. An dieser Stelle sei erwähnt, dass für die Gesellschaft nicht nur Mediationen im familiären Umfeld von Vorteil sind, sondern genauso jene im schulischen Bereich und im Arbeitsleben (etwa Mediationen bei Mobbing), da in diesen Bereichen die psychosomatischen Krankheiten aufgrund von ungeklärten Konflikten ebenfalls rasant ansteigen.

551 Vor allem die stark zunehmenden Depressionen. Dazu Betschel, Volkskrankheit Depression – gesundheitswissenschaftliche Darstellung der Depression in der heutigen Gesellschaft (2009) 21f; Ehrenberg, Das erschöpfte Selbst. Depression und Gesell-

psychischer Belastungen (etwa unzureichende Bewältigung von Konflikten bei Trennungen) entstehen, zu tragen.

Gewiss können auch Mediation (oder Collaborative Law[552]) kaum dazu beitragen, dass es weniger Scheidungen und Trennungen in der Gesellschaft gibt. Fest steht aber, dass Mediation und Collaborative Law einvernehmliche Methoden zur Konfliktbeilegung darstellen, welche eine zukunftsorientierte Bewältigung von Trennungskonflikten ermöglichen, insbesondere den Fokus auf das Wohl der Kinder richten und darüber hinausgehend eine Vielzahl von Personen aus der einvernehmlichen Konfliktbeilegung profitieren.

Das vorliegende Kapitel hat einen rechtlichen Überblick über die einvernehmliche Scheidung gegeben sowie die Scheidungs- und Trennungsmediation bzw deren Potentiale erörtert. Da die bisherigen Erwägungen zeigen, dass Mediation sowohl im Scheidungs- als auch im Trennungsbereich Potential aufweist, werden im nun anschließenden Kapitel die Rechtsprobleme der außerehelichen Lebensgemeinschaft vorgestellt. In der gegenwärtigen Gesellschaft entscheiden sich immer mehr Paare für eine Beziehung ohne Trauschein.[553] Außergerichtliche Konfliktbeilegungsverfahren bieten insofern auch bei der – mitunter ebenso konfliktreichen – Auflösung von Lebensgemeinschaften eine sinnvolle Alternative zur gerichtlichen Rechtsdurchsetzung.

B. Nichteheliche Lebensgemeinschaft

1. Allgemeines

Unter einer nichtehelichen Lebensgemeinschaft[554] ist die auf Dauer angelegte Wohnungs-, Wirtschafts- und Geschlechtsgemeinschaft zwischen Mann und Frau ohne die rechtliche Festigkeit der Ehe zu verstehen.[555] Nach den Ausführungen des OGH[556] ist eine Lebensgemeinschaft

---

schaft in der Gegenwart (2005) 216; Grossarth-Maticek, Autonomietraining: Gesundheit und Problemlösung durch Anregung der Selbstregulation (2000) 40ff.

552 Dazu ausführlich im Abschnitt X. Collaborative Law.

553 Stichwort „Lebensabschnittspartner".

554 Nicht mehr zeitgemäß mitunter auch noch als „Konkubinat" bezeichnet. Siehe etwa Zankl in Schwimann3, § 66 EheG Rz 59.

555 In Anlehnung an Holzhammer/Holzhammer, Ehe und Familie 100. Zankl in Schwimann3, § 66 EheG Rz 59.

556 Vgl RIS-Justiz RS0021733. Der Begriff der Lebensgemeinschaft ist ein Typusbegriff, der nicht wie ein klassifikatorischer Begriff im engeren Sinne definiert, sondern durch

> „ein jederzeit lösbares familienrechtsähnliches Verhältnis, das der Ehe nachgebildet, aber von geringerer Festigkeit ist; zu ihrem Wesen gehört neben der Wohnungsgemeinschaft in der Regel wiederkehrender Geschlechtsverkehr, wogegen die Wirtschaftsgemeinschaft nicht unbedingt bestehen muss und andererseits allein auch nicht genügt. Die Parteien müssen sich jedoch im Kampf gegen alle Nöte des Lebens beistehen und daher auch gemeinsam an den zur Bestreitung des Unterhaltes verfügbaren Gütern teilhaben."

Die Judikatur hat sich vor allem mit außerehelichen Lebensgemeinschaften hinsichtlich des Ruhens eines nachehelichen Unterhaltsanspruchs beschäftigt.[557] Folgende Kriterien – mangels Vorliegen einer einschlägigen allgemein gültigen Legaldefinition[558] – haben sich als Anhaltspunkte für das Vorliegen einer nichtehelichen Lebensgemeinschaft entwickelt: Bei einer Lebensgemeinschaft handelt es sich einerseits um einen *eheänlichen Zustand*[559], der dem typischen Er-

---

eine Reihe von Merkmalen beschrieben wird. Bydlinski, Juristische Methodenlehre und Rechtsbegriff2 (1991) 543ff.

557 Diese heikle Rolle der außerehelichen Lebensgemeinschaft hinsichtlich Unterhaltsfragen die geschiedenen Ehegatten betreffend, rührt daher, dass in der Praxis häufig Unterhaltsvergleiche abgeschlossen werden, in denen sich ein Ehegatte (meist der Mann) zur Leistung von Unterhalt bis zur Wiederheirat des anderen Ehegatten (meistens der Frau) verpflichtet. Geht nun der Unterhaltsberechtigte eine nicht eheliche Lebensgemeinschaft anstelle einer Ehe ein, bloß um den Unterhalt aufrechtzuerhalten, bedeutet dies eine Umgehung eines mit der Wiederheirat verbundenen Rechtsnachteils. Die einschlägige zivilrechtliche Judikatur sieht für solche Fallkonstellationen das Ruhen der Unterhaltspflicht für die Dauer der Lebensgemeinschaft vor. Die Prüfung bzw der Beweis des Unterhaltsverpflichteten, dass eine Lebensgemeinschaft mit den drei Merkmalen der Wirtschafts-, Wohn- und Geschlechtsgemeinschaft vorliegt, mag mitunter ein äußerst schwieriges Unterfangen darstellen. Ein anschauliches Beispiel findet sich bei Holzhammer/Roth, Bürgerliches Recht6 320.

558 Spezifische (nicht allgemein gültige) Definitionen für Lebensgemeinschaften finden sich in Materiengesetzen wie etwa dem § 14 Abs 3 MRG: „Lebensgefährte im Sinne dieser Bestimmung ist, wer mit dem bisherigen Mieter bis zu dessen Tod durch mindestens drei Jahre hindurch in der Wohnung in einer in wirtschaftlicher Hinsicht gleich einer Ehe eingerichteten Haushaltsgemeinschaft gelebt hat." Freilich gilt diese Dreijahresfrist lediglich für die Bestimmung des MRG. Auch § 2 Abs 1 FMedG spricht von eheähnlichen Lebensgemeinschaften: Medizinisch unterstützte Fortpflanzungen sind nicht nur innerhalb einer Ehe sondern auch innerhalb einer eheänlichen Lebensgemeinschaft zulässig. Weiterführend zur Lebensgemeinschaft im FMedG siehe Memmer, Eheähnliche Lebensgemeinschaften und Reproduktionsmedizin, JBl 1993, 297.

559 Zankl in Schwimann3, § 66 EheG Rz 59. Kerschner, Familienrecht3 Rz 3/2 spricht von „Eheähnlichkeit mit gewissen immateriellen Aspekten". Von einer eheähnlichen Gemeinschaft kann nicht gesprochen werden, falls ein bloßes Liebesverhältnis oder eine Geschlechtsgemeinschaft mit zeitweiligen Übernachtungen in der Wohnung des Partners vorliegt.

scheinungsbild des ehelichen Zusammenlebens zu entsprechen hat. Zum anderen bildeten sich die drei – eingangs bereits erwähnten – Elemente der *Wirtschafts-*[560]*, Wohn- und Geschlechtsgemeinschaft*[561] zur Beurteilung einer Lebensgemeinschaft heraus, die jedoch nicht kumulativ[562] gelten. Zudem wird für das Vorliegen einer Lebensgemeinschaft eine gewisse zeitliche *Dauer*[563] vorausgesetzt. Die Lebensgefährten müssen in diesem Sinne jedenfalls ein längeres Zusammenleben beabsichtigen.[564]

Der Beginn[565] einer Lebensgemeinschaft lässt sich aufgrund der mangelnden formalen Elemente meist nur sehr schwer feststellen und kann häufig nur aus den tatsächlichen Verhältnissen erschlossen werden. Auffallend ist jedenfalls die Einzelfalljudikatur hinsichtlich der Lebensgemeinschaften, wobei dies mitunter zu einer nicht zu unterschätzenden Rechtsunsicherheit führt.

Die Lebengsgemeinschaft ist – wie bereits erwähnt – auf Dauer angelegt, rechtlich jedoch jederzeit einseitig und formfrei lösbar. Die enge seelische Bindung[566] der Lebenspartner führt jedoch häufig zu emotionalen Belastungen und Konflikten, die sich in ihrer Intensität kaum von jenen bei Auflösung einer Ehe unterscheiden. Diesbezüglich werden im Folgenden, nach einem Überblick über die rechtlich relevanten Aspekte hinsichtlich Lebensgemeinschaften, die Hauptkonfliktpunkte, welche besonders für außergerichtliche Streitbeilegungsverfahren zugänglich sind, bei der Auflösung einer außerehelichen Lebensgemeinschaft dargestellt.

---

560 Vgl dazu die Ausführungen von Zankl in Schwimann3, § 66 EheG Rz 62.

561 Diesbezüglich ist die Lebensgemeinschaft vor allem von einem „intimen Verhältnis" abzugrenzen. Vgl dazu Zankl in Schwimann3, § 66 EheG Rz 60 mwN.

562 Vielmehr handelt es sich um bewegliche Elemente, wobei das eine Element kompensiert werden kann, wenn etwa die beiden anderen besonders stark ausgeprägt sind. In der Entscheidung 3 Ob 6/09t ist von einem „Zusammenspiel der Elemente Wohn-, Wirtschafts- und Geschlechtsgemeinschaft" die Rede. Siehe auch OGH 22.11.1990, 7 Ob 676/90 = RZ 1991/45. In dieser Entscheidung heißt es unter anderem, dass es sich bei einer Lebensgemeinschaft um einen Zustand handelt, der für das Zusammenleben von Ehegatten typisch ist. Auch wenn – wie in der vorliegenden Entscheidung – die Geschlechtsgemeinschaft nur in „verhältnismäßig geringem Umfang" vorhanden ist (wobei dies durchaus auch bei aufrechten Ehen möglich ist), kann dennoch, aufgrund des Vorhandenseins anderer ehetypischer Merkmale, von einer nichtehelichen Lebensgemeinschaft ausgegangen werden.

563 OGH 25.02.2009, 3 Ob 6/09t; Posch in Schwimann3, § 40 Rz 6.

564 Stabentheiner in Rummel3, § 42 Rz 5.

565 Deixler-Hübner, Scheidung, Ehe, Lebensgemeinschaft10 Rz 138.

566 Der OGH 25.02.2009, 3 Ob 6/09t spricht von einem „aus einer seelischen Gemeinschaft resultierendem Zusammengehörigkeitsgefühl".

2. Rechtliche Wirkungen der Lebensgemeinschaft

Obwohl immer mehr Paare in einer Lebensgemeinschaft leben und sich bewusst gegen eine Ehe entschließen, fehlt bis dato ein umfassendes juristisches Regelungsgebilde.[567] Der OGH führt dazu aus, dass immer wieder rechtspolitische Bestrebungen zur Stärkung der Rechte von Lebensgefährten auftauchen. Ungeachtet aller ideologischen Differenzen besteht dabei aber die Schwierigkeit, dass sich Lebensgefährten häufig gerade rechtliche Ungebundenheit wünschen und der Gesetzgeber diese nicht ohne weiteres einschränken kann.[568]

Dennoch oder gerade deshalb, gewinnt die außereheliche Lebensgemeinschaft als gewählte Form der Partnerschaft zunehmend an Bedeutung.[569] Aus diesem Grund ist mE das Potential für außergerichtliche Konfliktbeilegungsverfahren wie Mediation bzw Collaborative Law auch hinsichtlich jener Konflikte, die mit der Auflösung von Lebensgemeinschafen einhergehen, besonders groß.

Die Normen des Eherechts sind für Lebensgemeinschaften nicht analog anzuwenden. Es ergeben sich keine den § 90 ABGB entsprechenden „persönlichen Ehewirkungen".[570] Dies bedeutet etwa, dass Lebensgefährten kein gesetzlicher Unterhaltsanspruch[571] zusteht, keine eheliche Treue- oder Beistandspflicht besteht und auch die bei Ehescheidung anzuwendenden Aufteilungsregeln nicht gelten.[572]

567 Kerschner, Familienrecht3 Rz 3/1.

568 Siehe dazu die Ausführungen in OGH 1.4.1998, 9 Ob 96/98b. Koziol/Welser, Bürgerliches Recht13 445f führen aus, dass den Beteiligten einer Lebensgemeinschaft keine „Zwangsehe" auferlegt werden kann. Eine Annäherung der Lebensgemeinschaft an die Ehe wäre insofern denkbar, als eine neue Eheform mit abgeschwächter Wirkung eingeführt werden würde, wobei es auch bei dieser Form erforderlich wäre, dass die Partner den bewussten Willen haben diese zu wählen. Hausmann in Hausmann/Hohloch (Hg), Das Recht der nichtehelichen Lebensgemeinschaft2 (2004) 55ff; Möschl, Die nichteheliche Lebensgemeinschaft2 (2002) 49ff.

569 So stellt eben die rechtliche Unverbindlichkeit der Beziehung zwischen Lebensgefährten vielfach ein Hauptmotiv dar, eine außereheliche Lebensgemeinschaft einzugehen. Kerschner, Familienrecht3 Rz 3/6.

570 Zur ungleichen Behandlung von Ehe und Lebensgemeinschaft führte der OGH aus, dass der Gleichheitsgrundsatz dem Gesetzgeber nur verbiete Gleiches ungleich zu behandeln. Es sei ihm aber nicht verwehrt, sachlich gerechtfertigte Differenzierungen vorzunehmen. Insofern könne nach der derzeitgen Rechtslage auch nicht von einer Verpflichtung zur Gleichbehandlung von Ehe und nichtehelicher Lebensgemeinschaft ausgegangen werden. Siehe dazu OGH, RIS-Justiz RS0109606.

571 Zu Beachten ist, dass der Unterhaltsanspruch eines Kindes gegenüber den Eltern reduziert werden kann, wenn das Kind in einer Lebensgemeinschaft lebt. Dadurch kommt es zu einer Annäherung der Lebensgemeinschaft an die Ehe.

572 Kerschner, Familienrecht3 Rz 3/4; Koziol/Welser, Bürgerliches Recht13 445f.

Streben Lebensgefährten dennoch eine, zumindest auf Teilbereiche bezogene, rechtliche Basis ihres Zusammenlebens an, besteht die Möglichkeit im Rahmen der allgemeinen Vertragsfreiheit Regelungen bezüglich Vermögen, Unterhalt oder Wohnung zu treffen. So ist es beispielsweise möglich, dass Lebensgefährten für den Fall des Scheiterns der Partnerschaft wirksame vertraglich festgelegte Unterhaltsvereinbarungen[573] treffen. Falls die Parteien vertragliche Abreden über Auflösungsfolgen getroffen haben sind diese dann primär anzuwenden.[574]

Zwischen Lebensgefährten kann ausdrücklich oder konkludent eine Gesellschaft bürgerlichen Rechts (GesBR) gem § 1175ff ABGB vereinbart werden.[575] Diesbezüglich spricht der OGH aus, dass zumindest eine schlüssige Willenseinigung der Lebensgefährten über die wechselseitige Bindung mit konkreten Rechten und Pflichten bestehen muss.[576] Das Vorliegen einer GesBR erfordert, über gemeinsamen zweckgerichteten Aufwand hinaus, ein Mindestmaß an Gemeinschaftsorganisation mit gewissen Ein- und Mitwirkungsrechten.[577] Relevant kann dies insbesondere bei dem Bau eines gemeinsamen Hauses[578] oder der Mitwirkung im Unternehmen des anderen Lebensgefährten werden.

Aus einer Lebensgemeinschaft ergibt sich auch kein gesetzliches Erbrecht.[579] Will ein Lebensgefährte dennoch den Partner bedenken, muss auf die testamentarische Einsetzung zurückgegriffen werden.[580]

573 Dabei ist in der Regel keine Notariatspflicht notwendig. Weiterführend dazu vgl Meissel, Unterhaltsansprüche aus Lebensgemeinschaft? Nichteheliche Lebensgemeinschaften und Unterhalt (Teil II), EF-Z 2008/4, 13ff.

574 Rummel, Der Bereicherungsanspruch nach § 1435 ABGB mit besonderer Berücksichtigung der vermögensrechtlichen Auseinandersetzung nach Auflösung einer Lebensgemeinschaft, WR 1987 H 17, 6.

575 Grillberger in Rummel3, § 1175 Rz 10.

576 OGH 15.7.1999, 6 Ob 135/99t. Dies bedeutet, dass nicht unbedingt ein subjektiver Wille der Lebensgefährten notwendig ist und auch ein objektives Verständnis als ausreichend gelten kann. Kerschner, Familienrecht3 Rz 3/7 weist zu Recht darauf hin, dass damit die Gefahr eines beidseitigen unbewussten Vertragsschlusses verbunden ist.

577 Vgl OGH 15.10.1998, 2 Ob 200/98w; Schwimann/Ferrari in Schwimann3, § 44 Rz 8.

578 OGH 11.5.2006, 8 Ob 61/06p.

579 Holzhammer/Roth, Bürgerliches Recht6 320.

580 Diesbezüglich ist anzumerken, dass dies vor dem Wegfall der Erbschaftssteuer bedeutet hat, dass der Lebensgefährte als „fremd“ galt, somit in der Steuerklasse V einzustufen war und mit einer massiven Steuerlast konfrontiert war.

3. Auflösung der Lebensgemeinschaft

Lebensgefährten steht es frei, die Lebensgemeinschaft jederzeit aufzulösen. Kommt es zur Trennung, stellt die Rückforderung von vermögenswerten Leistungen, welche rechtlich unterschiedlich qualifiziert werden können, ein häufig auftretendes Konfliktthema dar.

Da die Aufteilungsansprüche nach den §§ 81ff EheG keine analoge Anwendung auf Lebensgemeinschaften finden[581], bleibt jeder Lebensgefährte auch nach der Beendigung der Lebensgemeinschaft Eigentümer all dessen, was er während der Lebensgemeinschaft erworben hat. Ansprüche auf Aufteilung des gemeinsamen Vermögens können lediglich nach den Regeln des Miteigentums vorgenommen werden.[582] Aus einer GesBR können sich Liquidationsansprüche ergeben, da die Aufhebung der Lebensgemeinschaft mitunter einen Auflösungsgrund bildet und das gesamte Gesellschaftervermögen gemäß den §§ 841ff ABGB aufzuteilen ist.

Schenkungen können (wegen groben Undanks) widerrufen[583] werden bzw unter den Voraussetzungen des § 871 ABGB wegen Vorliegens eines Motivirrtums angefochten werden. Zudem können deliktische Schadenersatzansprüche und Ansprüche aus Geschäftsführung ohne Auftrag relevant werden. Wurden während der aufrechten Lebensgemeinschaft zwischen den Lebensgefährten Verträge abgeschlossen, können sich auch daraus Ansprüche ergeben.[584] All dies zeigt wiederum das enorme Konfliktpotential, das sich trotz (oder gerade wegen) der fehlenden gesetzlichen Grundlagen ergibt.

Laufende Aufwendungen der Lebensgefährten während der Lebensgemeinschaft (für die gemeinsame Wohnung, Anschaffungen, welche zum sofortigen Verbrauch bestimmt sind oder laufender Unterhalt) sind ihrer Natur nach für den entsprechenden Zeitraum der bestehenden Lebensgemeinschaft bestimmt. Diese laufenden Aufwendungen können bei der Auflösung der Lebensgemeinschaft nicht rückgefordert werden, da sie ihren Zweck – anders als die Aufwendungen für Dauerinvestitionen – nicht verfehlt haben.[585] Vielmehr handelt es sich bei

---

581 OGH, RIS-Justiz RS0033877; Posch in Schwimann3, § 40 Rz 6.

582 Deixler-Hübner, Scheidung, Ehe, Lebensgemeinschaft10 Rz 240 weist darauf hin, dass diesbezüglich vor allem auf die Beweissicherung zu achten ist. Erwirbt ein Lebensgefährte ausschließlich aus eigenen Mitteln Gegenstände, sollte die aufzubewahrende Rechnung auch ausschließlich auf seinen Namen ausgestellt werden. Siehe auch Holzhammer/Holzhammer, Ehe und Familie 100.

583 OGH 15.7.1999, 6 Ob 135/99t; Kerschner, Familienrecht3 Rz 3/10.

584 Schwimann/Ferrari in Schwimann3, § 44 Rz 8.

585 Vgl OGH, RIS-Justiz RS0033701; Schwimann/Ferrari in Schwimann3, § 44 Rz 12; Stabentheiner in Rummel3, § 42 Rz 7.

diesen laufenden Aufwendungen um die bewusste Leistung einer Nichtschuld. Typischerweise wird davon ausgegangen, dass es zu einer Kompensation der gegenseitigen Leistungen kommt.[586]

Von den laufenden Aufwendungen müssen jedoch jene Aufwendungen unterschieden werden, mit denen eine für den Empfänger erkennbare, die faktische Dauer der Lebensgemeinschaft überschießende, *Zweckerwartung* einhergeht. Solche Leistungen erfolgen für den anderen Teil erkennbar *zweckgebunden*, jedoch ohne rechtliche Verpflichtung und sind nach Beendigung der Lebensgemeinschaft rückforderbar.[587] Erbringt ein Lebensgefährte eine Leistung in der Erwartung einer Gegenleistungen bzw einer bestimmten Entwicklung (Zweckerwartung) und bleibt diese Gegenleistung sodann aus, steht dem leistenden Lebensgefährten eine Leistungskondiktion analog § 1435 ABGB (condictio causa data, causa non secuta)[588] zu. Dazu führt der OGH[589] aus, dass es zur Entstehung eines Kondiktionsanspruches im Sinne des § 1435 ABGB zwischen Lebensgefährten ausreicht, dass ein Lebensgefährte Leistungen in einer dem anderen erkennbaren Erwartung des Eintritts eines künftigen Erfolges (wie etwa der Erlangung einer Wohnmöglichkeit) vorläufig unentgeltlich erbringt, diese Erwartung jedoch in Folge unerfüllt bleibt.[590]

So entschied der OGH, dass einem Lebensgefährten, der für den Innenausbau der Wohnung (welche sich im Haus des Vaters der Lebensgefährtin befand) Aufwendungen tätigte, um während aufrechter Lebensgemeinschaft mit der Lebensgefährtin dort zu wohnen, nach der Beendigung der Lebensgemeinschaft ein Anspruch (gegen den Vater der Lebensgefährtin) auf Ersatz des verbleibenden Restnutzens aus den getätigten Aufwendungen zusteht.[591]

Auch wenn ein Lebensgefährte während der Ausbildungszeit des anderen die Lebenserhaltungskosten allein trägt und der leistende Lebensgefährte für

---

586 Kerschner, Familienrecht3 Rz 3/10.

587 Holzhammer/Roth, Bürgerliches Recht6 320; Schwimann/Ferrari in Schwimann3, § 44 Rz 12.

588 Siehe dazu die Entscheidung OGH 15.7.1999, 6 Ob 135/99t, in welcher der OGH ausführt, dass sich der Anwendungsbereich dieser Kondiktion auf all jene Fälle erstreckt, in denen eine Leistung in der Erwartung erbracht wird, dass der Empfänger eine Gegenleistung erbringt, zu der er sich aber nicht verbindlich verpflichten kann bzw will. Ein Zweck kann beispielsweise im Fortbestand der Lebensgemeinschaft erkannt werden.

589 OGH, RIS-Justiz RS0033914.

590 Ist hingegen eine Lebensgemeinschaft gleichzeitig Verlöbnis (liegt also ein Heiratsversprechen und nicht eine bloße Erwartung auf eine zukünftige Eheschließung vor) weist Rummel, Bereicherungsanspruch, WR 1987 H 17, 6 darauf hin, dass primär die Regeln über Verlöbnisse anzuwenden sind. Siehe auch Rummel in Rummel3, § 1435 Rz 5.

591 Siehe OGH, RIS-Justiz RS0104476.

seine Leistung (wenngleich unbestimmte) zukünftige Gegenleistung erwartet und dies dem anderen Lebensgefährten zumindest bekannt war, ist der Lebensgefährte, welcher in Ausbildung stand, bei Beendigung der Lebensgemeinschaft zur Herausgabe der dadurch eingetretenen Bereicherung verpflichtet.[592]

Bei Ansprüchen gem § 1435 ABGB wird der begünstigte Lebensgefährte freilich häufig einwenden, dass es sich bei der vom anderen Lebensgefährten erbrachten Leistung um eine Schenkung gehandelt hat oder von diesem bewusst eine Nichtschuld erbracht worden war und insofern kein weiterer Leistungszweck ersichtlich war. Diese Abgrenzung zwischen Schenkung und zweckgebundener Leistung stellt sich mitunter äußerst schwierig dar.[593]

Dienstleistungen des einen Lebensgefährten, in der für den anderen erkennbaren Erwartung einer späteren Gegenleistung[594], sind ebenfalls angemessen zu entlohnen. Nach *Bydlinski*[595] stützt sich ein solcher Anspruch auf die analoge Anwendung von § 1152 ABGB.

C. Die Adoption

1. Einführung

a. Ausgangssituation

Adoptionen lassen sich – sowohl rechtlich als auch psychologisch – in verschiedene Fallkonstellationen einteilen. Stiefelternadoptionen, Verwandtenadoptionen, Fremdadoptionen sowie internationale Adoptionen oder Erwachsenenadoptionen ziehen für die betroffenen Personen (insbesondere für das Adoptivkind) unterschiedliche Folgen mit sich.[596] Bei Stiefelternadoptionen etwa, welche in der Praxis am häufigsten vorkommen, besteht bereits ein Familienverband; zwischen Adoptivkind und adoptionswilligem Stiefelternteil besteht bereits eine Beziehung. Bei Verwandtenadoptionen besteht ebenfalls in den meisten Fällen bereits eine psychische Bindung zwischen Kind und Adoptivelternteil. Proble-

592 OGH 9.6.2009, 4 Ob 84/09w.

593 Kerschner, Familienrecht3 Rz 3/10.

594 Gemeinsames Heim, Eheschließung, Beteiligung am Unternehmensgewinn. Siehe dazu Schwimann/Ferrari in Schwimann3, § 44 Rz 12 mwN.

595 Bydlinski, Lohn- und Kondiktionsansprüche aus zweckverfehlenden Arbeitsleistungen, FS Wilburg (1965) 45 (77); folgend auch Deixler-Hübner, Probleme der Leistungsabgeltung im Zusammenhang mit der Auflösung der Lebensgemeinschaft, ÖJZ 1999, 201 (209).

596 Dettenborn/Walter, Familienrechtspsychologie (2002) 268.

matisch bzw konfliktträchtig kann die angestrebte Adoption beispielsweise dann werden, wenn sachfremde Erwägungen in die Entscheidung über die beabsichtigte Kindesannahme von Seiten des Stiefelternteiles, wie etwa die bewusste Ausgrenzung des anderen leiblichen Elternteils[597], einfließen.[598]

Das vorherrschende Motiv für die Fremdadoption eines Kindes ist meist Infertilität eines Paares bzw eines Partners. Zudem werden – insbesondere bei Adoptionen aus Entwicklungsländern – auch soziale oder humanitäre Gründe für die beabsichtigte Aufnahme eines Kindes genannt.[599] Jedenfalls ist die Anzahl der adoptionswilligen Personen bei weitem höher als die Anzahl der vorhandenen Adoptivkinder. Adoptionswerber durchlaufen ein umfangreiches Auswahlverfahren und müssen zumeist mehrere Jahre warten, bis es zur endgültigen Adoption des erwünschten Kindes kommt. In vielerlei Hinsicht beziehen Adoptiveltern einen Sonderstatus: Im Gegensatz zu leiblichen Eltern müssen Adoptiveltern ihre finanzielle Situation, ihre Wohnverhältnisse und die Eignung als potentielle Erzieher nachweisen und Vorbereitungskurse absolvieren. Behörden bestimmen den Zeitpunkt der Aufnahme des Kindes. All dies stellt für die Adoptionswerber, neben der lebenslangen Konfrontation mit der Tatsache der „Doppelelternschaft", eine beträchtliche Herausforderung dar.[600] Andererseits stellt für das betroffene Adoptivkind (auch wenn es sich bewusst meist nicht mehr daran erinnern kann) die Trennung von der leiblichen Mutter eine Irritation und den Verlust von Sicherheit dar. Schließlich handelt es sich bei der Adoption um die radikalste Form der Aufspaltung zwischen biologischer und sozialer Mutterschaft.[601]

Internationale Adoptionen[602], bei welchen das Adoptivkind häufig aus einem für die Adoptivelternteile fremden Kulturkreis stammt, sind meist durch völlige

---

597 In der Praxis in aller Regel der leibliche Vater.

598 Röchling, Adoption3 (2006) 32f.

599 Hoksbergen/Textor, Adoption. Grundlagen, Vermittlung, Nachbetreuung, Beratung (1993) 41ff.

600 In diesem Zusammenhang wird auch von einer „narzisstischen Kränkung" der Adoptionswerber gesprochen. Hoksbergen/Textor, Adoption 41ff.

601 Zingeler, Jenseits des Muttermythos. Über die Trennung von Gebären und Aufziehen (2005) 175.

602 Seit den 1960er Jahren hat sich das Umfeld für Adoptionen grundlegend verändert und die Anzahl der Adoptionen aus dem Ausland (internationale Adoptionen) erheblich zugenommen. Unerwünschte Schwangerschaften nahmen ab, auch für Alleinerzieherinnen war die Betreuung eines Kindes durch Sozialhilfemaßnahmen möglich; all dies führte im Ergebnis zu einer abnehmenden Zahl der inländischen Kinder die adoptiert werden konnten. Weiterführend vgl Hoksbergen, Motive von Adoptiveltern und Entwicklung ihrer Kinder, in Familienhandbuch des Staatsinstituts für Frühpädagogik (2004) www.familienhandbuch.de (1.5.2010).

Abwesenheit der Abgebenden und mitunter durch einen Mangel an Information über die familiäre Herkunft des Kindes gekennzeichnet.[603] So können Konflikte aufgrund falscher Erwartungen und Enttäuschungen zwischen den Adoptiveltern und Adoptionsvermittlungsstellen entstehen, welche die Integration des Adoptivkindes in die Familie beeinträchtigen. Anpassungsschwierigkeiten und psychosoziale Entwicklungsprobleme treten dann insbesondere bei Kindern auf, die bei der Adoption älter als sechs Monate waren.[604]

Die vorausgehenden Ausführungen sollen veranschaulichen, dass eine Adoption für die betroffenen Personen eine lebensbegleitende Entscheidung mit weitreichenden psychologischen Folgen darstellt und Konflikte in diesem höchstsensiblen Bereich häufig im gerichtlichen Verfahren keine umfassende Lösung erfahren können.

Als grundlegender Leitgedanke gilt im Bereich der Adoption jedenfalls das Kindeswohl. Bei Konflikten in Zusammenhang mit Adoptionen sollten demnach jedenfalls auch die Interessen des Adoptivkindes an erster Stelle stehen. Speziell das Adoptionsvermittlungsverfahren dient dazu, um die Erziehungsfähigkeit der Adoptivwerber zu eruieren und festzustellen, dass das Kindeswohl in ausreichendem Maße gewahrt ist.

Die detaillierten gesetzlichen Normierungen der Adoption (die im Folgenden noch dargestellt werden) zeigen einerseits die Komplexität, aber vor allem auch die Schutzbedürftigkeit der in einen Adoptionsvorgang involvierten Personen. Mediation, als ressourcen- sowie interessensorientierte Konfliktvermittlungsmethode, stellt für Streitigkeiten im Bereich der Adoption – auch wenn in der Praxis noch selten angewendet – eine besonders klientenzentrierte und zukunftsfähige Methode dar, um das Kindeswohl in den Mittelpunkt zu stellen. Die psychische und emotionale Belastungssituation der Parteien wird dabei umfassend berücksichtigt.

b. Rechtliches

Das nun folgende Kapitel behandelt die Adoption im österreichischen Recht. In den für das Verfahrensrecht einschlägigen Gesetzen, nämlich insbesondere dem ABGB[605] und dem AußStrG[606], wird die Adoption als „Annahme an Kindes statt" bezeichnet, wobei die Adoptiveltern als „Annehmende" bzw als „Wahleltern" und das Adoptivkind als „Wahlkind", angeführt werden. Grundlage für

603 Dettenborn/Walter, Familienrechtspsychologie 268.

604 Hoksbergen in Familienhandbuch des Staatsinstituts für Frühpädagogik www.familienhandbuch.de (1.5.2010). Siehe auch Hoksbergen/Textor, Adoption 41ff.

605 §§ 179 - 185a.

606 §§ 86 – 91.

eine Annahme an Kindesstatt ist ein übereinstimmender Willensakt der Wahleltern bzw des Wahlvaters oder der Wahlmutter auf der einen und des Wahlkindes auf der anderen Seite. In diesem Sinne erfordert diese künstliche Nachbildung eines ehelichen Kindschaftsverhältnisses qua Gesetz einen Vertrag zwischen dem Wahlkind und den Wahleltern sowie dessen gerichtliche Bewilligung, die einen Antrag eines Vertragsteiles voraussetzt.[607] Im österreichischen Recht ist hierfür ein schriftlicher und formgültiger Vertrag vorgesehen, welcher – innerhalb der gesetzlichen Schranken – der Privatautonomie unterliegt.[608] Sind jedenfalls sämtliche materiell und formell vorgegebenen Kriterien erfüllt, so hat das zuständige Gericht die Adoption mit Beschluss zu bewilligen.[609] Mit Abschluss des Adoptionsverfahrens entsteht die so genannte „Wahlkindschaft", womit die Elternschaft rechtlich substituiert wird.[610]

2. Zuständigkeiten im Adoptionsverfahren

a. Gerichtliche Zuständigkeit im engeren Sinne

Die sachliche Zuständigkeit für die Bewilligung der Annahme an Kindesstatt liegt von Gesetz wegen beim Bezirksgericht.[611] Für die örtliche Zuständigkeit gilt § 113a JN[612], der sowohl für minderjährige als auch für eigenberechtigte Kinder anzuwenden ist.[613]

Gem § 113a Abs 1 JN ist zur Bewilligung einer Adoption zunächst das zur Führung der Pflegschaft über das Kind berufene Gericht zuständig. Für Minderjährige, über die bereits ein inländisches Vormundschafts- oder Pflegschaftsverfahren eröffnet wurde, ist daher jedenfalls die Zuständigkeit des Vormundschafts- und Pflegschaftsgerichtes (§ 109 JN) gegeben. Somit hat jenes Gericht, welches zur Führung der Vormundschaft oder Pflegschaft zuständig ist,

607 § 179a Abs 1 ABGB; Fucik/Mayr, Das neue Verfahren außer Streitsachen3 (2006) Rz 356; das nicht eigenberechtigte Wahlkind schließt den Vertrag nach Abs 2 durch seinen gesetzlichen Vertreter; dieser bedarf ex lege keiner gerichtlichen Genehmigung und kann bei Verweigerung durch den gesetzlichen Vertreter gerichtlich substituiert werden, wenn keine gerechtfertigten Weigerungsgründe vorliegen.

608 Feil/Marent, Außerstreitgesetz Kommentar2 (2007) § 86 Rz 1.

609 §§ 180a Abs 1 ABGB, 89 AußStrG; arg „ […] ist zu bewilligen […]".

610 Kerschner, Familienrecht Rz 5/1; Meyer, Adoptionsrecht. Kurzkommentar (1991) 6.

611 Vgl § 104a iVm § 113a JN; Fucik in Fasching2, § 113a Rz 2.

612 RGBl 111/1895 idF BGBl I 2000/135; dazu siehe etwa Deixler-Hübner in Rechberger (Hg), Kommentar zum Außerstreitgesetz (2006) § 86 Rz 1.

613 Mayr in Rechberger (Hg), Kommentar zur ZPO3 (2006) § 113a Rz 1; LGZ Wien, EFSlg 101.681.

auch die Zuständigkeit zur Adoptionsbewilligung inne.[614] Dies gilt auch für solche Minderjährige, für die zwar noch kein solches Verfahren eröffnet wurde, die aber der inländischen Vormundschafts- und Pflegschaftsgerichtsbarkeit unterliegen.[615]

Für die Adoption Minderjähriger, die nicht der inländischen Vormundschafts- und Pflegschaftsgerichtsbarkeit unterliegen sowie volljähriger Personen ist jenes Bezirksgericht zuständig, in dessen Sprengel das Wahlkind seinen gewöhnlichen Aufenthalt hat. Weist das Kind im Inland keinen gewöhnlichen Aufenthalt auf, ist das Bezirksgericht zuständig, in dessen Sprengel der Annehmende bzw im Falle von Eheleuten einer von ihnen, den gewöhnlichen Aufenthalt hat; in Ermangelung eines solchen Aufenthaltes im Inland, obliegt die Zuständigkeit dem Bezirksgericht Innere Stadt Wien, womit eine Auffangzuständigkeit für dieses Gericht vorliegt.[616]

Die dargelegten gesetzlichen Regelungen über die Zuständigkeiten sind gem § 113a Abs 2 JN auch im Falle eines Widerrufs der Bewilligung sowie bei Aufhebung der Adoption sinngemäß anzuwenden.

b. Internationale Zuständigkeit

Die internationale Zuständigkeit von österreichischen Gerichten für die Bewilligung einer Adoption, eines Widerrufs sowie der Aufhebung ist gegeben, wenn folgende Voraussetzungen des § 113b JN alternativ vorliegen[617]:

- Der Annehmende (im Fall der Annahme durch Ehegatten einer von ihnen) oder das Wahlkind österreichischer Staatsbürger ist;
- Auch nur eine dieser oben genannten Personen staatenlos ist und ihren gewöhnlichen Aufenthalt, bei Fehlen eines solchen ihren schlichten Aufenthalt, im Inland hat;
- Der Annehmende (im Fall der Annahme durch Ehegatten einer von ihnen) und das Wahlkind ihren gewöhnlichen Aufenthalt im Inland haben618, oder
- Nur eine dieser Personen ihren gewöhnlichen Aufenthalt im Inland hat und darüber hinaus entweder die inländische Pflegschaftsgerichtsbarkeit für das Wahlkind vorliegt, oder keiner der Staaten, denen eine der genannten Personen angehört, in dieser Angelegenheit Gerichtsbarkeit gewährt.

614 Vgl OGH, EFSlg 43.985; Mayr in Rechberger3, § 113a Rz 1.
615 Fucik in Fasching2, § 113a Rz 3.
616 Fucik in Fasching2, § 113a Rz 3; Mayr in Rechberger3, § 113a Rz 1.
617 Siehe Fucik in Fasching2, § 113b Rz 3; Nademleinsky/Neumayr, Internationales Familienrecht (2007) Rz 07.02.
618 Dazu vgl OGH 24.4.1997, 6 Ob 63/97a = ZfRV 1997/59.

§ 113 b JN kommt nur subsidiär zur Anwendung, wenn nicht spezielle völkerrechtliche Regelungen, wie etwa das Haager Übereinkommen über internationale Adoptionen aus dem Jahr 1993[619], bestehen.[620] Das Haager Adoptionsübereinkommen, welches Mindestschutzvorschriften bei internationalen Adoptionen festlegt, sieht einen Zusammenarbeitsmechanismus durch die Einrichtung von zentralen Behörden vor. Für österreichische Personen, die ein Kind aus dem Ausland adoptieren wollen, sind dafür die jeweiligen Landesregierungen zuständig. Für Anträge auf die Adoption von einem österreichischen Kind in das Ausland gilt das Bundesministerium für Justiz als zentrale Behörde.[621]

3. Materiellrechtliches zur Adoption

a. Wahleltern

Die annehmende Person muss voll geschäftsfähig (eigenberechtigt) sein. Diese liegt keinesfalls vor, falls ein Sachwalter bestellt ist, der Annehmende noch minderjährig ist oder an einer psychischen Krankheit[622] leidet.[623]

Mit der Ausnahme von Ehepaaren können nur Einzelpersonen ein Kind annehmen. Eine weitere Person darf nicht während aufrechter Adoption das Kind adoptieren, da dies dem Prinzip der Einzeladoption zuwiderläuft. Ehepaare hingegen können grundsätzlich nur gemeinsam adoptieren. Dies stellt eine Ausnahme vom Prinzip der Einzeladoption dar.[624] § 179 Abs 2 ABGB hält jedoch hinsichtlich der Adoption seitens Ehegatten wiederum einige Ausnahmen fest[625]:

---

619 BGBl III 1999/145. Das HAÜ vom 29.5.1993 ist für Österreich am 1.9.1999 in Kraft getreten.

620 Fucik in Fasching2, § 113b Rz 2; Mayr in Rechberger3, § 113b Rz 2.

621 Fucik/Mayr, Verfahren außer Streitsachen3 Rz 368a.

622 Die psychische Krankheit bzw geistige Behinderung bildet deshalb einen Ausschlussgrund, da die Ausübung der Obsorge (insbesondere die davon umfasste Vermögensverwaltung sowie die gesetzliche Vertretung) mitunter mit Nachteilen für das Adoptivkind verbunden wäre.

623 Hopf in Koziol/Bydlinski/Bollenberger2, § 179 Rz 1; Schwimann in Schwimann3, § 179 Rz 4.

624 Im Sinne des Prinzips der Einzeladoption liegt auch die bis dato unzulässige – wenngleich teils intensiv geforderte – Annahme eines Kindes durch mehrere gleichgeschlechtliche Personen. Vgl etwa LGZ Wien EF 96.699.

625 Diesbezüglich muss es sich jedoch um besonders wichtige und insbesondere objektive Gründe handeln, die eine Annahme nur durch einen Ehegatten ermöglichen. Schwimann in Schwimann3, § 179 Rz 7.

Demzufolge kann beispielsweise[626] nur ein Ehepartner adoptieren, wenn das leibliche Kind des anderen Ehegatten angenommen wird[627], wenn ein Ehegatte nicht annehmen kann, weil er die gesetzlichen Voraussetzungen hinsichtlich der Eigenberechtigung oder des Alters nicht erfüllt oder wenn der Aufenthalt eines Ehegatten seit mindestens einem Jahr als unbekannt gilt. Eine weitere Ausnahme der gemeinsamen Adoption für verheiratete Personen liegt vor, wenn die Ehegatten seit mindestens drei Jahren die eheliche Gemeinschaft aufgegeben haben oder – als letzter vom Gesetz angeführter Auffangtatbestand –

> „ähnliche und besonders gewichtige Gründe die Annahme durch nur einen der Ehegatten rechtfertigen“[628].

Die annehmende Person darf gem § 179 ABGB auch nicht ein feierliches Gelübde der Ehelosigkeit abgelegt haben.[629] Ferner ausgeschlossen ist der von einer Behörde bestellte Vermögensverwalter des Adoptivkindes als annehmende Person.[630]

Als Altersgrenzen[631] für eine *Einzelannahme* gilt gem § 180 Abs 1 ABGB für den annehmenden Mann das vollendete 30. Lebensjahr und für die adoptierende Frau die Vollendung des 28. Lebensjahres.[632] Dabei muss das jeweilige Alter im Zeitpunkt der Bewilligung des Adoptionsvertrags erreicht sein. Adoptieren hingegen Ehegatten *gemeinsam* ein Kind oder ist das Wahlkind ein leibliches Kind des Ehegatten des Annehmenden, so ist eine Unterschreitung dieser Altersgrenze dann zulässig, wenn zwischen dem Annehmenden und dem Wahlkind bereits eine dem Verhältnis zwischen leiblichen Eltern und Kindern entsprechende Beziehung besteht. Die unterste Altersgrenze stellt jedenfalls die Volljährigkeit von 18 Jahren dar.[633]

---

626 Die Aufzählung der Gründe im Gesetz ist nicht taxativ.

627 Ein in die Ehe „mitgebrachtes“ Kind aus einer vorausgegangen Beziehung.

628 § 179 Abs 2 ABGB letzter Teilsatz.

629 Vgl Schwimann in Schwimann3, § 179 Rz 3; Stabentheiner in Rummel3, § 179 Rz 2. Dort wird auf die Verfassungswidrigkeit dieser Bestimmung hingewiesen, da es zu einer sachfremden Abgrenzung kommt.

630 Vormund, Sachwalter, Kurator, öffentlicher Verwalter, solange diese die Verwaltung führen. Stabentheiner in Rummel3, § 179 Rz 3. So müssen Vermögensverwalter des Kindes vor der Adoption desselben Kindes von der Pflicht entbunden werden und Rechnung gelegt haben, um Missbrauchsfälle (Verschleierungen etc) hintanzuhalten. Kerschner, Familienrecht Rz 5/2.

631 Das Alter muss zum Zeitpunkt der Bewilligung erreicht sein. Weiterführend Stabentheiner in Rummel3, § 180 Rz 1.

632 Koziol/Welser, Bürgerliches Recht13 551.

633 § 180 Abs 1 ABGB. Schwimann in Schwimann3, § 180 Rz 1; Stabentheiner in Rummel3, § 180 Rz 1.

Grundsätzlich müssen Wahlvater bzw Wahlmutter jeweils mindestens 18 Jahre älter als das Wahlkind sein. Dieser Altersunterschied kann gem § 180 Abs 2 ABGB geringfügig[634] unterschritten werden, wenn zwischen Wahlelternteil und Wahlkind bereits eine dem Verhältnis zwischen leiblichen Eltern entsprechende Beziehung besteht. Sind Wahlkind und Annehmender verwandt oder handelt es sich um die Adoption eines leiblichen Kindes des Ehegatten des Annehmenden, genügt ein Altersunterschied von bloß 16 Jahren. Ebenso wie für den Altersunterschied von 18 Jahren ist auch bei einem Altersabstand von 16 Jahren eine geringfügige Unterschreitung zulässig.[635]

b. Wahlkind

Wahlkinder können sowohl minderjährige als auch volljährige Personen[636] sein; aber auch Enkelkinder.[637] Handelt es sich bei dem Adoptivkind um eine nicht voll geschäftsfähige Person, wird der Vertrag gem § 179a Abs 2 durch den gesetzlichen Vertreter des Kindes geschlossen.

Für die Adoption einer bereits volljährigen Person fordert das Gesetz das Vorliegen zusätzlicher Voraussetzungen. Seit dem FamErbRÄG 2004 ist eine Erwachsenenadoption nur dann zu genehmigen, wenn die Antragsteller nachweisen, dass bereits ein enges Verhältnis zwischen Wahlkind und Wahleltern(teil) besteht, welches der Beziehung zwischen leiblichen Eltern und Kindern entspricht. § 180a Abs 1 ABGB führt dazu explizit an, dass dies insbesondere dann gegeben ist, wenn Wahlkind und Annehmender während fünf Jahren entweder in häuslicher Gemeinschaft gelebt oder einander in einer vergleichbar engen Gemeinschaft Beistand geleistet haben. Sinn und Zweck dieser Neufassung des § 180a ABGB und der Anstrebung der so genannten „starken" Adoption von Seiten des Gesetzgebers, ist die Hintanhaltung der Mißbrauchsgefahr in Zusammenhang mit der Umgehung von fremdenrechtlichen Bestimmungen bei der Erwachsenenadoption.[638]

---

634 In diesem Sinne bedeutet „geringfügig" niemals eine Unterschreitung von Jahren, sondern lediglich von Monaten. Vgl dazu Schwimann in Schwimann3, § 180 Rz 2 mwN und Hinweisen auf diesbezügliche Judikatur.

635 Diesbezüglich entschied der OGH 23.2.1967, 2 Ob 37/67 = SZ 40/16, dass die geringfügige Unterschreitung für beide Altersunterschiede (18 und 16 Jahre) gilt. Siehe dazu auch ÖJZ 2000/58, wonach ebenfalls geringfügige Unterschreitung des Altersunterschiedes von 16 Jahren bejaht wird. Zustimmend Kerschner, Familienrecht Rz 5/2.

636 So genannte „Erwachsenenadoption".

637 Siehe auch OGH 17.6.2003, 5 Ob 139/03g; Deixler-Hübner in Kletečka/Schauer, § 179 Rz 2.

638 Koziol/Welser, Bürgerliches Recht13 552.

c. Adoptionsvertrag

Eine Adoption kommt gem § 179a Abs 1 ABGB durch schriftlichen Vertrag[639] zwischen dem Annehmenden und dem Wahlkind zustande. Dieser Vertrag bedarf zu seiner Wirksamkeit einer gerichtlichen Bewilligung. Insofern sind zwei – streng auseinanderzuhaltende – Akte für das Zustandekommen einer Annahme an Kindesstatt notwendig: Der Adoptionsvertrag und dessen gerichtliche Bewilligung.[640]

Der Inhalt des Vertrags ist durch zwingende Normen festgelegt. Weichen die Vertragsparteien von den zwingenden Normen ab, tritt Gesamtnichtigkeit (nicht eine bloße Teilnichtigkeit) ein.[641] Eine Bewilligung solcher Verträge hat das Gericht zu versagen.

Der Adoptionsvertrag – als Statusvertrag – ist bedingungs- und befristungsfeindlich.[642] Dies bedeutet, dass ein Vertrag, welcher beispielsweise unter der Bedingung abgeschlossen wurde, dass die Adoption erst in Kraft tritt, wenn die annehmende Person das gesetzlich vorgesehene Alter erreicht hat, als unzulässig anzusehen ist. Zulässig hingegen ist es, die Annahme an Kindesstatt an die Bedingungen der Inkognitoadoption gem § 88 AußStrG zu knüpfen.[643] Abgesehen davon, ist der Adoptionsvertrag ex lege durch die gerichtliche Bewilligung aufschiebend bedingt.[644] Wird die gerichtliche Bewilligung versagt, gilt demzufolge der Adoptionsvertrag als nicht geschlossen.

---

639 Siehe § 886 ABGB.

640 Hopf in Koziol/Bydlinski/Bollenberger2, § 179a Rz 1; Schwimann in Schwimann3, § 179a Rz 1.

641 Kerschner, Familienrecht Rz 5/3; Koziol/Welser, Bürgerliches Recht13 551.

642 Unzulässig ist es deshalb, einen Vertrag unter der Bedingung abzuschließen, dass die Annahme an Kindesstatt erst ab einem bestimmten Alter des Wahlvaters bzw der Wahlmutter zustande kommt. Hopf in Koziol/Bydlinski/Bollenberger2, § 179a Rz 1; Schwimann in Schwimann3, § 179a Rz 2; Stabentheiner in Rummel3, § 179a Rz 2.

643 Schwimann in Schwimann3, § 179a Rz 2.

644 Hopf in Koziol/Bydlinski/Bollenberger2, § 179a Rz 1; Schwimann in Schwimann3, § 179a Rz 2; LGZ Wien EF 68.897. Anders hingegen der OGH 24.11.1988, 8 Ob 662/88 = RZ 1989/32, welcher von „auflösender“ Bedingung spricht: „Der Adoptionsvertrag ist vielmehr durch die gerichtliche Bewilligung auflösend bedingt.“ Da für eine Adoption – wie bereits aus dem Gesetzeswortlaut des § 179a Abs 1 ABGB hervorgeht – sowohl der schriftliche Vertrag als auch die gerichtliche Bewilligung notwendig ist – ist mE der Vertrag bis zur gerichtlichen Bewilligung aufschiebend bedingt; insofern ist dem OGH in der zitierten Entscheidung zu widersprechen. Vgl diesbezüglich auch OGH 19.3.2003, 7 Ob 7/03k in der es ausdrücklich lautet: „[…] der Adoptionsvertrag wird nach der Bewilligung mit dem Zeitpunkt der vertraglichen Willenseinigung wirksam.“

Bewilligt hingegen das Gericht den Adoptionsvertrag, wird die Adoption rückwirkend mit dem Zeitpunkt des Vertragsabschlusses rechtswirksam.[645] Unklarheiten können sich für die Zeit zwischen Vertragsabschluss und rechtskräftiger Bewilligung ergeben. So kann es etwa zu Problemen in Zusammenhang mit dem Setzen von Vertretungsakten des bisherigen Vertreters für das minderjährige Adoptivkind kommen.[646] Mitunter könnte davon ausgegangen werden, dass die Vertretungsbefugnis des bisherigen Vertreters durch die gerichtliche Bewilligung des Adoptionsvertrags rückwirkend beseitigt wird. *Schwimann*[647] schlägt hingegen zutreffend eine Analogie zu § 161 Abs 2 ABGB (Legitimation von unehelichen Kindern) vor. In dieser Gesetzesbestimmung wird festgehalten, dass gesetzliche Vertretungshandlungen, welche vor der Feststellung der Vaterschaft gesetzt wurden, unberührt bleiben, falls die Vaterschaft erst nach der Eheschließung festgestellt wird. Die analoge Anwendung dieses Grundgedankens auf die Adoption führt dazu, dass die Vertretungshandlungen des bisherigen gesetzlichen Vertreters in der Zeit zwischen Adoptionsvertragsschluss und gerichtlicher Bewilligung ebenfalls unberührt bleiben.

d. Wirkungen der Adoption

Durch die Adoption erlöschen einerseits alle familienrechtlichen Beziehungen nicht vermögensrechtlicher Art[648], zum anderen entstehen neue familienrechtliche Beziehungen.

Gem § 182 Abs 1 ABGB entstehen zwischen Annehmenden und dessen Nachkommen einerseits und dem Wahlkind und dessen minderjährigen Kindern andererseits die gleichen Rechte, wie sie durch die eheliche Abstammung begründet werden. Zwischen diesen Personen gelten somit gleiche vermögensrechtliche und persönliche Rechte und Pflichten wie im ehelichen Eltern-Kindverhältnis.[649] Zu diesen Rechten bzw Pflichten zählt etwa die Unterhaltspflicht gegenüber dem Wahlkind, welche auch nicht vertraglich abbedungen werden kann.[650] Die neuen Rechtsbeziehungen entstehen jedoch nur zwischen dem Wahlelternteil und dessen Nachkommen einerseits und dem Wahlkind und

645 Schwimann in Schwimann3, § 179a Rz 5; Stabentheiner in Rummel3, § 179a Rz 2f.

646 Stabentheiner in Rummel3, § 179a Rz 3.

647 Schwimann in Schwimann3, § 179a Rz 6.

648 Wie etwa Obsorge oder Gehorsamspflicht.

649 Holzhammer/Roth, Bürgerliches Recht6 383; Kerschner, Familienrecht3 Rz 5/8.

650 OGH 21.12.1982, 2 Ob 517/81 = SZ 55/ 193 = RZ 1984/5; Koziol/Welser, Bürgerliches Recht13 554.

dessen Nachkommen andererseits, nicht aber zwischen dem Adoptivkind und den übrigen Verwandten des Adoptierenden.[651]

Adoptiert ein Ehepaar, so erlöschen die Beziehungen gem § 182 Abs 1 ABGB hinsichtlich beider leiblicher Elternteile und ihrer Verwandten. Wenn hingegen eine Einzelperson adoptiert, gilt das Erlöschen nur für den leiblichen Elternteil bzw seine Verwandten, der das selbe Geschlecht[652] der adoptierenden Person hat.[653] Insofern kommt es folglich zur – mitunter konfliktträchtigen – gemeinsamen Obsorge[654] mit dem nicht verdrängten Elternteil.

Beachtlich erscheint, dass vermögensrechtliche Beziehungen zu den leiblichen Eltern grundsätzlich bestehen bleiben; diese aber im Rang gegenüber den Adoptiveltern zurücktreten. Dies bedeutet, dass die Pflichten hinsichtlich Unterhalt, Heiratsgut und Ausstattung der leiblichen Eltern nur dann schlagend werden, falls der Annehmende leistungsunfähig wird.[655] § 182a Abs 2 ABGB normiert, dass in diesem Sinne auch die Unterhaltspflicht des Wahlkindes gegenüber den leiblichen Eltern zu beurteilen ist, es sei denn, der unterhaltsbedürftige leibliche Elternteil hat die Unterhaltspflicht gegenüber dem noch nicht vierzehn Jahre alten Kind vor der Adoption gröblich vernachlässigt. Notleidende Adoptiveltern gehen hingegen den natürlichen Eltern im Range vor.[656]

Leiblichen Eltern kommt gegenüber ihrem adoptierten Kind kein Besuchsrecht zu.[657] Wird die Ehe der Wahleltern geschieden, kommt auch jenem Wahlelternteil, der nicht zur Pflege und Erziehung des Kindes berechtigt ist, ein Recht auf persönlichen Verkehr mit dem Wahlkind zu.[658]

Die erbrechtlichen Folgen der Adoption sind im § 182b ABGB geregelt. Zwischen den leiblichen Eltern und deren Verwandten einerseits und dem Wahlkind und dessen im Zeitpunkt des Wirksamwerdens der Adoption minderjährigen Nachkommen andererseits bleiben die im Erbrecht begründeten Rechte

---

651 Stabentheiner in Rummel3, § 182 Rz 1.

652 „Verdrängter Elternteil"; „verdeckter" Elternteil. Vgl Kerschner, Familienrecht Rz 5/9.

653 Stabentheiner in Rummel3, § 182 Rz 2.

654 Vorausgesetzt es wurde vom nicht verdrängten Elternteil keine Einwilligung zur Erlöschung seiner Rechte abgegeben. Für einen gerichtlichen Ersatz dieser Einwilligung qua analoger Anwendung des § 181 Abs 3 ABGB spricht sich Kerschner, Familienrecht3 Rz 5/9 aus.

655 Dabei handelt es sich um eine so genannte „subsidiäre" Unterhaltspflicht des leiblichen Elternteils. Vgl dazu OGH 13.2.1991, 1 Ob 507/91 = RZ 1991/70. Siehe auch Stabentheiner in Rummel3, § 182a Rz 1.

656 Koziol/Welser, Bürgerliches Recht13 555.

657 OGH 28.11.1991, 7 Ob 618/91.

658 EvBl 1992/80.

aufrecht. Demnach hat das Adoptivkind sowohl gegen die leiblichen Eltern als auch gegen die Adoptiveltern ein gesetzliches Erbrecht.[659]

Der Nachlass des Adoptivkindes – vorausgesetzt es hat keine Nachkommen – fällt nach gesetzlicher Erbfolge an die Adoptiveltern sowie deren Nachkommen. Erst nach diesen folgen leibliche Eltern sowie deren Nachkommen als Anspruchsberechtigte.[660]

4. Das Verfahren der Adoption

Das Verfahren zur Durchführung einer Adoption ist in Österreich weitestgehend im Bundesgesetz über das gerichtliche Verfahren in Rechtsangelegenheiten außer Streitsachen (AußStrG) geregelt, welches nach längerer Vorbereitungszeit am 1.1.2005 durch die Außerstreitreform umfassend erneuert in Kraft getreten ist. Dieses neue Verfahrensgesetz ersetzt das Außerstreitpatent, das in seinen Grundzügen bereits aus dem Jahr 1854 stammte.[661] Das zweite Hauptstück des AußStrG behandelt die Verfahren in Ehe-, Kindschafts- und Sachwalterschaftsangelegenheiten, in dessen zweiten Abschnitt die Annahme an Kindesstatt geregelt ist.

a. Bedeutende Änderungen durch die Außerstreitreform

I. Zustimmungserklärung

Für bestimmte nahe Angehörige der an einer Adoption unmittelbar beteiligten Personen sieht § 181 ABGB Zustimmungsrechte zur Adoption vor, da diese Personen von der Adoption unmittelbar betroffen sind. Es sind dies grundsätzlich die Eltern[662] des minderjährigen Wahlkindes, der Ehegatte des Annehmenden sowie der Ehegatte des Wahlkindes. Wird die Zustimmung unberechtigterweise

659 Dazu Kerschner, Familienrecht3 Rz 5/10; Stabentheiner in Rummel3, § 182b Rz 1.

660 § 182b Abs 2 ABGB.

661 RGBl 1854/208 (Gesetz über das gerichtliche Verfahren in Rechtsangelegenheiten außer Streitsachen, erlassen durch Kaiserliches Patent vom 9.8.1854); ausführlich zur geschichtlichen Entwicklung des AußStrG Fucik/Mayr, Verfahren außer Streitsachen3 Rz 1 ff.

662 Falls die Rechte nach §§ 144, 166, 167 ABGB den leiblichen Eltern nicht zustehen, so können sie zwar den Adoptionsvertrag nicht abschließen, ihr Zustimmungsrecht bleibt jedoch unberührt. Stabentheiner in Rummel3, § 181a Rz 2.

verweigert, so hat das Gericht gem § 181 Abs 3 ABGB die Zustimmung zu ersetzen.[663]

Bis zur Außerstreitreform war in § 258 AußStrG aF eine drei- bis maximal zwölfmonatige Befristung der Zustimmungserklärung vorgesehen.[664] Die nunmehr in §§ 86, 87 AußStrG geregelte Zustimmungserklärung gilt unbegrenzt.[665] Durch die neu vorgesehenen Widerrufsmöglichkeiten ist die Befristung für Zustimmungserklärungen entbehrlich geworden.[666] Auch in der Praxis hat sich die Wirksamkeit der Zustimmungserklärung für drei- bis maximal zwölf Monate nicht bewährt, da die Entstehung einer intensiven Eltern-Kind-Beziehung dadurch teilweise eingeschränkt wurde. Um eine solche Beziehung zwischen Annehmenden und Adoptivkind aufzubauen, ist aus entwicklungspsychologischer Sicht zumindest eine einjährige Hausgemeinschaft anzustreben. Vor allem bei Auslandsadoptionen, bei welchen sich die leiblichen Eltern im Ausland aufhalten und die Zustimmungserklärung schon zu einem früheren Zeitpunkt abgegeben wurde, mussten nach alter Rechtslage Adoptionsanträge oft vor Fristablauf und somit vor Ablauf der bereits erwähnten sinnvollen Beobachtungs- und Konsolidierungsfrist eingebracht werden.[667] Durch die unbegrenzte Wirkung der Zustimmungserklärung und den dadurch entstehenden weiteren, zeitlichen Ermessensspielraum kann nun mehr auf individuell gelagerte Fälle eingegangen werden.

II. § 88 Abs 4 AußStrG

Eine zentrale Neuerung im neuen AußStrG stellt weiters der nunmehrige § 88 Abs 4 AußStrG dar, da durch diesen nach hA die umfangreichen Diskussionen[668] um die gerichtliche Ersetzung der Zustimmungserklärung zur Inkognitoadoption entbehrlich geworden sind. Die Lehre sieht nun die Ersetzung der Zustimmung zu einer Inkognitoadoption, also die gerichtliche Ersetzung des Verzichtes auf Bekanntgabe der Daten des Adoptierenden, von § 88 Abs 4 AußStrG als nicht mehr gedeckt an.

---

663 Die Zustimmung gilt als materiell-rechtliche Bewilligungsvoraussetzung und kann nur unter bestimmten sachlich begründeten Ausnahmefällen entfallen. Siehe dazu auch Kerschner, Familienrecht3 Rz 5/4; Stabentheiner in Rummel3, § 181a Rz 2.

664 § 258 idF BGBl 1960/58 legte fest, dass die Beglaubigung der schriftlichen Erklärung nicht länger als drei Monate, falls sich das Wahlkind bereits seit mindestens sechs Monaten in Pflege beim Annehmenden befindet, nicht länger als ein Jahr vor Stellung des Antrages auf Bewilligung der Annahme zurückliegen dürfen.

665 Maurer/Schrott/Schütz, Außerstreitgesetz Kommentar (2006) §§ 86, 87 Rz 5.

666 ErläutRV 224 BlgNR XXII GP zu § 87.

667 ErläutRV 224 BlgNR XXII GP zu § 87.

668 Siehe dazu ausführlich unten im Kapitel „Ansichten zur alten Rechtslage“.

III. Inhaltserfordernisse des Bewilligungsbeschlusses

Im § 89 AußStrG, welcher die Bewilligung der Annahme regelt, ist schließlich als Inhalt des Bewilligungsbeschlusses im Vergleich zur alten Bestimmung (§ 269 AußStrG aF) als zusätzliches Inhaltserfordernis das Religionsbekenntnis[669] anzugeben (§ 89 Z 3 AußStrG). Dadurch soll ein Gleichklang mit § 19 Z 4 PStG[670] erzielt werden, um den Wahleltern die Eintragung der Adoption in die Personenstandsbücher zu erleichtern.[671] Gerade bei Auslandsadoptionen kann das Religionsbekenntnis benötigt werden, weil dieser Hinweis über die Adoptiveltern von einigen Staaten ausdrücklich verlangt wird.[672] Die noch gem § 260 Abs 1 Z 1 AußStrG aF erforderliche Bekanntgabe des Berufs der Vertragsteile ist hingegen nicht mehr als Inhalt des Bewilligungsbeschlusses vorgesehen.

b. Zustimmungserklärung

Gewisse Angehörige, der in einem Adoptionsverhältnis stehenden Personen, genießen nach dem ABGB aufgrund ihrer unmittelbaren Betroffenheit das Recht zur Zustimmung zur Adoption. Diesen Personen kommt zudem Beteiligtenstellung im Adoptionsverfahren zu.[673] Ohne deren Zustimmung darf die Adoption gerichtlich nicht bewilligt werden, es sei denn, die Zustimmung wird unter gewissen Umständen gerichtlich ersetzt (§ 181 ABGB). Die Zustimmungsrechte dürfen nicht mit den Anhörungsrechten im Sinne des § 181a ABGB verwechselt werden. Anhörungsrechte kommen anderen Angehörigen zu, welche zur Ermittlung von Gründen, die einer Adoption entgegenstehen könnten, beizuziehen sind.[674]

Die Form der Zustimmungserklärung ist in § 86 AußStrG geregelt, welcher den früheren § 258 AußStrG aF ersetzt. Auf vor dem 1.1.2005 abgegebene Zustimmungen zur Annahme an Kindesstatt, ist gem § 204 Abs 1 AußStrG jedoch weiterhin § 258 AußStrG aF anzuwenden. Die Förmlichkeiten für die Zustimmungserklärung gelten damit nur für Adoptionsverfahren ohne Auslandsbezug.[675] Der Zweck der gesetzlichen Bestimmungen über die Zustimmungserklä-

669 Unter dem Religionsbekenntnis ist die Zugehörigkeit zu einer gesetzlich anerkannten Kirche zu verstehen; Anm der Autorin.

670 BGBl 1983/60 idF BGBl I 2009/135.

671 ErläutRV 224 BlgNR XXII GP zu § 89.

672 Feil/Marent, AußStrG2 § 89 Rz 3; Deixler-Hübner in Rechberger, AußStrG § 89 Rz 2.

673 Hierzu und zur Rechtsmittelbefugnis bei Verletzung ihrer Rechte OGH, RIS-Justiz RS0014466.

674 Zu all dem Fucik/Mayr, Verfahren außer Streitsachen, Rz 358.

675 Im Verfahren mit Auslandsbezug sind die Bestimmungen nur dann anzuwenden, wenn die Formvorschriften des AußStrG gelinder sind als die Vorschriften im ausländischen

rung liegt darin, Adoptionen so einfach wie möglich zu gestalten, wenn einmal die entsprechenden Zustimmungen vorliegen.[676]

I. Die Zustimmungsberechtigten im Adoptionsverfahren

§ 181 ABGB zählt die Zustimmungsberechtigten, denen Beteiligungsstellung zukommt, taxativ auf.[677] Zustimmungsberechtigt sind gem § 181 ABGB die Eltern des noch minderjährigen Wahlkindes sowie der Ehegatte der annehmenden Person und des Wahlkindes.[678] Zu beachten ist, dass die Zustimmung eine höchstpersönliche Rechtshandlung darstellt, die nur die zustimmungsberechtigte Person selbst ausüben kann. Da diesbezüglich keine Eigenberechtigung erforderlich ist, kann selbst im Fall einer Sachwalterbestellung das Zustimmungsrecht nicht auf eine andere Person übergehen.[679] *Koziol/Welser*[680] hingegen weisen darauf hin, dass die Bezeichnung des Zustimmungsrechts als „höchstpersönliches Recht" irreführend sei, da eine Zustimmung durch rechtsgeschäftlich bestellte Vertreter sehr wohl gem § 86 Abs 2 AußStrG möglich ist.

II. Die Abgabe der Zustimmungserklärung

Zustimmungserklärungen sind gem § 86 Abs 1 AußStrG grundsätzlich persönlich vor Gericht zu Protokoll zu geben. Erscheint dies jedoch mit unverhältnismäßigen Kosten oder Schwierigkeiten verbunden, kann die Zustimmung auch in öffentlicher oder öffentlich beglaubigter Urkunde abgegeben werden.[681] Dieselben Formvorschriften gelten auch für eventuelle Bevollmächtigungen zur Abgabe einer Zustimmung. Schriftliche Zustimmungserklärungen können damit sowohl für minderjährige als auch für volljährige Wahlkinder auch bei öffentlichen Notaren abgegeben werden.[682] Die Zustimmungserklärungen nach Abs 1 und die Vollmacht nach Abs 2 haben gem § 86 Abs 3 Satz 1 AußStrG das Wahlkind sowie die Annehmenden bzw den Annehmenden zu bezeichnen, sofern nicht darauf ausdrücklich in bestimmter Form verzichtet wird (Inkognitoadoption).

Recht. Die Form der Zustimmungserklärung ist nach demselben Recht zu beurteilen wie die Zustimmungserklärung selbst. (§ 8 IPRG); vgl dazu ErläutRV 224 BlgNR XXII GP zu § 86.

676 Fucik/Mayr, Verfahren außer Streitsachen, Rz 364.

677 Koziol/Welser, Bürgerliches Recht13 553.

678 Hinteregger, Familienrecht3 (2004) 151.

679 OGH in EFSlg 33.650. Siehe auch Holzhammer/Roth, Bürgerliches Recht6 372; Stabentheiner in Rummel3, § 181a Rz 2.

680 Bürgerliches Recht13 553f.

681 Siehe dazu die Ansicht von Koziol/Welser, Bürgerliches Recht13 553f.

682 Deixler-Hübner in Rechberger, AußStrG § 86 Rz 5.

Wird die Adoption eines minderjährigen Kindes angestrebt, kann die Zustimmung zudem vor jedem Jugendwohlfahrtsträger erklärt werden. Diese Kompetenz des Jugendwohlfahrtsträgers zur Beurkundung ergibt sich aus dem unmittelbar anwendbaren § 41 Abs 3 JWG[683] idF des Art XXVI Z 2 Außerstreit-Begleitgesetz.[684] Die beglaubigte Abschrift dieser Beurkundung ist dem Gericht bzw allenfalls dem zuständigen Jugendwohlfahrtsträger zu übermitteln, allerdings mit der Einschränkung, dass dies *„auf Verlangen"* letzterer Stellen zu geschehen hat. Eine gegenteilige Bestimmung, wie sie etwa hinsichtlich des Widerrufs besteht, ist im AußStrG bezüglich der Zustimmungserklärung nicht vorgesehen. Aus teleologischen Gründen ist mE eine analoge Anwendung der Bestimmung des § 87 Abs 2 Satz 3 AußStrG auf die Anbringung von Zustimmungserklärungen bei Gerichtsanhängigkeit des Bewilligungsverfahrens geboten.

Zustimmungserklärungen können auch schon vor der Existenz eines konkreten Vertrags abgegeben werden und müssen sich nicht auf einen bereits existierenden Adoptionsvertrag beziehen, sondern lediglich auf ein konkretes Adoptionsverhältnis. Grund dafür ist, dass der Inhalt eines Adoptionsvertrags im materiellen Recht festgeschrieben ist und ein davon abweichender Inhalt gerichtlich nicht bewilligt werden darf. Daher muss sich die Zustimmungserklärung auch nicht auf einen bereits existierenden Adoptionsvertrag beziehen.[685] Das Vorliegen eines konkreten Adoptionsverhältnisses ist dennoch unerlässlich.[686]

In der Zustimmungserklärung sowie in der Vollmacht müssen das Wahlkind sowie die Wahleltern eindeutig bestimmt und bezeichnet sein.[687] Die Bezeichnung der bzw des Annehmenden kann jedoch auch entfallen, wenn auf die Mitteilung des Namens und des Wohnortes verzichtet wird (§ 88 Abs 1 AußStrG).[688]

III. Entfall des Zustimmungsrechtes

Die Zustimmung kann nach § 181 Abs 2 ABGB entfallen, wenn die zustimmungsberechtigte Person als gesetzlicher Vertreter die Adoption abgeschlossen hat oder die berechtigte Person längere Zeit zu keiner verständigen Äußerung fähig ist bzw wenn ihr Aufenthalt seit mindestens sechs Monaten unbekannt ist.

683 Jugendwohlfahrtsgesetz BGBl 1989/161.
684 BGBl 1989/161 idF BGBl I 2007/41; Maurer/Schrott/Schütz, AußStrG §§ 86, 87 Rz 1.
685 ErläutRV 224 BlgNR XXII. GP zu § 86.
686 Feil/Marent, AußStrG2 § 86 Rz 26.
687 ErläutRV 224 BlgNR XXII. GP zu § 86.
688 So genannte „Inkognitoadoption"; dazu ausführlich unten.

Bei Überprüfung dieser Voraussetzungen ist ein strenger Maßstab anzulegen. Nach einer Entscheidung des OGH[689] ist die Voraussetzung des § 181 Abs 2 ABGB im Hinblick auf die weit reichenden Folgen einer Adoption erst bei „qualifizierter unbekannter Abwesenheit" verwirklicht. Um eine zustimmungsberechtigte Person aufzufinden sind daher eingehende Erhebungen über ihren Aufenthalt durchzuführen. So können beispielsweise Erkundigungen bei nahen Verwandten und Angehörigen, Behörden oder der Gebietskrankenkasse eingeholt werden. Der OGH lässt die bloße Auskunft des Zentralmeldeamtes (ZMR) zur Aufklärung des Aufenthaltsorts jedenfalls nicht ausreichen.[690]

IV. Gerichtliche Ersetzung der Zustimmung

Wird die Zustimmung von einer hierzu berechtigten Person ungerechtfertigt verweigert, hat das Gericht diese gem § 181 Abs 3 ABGB auf Antrag einer Vertragspartei zu ersetzen.[691] Das Zustimmungsrecht der in § 181 Abs 1 ABGB aufgezählten Personen ist – wie bereits erwähnt – ein höchstpersönliches Recht, das auch bei einer etwaigen Entmündigung nicht auf andere Personen übergehen kann.[692] Ob die verweigerte Zustimmung gemäß § 181 Abs 3 ABGB zu ersetzen ist, weil kein gerechtfertigter Grund für die Verweigerung vorliegt, hat das Gericht auf Grund der Verfahrensergebnisse nach freiem pflichtgemäßen Ermessen zu entscheiden.[693]

Das Erfordernis der ungerechtfertigten Verweigerung wird von der Judikatur angesichts der einschneidenden Wirkung der Zustimmungserklärung zur Adoption und zur Vermeidung einer so genannten „Kindesenteignung" äußerst restriktiv ausgelegt. Demnach ist eine Ersetzung der verweigerten Zustimmung grundsätzlich nur dann zulässig, wenn die Weigerungsgründe „sittlich nicht gerechtfertigt" sind.[694] In diesem Sinne darf die Zustimmung nach stRspr[695] nur bei einem „beharrlichen und in höchstem Maße familienwidrigen Verhalten" des die Zustimmung verweigernden Elternteils und nicht schon allein deshalb ersetzt

689 OGH 23.5.2000, 4 Ob 133/00p = EvBl 2000/205 = SZ 73/84; Schwimman in Schwimann3, § 181a Rz 4.

690 4 Ob 133/00p.

691 Diesbezüglich ist insbesondere auf die von Kerschner, Familienrecht3 Rz 5/4, ins Treffen geführte Problematik der „Kindesenteignung" hinzuweisen.

692 OGH 2.8.1979, 7 Ob 687/79 = EFSlg 33.650.

693 OGH, RIS-Justiz RS0086536.

694 EvBl 1973/154; OGH, RIS-Justiz RS0008581.

695 OGH, RIS-Justiz RS0008586.

werden, weil die Adoption zum Wohle des Kindes erfolgt.[696] Denn es kann nach Ansicht des Höchstgerichtes nicht genügen, dass das Wohl des Kindes durch die geplante Adoption gefördert, seine Erziehung in bessere Bahnen gelenkt und die Chancen für sein späteres Fortkommen erhöht werden.[697] Grund dafür ist, dass die Bestimmungen der §§ 181, 181a ABGB sicherstellen sollen, dass die Kindesannahme nicht entgegen der wohlbegründeten Meinung jener Person zustande kommt, die durch diesen Rechtsakt in ihren Rechten tiefgreifend betroffen ist. Das Gesetz räumt daher etwa einer Kindesmutter als Zustimmungsberechtigte aufgrund der natürlichen Bindung zum Kind nach den Worten des OGH[698] eine „starke Rechtsposition" ein, wobei angesichts der gravierenden Wirkung der Adoption, die das Kind der familiären Gemeinschaft seiner leiblichen Mutter entzieht, bei der Beurteilung der Ersetzung der Zustimmung das Wohl eines nicht eigenberechtigten Kindes gegenüber den berechtigten Interessen der Zustimmungsberechtigten nicht zum ausschließlichen oder auch nur zum überwiegenden Maßstab gemacht werden darf. Im Zweifel ist daher die Weigerung eines Elternteils grundsätzlich als gerechtfertigt anzusehen.[699]

Die Verweigerung der Zustimmung ist nach Auffassung des OGH jedenfalls dann nicht gerechtfertigt, wenn schuldhafte Pflichtverletzungen eines Elternteils gegenüber dem Kind (bei der Pflege und Erziehung oder der Unterhaltsgewährung) vorliegen, wodurch das Kindeswohl gefährdet wurde oder ohne Hilfe von anderer Seite gefährdet gewesen wäre.[700] Eine Gefährdung des Kindeswohls in dem Sinne, dass sich ein Elternteil beharrlich im höchsten Maße „familienwidrig" verhält, liegt beispielsweise dann vor, wenn Suchtmittelprobleme bei den Eltern vorliegen oder diese wiederholt straffällig geworden sind.[701] Auch wenn dem die Zustimmung verweigernden Elternteil kein schuldhaftes Fehlverhalten vorzuwerfen ist, bedarf es einer nach pflichtgemäßem Ermessen vorzunehmenden Abwägung der Interessen des leiblichen Elternteiles mit jenen des Kindes. Dabei kann auch ein schuldhaftes früheres Verhalten des die Zustimmung zur

---

696 Die Beurteilung, ob eine Adoption nun „zum Wohle des Kindes" erfolgt ist mE von einer besonderen Subjektivität geprägt, die keinesfalls darin resultieren kann, dass die leibliche Mutter in irgendeiner Art und Weise übergangen wird.

697 OGH, RIS-Justiz RS0008581.

698 OGH 12.11.1979, 1 Ob 733/79 = EvBl 1980/98, 321 = JBl 1981, 208.

699 OGH, aaO; RIS-Justiz RS0008581; Ostheim, Kennt das österreichische Recht eine Kindesenteignung? JBl 1966, 187.

700 OGH, RIS-Justiz RS0086536.

701 OGH 31.8.1984, 1 Ob 629/84 = EFSlg 45.910. Dabei ist mE insbesondere auf das begangene Delikt bedacht zu nehmen.

Adoption verweigernden Elternteils bei der Abwägung der beiderseitigen Interessen maßgeblich sein.[702]

V. Besonderheiten bei der Inkognitoadoption

Bei der Inkognitoadoption, welche nur bei minderjährigen Wahlkindern zulässig ist, wird seitens der Zustimmungsberechtigten auf die Mitteilung der Namen und der Wohnorte der Annehmenden und auf die Zustellung des Bewilligungsbeschlusses verzichtet.[703] Ziel des Instituts der Inkognitoadoption ist das „störungslose" Hineinwachsen des Adoptivkindes in die Adoptivfamilie zu ermöglichen.[704]

§ 86 Abs 3 Satz 2 AußStrG sieht daher vor, dass die Bezeichnung des Annehmenden entfällt, wenn auf die Mitteilung des Namens und des Wohnortes des bzw der Annehmenden sowie auf die Zustellung des Bewilligungsbeschlusses im Sinne des § 88 Abs 1 AußStrG verzichtet wird. Aus Gründen der Rechtssicherheit und der mit einer Inkognitoadoption verbundenen, erheblichen Folgen, sieht § 86 Abs 4 AußStrG bei dieser Art der Adoption besonders strenge Formvorschriften vor. Die Zustimmungserklärung zu einer Inkognitoadoption, also der Verzicht auf die Mitteilung des Namens und des Wohnorts der Wahleltern[705] sowie die Vollmacht, die Zustimmung zu einer solchen Adoption abzugeben, kann nur in der Form einer öffentlichen Urkunde erklärt werden und eine Zustimmungserklärung, die einen solchen Verzicht enthält, kann überdies nur persönlich bei Gericht abgegeben werden. Im Zuge dessen ist die verzichtende Person über die Folgen der Erklärung zu belehren.[706] Damit soll gewährleistet werden, dass die verzichtenden Personen auch über die Folgen ihres Verzichts ausreichend aufgeklärt sind.[707] Dieser Belehrung kommt, aufgrund der außerordentlichen Folgen einer Inkognitoadoption, eine besonders große Bedeutung zu.

---

702 OGH, RIS-Justiz RS0008581; RIS-Justiz RS0008586.

703 Nicht verwechselt werden darf die Inkognitoadoption mit der unzulässigen so genannten Blankoadoption, in welcher die Mutter zu einem künftigen Adoptionsvertrag, ohne Kenntnis des bzw der Vertragspartner zustimmt. Siehe Holzhammer/Roth, Bürgerliches Recht6 383. Dazu weiterführend im Kapitel VIII. C. 4. d. IV. Blankozustimmung bei Inkognitoadoption.

704 Kerschner, Familienrecht3 Rz 5/7; Koziol/Welser, Bürgerliches Recht13 383; Holzhammer/Roth, Bürgerliches Recht6 383. Siehe weiterführend zur Inkognitoadoption Kapitel VIII. C. 4. d. Inkognitoadoption.

705 Maurer/Schrott/Schütz, AußStrG §§ 86, 87 Rz 2.

706 Siehe dazu Deixler-Hübner in Rechberger, AußStrG § 86 Rz 4.

707 Vgl dazu § 14 AußStrG, welcher ausdrücklich die Belehrungspflicht der Parteien vorsieht.

VI. Widerruf der Zustimmungserklärung

Anstelle der Befristung der Zustimmungserklärung gem § 258 Abs 2 AußStrG aF wurde durch § 87 Abs 1 AußStrG die Möglichkeit des Widerrufs eingeführt. Ist die Zustimmungserklärung nach dem 1.1.2005 abgegeben worden, besteht eine unbefristete Widerrufsmöglichkeit bis zur Entscheidung erster Instanz (§ 40 AußStrG).[708] Die Erklärung des Widerrufs der Zustimmungserklärung ist damit bis zur mündlichen Verkündung des Bewilligungsbeschlusses bzw bis zur Abgabe der schriftlichen Abfassung der Ausfertigung möglich.[709]

Hinsichtlich der Frage, wo der Widerruf eingebracht wird, ist zu unterscheiden: Ist ein Bewilligungsverfahren bereits anhängig[710], so ist der Widerruf einer Zustimmung nach § 87 Abs 2 AußStrG grundsätzlich bei Gericht anzubringen. Der Widerruf kann dabei mittels Schriftsatz eingebracht oder vor Gericht zu Protokoll erklärt werden. Darüber hinausgehende besondere Formerfordernisse sind nicht zu beachten. Wurde die Zustimmung vor einer die Adoption vermittelnden Stelle (für Minderjährige etwa der Jugendwohlfahrtsträger) abgegeben oder dieser übergeben, kann der Widerruf auch trotz Anhängigkeit des Verfahrens dieser gegenüber erklärt werden, wobei diese Stelle dann zur sofortigen Überleitung an das Gericht verpflichtet ist.[711] Ist noch kein gerichtliches Adoptionsverfahren eingeleitet worden und wurde die Zustimmung von einer Adoptionsvermittlungsstelle abgegeben oder dieser übergeben so kann der Widerruf zweckmäßigerweise auch bei der beurkundenden Stelle abgegeben werden.[712]

Der Jugendwohlfahrtsträger, welcher die Adoption vermittelt oder eine Zustimmung beurkundet hat, muss auch nach der Bestimmung des § 42 Abs 3 JWG den Widerruf beurkunden. Dies ergibt sich aus § 41 Abs 3 Satz 1 und 2 JWG, wonach Erklärungen über die Zustimmung zur Annahme an Kindesstatt eines minderjährigen Kindes und damit im Zusammenhang stehende Erklärungen jeder Jugendwohlfahrtsträger zu beurkunden und zu beglaubigen hat (wobei explizit auch die Beurkundung des Widerrufs der Zustimmung zu einer Adoption für den Fall, dass der Jugendwohlfahrtsträger eine solche beurkundet hat, genannt wird). Satz 3 dieser Vorschrift verpflichtet den Jugendwohlfahrtsträger

---

708 Feil/Marent, AußStrG2 § 87 Rz 1.

709 OGH, SZ 39/104; Maurer/Schrott/Schütz, AußStrG §§ 86, 87 Rz 4: Einlangen maßgeblich!

710 Gem § 12 Abs 1 AußStrG ist ein Verfahren dann anhängig, sobald ein Antrag auf seine Einleitung bei Gericht gestellt wird oder das Gericht in einem Verfahren, welches von Amts wegen einzuleiten ist, eine Verfahrenshandlung vorgenommen hat.

711 Siehe dazu auch ErläutRV 224 BlgNR XXII. GP zu § 87; Feil/Marent, AußStrG2 § 87 Rz 2; Maurer/Schrott/Schütz, AußStrG §§ 86, 87 Rz 3.

712 Deixler-Hübner in Rechberger, AußStrG § 86 Rz 2.

schließlich auch zur Übermittlung einer beglaubigten Abschrift der Erklärungen an den zuständigen Jugendwohlfahrtsträger oder an das Gericht *„auf [deren] Ersuchen"*. Dies scheint einen Widerspruch zu § 87 Abs 2 AußStrG zu indizieren, da dieser nicht auf das Erfordernis des gerichtlichen Ersuchens abstellt. § 43 Abs 3 JWG wird daher wohl nur in all jenen Fällen zur Anwendung gelangen, in denen noch kein Bewilligungsverfahren anhängig ist. Ist ein solches bereits anhängig, greift die dafür einschlägige speziellere Verpflichtung in § 87 Abs 2 AußStrG, wonach der Jugendwohlfahrtsträger verpflichtet ist, eine bei ihm einlangende Widerrufserklärung von Amts wegen an das zuständige Gericht weiterzuleiten.

§ 87 Abs 3 AußStrG legt darüber hinaus fest, dass Zustimmungserklärungen bis zu ihrem Widerruf wirksam bleiben und auch einem weiteren Verfahren zugrunde gelegt werden können. Die Erklärung der Zustimmung ist demnach nicht nur begrenzt auf das konkrete Verfahren. Sinn dieser Regelung ist es, dass bisherige Zustimmungserklärungen nach Abschluss eines Verfahrens mit Ab- oder Zurückweisung des Antrags auf Bewilligung, auch für einen weiteren Antrag auf Genehmigung der Adoption verwendet werden können.[713] Die durch das AußStrG neu eingeführte Gesetzeslage ist mE eine sinnvolle Regelung, da dadurch Zeit und Kosten eingespart werden können und zudem der Widerruf der (grundsätzlich unbegrenzt geltenden) Zustimmungserklärung ohnehin möglich ist.

Die über diese Regelung im AußStrG hinausgehenden Bestimmungen des ABGB bleiben jedoch unberührt. Daher können etwa die Zustimmungsberechtigten, solange der Adoptionsvertrag vom Gericht noch nicht bewilligt wurde, ihre Zustimmung widerrufen, wenn einer der Gründe des § 184a Abs 1 Z 1 ABGB vorliegt, der die Aufhebung der Adoption rechtfertigen würde. Ist der Adoptionsvertrag noch nicht bewilligt, ist die Bewilligung zu versagen, wenn eine der zustimmungsberechtigten Personen durch List oder gegründete Furcht zur Zustimmung veranlasst worden ist und die nunmehr verweigerte Zustimmung nicht gemäß § 181 Abs 3 ABGB ersetzt werden kann.[714] In diesem Zusammenhang bleibt fraglich, ob angesichts des § 185a ABGB ein Widerruf der Zustimmung vor der gerichtlichen Bewilligung auch aus anderen Gründen als jenen in §§ 184 und 184a ABGB angeführten möglich ist, beispielsweise aufgrund der allgemeinen Anfechtungstatbestände für Willenserklärungen gem §§ 871 ff ABGB, oder ob für diese im Adoptionsrecht kein Raum mehr bleibt. Diese Frage bedarf hingegen eingehender Erörterungen, denen hierbei nicht weiter nachgegangen wird.

---

713 Maurer/Schrott/Schütz, AußStrG §§ 86, 87 Rz 3.

714 OGH, RIS-Justiz RS0008598.

c. Anhörung

I. Anhörungsberechtigung nach ABGB

Gewissen Personen kommt im Rahmen einer Adoption ein gesetzliches Recht zur Anhörung zu. Dieses ist geregelt in § 181a ABGB und ist ein schwächeres Recht als das bereits erläuterte Zustimmungsrecht nach § 181 ABGB. Anhörungsberechtigte im Adoptionsverfahren haben nicht nur nur das Recht, ihre Stellungnahme vor dem Gericht abzugeben (Beteiligten- bzw Parteistellung), sondern auch einen Anspruch darauf, dass sich das Gericht mit den vorgebrachten Argumenten auseinandersetzt sowie ein Rekursrecht gegen den gerichtlichen Bewilligungsbeschluss (Rechtsmittelbefugnis).[715]

Anhörungsberechtigt sind gem § 180a ABGB das minderjährige Wahlkind ab dem vollendeten fünften Lebensjahr (außer es hat bereits seit diesem Zeitpunkt beim Annehmenden gelebt), die Eltern des volljährigen Wahlkindes, die Pflegeeltern oder der Leiter des Heimes, in dem sich das Wahlkind befindet sowie der Jugendwohlfahrtsträger.[716] Das Anhörungsrecht kann – im Gegensatz zum Zustimmungsrecht – schon entfallen, wenn eine Person nur mit unverhältnismäßigen Schwierigkeiten gehört werden kann bzw wenn die Person, welche grundsätzlich anhörungsberechtigt ist, als gesetzlicher Vertreter des Wahlkindes den Adoptionsvertrag geschlossen hat.[717] Die Anhörungsberechtigten sind jedoch nicht auf die dem Wortlaut der Bestimmung zu entnehmenden Personen beschränkt. Im § 180a Abs 2 ABGB wird ausdrücklich darauf hingewiesen, dass auch die Anliegen der leiblichen Kinder der Annehmenden zu wahren sind. Die Adoptionsbewilligung ist nach dieser Bestimmung zu untersagen, wenn überwiegende Anliegen eines leiblichen Kindes dieser entgegenstehen (vor allem Unterhalts- oder Erziehungsgefährdung). Nach hA[718] wird daraus abgeleitet, dass den leiblichen Kindern, obgleich sie in § 181a ABGB nicht ausdrücklich aufgezählt sind, dennoch ein Recht auf Anhörung zukommt. Auch der OGH[719]

---

715 Feil/Marent, AußStrG2 § 86 Rz 32; OGH, RIS-Justiz RS0006864.

716 Unklarheiten ergeben sich aufgrund der Nichtanführung von leiblichen Kindern der annehmenden Person, da auch den leiblichen Kindern des Adoptierenden Interessen nach § 180a ABGB zukommen. Vgl dazu Kerschner, Familienrecht3 Rz 5/5, der darauf hinweist, dass die leiblichen Kinder der adoptierenden Person „eigenartigerweise“ nicht anhörungsberechtigt sind. So auch Koziol/Welser, Bürgerliches Recht13 554.

717 Pichler, Das neue Kindschaftsrecht, ÖA 1978, 21 (26).

718 Deixler-Hübner in Rechberger, AußStrG § 90 Rz 1; Fucik/Mayr, Verfahren außer Streitsachen, Rz 359; Koziol/Welser, Bürgerliches Recht13 554; Stabentheiner in Rummel3, § 180a Rz 4; Steininger, Kritische Studien zum Adoptionsrecht, JBl 1963, 453 (461).

719 OGH, RIS-Justiz RS0006910; insbesondere OGH 29.11.2006, 7 Ob 206/06d.

gewährt den leiblichen Kindern zur Geltendmachung der in § 180a Abs 2 ABGB anerkannten Interessen Parteistellung gem § 2 Abs 1 Z 3 AußStrG[720] bzw Beteiligtenstellung gem § 9 AußStrG aF im Adoptionsverfahren, jedoch mit der Einschränkung, dass Anlass zur Annahme besteht, dass durch die Adoption in einer gegen § 180a Abs 2 ABGB verstoßenden Weise in die Interessen dieses Kindes eingegriffen wird. Die Parteistellung erstreckt sich aber nicht auch darauf, ob die Voraussetzungen des Abs 1 vorliegen. Im gleichen Umfang ist beispielsweise auch den Wahlkindern des Annehmenden ein Anhörungsrecht im Adoptionsverfahren hinsichtlich eines weiteren Wahlkindes zuzubilligen.[721]

II. Anhörungspflicht nach AußStrG

§ 90 Abs 1 AußStrG normiert die Verpflichtung des Gerichts, vor der Bewilligung der Adoption eines minderjährigen Kindes, dieses sowie den Jugendwohlfahrtsträger zu hören. Die Bestimmung über die Befragung von minderjährigen Kindern (§ 105 AußStrG) ist sinngemäß anzuwenden.[722] Ist österreichisches materielles Recht einschlägig, kommen dem Jugendwohlfahrtsträger ohnehin Partei- und Rechtsmittelrechte gem § 181a ABGB zu. Die Anhörung des Jugendwohlfahrtsträgers im § 90 Abs 1 AußStrG ist somit nur dann von Bedeutung, wenn ausländisches materielles Recht zur Anwendung kommt.[723]

d. Inkognitoadoption

Die vertragsschließenden Parteien einer Adoption, welche nach § 179a Abs 1 ABGB die Wahleltern und das Wahlkind sind, können gem § 88 Abs 1 AußStrG durch übereinstimmenden Antrag die Bewilligung der Annahme eines minderjährigen Kindes von der Bedingung abhängig machen, dass alle oder einzelne der Zustimmungs- und Anhörungsberechtigten, ausgenommen der Jugendwohlfahrtsträger, auf die Mitteilung des Namens und des Wohnorts der Annehmenden und auf die Zustellung des Bewilligungsbeschlusses verzichten. Dennoch ist in § 88 Abs 2 AußStrG vorgesehen, dass auf Verlangen der Verzichtenden diesen die persönlichen und wirtschaftlichen Verhältnisse der Annehmenden allgemein zu beschreiben sind. Die gerichtliche Beschlussausfertigung, die den

720 Gem § 2 Abs 1 Z 3 AußStrG hat jede Person, soweit ihre rechtlich geschützte Stellung durch die begehrte oder vom Gericht in Aussicht genommene Entscheidung oder durch eine sonstige gerichtliche Tätigkeit unmittelbar beeinflusst würde, Parteistellung.

721 Zu alldem vgl OGH, RIS-Justiz RS0006235 und RIS-Justiz RS0006910.

722 Deixler-Hübner in Rechberger, AußStrG § 90 Rz 2.

723 ErläutRV 224 BlgNR XXII. GP zu § 90.

Verzichtenden zugestellt wird, darf hingegen keinen Hinweis auf den Namen oder den Wohnort der annehmenden Personen enthalten (Abs 3).

Bei der Inkognitoadoption wird daher durch einen übereinstimmenden Antrag von den vertragsschließenden Teilen die Adoption im Sinne einer Bedingung, davon abhängig gemacht, dass alle bzw einzelne der zustimmungs- und anhörungsberechtigten Personen, mit Ausnahme des Jugendwohlfahrtsträgers, auf die Mitteilung des Namens und des Wohnortes der Annehmenden sowie auf die Zustellung des Bewilligungsbeschlusses verzichten.[724] Wenn die Bedingung nach § 88 Abs 1 AußSrG nicht eintritt, so ist der Antrag auf Adoptionsbewilligung abzuweisen, weil eine materielle Voraussetzung für die Inkognitoadoption fehlt. Tritt nachträglich die Bedingung ein, ist daher ein neuerlicher Antrag auf Annahme an Kindesstatt zu stellen.[725]

Die Beschlussausfertigung, welche den Zustimmungs- und Anhörungsberechtigten zugestellt wird, enthält als Konsequenz ihres Verzichts auf Bekanntgabe der Daten, keinen Hinweis auf Namen oder Wohnort der Annehmenden. Hierbei ist es nicht ausreichend, wenn bloß Namen und Wohnort nicht mitgeteilt werden, vielmehr hat jeder Hinweis darauf zu unterbleiben.[726] Allgemeine wirtschaftliche und persönliche Verhältnisse der Annehmenden, in einer Form, die das Inkognito sicherstellt, sind den verzichtenden Personen jedoch mitzuteilen.[727] In diesem Sinne müssen dem Verzichtenden die persönlichen und wirtschaftlichen Verhältnisse sowie der Leumund der Wahleltern bzw des Wahlelternteiles allgemein beschrieben werden.[728] Auf eine öffentliche Verhandlung, welche mit dem Wesen der Inkognitoadoption unvereinbar ist, wird verzichtet. Im Adoptionsverfahren ist gesetzlich keine öffentliche Verhandlung vorgesehen. Dies ist vom österreichischen Vorbehalt zur MRK jedoch gedeckt und widerspricht auch nicht Art 6 MRK, da ein Gesetz Ausnahmen von den Prinzipien der Mündlichkeit und Volksöffentlichkeit enthalten darf, soweit nicht das Prinzip als solches abgeändert wird.[729]

Die Inkognitoadoption ist auf Minderjährige beschränkt, da mit dem Institut dieser besonderen Adoption sichergestellt werden soll, dass sich zwischen dem Kind und den Wahleltern ein intensives Eltern-Kind-Verhältnis, ungestört von Beeinflussungen und

---

724 Vgl auch § 86 Abs 3 AußStrG; Maurer/Schrott/Schütz, AußStrG § 88 Rz 2; ÖStA 1967, 23 (24).

725 ErläutRV 224 BlgNR XXII. GP zu § 88; Deixler-Hübner in Rechberger, AußStrG § 88 Rz 1.

726 Maurer/Schrott/Schütz, AußStrG § 88 Rz 2.

727 ErläutRV 224 BlgNR XXII. GP zu § 88.

728 Holzhammer/Holzhammer, Ehe und Familie 81.

729 Vgl nur OGH 9.9.1997, 4 Ob 236/97b.

„unerwünschten Einmischungen der leiblichen Eltern"[730]

seitens der Ursprungsfamilie, entwickeln kann. Solch ein Schutzbedürfnis besteht bei Adoptionen von volljährigen Personen den ErläutRV zufolge kaum.[731] Dies ist mE verfehlt. Sinn und Zweck dieser Adoptionsform ist es, das Adoptivkind vor schädlicher Beeinflussung, ausgehend von leiblichen Verwandten, zu schützen. Das von der Herkunftsfamilie ungestörte Aufwachsen in der neuen Familie soll somit ermöglicht werden.[732] Ein solches Schutzbedürfnis muss im Einzelfall uU auch bereits erwachsenen Personen zukommen (etwa bei Misshandlungen innerhalb der Herkunftsfamilie).

Korrespondierend mit der Bestimmung des § 88 AußStrG enthalten die bereits behandelten § 86 Abs 3 und 4 AußStrG Vorschriften hinsichtlich der Abgabe der Zustimmungserklärungen bei der Inkognitoadoption.

I. Gerichtliche Ersetzung der Zustimmung bei Inkognitoadoptionen

Eine Adoption darf gem § 181 Abs 1 ABGB nur dann bewilligt werden, wenn gewisse Zustimmungsberechtigte, darunter insbesondere die Eltern des minderjährigen Wahlkindes, ihre Zustimmung dazu abgeben. Das Gericht hat jedoch die Möglichkeit nach § 181 Abs 3 ABGB die Verweigerung der Zustimmung auf Antrag eines Vertragsteils zu ersetzen, wenn keine gerechtfertigten Gründe für die Weigerung vorliegen (dazu siehe oben).

Der OGH und die hA[733] wandten diese Bestimmung (zumindest bis zum Inkrafttreten des neuen AußStrG) als außerordentliche Maßnahme in speziellen Fällen auch auf die Inkognitoadoption an. Demnach war nicht nur die von einem Zustimmungsberechtigten ohne gerechtfertigten Grund verweigerte Zustimmung auch bei einer Inkognitoadoption auf Grund der Bestimmung des § 181 Abs 3 ABGB durch Gerichtsbeschluss ersetzbar, sondern auch die verweigerte Verzichtserklärung gem § 259 AußStrG aF.[734] Dies war jedoch nicht unumstritten. Aufgrund der umfangreichen Stimmen in Judikatur und Schrifttum zur Ersetzung der Zustimmung bei Inkognitoadoptionen wird nachstehend die Diskussion erläutert:

---

730 So der OGH 10.8.2006, 2 Ob 129/06v.

731 ErläutRV 224 BlgNR XXII. GP zu § 88.

732 Maurer/Schrott/Schütz, AußStrG § 88 Rz 1.

733 Insbesondere OGH 12.11.1979, 1 Ob 733/79 = JBl 1981, 208; JBl 1993, 453; Bydlinski, JBl 1965, 221; Steininger, JBl 1963, 453 (455); Ostheim, Kennt das österreichische Adoptionsrecht eine „Kindesenteignung"? JBl 1966, 113 (116); Schwimann, Das österreichische Adoptionsrecht nach seiner Reform, FamRZ 1973, 345 (351); dagegen jedoch Edlbacher, Kritische Studien zum Adoptionsrecht, ÖJZ 1964, 226 (227); und Kerschner, Familienrecht3 Rz 5/7.

734 StRspr; vgl OGH, RIS-Justiz RS0008591.

II. Judikaturbeispiel zur gerichtlichen Ersetzung der Zustimmung

Nach einer Grenzfall-Entscheidung des OGH[735] zur Rechtslage vor dem Inkrafttreten des neuen AußStrG kann die verweigerte Zustimmung einer Mutter auch zu einer Inkognitoadoption ihres Kindes nach den allgemeinen Regeln dann ersetzt werden, wenn die Weigerungsgründe sittlich nicht gerechtfertigt sind, wobei dies etwa dann vorliegt, wenn der die Zustimmung verweigernde Elternteil sich gegenüber dem Kind beharrlich eines im höchsten Maße familienwidrigen Verhaltens schuldig gemacht hat oder besonders schwerwiegende und dauernde schuldhafte Verstöße gegen die mütterlichen Pflichten vorliegen. Diese Voraussetzungen sind gerade bei der Inkognitoadoption, bei der zudem die Verzichtserklärung substituiert wird und damit der leiblichen Mutter die Kenntnis von Namen und Anschrift der Adoptiveltern vorenthalten wird, besonders streng zu prüfen.

So ist in der genannten Entscheidung die Zustimmung der Mutter einer minderjährigen Tochter zu deren Inkognitoadoption durch das Gericht nicht ersetzt worden, obwohl die Mutter eine Geistesschwäche mittleren Grades aufwies, aus sozial sehr angespannten Verhältnissen kam, eine schulische Bildung von nur 4 Jahren Sonderschule aufwies, das Kind im Alter von drei Monaten in der Wohnung ihres Bruders und ihrer Schwägerin zurückließ und ihr Aufenthalt mehrere Wochen nicht mehr zu eruieren war. Nach dem der Entscheidung zugrunde liegenden Sachverhalt wurde das Kind daraufhin in ein Pflegeheim gebracht, wobei die Mutter mehrere Monate keinen Kontakt zu ihrem Kind suchte und schließlich auch ihr Einverständnis zu einer Inkognitoadoption abgab. Nachdem das Kind mehrere Jahre wohl integriert in einer Pflegefamilie lebte, wurde die Inkognitoadoption des Mädchens durch die Pflegeeltern jedoch abgelehnt, da die Mutter in der Zwischenzeit die Zustimmung widerrufen hatte. Das Kind konnte und wollte sie aufgrund ihrer finanziellen Situation jedoch nicht bei sich betreuen. Nach dem OGH rechtfertige die Situation und Verhaltensweise der Mutter im konkreten Fall nicht, das Kind durch eine Inkognitoadoption gegen den Willen der Mutter dieser zu „entziehen“.

Eine Geistesschwäche mittleren Grades ist mE sicherlich kein absolutes Hindernis am Erziehen eines Kindes. Ebenso kann die mangelnde Bildung der leiblichen Mutter zutreffender Weise eine Ersetzung der Zustimmung zur Inkognitoadoption nicht rechtfertigen. In dieser Hinsicht ist der Meinung des OGH zuzustimmen. Auch wenn das Kind in einer anderen Familie unter der Obhut von Eltern aufwachsen könnte, die vielleicht selbst über ein hohes Bildungsniveau verfügen oder welche sich um eine optimale Ausbildung des Kindes, welche den Fähigkeiten und Begabungen entsprechen, bemühen, ist dies

---

735 OGH 12.11.1979, 1 Ob 733/79 = JBl 1981, 208.

kein Grund eine Zustimmung zu einer Inkognitoadoption zu ersetzen.[736] Dafür ist die natürliche Bindung zwischen einer Mutter und ihrem Kind ein zu bedeutender Faktor. Auch die prekäre finanzielle Situation der Mutter stellt für sich alleine sicherlich noch keinen rechtlich und faktisch bedeutsamen Grund zur Ersetzung der Zustimmung zu einer Inkognitoadoption dar. Dies insbesondere deshalb, weil der Grundsatz, dass wirtschaftliche Belange bei der Beurteilung der Voraussetzungen einer Adoption im Rahmen einer Bewilligung grundsätzlich nicht beachtlich sind, auch ausdrücklich in § 180a Abs 2 ABGB festgeschrieben ist. Dass diese Bestimmung rein wörtlich an die wirtschaftliche Leistungsfähigkeit des Annehmenden anknüpft, schadet mE einer Heranziehung dieser Erwägungen auf Fälle wie dem vorgenannten nicht. In tatsächlicher Hinsicht gibt es in Österreich verschiedene Formen der finanziellen Unterstützung von Alleinerziehern, welche zwar kein optimales Umfeld für das Heranwachsen eines Kindes ermöglichen, aber trotzdem für sich allein noch kein Hindernis zur Durchführung einer Adoption darstellen können.

Argumente für die Ersetzung der Zustimmung bei der Adoption sind jedoch zum einen das familienwidrige Verhalten der Mutter und zum anderen, dass das Kind seit Jahren integriert in einer Pflegefamilie, in der es ihm an nichts fehlt, lebt, wobei das Trennen des Kindes von der Pflegefamilie dem Kindeswohl widersprechen würde. Insbesondere für die Fingierung der Verzichtserklärung wäre der Umstand anzuführen, dass die Entwicklung und Lebensführung des Kindes in der neuen Familie durch Interventionen der Mutter gestört werden könnte. Im Sinne einer Gesamtschau der Umstände hätte insofern im vorliegenden Fall durchaus auch die Ersetzung der Zustimmung zur Inkognitoadoption vertreten werden können.

III. Ansichten der Lehre

Alte Rechtslage

Nach *Steininger*[737] kann eine Mutter, deren Zustimmungsrecht gerichtlich ersetzt wird, auch eine Inkognitoadoption, also auch die Ersetzung der Verzichtserklärung, nicht verhindern. Seines Erachtens ist die Befugnis des Gerichtes, verweigerte Einverständniserklärungen zu ersetzen, zwar ein sehr weitgehender Eingriff in die Rechte der Zustimmungsberechtigten (vor allem der leiblichen Eltern). Eine sinnvolle Auslegung könne jedoch nur zum Ergebnis kommen, dass eine Verzichtserklärung nach dem AußStrG (aF), welche von den leiblichen Eltern verweigert wurde, bei Fehlen von gerechtfertigten Weigerungsgründen

736 Vgl dazu OGH, RIS-Justiz RS0008581.

737 Steininger, JBl 1963, 453 (456).

ebenso ersetzbar sei, wie eine verweigerte Zustimmungserklärung nach § 181 ABGB. Gerechtfertigte Weigerungsgründe liegen seiner Ansicht nach etwa dann vor, wenn sich ein bestens beleumdeter, vorbildlicher Familienvater nach dem Tod seiner Frau und aufgrund eigener, längerer Krankheit zur Freigabe seines Kindes zur Adoption entschließt, weil ihm dies für das Wohl seines Kindes besser erscheint, als die Unterbringung auf einem Pflegeplatz, und dieser Vater somit ein berechtigtes Interesse am persönlichen Kennenlernen der zukünftigen Adoptiveltern hat. Würde der Vater den Verzicht verweigern, wäre dies laut *Steininger* keinesfalls ungerechtfertigt. Eine Ersetzung durch Gerichtsbeschluss käme in diesem Beispiel nicht in Frage. Ein weiteres Beispiel *Steiningers* sei zur Verdeutlichung angeführt: Das Verhalten einer Mutter, welche ihrem Kind durch ihren unsittlichen Lebenswandel keine pädagogisch angebrachte Erziehung zukommen lässt, falle unter § 178 ABGB. Trotzdem bleibe das Zustimmungsrecht der Mutter aufrecht. Gäbe sie sich aber zwar grundsätzlich mit der Adoption einverstanden und würde sie die Adoptiveltern bloß aus dem Grund ablehnen, weil diese ihres Erachtens etwa nicht ausreichend vermögend sind, wäre dies ein Fall für die Ersetzung der Zustimmung zur Adoption. Drohe die Mutter im Falle einer ihr nicht genehmen Adoption mit dem Aufhetzen des Kindes gegen die neuen Eltern, so wäre dies ein klarer Fall für die Inkognitoadoption, da diese dem Wohl des Kindes nachhaltig entsprechen würde. Das Ziel des möglichst ungestörten Aufwachsens des Kindes in der neuen Familie könne in diesem Beispiel nur dadurch erreicht werden, dass der verweigerte Verzicht im Sinne des § 259 AußStrG aF analog § 181 Abs 3 ABGB durch den Beschluss des Gerichtes ersetzt wird.

Für *Schwimann*[738] ist die dogmatisch richtige Lösung folgende: Eine gerichtliche Ersetzung der Zustimmung zur Inkognitoadoption kommt nicht in Frage und ist auch nicht erforderlich, weil in all jenen Fällen, in welchen das Zustimmungs- bzw Anhörungsrecht entfällt, die Verzichtserklärung der betreffenden Person ohnehin per analogiam nicht mehr erforderlich ist. Wer das Zustimmungs- bzw Anhörungsrecht verloren hat, falle demnach aus dem Personenkreis, deren Verzicht erforderlich ist, heraus. Nach *Schwimann* braucht etwas, das gar nicht erforderlich ist, auch nicht ersetzt zu werden.

Edlbacher[739] führt hingegen aus, dass die Inkognitoadoption in ihrer rechtlichen Auffassung etwas Außerordentliches darstellt. Die Ersetzung der Zustimmung zur Inkognitoadoption stellt gerade für jene, die in einem besonderen Naheverhältnis zum Kind stehen, einen besonders einschneidenden Eingriff dar. Somit ist keine Analogie zur Verweigerung der Zustimmung zu einer „norma-

---

738 Schwimann, FamRZ 1973, 345 (351).

739 Edlbacher, ÖJZ 1964, 226 (227).

len“ Adoption, bei welcher die Zustimmung nur aus nicht gerechtfertigten Gründen (etwa Bosheit) verweigert wird, zu ziehen. *Edlbacher* geht davon aus, dass vom Gesetzgeber diese Analogie nicht gewollt war, weil dieser einen verhältnismäßig kleinen Gegenstand (die Ersetzungsbefugnis des Gerichts bei „normalen“ Adoptionen) regelt, im Fall der Inkognitoadoption (welche weit schwerwiegendere Folgen hat) dies jedoch nicht eigens beabsichtigte. Deshalb ist seines Erachtens auch nur ein Umkehrschluss erlaubt, aber keine Analogie. Die Ersetzung der Zustimmung bei einer gewöhnlichen Adoption und die Ersetzung der Zustimmung zur Inkognitoadoption seien keinesfalls ähnlich gelagerte Fälle, welche per analogiam geregelt werden könnten.

Neue Rechtslage

Die nunmehr einschlägige (umstrittene) Bestimmung ist § 88 Abs 4 AußStrG. Der Adoptionsantrag muss danach abgewiesen werden, wenn die Bedingung für die Inkognitoadoption nach Abs 1 (Verzichtserklärung) nicht eingetreten ist, weil eine materielle Voraussetzung fehlt. Der Bedingungseintritt nach Abweisung setzt einen neuen Antrag auf Bewilligung der Adoption voraus.[740]

Deixler-Hübner[741] geht davon aus, dass als Rechtsfolge der Bestimmungen im neuen AußStrG vom neuen Adoptionsverfahrensrecht eine Ersetzung der Zustimmung zu einer Inkognitoadoption nun nicht mehr gedeckt ist. Dies deshalb, weil nach § 88 Abs 4 AußStrG als zwingende Rechtsfolge eines unterlassenen Verzichts der Zustimmungsberechtigten auf Bekanntgabe des Namens und der Adresse, der Antrag abzuweisen ist. Das Gericht hat damit keine Möglichkeit mehr, die Verzichtserklärung zu substituieren und aus diesem Grunde dem Antrag stattzugeben. Dieser Ansicht wird wohl zuzustimmen sein, schließt jedoch eine gegenteilige Ansicht nicht aus, insbesondere wenn die Regelung des § 88 Abs 4 AußStrG vorbehaltlich der amtswegigen Ersetzungsbefugnis in § 181 Abs 3 ABGB verstanden wird.

IV. Blankozustimmung bei Inkognitoadoption

Erklären Zustimmungsberechtigte[742] vorweg ihre Zustimmung zu jeder beliebigen Annahme an Kindesstatt, so stellt diese Erklärung nach Ansicht des OGH

---

740 ErläutRV 224 BlgNR XXII. GP zu § 88.

741 Deixler-Hübner in Rechberger, AußStrG § 88 Rz 2; zustimmend Fucik/Kloiber, AußStrG (2005) § 88 Rz 2.

742 Auch hierbei ist insbesondere an die leiblichen Eltern zu denken.

und der üL eine unzulässige Blankozustimmung[743] dar. Auch bei Inkognitoadoptionen muss die Zustimmung zu einem Vertrag mit einem bestimmten, wenngleich anonymen, Annehmenden erteilt werden[744]. In diesem Sinne müsste eine unzulässige Blankozustimmung zu einer Inkognitoadoption etwa auch dann vorliegen, wenn – wie in der Praxis üblich – die leiblichen Eltern eine Vorabzustimmung zu einer Inkognitoadoption erteilen und daraufhin erst das Jugendamt geeignete Wahleltern auswählt sowie im Anschluss daran den leiblichen Eltern in allgemein gehaltener Beschreibung die Lebensumstände der ausgewählten Wahleltern schildert. Nach der Auffassung *Steiningers*[745] zur alten Rechtslage entsprach diese Vorgehensweise jedoch den gesetzlichen Bestimmungen[746], obwohl die Auskünfte, über welche die leiblichen Eltern informiert werden, häufig so allgemein formuliert sind, dass sie auf nahezu alle Wahleltern zutreffen. Diese Vorgehensweise wird toleriert, da sich leibliche Eltern in den meisten Fällen nicht deshalb zur Inkognitoadoption bereit erklären, weil sie sich aufgrund der allgemeinen Beschreibungen der Wahleltern ein klares Bild von diesen machen konnten, sondern weil sie viel mehr auf die verantwortungsbewusste Entscheidung des Jugendwohlfahrtsträgers vertrauen, das Kind in die Obhut geeigneter Wahleltern zu geben. Den allgemeinen Erklärungen der Behörde wird demnach, oftmals nur als bloßer Formalismus, untergeordnete Bedeutung zugewiesen.

Im § 259 AußStrG aF war ursprünglich festgelegt, dass den Personen, welche einer Inkognitoadoption zustimmten bzw welche auf die Angabe des Namen und des Wohnortes der Annehmenden verzichteten, dennoch

> „die persönlichen und wirtschaftlichen Verhältnisse des Annehmenden und dessen Leumund allgemein beschrieben werden“

müssen. Im mittlerweile geltenden § 88 AußStrG, der die Inkognitoadoption im neuen AußStrG behandelt, heißt es im Abs 2:

> „Auf Verlangen des Verzichtenden sind ihm die persönlichen und wirtschaftlichen Verhältnisse des Annehmenden allgemein zu beschreiben.“

Die Differenz ist deutlich ersichtlich. Während im AußStrG aF die Informationspflichten im Falle einer Inkognitoadoption noch obligatorisch galten, wird durch den Wortlaut des neuen § 88 AußStrG festgelegt, dass den Eltern (nur

743 Vgl OGH, SZ 23/111; OGH 7.6.1966, 8 Ob 154/66 = SZ 39/104 = RZ 1966/166 = ÖStA 1967, 23 (24); Holzhammer/Holzhammer, Ehe und Familie 81; Maurer/Schrott/Schütz, AußStrG § 88 Rz 3; Kerschner, Familienrecht3 Rz 5/7.

744 Holzhammer/Holzhammer, aaO; dieses Erfordernis ergibt sich auch aus dem Wortlaut des § 86 Abs 3 AußStrG.

745 Steininger, JBl 1963, 453 (457).

746 Damals noch bezogen auf § 259 AußStrG aF.

noch) auf deren Verlangen Informationen zu erteilen sind. Dies bedeutet im Gegenschluss wohl, dass die allgemeinen Auskünfte über die Wahleltern auch ganz entfallen können, wenn nicht eigens der Wunsch der leiblichen Eltern auf Informationserteilung besteht.[747] Eine solche Interpretation ist mE jedoch nur mit der Einschränkung zulässig, dass die Eltern bereits die Zustimmung zu einer bestimmten und sohin hinreichend konkretisierten Inkognitoadoption abgegeben haben und Auskünfte über die allgemeinen Verhältnisse der Wahleltern nicht verlangen. Nur so kann das Vorliegen einer unzulässigen Blankozustimmung vermieden werden.

e. Bewilligungsbeschluss

Der Adoptionsbeschluss gem § 89 AußStrG enthält sowohl deklarative Angaben ohne Bindungswirkung (wie Personalien der Vertragsschließenden) als auch rechtsgestaltende Ausführungen (wie das Erlöschen der Rechtsbeziehungen zum leiblichen Elternteil). Die Adoption eines nicht eigenberechtigten Kindes ist jedenfalls nur bei Vorliegen der beiden kumulativen Voraussetzungen des § 180a Abs 1 ABGB von Seiten des Gerichts zu bewilligen. Diese liegen dann vor, wenn durch die Adoption eine dem Verhältnis zwischen leiblichen Eltern und Kindern entsprechende Beziehung hergestellt wird[748] und die Adoption dem Kindeswohl[749] dient.

747 Die ErläutRV 224 BlgNR XXII. GP zu § 88 gehen zwar davon aus, dass Abs 2 die allgemeinen Informationsrechte des Verzichtenden „beibehält", doch ergibt sich mE nach dem Gesetzeswortlaut eine eindeutige Beschränkung dieser Informationsrechte.

748 Es sei denn, eine solche Beziehung besteht bereits.

749 Dem Wohl des Wahlkindes dient die Adoption dann, wenn durch diese gewährleistet werden kann, dass dem Adoptivkind ein beständiges und ausgeglichenes Zuhause geboten werden kann. Dazu vgl OGH 22.10.1986, 1 Ob 628/86 = JBl 1987, 39. Auch bessere Berufsaussichten oder bessere Erbaussichten können (mE zwar nur sehr eingeschränkt, da in erster Linie auf die psychische Entwicklung bzw ein Heranwachsen in einem kinderfreundlichen und liebevollen Umfeld abgestellt und weniger auf rationale Werte Rücksicht genommen werden sollte) unter Umständen ein „gerechtfertigtes Anliegen" für eine Adoption darstellen. Vgl dazu JBl 1967, 317. Bei gleich bleibenden Entwicklungschancen mit oder ohne Adoption ist von der Annahme jedenfalls abzusehen. Vgl dazu nur EF 48.468; 58.417; 59.863.

I. Inhalt des Beschlusses

§ 89 AußStrG löst den vormaligen § 260 AußStrG aF ab. Der Beschluss über die Bewilligung einer Adoption hat demzufolge – über die allgemeine Regel des § 39 AußStrG[750] hinausgehend – folgenden Inhalt aufzuweisen:

- Den Ausspruch über die Einwilligung in das Erlöschen der Rechtsbeziehungen zwischen Wahlkind und leiblichen Eltern;
- Den Ausspruch über das Erlöschen der Rechtsbeziehungen des Wahlkindes zu den leiblichen Eltern;
- Den Ausspruch über den Zeitpunkt, mit welchen dieses Erlöschen wirksam wird (sofern eine Einwilligung in dieses Erlöschen vorliegt);
- Den Vor- und Familiennamen der Wahleltern sowie des Wahlkindes;
- Den Tag und Ort deren Geburt;
- Die Staatsangehörigkeit;
- Die Zugehörigkeit zu einer gesetzlich anerkannten Kirche bzw Religionsgemeinschaft sowie einen Hinweis auf entsprechende Eintragungen in den Personenstandsbüchern;
- Den Tag des Wirksamwerdens der Adoption;
- Auf Antrag etwaige sonstige Angaben, welche zu einer vollständigen Erfassung der Adoption durch ausländische Personenstandsbehörden notwendig sind.

Für den Beschluss besteht keine weitere Begründungspflicht als § 39 Abs 4 AußStrG vorsieht. Beantragen alle Parteien des Verfahrens die Bewilligung der Adoption bzw die Bewilligung aufgrund der abgegebenen Zustimmungserklärungen, welche dem erklärten Willen aller Parteien entspricht, kann die Begründung des Beschlusses auch gänzlich unterbleiben.[751] Die Beschlusswirkungen treten gem § 43 Abs 2 AußStrG erst ein, wenn die Zustellung der Beschlussausfertigungen an alle aktenkundigen Parteien zugestellt wurde und die Rechtsmittelfrist für alle Parteien verstrichen ist. Dem Beschluss kann keine vorläufige Wirkung zuerkannt werden (§ 44 Abs 1 AußStrG) und es kann auch nach § 38

---

750 Im § 39 AußStrG ist der Inhalt jedes Beschlusses, der schriftlich ausgefertigt wird, allgemein geregelt: Demnach ist das Gericht und die Sache zu bezeichnen sowie die positive Erledigung des Antrages über die Bewilligung der Annahme an Kindesstatt auszusprechen. Zudem müssen alle Parteien mit Vor- und Zunamen, ihre Anschriften, deren Vertreter, der Tag und Ort ihrer Geburt sowie ihre Staatsangehörigkeit angeführt werden.

751 Maurer/Schrott/Schütz, AußStrG § 89 Rz 1.

AußStrG nicht rechtswirksam auf die Zustellung des Bewilligungsbeschlusses verzichtet werden.[752]

Die Aussprüche im Beschluss sind sowohl feststellender, als auch rechtsgestaltender Natur, weil mit dem Bewilligungsbeschluss auch eine neue Rechtslage (hieraus folgt die Rechtsgestaltungswirkung) im Sinne einer Eltern-Kind-Beziehung geschaffen wird.[753]

II. Rechtsfolgen des Beschlusses

Die Rechtsfolgen und Wirkungen einer rechtskräftig bewilligten Adoption werden in den §§ 182 ff ABGB geregelt und betreffen primär materielles Recht. Nach gerichtlicher Bewilligung der Adoption erlöschen sämtliche Rechtsbeziehungen des Wahlkindes zu den leiblichen Eltern. Wenn die Annahme nur durch einen Elternteil (also entweder durch die Wahlmutter oder durch den Wahlvater) erfolgt, erlöschen nur die Rechtsbeziehungen zu diesem leiblichen Elternteil des Kindes. Auch wenn die Adoption nur durch eine Einzelperson erfolgt, bleiben die Rechtsbeziehungen zum jeweils anderen leiblichen Elternteil bestehen. Erfolgt die Adoption also beispielsweise nur durch die Wahlmutter, dann bleiben die Rechtsbeziehungen zum leiblichen Vater bestehen. Der andere Elternteil (im genannten Beispiel also der Vater) kann jedoch nach § 182 Abs 2 ABGB die Einwilligung zur Erlöschung von sämtlichen Rechtsbeziehungen erteilen.[754] Liegt eine solche Einwilligung vor, ist diese gem § 89 Z 2 AußStrG in den Spruch des Bewilligungsbeschlusses aufzunehmen.[755]

Gem §§ 38 Abs 2 PStG 20 Abs 1 Z 1 lit f PStV[756] ist das Gericht verpflichtet, den rechtskräftigen Bewilligungsbeschluss bzw die Aufhebung der Annahme an Kindesstatt der Personenstandsbehörde, welche das Geburtenbuch führt, zu übermitteln.[757] An eine ausländische Personenstandsbehörde ist der Beschluss nur zuzustellen, wenn dies in zwischenstaatlichen Vereinbarungen festgelegt ist.[758]

---

752 Deixler-Hübner in Rechberger, AußStrG § 89 Rz 3; Maurer/Schrott/Schütz, AußStrG § 89 Rz 3.

753 Deixler-Hübner in Rechberger, AußStrG § 89 Rz 1; Stabentheiner in Rummel3, § 179a Rz 3; Schwimman in Schwimann3, § 179a Rz 5.

754 Näheres siehe ErläutRV 224 BlgNR XXII. GP zu § 89.

755 Maurer/Schrott/Schütz, AußStrG § 89 Rz 1.

756 BGBl 1983/629 idF BGBl II 2010/1.

757 Feil/Marent, AußStrG2 § 89 Rz 6; ErläutRV 224 BlgNR XXII. GP zu § 89.

758 Maurer/Schrott/Schütz, AußStrG § 89 Rz 4.

f. Resümee

Mit dem Familienrechts-Änderungsgesetz 2008[759] wurde unter anderem ein eigener Abschnitt im AußStrG für die gerichtliche Anerkennung von Adoptionen im Ausland eingefügt.[760] Weiters wurde dem § 90 AußStrG ein Abs 3 hinzugefügt, welcher vorsieht, dass das Gericht auf geeignete Weise zu ermitteln hat, ob die Adoption dem Wohl des minderjährigen Wahlkindes entspricht. Das Gericht hat nach dieser Bestimmung Auskünfte aus dem Strafregister hinsichtlich der Wahleltern und gegebenenfalls auch ihres engen familiären Umfeldes einzuholen[761] („lex Fritzl"). Die ohnehin weitgehend verbreitete Praxis der Gerichte, vor der Entscheidung über eine Adoption eine Strafregisterauskunft über die Wahleltern einzuholen, wird mit dieser Bestimmung endgültig gesetzlich verankert. Somit kann jede strafrechtliche Verurteilung, welche für die Annahme eines Kindes Relevanz aufweisen könnte, beachtet werden. Auch das engere familiäre Umfeld der annehmenden Wahleltern bzw des annehmenden Wahlelternteils kann in die Überprüfung miteingebunden werden. Die Gefährdung des Kindeswohls etwa durch den Lebenspartner einer annehmenden Person, die mit dem Kind im selben Haushalt zusammenlebt, kann somit hintangehalten werden.[762]

Abschließend kann festgestellt werden, dass die Bestimmungen im AußStrG über die Annahme an Kindesstatt dem Grundsatz des Kindeswohls, welcher als prägendes Prinzip im Adoptionsrecht stets Beachtung finden muss (vgl § 180a Abs 1 ABGB), in ausreichendem Maße berücksichtigen. Die oben erläuterte zusätzliche Bestimmung durch das FamRÄG 2008 ist mE eine konsequente Ergänzung in Anbetracht der jüngsten Vorfälle in Amstetten. Gerade in einem sehr sensiblen Rechtsgebiet wie dem Adoptionsrecht ist es besonders schwierig, aber auch von großer Bedeutung, die bürokratischen Vorschriften mit den Bedürfnissen der Gesellschaft kompatibel zu machen. Auch in Zukunft wird der Gesetzgeber gefordert sein, auf das Adoptionsverfahren, im Lichte der gesellschaftlichen Aspekte des 21. Jahrhunderts[763], ein achtsames Auge zu werfen.

759 Als Ergebnis von Beratungen in mehreren Arbeitsgruppen, welche ausgehend vom Justizministerium zu verschiedenen rechtspolitischen Themen, eingerichtet wurden.

760 ÖJZ 2008/41, 10.

761 Ministerialentwurf zum Familienrechts-Änderungsgesetz – FamRÄG 2008, 198/ME XXIII. GP, Art IX Änderungen des Außerstreitgesetzes.

762 Erläuterungen zum Ministerialentwurf 198/ME XXIII. GP.

763 Diesbezüglich wird etwa auf die Debatte über die Adoption durch gleichgeschlechtliche Wahlelternpaare hingewiesen, welche im Rahmen dieser Arbeit nicht weiter thematisiert wird, die jedoch mit Sicherheit interessante Rechtsfragen mit sich bringt.

5. Adoptionsmediation

Unbestrittenerweise bilden Konflikte, die in Zusammenhang mit einer Adoption stehen, nicht das Hauptanwendungsgebiet für außergerichtliche Streitbeilegungsverfahren wie Mediation. Dies ergibt sich vor allem schon aus rationalen Überlegungen hinsichtlich der zahlenmäßigen Häufigkeit von Adoptionen im Vergleich zu Trennungen oder Scheidungen. Dennoch sind mE Konflikte in diesem sensiblen und – wie der vorangegangene Überblick über das Recht der Adoption gezeigt hat – äußerst komplexen Bereich des Familienrechts durchaus auch für mediative Methoden zugänglich. Dies vor allem deshalb, weil das Kindeswohl stets im Zentrum der Erwägungen stehen sollte.[764]

So sind etwa Konflikte zwischen Wahleltern und leiblichen Eltern bezüglich der Abwicklung der Adoption ein potentieller Anwendungsfall für Mediation. Uneinigkeiten darüber, ob die Adoption als Inkognitoadoption ablaufen soll, welche häufig von den Adoptiveltern gewünscht, von den leiblichen Eltern hingegen oftmals unerwünscht ist, können mittels mediativer Gespräche geregelt werden. Das adoptierende Paar bzw ein adoptierender Elternteil strebt verständlicherweise den Aufbau einer weitgehend natürlichen Eltern-Kind-Beziehung an. Die absolute Anonymität der leiblichen Eltern, wie sie als Resultat einer Inkognitoadoption gilt, wird von den Adoptiveltern häufig als besonders förderlich empfunden.[765] Der Kontakt, welcher über den Akt der Mediation hinausgeht, zwischen dem Adoptivkind und den leiblichen Eltern im Rahmen einer offenen Adoption könnte dem jedoch entgegenstehen. Insbesondere wenn das Wahlkind ins Jugendlichenalter kommt, fürchten Adoptiveltern häufig um den Zugang zum Kind, falls auch die leiblichen Eltern Einfluss auf den Heranwachsenden ausüben. Andererseits fällt leiblichen Eltern die Entscheidung über eine Adoption ihres Kindes oftmals leichter, wenn auch nach der Adoption weiterhin Kontakt zum Kind besteht (offene Adoption[766]) und in gewisser Hinsicht die Entwicklung bzw das Heranwachsen des Kindes begleitet werden kann. Dadurch stellt für die leiblichen Eltern der Akt der Abgabe nicht mehr den endgültigen Abbruch des Kontakts zum Kind dar. Vielmehr wird in gewisser Hinsicht an der

764 Siehe dazu insbesondere die Einführung zum Kapitel VIII. C. Zur emotionalen und psychischen Situation von Adoptivkindern eingehend vgl Ott, Adoptivkinder, in Dörflinger/Elsässer (Hg), Internationale Adoptionen5 (2005) 9ff.

765 Vgl Oberloskamp/Hoffmann, Wir werden Adoptiv- oder Pflegeeltern5 (2006) 139f, die darauf hinweisen, dass Inkognitoadoptionen in der Praxis noch immer am häufigsten vorkommen.

766 Auch als „Nicht-Inkognito-Adoption“ bezeichnet. So Oberloskamp/Hoffmann, Adoptiv- oder Pflegeeltern 140.

Zukunft sowie der Entwicklung des Kindes teilgenommen.[767] Diesbezüglich kann es zum Einsatz der sogenannten Shuttle-Mediation[768] kommen, im Rahmen derer der Mediator mit allen beteiligten Parteien Gespräche führt, wobei dies aber – wie im Vorfeld einer Inkognitoadoption selbstverständlich unmöglich – nicht im gleichzeitigen Beisein aller Parteien geschieht.

Mediation kann zudem vor allem bei der Gestaltung des Kontakts zwischen leiblichen Eltern und dem zur Adoption freigegebenem Kind herangezogen werden, um Konflikte zwischen Adoptiveltern, leiblichen Eltern und Adoptivkindern (so genanntes „Adoptionsdreieck"[769]) im Rahmen der offenen Adoption hintanzuhalten.[770] Die beiderseitigen Interessen (sowohl der leiblichen als auch der Wahleltern) bedürfen insofern Beachtung und sollten miteinander abgewogen werden. Insbesondere in den USA wird Mediation bei offenen Adoptionen bereits erfolgreich genutzt. Innerhalb einer Mediation wird über die Art und Weise des Kontakts zwischen den leiblichen Eltern und der Adoptivfamilie verhandelt.[771] Der entscheidende Vorteil einer solchen Konfliktvermittlung ist die positive Beziehung zwischen leiblichen Eltern und Adoptiveltern, die letztendlich für das Kindeswohl und die Entwicklung des Kindes in der ohnehin schon schwierigen Situation wünschenswert und insofern besonders wertvoll ist. Unter dem Stichwort „Kooperation anstatt Konfrontation" entspricht eine einvernehmliche Lösung jedenfalls dem Kindeswohl. Wie innerhalb eines Mediationsverfahrens typisch, steht auch am Ende einer Adoptionsmediation eine (schriftliche) Vereinbarung zwischen leiblichen Eltern und Adoptiveltern.

Ein weiteres Anwendungsgebiet für Mediationen stellen Klagen nach Abschluss des Adoptionsverfahrens dar. Hinter einer derart gelagerten Klage kann

---

767 Zu den Vor- und Nachteilen offener Adoptionen für alle Betroffenen siehe weiterführend etwa Zingeler, Jenseits des Muttermythos. Über die Trennung von Gebären und Aufziehen (2005) 211ff.

768 Bei einer Shuttle-Mediation läuft der Kommunikationsfluss über den Mediator, welcher von einer Konfliktpartei zur anderen pendelt (daher auch die Bezeichnung „Pendelmediation"). Dabei finden keine direkten Gespräche zwischen den Parteien des Konflikts statt. Vielmehr vermittelt jede Partei dem Mediator die jeweiligen Vorstellungen, Positionen und Bedürfnisse. Siehe dazu etwa Butler, Mediation. Essentials and Expectations (2004) 23f; McWhorter Sember, The Complete Divorce Handbook: A Practical Guide (2009) 100f; Weber/Schilling, Eskalierte Elternkonflikte: Beratungsarbeit im Interesse des Kindes bei hoch strittigen Trennungen (2006) 79.

769 Adoptionseltern – leibliche Eltern – Kind. Vgl dazu Van Tuyll, Adoptiveltern, in Dörflinger/Elsässer (Hg), Internationale Adoptionen5 (2005) 17 (21).

770 Ott in Dörflinger/Elsässer, Internationale Adoptionen 11 spricht diesbezüglich vom Problem der „Doppelelternschaft".

771 Marx, Sozial-Mediation: Neuere Ansätze in den USA, Theorie und Praxis der Sozialen Arbeit, Heft 2/2003, 46ff.

etwa der Versuch eines leiblichen Elternteils stehen den Adoptionsvertrag anzufechten. Auch diesbezüglich kann es sehr hilfreich sein, mittels Mediation herauszufinden, welche (oftmals verborgenen) Bedürfnisse hinter dem Unmut der Parteien stehen. Mediation kann aber auch dann zum Einsatz kommen, wenn sich eine adoptierte Person dazu entschließt mit dem leiblichen Elternteil – mitunter Jahre nach der Adoption – in Kontakt zu treten.[772]

Weiters können auch komplexe Erbrechtskonstellationen bei erfolgter Adoption zu Konflikten zwischen den Erbberechtigten führen.[773] Die Tatsache, dass Wahlverwandte einander wie Verwandte beerben kann mitunter zu Unverständnis und Konflikten nach einem ohnehin schon emotional belastenden Todesfall in der Familie führen. Das Wahlkind beerbt sowohl die leiblichen Eltern als auch die Adoptiveltern. Das gesetzliche Erbrecht zwischen Wahlkind und den leiblichen Eltern sowie deren Verwandten bleibt also trotz der Adoption aufrecht.[774] Stirbt hingegen das Adoptivkind ohne eigene Nachkommen, so gehen die Wahleltern den leiblichen Eltern vor. Dieser Vorrang der Adoptiveltern und deren Nachkommen vor den leiblichen Eltern und deren Nachkommen, kann vor allem dann zu Konflikten führen, wenn das Wahlkind Kontakt zur leiblichen Familie aufgenommen hat.[775]

Wahlkinder sind gegenüber ihren Wahleltern den leiblichen Kindern der Adoptiveltern erbrechtlich gleichgestellt, ohne dass jedoch eine Blutsverwandtschaft zwischen Adoptivelternteil und Adoptivkind vorliegt. Andererseits beerben Wahlkinder aber – wie bereits oben erwähnt – auch die leiblichen Eltern. Dieses „doppelte Erbrecht“ kann bei den leiblichen Kindern des verstorbenen Wahlelternteils zu Unverständnis und in Folge zu familiären Konflikten zwischen Adoptivkindern und leiblichen Kindern des verstorbenen Elternteils führen. Erbrechtsstreitigkeiten zwischen dem Kind, welches zur Adoption frei gegeben wurde (und trotzdem das Erbrecht gegenüber der leiblichen Eltern behält) und nicht zur Adoption freigegebenen Kindern der leiblichen Eltern seien an dieser Stelle nur als weiteres Beispiel für einen Erbrechtskonflikt angeführt.

Konflikte zwischen Wahlelternteil und leiblichem Elternteil können aber auch dann entstehen, wenn es im Falle der Einzelannahme zur so genannten Verdrängung des gleichgeschlechtlichen Elternteils kommt, mit dem leiblichen (nicht verdeckten) Elternteil[776] aber die gemeinsame Obsorge auszuüben ist.

---

772 Etter, Applying Mediation to the Field of Adoption, in Kruk (Hg), Mediation and Conflict Resolution (1998) 141ff.

773 Generell zur Mediation bei Erbrechtskonflikten vgl Kapitel VIII. E.

774 Siehe dazu Apathy, Privatrecht VII. Erbrecht2 (2006) Rz 2/12; Holzhammer/Roth, Bürgerliches Recht6 384.

775 Dazu siehe Holzhammer/Roth, Bürgerliches Recht6 396.

776 Es sei denn, dieser hat in das Erlöschen seiner Rechte eingewilligt.

Auch wenn innerhalb dieses Kapitels der Arbeit nicht dezidiert auf Rechtsfragen von Adoptionen mit Auslandsberührungen bzw internationalen Adoptionen[777] eingegangen wurde, sei erwähnt, dass in den letzten Jahrzehnten die Anzahl der Adoptionen von Kindern aus fremden Kulturen drastisch angestiegen ist. Für die Lösung von Konflikten[778], die sich im Zusammenhang mit internationalen Adoptionen ergeben, beinhaltet die interkulturelle Mediation[779] wertvolles Potential.

D. Pflegekindschaft

1. Einführung

a. Die Ausgangssituation

Pflegekind, Pflegeeltern und leibliche Eltern bilden die betroffenen „Parteien", die nicht nur in rechtlicher, sondern insbesondere in emotionaler Hinsicht miteinander in Beziehung treten. Meist werden Kinder aus schwierigen sozialen Verhältnissen für einen gewissen Zeitraum in einer Pflegefamilie betreut. Grund

777 Zu den Besonderheiten der internationalen Adoption vgl etwa Davenport, The Complete Book of International Adoption (2006) 11ff; Oberloskamp/Hoffmann, Adoptiv- oder Pflegeeltern 285; Röchling, Adoption 125ff.

778 So können sich etwa Konflikte ergeben, die aus der ethnokulturellen Doppelzugehörigkeit des Kindes resultieren; ebenso Streitigkeiten mit Adoptionsvermittlungsstellen und ausländischen Behörden bzw den abgebenden leiblichen Eltern im Ausland. Weiterführend vgl Ott in Dörflinger/Elsässer, Internationale Adoptionen 13ff.

779 In der interkulturellen Mediation wird vor allem davon ausgegangen, dass Konflikte auch von der sozialen Realität („social reality") geprägt sind und je nach kulturellem Umfeld und kultureller Haltung unterschiedliche Vorgehensweisen bei der Lösungsfindung notwendig sind. Bei interkulturellen Konflikten stoßen unterschiedliche Realitäten und Wertvorstellungen aufeinander, die mangels Berücksichtigung häufig in einer massiven Eskalation des Streites enden. Auch das Verhalten der Akteure eines Konflikts resultiert häufig aus kulturspezifischen Besonderheiten. All dies berücksichtigt die interkulturelle Mediation. Weiterführend dazu vgl Busch, Wie kommen Ideen von interkultureller Mediation zustande? in Otten/Scheitza/Cnyrim (Hg), Interkulturelle Kompetenz im Wandel 1: Grundlegungen, Konzepte und Diskurse (2009) 141ff; Mayer/Boness von Waxmann, Interkulturelle Mediation und Konfliktbearbeitung: Bausteine deutsch-afrikanischer Wirklichkeiten (2004) 49ff; Reif, Interkulturelle Mediation, in Metha/Rückert (Hg), Streiten Kulturen? Konzepte und Methoden einer kultursensitiven Mediation (2004) 31ff. Zur Mediation bei internationalen Kindschaftskonflikten vgl auch Delerue/Reeckmann-Fiedler, Scheidung und Erbschaft 102ff.

dafür können soziale Notfälle oder unterschiedlichste familiäre Probleme in der Herkunftsfamlie sein.[780] Damit einher geht für alle Betroffenen ein tiefgreifender Einschnitt in das bisherige Leben. Psychische Verletzungen, Gemütsbewegungen, aber auch das Zerbrechen von bisherigen Lebensvorstellungen und Versagensängsten (insbesondere für die leiblichen Eltern) spielen eine wichtige Rolle. Dadurch ergibt sich, dass es im Bereich eines Pflegeverhältnisses zu zahlreichen, vor allem emotional sehr belastenden, Konflikten kommen kann.

Pflegefamilienverhältnisse sind häufig mit dem Ringen um Normalisierung der Beziehung zwischen Pflegekind, Herkunftsfamilie und Pflegefamilie charakterisiert. Pflegeeltern nehmen ein vorerst fremdes Kind auf, lassen diesem ein hohes Maß an Vertrauen und Zuwendung zu teil werden obwohl sie von vornherein wissen, dass das Pflegeverhältnis (meist) befristet ist und sie früher oder später das anvertraute Kind an die leiblichen Eltern „zurückgeben“ müssen.[781]

Diese kurze Einführung lässt bereits vermuten, wie vielfältig und komplex die Auseinandersetzungen zwischen Behörden, Pflegeeltern und leiblichen Eltern sein können. Gefühlsmäßige Bindungen (so spricht sogar der Gesetzeswortlaut des § 186 ABGB von

> „einem dem Verhältnis zwischen leiblichen Eltern und Kindern nahe kommenden Beziehung“),

wie sie zweifelsohne gerade im Bereich der Pflegeverhältnisse vorkommen, bilden mE ein geradezu außerordentliches Potential für den Einsatz außergerichtlicher Konfliktlösungsmethoden. Folglich ist der Bereich der Pflegekindschaft einer jener Rechtsbereiche im Familienrecht, der geradezu prädestiniert ist, um Mediation als Konfliktlösungsansatz bei Rechtsstreitigkeiten gesetzlich zu verankern. Mediation stellt diesbezüglich eine besonders wertvolle Möglichkeit und Chance zur einvernehmlichen Konfliktlösung dar. Dabei ist allen voran das Kindeswohl als leitendes Grundprinzip zu beachten.

---

780 Als häufigsten Grund für die Inpflegenahme eines Kindes geben Oberloskamp/Hoffmann, Pflegeeltern 9 an, dass Eltern bzw Elternteile nicht in der Lage sind ihr Kind zu versorgen und zu erziehen. Dies kann faktisch viele Gründe haben: So kann es sein, dass Kinder in der Herkunftsfamilie misshandelt wurden, die Eltern an Suchtproblemen leiden, aufgrund derer die Versorgung der Kinder unmöglich wird; Eltern können aber auch bereits gestorben sein, der zurückbleibende Elternteil ist nicht bereit im Leben Einschränkungen zugunsten des Kindes vorzunehmen usw.

781 Siehe etwa Gehres/Hildenbrand, Identitätsbildung und Lebensverläufe bei Pflegekindern: Aufwachsen in Pflegeverhältnissen (2008) 121ff.

b. Rechtliches

Die Pflegekindschaft ist in den §§ 186, 186a ABGB sowie im JWG[782] geregelt. Pflegekinder sind grundsätzlich minderjährige Personen[783], die von Pflegeeltern (diese müssen nicht notwendigerweise miteinander verheiratet sein) bzw einem Pflegeelternteil[784] in dauernde Pflege und Erziehung, unter Umständen sogar in dauernde Obsorge, genommen werden.[785]

Seit dem KindRÄG 2001 enthält das ABGB eine Legaldefinition[786] der Pflegeeltern[787]: Das erste Definitionsmerkmal ist die (gänzliche oder partielle) Besorgung der Erziehung und Pflege des Kindes. Als zweites Definitionsmerkmal gilt das Bestehen bzw die beabsichtigte Herstellung einer persönlichen Beziehung zwischen Kind und Pflegeeltern.[788] § 186 ABGB sieht im Sinne des zweiten Definitionsmerkmales vor, dass zwischen Pflegeeltern und Pflegekind eine dem Verhältnis zwischen leiblichen Eltern und Kindern nahekommende Beziehung zu bestehen hat bzw hergestellt werden soll. Dies bedeutet, dass eine bloß vorübergehende Betreuung bzw kurzzeitige Ersatzbetreuungen, beispielsweise während der krankheitsbedingten Abwesenheit eines Elternteils oder nur für Teile des Tages (Tagesmutter bzw Tagesvater) keine Pflegekindschaft darstellt. In diesen Fällen kann wohl keine dem Verhältnis zu leiblichen Eltern nahekommende Beziehung aufgebaut werden.[789]

---

782 Auch wenn das JWG dem Öffentlichen Recht zuzuordnen ist, wird immer wieder darauf hingewiesen, dass es mit den zivilrechtlichen Normen des ABGB möglichst systemkonform interpretiert werden soll. Holzhammer/Roth, Bürgerliches Recht6 372; Kerschner, Familienrecht3 Rz 5/12. Die engere Abgrenzung des JWG bezüglich des Begriffes des Pflegekindes hat für das Zivilrecht keine Bedeutung.

783 Darunter sind auch solche mit verlängerter Minderjährigkeit gem § 173 ABGB zu verstehen. Ausgenommen sind hingegen verheiratete Frauen, auch wenn sie noch nicht 18 Jahre alt sind. Vgl dazu § 15 Abs 2 ABGB.

784 Auch natürliche Einzelpersonen kommen als Pflegeelternteil in Frage. Stabentheiner in Rummel3, § 186 Rz 4b.

785 Die Obsorge wird somit ganz oder teilweise übertragen. Kerschner, Familienrecht3 Rz 5/13.

786 Vgl die durchaus kritischen Anmerkungen zur vom Gesetzgeber gewählten Definition des Pflegeelternbegriffs in Haberl in Schwimann3, § 186 Rz 3.

787 Zur alten Rechtslage siehe etwa Pichler in Klang3 (2000) § 186 Rz 1ff.

788 Stabentheiner in Rummel3, § 186 Rz 1.

789 Koziol/Welser, Bürgerliches Recht13 557. Sehr wohl unter den gesetzlichen Begriff fallen jedoch Verwandte, die das Kind ohne Begründung eines vertraglichen Pflegeverhältnisses bei sich aufnehmen (weil die Eltern beispielsweise verunglückt sind) oder auch ein Stiefelternteil. Holzhammer/Holzhammer, Ehe und Familie 82; Holz-

2. Pflegschaftsvertrag

Abgesehen von dem Entstehen eines Pflegschaftsverhältnisses kraft Gesetzes, können Pflegschaftsverhältnisse auch durch Vertrag der Erziehungsberechtigten mit den Pflegeeltern begründet werden.[790] Für den Abschluss eines Pflegevertrags bedürfen (verheiratete bzw unverheiratete mit gemeinsamer Obsorgeberechtigung) Eltern und Großeltern mit ungeteilter Obsorge, der Zustimmung des jeweils anderen Elternteils bzw Großelternteils.

Der privatrechtliche Pflegschaftsvertrag[791], welcher die Pflegeeltern zur Pflege und Erziehung im eigenen Namen ermächtigt[792], wird zwischen leiblichen Eltern und Pflegeeltern geschlossen und ist auf Übergabe in fremde Pflege gerichtet. Dabei bleiben die Rechte bzw Pflichten zur Pflege und Erziehung grundsätzlich bei den obsorgeberechtigten leiblichen Eltern, welche ihrer Verpflichtung mittels der Pflegeeltern nachkommen. Den Pflegeeltern steht die Befugnis zur „Besorgung" der Erziehungs- und Pflegeagenden – jedoch keine Obsorge – zu.[793] Dieser formfreie Vertrag kann auch stillschweigend zwischen den Parteien geschlossen werden, in dem das Kind tatsächlich in Pflege gegeben wird.[794] Die Rechte der leiblichen Eltern im Bereich Pflege und Erziehung ruhen; Verwaltung und Vertretung des Kindes kommen ihnen jedoch weiterhin zu.[795] Die Unterhaltspflicht der Eltern bleibt unberührt.[796]

Der Pflegschaftsvertrag als rechtliche Grundlage, der – wie bereits erwähnt – nur die Pflege und Erziehung umfasst, bedarf keiner gerichtlichen Bestätigung.[797] Der Jugendwohlfahrtsträger hat jedoch bei Pflegekindern unter 16 Jahren eine so genannte Pflegebewilligung gem § 16 Abs 1 JWG zu erteilen. Die

---

hammer/Roth, Bürgerliches Recht6 372; Stabentheiner in Rummel3, § 186 Rz 1. Siehe dazu auch ErläutRV 296 BlgNR XXI. GP zu Art I Z 34.

790 Haberl in Schwimann3, § 186 Rz 4.

791 Auch als Pflegevertrag bezeichnet.

792 Insofern führt Haberl in Schwimann3, § 186 Rz 4 an, dass für einen „Pflegevertrag im eigentlichen Sinn" eine Ermächtigung der unmittelbar Erziehungsberechtigten und die Einwilligung der Pflegeeltern zur Pflichtenübernahme notwendig sind.

793 Vgl zu all dem Haberl in Schwimann3, § 186 Rz 7.

794 Holzhammer/Roth, Bürgerliches Recht6 372; Kerschner, Familienrecht3 Rz 5/12.

795 Holzhammer/Roth, Bürgerliches Recht6 372.

796 Kerschner, Familienrecht3 Rz 5/12.

797 Koziol/Welser, Bürgerliches Recht13 558 weisen darauf hin, dass beim Pflegschaftsvertrag, welcher dem früheren „Kostkindvertrag" entspricht, die Pflegeeltern als bloße Erfüllungsgehilfen der Erziehungsberechtigten leiblichen Eltern tätig werden. Die Vereinbarung zwischen leiblichen Eltern und Pflegeeltern ist als Werkvertrag oder als freier Dienstvertrag (so auch Kerschner, Familienrecht3 Rz 5/12) anzusehen. Siehe dazu auch OGH, RIS-Justiz RS0009638.

Pflegebewilligung wird vom örtlichen Jugendwohlfahrtsträger[798] erteilt, wobei im Laufe des Verfahrens die Bewerber auf die Eignung (beispielsweise Gesundheitszustand, Wohnraumverhältnisse) hinsichtlich der Inpflegenahme überprüft werden. Unterbleibt diese Pflegebewilligung, ist die Übernahme in Pflege zwar wirksam, zieht aber eine Verwaltungsstrafe nach den Bestimmungen des § 35 Abs 3 Z 2 JWG nach sich. Der Pflegevertrag an sich bleibt aber auch mangels Pflegebewilligung aufrecht.[799] Den leiblichen Eltern sowie den Pflegeeltern bzw dem Pflegeelternteil kommt innerhalb des Verfahrens der Pflegebewilligung Parteistellung zu. Das mindestens zehnjährige Kind ist jedenfalls persönlich, das noch nicht zehnjährige Kind in geeigneter Weise zu hören.[800]

Für das Ende des Pflegevertragsverhältnisses ist die Vereinbarung über die Dauer des Vertrags maßgeblich.[801] Die Parteien können den Vertrag auch einvernehmlich, aus wichtigen Gründen vorzeitig auflösen. Insbesondere bei Kindeswohlgefährdung ist eine solche vorzeitige Aufhebung des Vertrags möglich. Grundsätzlich gilt für das Ende eines Pflegevertragsverhältnisses Vertragsrecht.[802] Spätestens mit der Volljährigkeit des Pflegekindes erlischt auch das Pflegeverhältnis.[803]

3. Obsorge

Die Obsorge (worunter gem § 144 ABGB die Pflege und Erziehung sowie die Vermögensverwaltung und Vertretung des minderjährigen Kindes zu verstehen ist) wird auf Antrag der Pflegeeltern bzw eines Pflegeelternteils vom Gericht ganz oder teilweise übertragen.[804] Voraussetzung dafür ist, dass das Pflegeverhältnis nicht nur für kurze Zeit beabsichtigt ist und zudem die Übertragung der Obsorge dem Kindeswohl entspricht.[805]

Bei einer Kindeswohlgefährdung ist eine solche Übertragung der Obsorge mitunter ohne die Zustimmung der Eltern oder Großeltern möglich.[806] Den El-

798 Bezirkshauptmannschaft, Magistrat.
799 OGH 27.8.1980, 1 Ob 681/80 = JBl 1981, 434.
800 Vgl § 16 Abs 3 JWG.
801 Ende durch Zeitablauf; Kerschner, Familienrecht3 Rz 5/12.
802 Stabentheiner in Rummel3, § 186 Rz 6.
803 OGH 4.9.1991, 7 Ob 577/91 = wobl 1992/106, Haberl in Schwimann3, § 186 R 2.
804 § 186a Abs 1 ABGB.
805 Stabentheiner in Rummel3, § 186a Rz 1.
806 Holzhammer/Roth, Bürgerliches Recht6 373.

tern kann die Obsorge somit gänzlich[807] oder teilweise entzogen werden.[808] *Kerschner*[809] weist diesbezüglich auf die Gefahr der „Kindesenteignung", wie sie auch im Adoptionsbereich relevant werden kann, hin.

In § 186a Abs 2 ABGB wird den Eltern bzw Großeltern, die mit der Obsorge betraut sind, jedoch ein so genanntes „relatives Vetorecht"[810] eingeräumt. Dadurch soll sichergestellt werden, dass sich Bezugspersonen des Kindes (Eltern bzw Großeltern), welche ein persönliches Naheverhältnis zum Kind begründet haben, gegen die in Pflegenahme aussprechen können.[811] Stimmen die Eltern bzw Großeltern, die mit der Obsorge betraut sind, der Übertragung der Obsorge nicht zu, so darf diese nur noch dann verfügt werden, falls ohne sie das Kindeswohl gefährdet wäre.[812] Falls dem Antrag der Pflegeeltern stattgegeben wird, verbleiben den Eltern (jedoch nicht den Großeltern, da diese in § 178 ABGB nicht genannt sind) nur noch Informations- und Äußerungsrechte gem § 178 ABGB.[813]

Wollen bzw können die leiblichen Eltern das Kind wieder betreuen und entspricht dies auch dem Kindeswohl, ist die Übertragung der Obsorge gem § 186a Abs 3 ABGB vom Gericht aufzuheben. Dabei ist es notwendig, dass das Wohl des Kindes diesbezüglich bei den Pflegeeltern sowie den leiblichen Eltern annähernd gleich gewahrt ist.[814] Nach *Kerschner* wird die Obsorgeübertragung nur dann rückgängig zu machen sein, wenn das Verhältnis zu den Pflegeeltern nicht bereits besser einzustufen ist. Bei gleicher Eignung werden aber jedenfalls die leiblichen Eltern vorzuziehen sein.[815] Konfliktträchtig ist die Rückführung des Kindes vor allem dann, wenn die Pflegeeltern unvorbereitet und ohne ausreichende psychosoziale Unterstützung das Pflegekind, mit dem sie mitunter Jahre zusammengelebt haben, an die leiblichen Eltern zurückgeben müssen. Ziel einer Fremdunterbringung ist jedoch letztlich die Rückführung des Kindes in seine Herkunftsfamilie. Bereiten sich Pflegeeltern nicht auf die Trennung vom Pflege-

---

807 Die Übertragung der gesamten Obsorge kommt nur in Ausnahmefällen in Betracht und gilt als letztes Mittel der Kindeswohlförderung. Vgl dazu OGH 9.10.1997, 2 Ob 295/97i = RZ 1998/62.

808 Entsprechend dem § 17 Abs 1 Z 4 JWG ist in solch einem Fall auch keine Pflegebewilligung des Jugendwohlfahrtsträgers notwendig.

809 Kerschner, Familienrecht3 Rz 5/13.

810 Stabentheiner in Rummel3, § 186a Rz 2.

811 Holzhammer/Roth, Bürgerliches Recht6 373.

812 Hopf in Koziol/Bydlinski/Bollenberger2, § 186a Rz 1; Stabentheiner in Rummel3, § 186a Rz 2 mwN.

813 Stabentheiner in Rummel3, § 186a Rz 3.

814 Holzhammer/Roth, Bürgerliches Recht6 373.

815 Kerschner, Familienrecht3 Rz 5/13.

kind ausreichend vor oder sind sie der Meinung, dass eine Rückführung des Kindes in die leibliche Familie nicht gerechtfertigt ist, kann es zu schwerwiegenden, insbesondere das betroffene Kind belastenden, Streitigkeiten kommen. Die Inanspruchnahme von Mediation als interessensbasierte Vermittlungsmethode sollte in solchen Fällen – mitunter aufgrund des Hinweises der Jugendwohlfahrt – jedenfalls in Erwägung gezogen werden.

E. Nachbarrecht

1. Allgemeines

Nachbarrechte beschränken Eigentumsrechte an Liegenschaften, die zueinander in einem räumlichen Naheverhältnis stehen.[816] Das Nachbarschaftsrecht des ABGB versucht insofern einen Ausgleich zwischen den in gleichem Rang stehenden Rechten von Nachbarn und der sich (mitunter auch widerstreitenden) Nutzungsinteressen am jeweiligen Grundstück zu schaffen. [817] Eine solche gesetzliche Regelung der

> „Kollision zwischen gleichrangigen Eigentumsrechten sieht Einschränkungen der Befugnisse jedes Eigentümers im Interesse eines friedlichen Zusammenlebens der Nachbarn vor."[818]

Dem Nachbarn (Eigentümer)[819], der durch die Immissionen gestört wird, steht ein Unterlassungsanspruch bzw die Eigentumsfreiheitsklage zu. Sind beispielsweise durch grobkörperliche Einwirkungen bereits Immissionen auf die Liegenschaft des Nachbarn gelangt, so besteht ein Beseitigungsanspruch, welcher auf die Entfernung der Immissionen (welche schon auf die Liegenschaft gelangt sind) gerichtet ist. All diese Ansprüche sind verschuldensunabhängig. Davon abgesehen stehen dem beeinträchtigten Nachbarn auch verschuldensabhängige Schadenersatzansprüche zu. Als passiv legitimiert gilt der Eigentümer des

---

816 Holzhammer/Roth, Bürgerliches Recht6 242.

817 Kerschner, Nachbarrecht im Spannungsfeld zwischen Privatrecht und öffentlichem Recht, JBl 1994, 781.

818 So OGH 19.4.1989, 8 Ob 636/88 = JBl 1989, 646.

819 Dem § 364 ABGB zufolge sind Eigentümer einer beeinträchtigten Liegenschaft anspruchsberechtigt. Die hA sieht aber auch dinglich berechtigte Rechtsbesitzer, Bestandnehmer oder Wohnungseigentumsbewerber als anspruchsberechtigt an. Koziol/Welser, Bürgerliches Recht13 286; Spielbüchler in Rummel3, § 364 Rz 4.

Grundstücks, der die Störung durch die Immission herbeigeführt hat bzw sie duldet, obwohl er dazu im Stande gewesen wäre die Störung zu verhindern.[820]

Seit dem Inkrafttreten des Art III ZivRÄG 2004[821] ist die außergerichtliche Konfliktlösung in bestimmten Nachbarschaftsstreitigkeiten vorgesehen.[822] Aufgrund dieser Bestimmung hat ein Nachbar vor der Einbringung einer Klage im Zusammenhang mit dem Entzug von Licht oder Luft durch fremde Bäume oder Pflanzen (§ 364 Abs 3 ABGB) zur gütlichen Einigung eine Schlichtungsstelle anzurufen, einen Antrag nach § 433 Abs 1 ZPO[823] zu stellen oder – vorausgesetzt der Eigentümer der Bäume oder Pflanzen stimmt zu – den Streit einem eingetragenen Mediator zu unterbreiten. Zu beachten ist, dass dies jedoch lediglich für Ansprüche nach § 364 Abs 3 ABGB gilt und eben nicht – auch wenn dies mE sinnvoll wäre – für weitere nachbarrechtliche Ansprüche, welche sich aus den §§ 364 ff ABGB ergeben. Auf den ersten Blick mag es durchaus fortschrittlich anmuten, dass im österreichischen Nachbarrecht seit dem ZivRÄG 2004 außergerichtliche Konfliktlösung vorgesehen ist. Bei näherer Beschäftigung mit diesem Thema ist aber schnell ersichtlich, dass die gesetzlich vorgesehene Inanspruchnahme von außergerichtlichen Methoden doch sehr eingeschränkt gilt und das Potential für Mediation im Bereich der Nachbarschaftskonflikte aufgrund der gesetzlichen Normierung durch das ZivRÄG 2004 bei weitem nicht ausgeschöpft ist.

2. Immissionen

Unter dem Begriff Immissionen[824], welcher im ABGB keine Legaldefinition erfährt, werden Einwirkungen eines emittierten Stoffes (Emission[825]) auf die Ei-

---

820 Siehe etwa OGH in RdU 1994, 149; OGH in RdU 1998, 197. Ebenso als passiv legitimiert gilt ein dritter Verursacher, der das Grundstück für seine Zwecke benützt. Dazu RdU 1996, 200.

821 BGBl I 2003/91.

822 Hinzuweisen ist an dieser Stelle auch auf das durch die Reform eingeführte und an die deutsche Rechtsprechung angelehnte Rücksichtnahmegebot der Grundeigentümer, welches ausdrücklich im § 364 Abs 1 Satz 2 ABGB festgehalten ist: „Im Besonderen haben die Eigentümer benachbarter Grundstücke bei der Ausübung ihrer Rechte aufeinander Rücksicht zu nehmen.“ Dazu weiterführend vgl Kissich/Pfurtscheller, Der Baum am Nachbargrund – wirksamer Rechtsschutz durch das Zivilrechts-Änderungsgesetz 2004, ÖJZ 2004/44.

823 Vgl dazu ausführlich Kapitel VII. 3. Prätorischer Vergleich.

824 Vgl das aus dem Lateinischen stammende Wort „immittere“, welches „hineinschicken“ bzw „hineinleiten“ bedeutet.

gentumssphäre eines Nachbarn verstanden. Zu differenzieren ist zwischen direkten bzw unmittelbaren Immissionen, grobkörperlichen, indirekten bzw mittelbaren, negativen und ideellen Immissionen.[826]

Direkte (unmittelbare) Immissionen sind solche, die unmittelbar auf das Nachbargrundstück, beispielsweise durch die Zuleitung von Abwässern über Rohre[827] oder die Zuführung von Niederschlag durch eine, die Abflussverhältnisse verändernde, Stützmauer[828], gelangen. *Grobkörperliche* Einwirkungen sind etwa auf das Nachbargrundstück aufprallende Dachlawinen[829] oder auf den Nachbargrund hinüber geschleuderte Fuß-, Golf- oder Tennisbälle[830]. *Indirekte* (mittelbare[831]) Immissionen hingegen sind solche, die von einem Grundstück ausgehend auf das Grundstück eines Nachbarn „übergreifen". § 364 Abs 2 ABGB zählt demonstrativ Rauch, Gase, Wärme, Gerüche, Geräusche und Erschütterung auf. Dem § 364 Abs 3 ABGB zu Folge können auch Einwirkungen aufgrund des Entzugs von Licht oder Luft durch Bäume oder Pflanzen[832], die beispielsweise zu Vermoosung, Schädigungen des Bodenbewuchses oder zu unzureichendem Tageslicht in Wohnräumen führen, als Immissionen gelten. Derartige Immissionen werden als *negative*[833] Immissionen bezeichnet. *Ideelle*[834] Immissionen sind solche, die das sittliche Empfinden beeinträchtigen und in ästethischer Hinsicht wirken. Ideelle Einwirkungen sind grundsätzlich nicht geeignet um ein Unterlassungsbegehren im Sinn des § 364 Abs 2 ABGB zu rechtfertigen.[835]

---

825 Vom lateinischen Wort „emittere", welches mit „herauslassen", „herausschicken" übersetzt wird.

826 Eccher in Koziol/Bydlinski/Bollenberger2, § 364 Rz 4ff; Iro, Sachenrecht3 (2008) 4/6 ff; Koziol/Welser, Bürgerliches Recht13 283ff; Spielbüchler in Rummel3, § 364 Rz 7ff.

827 JBl 1966, 144.

828 OGH 23.11.1994, 1 Ob 615/94 = JBl 1995, 317.

829 JBl 1967, 207.

830 OGH 7.11.1995, 4 Ob 579/95; RdU 1996/100 mit Anm Kerschner.

831 Auch als „Imponderabilien" bezeichnet. Eccher in Koziol/Bydlinski/Bollenberger2, § 364 Rz 5; Iro, Sachenrecht3 4/7;

832 Nicht hingegen durch Bauten!

833 Spielbüchler in Rummel3, § 364 Rz 10.

834 Siehe etwa OGH 12.9.1967, 8 Ob 201/67 = SZ 40/116. Der Bau eines sechsstöckigen Hochhauses in einer Villengegend – als ideelle Beeinträchtigung – stellt nach der zitierten Entscheidung keine unzulässige Immission gem § 364 Abs 2 ABGB dar. Weiterführend auch Holzner in Kletečka/Schauer, § 364 Rz 11.

835 OGH 24.2.1971, 5 Ob 23/71 = SZ 44/22; siehe auch Spielbüchler in Rummel3, § 364 Rz 9.

a. Unzulässige Immissionen gem § 364 Abs 2 ABGB

Gem § 364 Abs 2 ABGB kann der Eigentümer eines Grundstückes die vom Nachbargrundstück ausgehenden Einwirkungen (Immissionen) durch Abwässer, Rauch, Gase, Wärme, Geruch, Geräusche, Erschütterung oder ähnliches untersagen, wenn bestimmte Voraussetzungen vorliegen: Zum einen sind Immissionen unzulässig, wenn diese

> „das nach den örtlichen Verhältnissen gewöhnliche Maß überschreiten"

und zum anderen die

> „ortsübliche Benutzung eines Grundstückes wesentlich beeinträchtigt"

wird. Fehlt nur eine dieser beiden Voraussetzungen ist die Immission erlaubt.[836] Die „Wesentlichkeit" der Beeinträchtigung wird dabei am „Empfinden eines verständigen Durchschnittsmenschen" gemessen. In der einschlägigen Rechtsprechung wird zumeist im Einzelfall eine umfassende nachbarrechtliche Interessenabwägung vorgenommen.[837] Direkte bzw unmittelbare[838] Zuleitungen von Immissionen sind in jedem Fall unzulässig.[839]

b. Negative Immissionen durch Pflanzen gem § 364 Abs 3 ABGB

§ 364 Abs 3 ABGB ordnet Folgendes an:

> „Ebenso kann der Grundstückseigentümer einem Nachbarn die von dessen Bäumen oder anderen Pflanzen ausgehenden Einwirkungen durch den Entzug von Licht oder Luft insoweit untersagen, als diese das Maß des Abs 2 überschreiten und zu einer unzumutbaren Beeinträchtigung der Benutzung des Grundstücks führen. Bundes- und landesgesetzliche Regelungen über den Schutz von oder vor Bäumen und anderen Pflanzen, insbesondere über den Wald-, Flur-, Feld-, Ortsbild-, Natur- und Baumschutz, bleiben unberührt."

---

836 Im Vergleich zu § 364 Abs 3 ABGB bestehen weniger strenge Grenzen. Iro, Sachenrecht3 4/10. Siehe dazu im folgenden Abschnitt.

837 Ausführlich zum Musizieren in der Nachbarwohnung vgl etwa Illedits, OGH klärt die Ortsüblichkeit des Klavierspiels in Wohnräumen im städtischen Gebiet, wobl 2004, 300.

838 Eine solche unzulässige Zuleitung liegt beispielsweise vor, wenn der Nachbar sein Abwasser durch Rohrleitungen in die unmittelbare Nähe seiner Grundstücksgrenze führt, von wo es auf das hangabwärts gelegene Grundstück des anderen Nachbarn fließt. Siehe dazu OGH 29.1.1969, 5 Ob 332/68.

839 Dies bedeutet, dass gewisse mittelbare Einwirkungen gewöhnlichen Ausmaßes, die keine erhebliche Beeinträchtigung in der Benützung des Grundstücks hervorrufen, von Grundeigentümern geduldet werden müssen. Siehe OGH, RIS-Justiz RS0010584.

Diese Bestimmung beschränkt sich auf die Untersagung von negativen Immissionen, die sich aus der Einwirkung durch Bäume und Pflanzen ergeben und sich in einem „Entzug von Licht oder Luft“ äußern.[840] Darunter sind insbesondere unzumutbare Beeinträchtigungen durch Schattenwurf zu verstehen.[841] Der Unterlassungsanspruch im Sinne des Abs 3 richtet sich insofern gegen „natürliche“[842] Einwirkungen und stellt eine lex specialis für negative Immissionen durch Pflanzen dar. Der Nachbar, auf dessen Grund die störenden Pflanzen bzw Bäume wachsen, wird verpflichtet die Bäume auszuästen, zurückzuschneiden oder – als ultima ratio – gänzlich zu beseitigen. Unterlassensansprüche gegen sonstige negative Immissionen richten sich weiterhin nach § 364 Abs 2 ABGB.

Für den Abwehranspruch des Abs 3 wird einerseits vorausgesetzt, dass die Einwirkungen

> „das Maß des Abs 2 überschreiten“843.

Dabei ist das „Maß“ hinsichtlich der Ortsüblichkeit im Sinne des Abs 2 heranzuziehen.[844] Darüber hinaus – dies gilt als zweite Voraussetzung – muss die Benützung des Grundstücks unzumutbar beeinträchtigt sein. Diese Unzumutbarkeit der Benutzung des Grundstücks wird im Einzelfall geprüft.[845]

§ 364 Abs 3 Satz 2 hält ausdrücklich fest, dass die Ansprüche im Sinne des Abs 3 keinen zwingenden Bestimmungen des öffentlichen Rechts über den Schutz von Bäumen bzw Pflanzen entgegenstehen dürfen.

c. Außergerichtliche Streitbeilegung gem Art III ZivRÄG 2004

Eine Klage nach § 364 Abs 3 kann aufgrund des Art III ZivRÄG 2004 nur dann zulässig eingebracht werden, wenn ein Einigungsversuch entweder vor einer dazu eingerichteten Schlichtungsstelle, vor dem Bezirksgericht im Sinne eines prätorischen Vergleichs gem § 433 ZPO oder bei einem Mediator im Sinne des

840 Auf Grund der Einführung des § 364 Abs 3 ABGB gilt § 422 ABGB für Beeinträchtigungen durch Pflanzen im Gegensatz zur bisherigen Rechtslage nicht mehr exklusiv und ausschließlich. Gehen positive Immissionen von Bäumen od. anderen Gewächsen aus, so stehen dem Grundstückseigentümer oder Nutzungsberechtigten neben dem Selbsthilferecht des § 422 ABGB auch die Ansprüche nach § 364 Abs 2 ABGB zu.

841 Vgl dazu ErläutRV 173 BlgNR XXII. GP, 1.

842 Diesbezüglich kommt es aber nicht darauf an, ob die Pflanzen künstlich gepflanzt wurden. Vgl Oberhammer in Schwimann3, § 364 Rz 29.

843 Insofern sind die Anforderungen an die Benutzungsbeeinträchtigung im Abs 3 im Vergleich zu Abs 2 noch gesteigert.

844 So Oberhammer in Schwimann3, § 364 Rz 29 mwN die insbesondere auch die höhere Eingriffsintensität im Vergleich zu Abs 2 betreffen.

845 Eccher in Koziol/Bydlinski/Bollenberger2, § 364 Rz 12.

ZivMediatG längstens innerhalb von drei Monaten gescheitert[846] ist. Diese Dreimonatsfrist wird ab Einleitung des Schlichtungsverfahrens, ab Einlangen des Antrags bei Gericht oder ab Beginn der Mediation berechnet. Um die Streitigkeit einem Mediator zu unterbreiten, muss gem Art III ZivRÄG 2004 Z 1 der Eigentümer der Bäume oder Pflanzen damit einverstanden sein. Kommt eine Einigung bezüglich der Inanspruchnahme eines Mediationsverfahrens zustande, kommt nur ein Mediator im Sinne des ZivMediatG (eingetragener Mediator) als Verfahrensleiter in Frage.

Soweit nichts anderes vereinbart wurde, sind laut Gesetzeswortlaut die Kosten der Inanspruchnahme des außergerichtlichen Verfahrens von jenem Nachbarn zu tragen, der die gütliche Einigung angestrebt hat. Wird keine gütliche Einigung erzielt, sind die Kosten im Rechtsstreit wie vorprozessuale Kosten zu behandeln.

Ziel dieser obligatorischen Vorschaltung eines außergerichtlichen Verfahrens ist es, die materiell-rechtliche Regelungen mit entsprechenden Begleitmaßnahmen zu versehen, die im Ergebnis einer Überlastung der Gerichte entgegenwirken. Der bedeutende Vorteil der außergerichtlichen Konfliktlösung in diesem Bereich der Nachbarschaftsstreitigkeiten liegt darin, dass nicht nur die im Prozess maßgeblichen Rechts- und Tatfragen behandelt werden, sondern eigentliche Ursachen der Auseinandersetzungen näher beleuchtet werden.[847]

Angemerkt wird, dass aufgrund der Möglichkeit des Prätorischen Vergleichs gem § 433 ZPO wohl keine umfassende Entlastung der Gerichte verwirklicht ist. Da die Kosten zur Durchführung eines Prätorischen Vergleichs lediglich die halbe Pauschalgebühr beträgt, werden die Bezirksgerichte – vorausgesetzt die Konfliktparteien treffen rein kostenökonomische Überlegungen – sogar den größten Teil der „außergerichtlichen" Streitschlichtung zu übernehmen haben. Die Kosten des Prätorischen Vergleichs sind jedenfalls niedriger als jene für ein Schlichtungs- oder Mediationsverfahren.[848] Schon aufgrund der methodischen Unterschiedlichkeit der möglichen außergerichtlichen Methoden, gewährleistet ein Mediationsverfahren aber am ehesten eine nachhaltige Konfliktbeilegung, da es sich dabei um ein strukturiertes Verfahren mit einem neutralen Vermittler handelt, welches die Interessen aller Parteien – insbesondere aufgrund der

846 Der Kläger hat der Klage eine Bestätigung der Schlichtungsstelle, des Gerichts oder des Mediators darüber anzuschließen, dass keine gütliche Einigung erzielt werden konnte. Art III ZivRÄG 2004 Z 4.

847 ErläutRV 173 BlgNR XXII. GP, 6f.

848 Die Kosten für ein Schlichtungsverfahren in Wien betragen (bei einem Streitwert bis 4.000 €) 250 € bis zu 850 € (Streitwert von 85.000 €). So Schauer-Degelsegger, Nachbarrechtlicher Schutz vor Entzug von Licht oder Luft – Das ZivRÄG 2004 im Überblick, wobl 2004, 47 Fn 30.

Grundsätze der Mediation – am ehesten berücksichtigt und sich zudem besonders zeitintensiv mit dem Konflikt beschäftigt.

d. Entstehung – „Ein klassisches Stück Anlassgesetzgebung"

Oberhammer bezeichnet die Regelung des § 364 Abs 3, welche durch das ZivRÄG 2004 eingefügt wurde, als

> „klassisches Stück Anlassgesetzgebung, das aus einem als dringend empfundenen rechtspolitischen Bedürfnis [...] entstand"[849].

Die Materialien[850] weisen darauf hin, dass das bis zur Reform geltende Nachbarrecht den in der Praxis unter Nachbarn auftretenden Streitigkeiten nicht mehr gerecht wurde und spricht dezidert von

> „Unzulänglichkeiten der derzeitigen Rechtslage".[851]

Tatsächlich wurde das bis 2004 geltende Nachbarrecht seit 1916 keiner Erneuerung mehr unterzogen. Aufgrund der zunehmenden Verkleinerung der Grundstücke und der Entwicklung der Wohnbesiedelung nehmen jedoch Konflikte zwischen Nachbarn stetig zu, die – insbesondere aufgrund der geringeren Besiedelungsdichte – zu Beginn des letzten Jahrhunderts noch nicht dermaßen relevant waren. Bis zur besagten Reform waren Grundeigentümer nicht berechtigt gegen Einwirkungen von fremden Bäumen oder Pflanzen vom Nachbargrundstück eine Unterlassungsklage zu erheben. Gegen fremde Bäume konnte sich der Nachbar nur insoweit zur Wehr setzen, als herüberhängende Äste abgeschnitten bzw herüberwachsende Wurzeln ausgerissen wurden. Das Justizministerium beauftragte eine Projektgruppe der Universität Graz mit der Erforschung der tatsächlichen Dimension der Beeinträchtigungen durch negative Immissionen in Österreich sowie mit der Erhebung der Rechtslage im Ausland. Verschiedenste Fachdiskussionen zeigten den eindeutigen Bedarf einer gesetzlichen Regelung auf ein sogenanntes „Recht auf Licht".[852]

3. Nachbarschaftsmediation

Außenstehende empfinden Nachbarschaftskonflikte häufig als harmlose, mitunter sogar lächerliche Streitigkeiten. Für direkt Betroffene stellen aber diese Konflikte eine emotional und psychisch besonders herausfordernde Situation dar.

849 Oberhammer in Schwimann3, § 364 Rz 9.
850 ErläutRV 173 BlgNR XXII. GP, 1.
851 Angeregt wurde die Reform insbesondere auch von der Volksanwaltschaft.
852 ErläutRV 173 BlgNR XXII. GP, 1.

Immerhin findet der Schauplatz der Konfliktaustragung in unmittelbarer Nähe zum eigenen Rückzugsort statt. Nachbarschaftskonflikte können sich über Jahre entwickeln, unzählige Personen bzw Familienangehörige miteinbeziehen und durchaus von einer Generation zur anderen weitergegeben werden. Letztendlich bietet das eigene Zuhause nicht mehr den gewünschten und für ein ausgeglichenes Leben notwendigen intimen Rückzugsbereich.

Beispiele für Nachbarschaftskonflikte sind etwa Lärmbelästigungen durch Kinder, Tiere oder Gartengeräte, Schattenwurf von einem Grundstück zur benachbarten Liegenschaft, über die Grundstücksgrenze ragende Pflanzen sowie die damit einhergehenden Verschmutzungen oder auch Geruchsbelästigungen durch Kompost oder häufiges Grillen. Insbesondere im ländlichen Bereich zählen auch Grenzstreitigkeiten zu den Anlassfällen für eine Nachbarschaftsmediation. Im städtischen Bereich bzw in großen Wohngebieten handelt es sich häufig um Auseinandersetzungen zwischen einzelnen Mietern (Nutzung der Stiegenhäuser, Einhaltung der Hausordnung, interkulturelle Bräuche).[853] Insofern wird deutlich, dass der Anwendungsbereich der Nachbarschaftsmediation weit über die in den §§ 364ff ABGB geregelten Nachbarrechte hinausgeht.

Nicht zu unterschätzen sind Nachbarschaftskonflikte vor allem deshalb, weil die Praxis zeigt, dass solche Streitigkeiten binnen kurzer Zeit eskalieren und in Machtkämpfe ausarten können, die auch nach einem Gerichtsurteil keineswegs endgültig beigelegt sind. Häufig flammen bei nächster Gelegenheit weitere, mitunter noch intensivere Konflikte auf, welche nicht selten ausufern und in dramatischen Taten enden. Dies deshalb, weil aufgrund der örtlichen Nähe zwangsweise auch nach einem Gerichtsurteil eine „soziale Beziehung“ miteinander geführt werden muss. Sehr häufig, so auch der Leiter[854] des Geschäftsbereiches der Volksanwaltschaft, ist ein Baum in Nachbarsgarten nicht die Ursache für den Konflikt, sondern nur Sympotom dafür, dass in der Beziehung zwischen den Nachbarn etwas nicht stimmt.

Aus all diesen Gründen sind Nachbarschaftskonflikte besonders geeignet um mittels Mediation nachhaltig beigelegt zu werden. Gerichtsurteile, Unterlassens-

853 Weiterführend Liebmann (Hg), Community and Neighbourhood Mediation (1998) 3ff; Siehe auch Die Presse vom 20.3.2009, Rassismus: Nachbarschafts-Konflikte nehmen zu.

854 Siehe Zitat von Michael Mauerer in Weiser, Mehr Licht für die Schattenseite. Zu hoch, zu dicht: Wer pflanzt soll künftig auch zurückschneiden. Streit unter Nachbarn, Die Presse 2003/36/02 vom 1.9.2003.

ansprüche oder in Geld bezifferte Schadenersatzansprüche können oftmals nicht die verlorene Wohnqualität wieder herstellen.[855]

F. Erbrecht

In Erbschaftsangelegenheiten entstehen insbesondere dann Konflikte zwischen den Hinterbliebenen, wenn der Erblasser zu Lebzeiten undeutliche oder nur unvollständige testamentarische Regelungen getroffen hat. Bei mangelhaften oder gänzlich fehlenden Anordnungen kommt es zur Anwendung des gesetzlichen Erbrechts.

Eines der Grundprobleme im Erbrecht und insofern für die Erbschaftsmediation besonders relevant ist die Tatsache, dass lediglich vererbtes Geld relativ einfach zwischen mehreren berufenen Erben aufgeteilt werden kann. Grundstücke, Immobilien, Aktienpakete oder Fahrnisse hingegen, die nicht vom Erblasser bereits zu Lebzeiten zwischen den Erben aufgeteilt wurden, bereiten in der Aufteilungspraxis verhältnismäßig große Schwierigkeiten. Darauf nimmt das gesetzliche Erbrecht jedoch keine Rücksicht. Dies bedeutet, dass nach dem Tod des Erben jeweils verschieden hohe Anteile am Erbe (je nach Verwandtschaftsgrad) festgelegt werden, wobei auf die tatsächliche Beschaffenheit – allen voran die praktische Teilarkeit – der Güter im konkreten Fall nicht Rücksicht genommen wird.

Praktisch bedeutsam sind Erbschaftsstreitigkeiten zwischen Kindern aus einer früheren Beziehung des Erblassers und dem im Todeszeitpunkt aktuellen Ehepartner bzw Kindern aus einer nachfolgenden Beziehung. Oftmals sehr emotional geprägte Auseinandersetzungen ergeben sich deshalb, weil das Erbrecht nicht beachtet, in welchem Ausmaß Kontakte zwischen Erben und Erblasser zu Lebzeiten bestanden haben.[856] Um den – oftmals langwierigen – Konflikten über die Aufteilung des Erbes nach einem Todesfall zu entgehen und einer Eskalation und einem damit häufig einhergehenden

855 Zur Mediation spezifisch bei Nachbarschaftskonflikten siehe Peper/Spierings, Settling Disputes between Neighbours in the Lifeworld: An Evaluation of Experiments with Community Mediation in the Netherlands, European Journal on Criminal Policy and Research, Volume 7, Number 4 / 1999.

856 Es sei denn, es liegen die Voraussetzungen des § 540 ABGB (Erbunwürdigkeit) vor. § 540 ABGB geht jedoch von einer vorsätzlich begangenen strafbaren Handlung gegen den Erblasser oder einer gröblichen Vernachlässigung der Pflichten, die sich aus dem Rechtsverhältnis zwischen Eltern und Kindern ergeben, aus. In der Praxis sind diese Voraussetzungen aber nur selten erfüllt. Siehe weiterführend Apathy in Koziol/Bydlinski/Bollenberger2, § 540 Rz 1ff.

„Auseinanderbrechen der Familie"

vorzubeugen, ist für mediationsgeeignete[857] Fälle ein außergerichtliches Vermittlungsverfahren wohl im Sinne aller Hinterbliebenen.

Sinnvoll ist mitunter auch eine Mediation bzw die Führung von Vermittlungsgesprächen mit den Erbberechtigten bereits zu Lebzeiten des Erblassers.[858] Insbesondere bei Vorhandensein von Firmenvermögen oder bei Betriebsübergaben können relevante Streitpunkte bereits vorweg geklärt werden. So treten faire Vereinbarungen an die Stelle von langwierigen und kostspieligen Verfahren.

Nach dem Tod des Erblassers kommt es in der Praxis häufig vor, dass nicht bedachte Hinterbliebene an der Gültigkeit des Testaments zweifeln. § 565 ABGB schreibt fest, dass der Wille des Erblassers bestimmt sein muss und die bloße Bejahung eines ihm unterbreiteten Vorschlags nicht ausreicht. War der Erblasser bei Testamentserrichtung jedoch nicht im Zustand der vollen Besonnenheit oder wurde Zwang ausgeübt ergibt sich im Nachhinein die Möglichkeit zur Anfechtung des Testaments aufgrund Willensmängeln.[859]

Wird bewiesen, dass der Erblasser bei Abgabe der Erklärung an einer psychischen Krankheit oder geistigen Behinderung litt bzw die erforderliche Besonnenheit des Erblassers fehlte, kann das Testament im Nachhinein als ungültig erklärt werden.[860] Häufig ist die notwendige Beweisführung jedoch weder in die eine, noch in die andere Richtung eindeutig möglich. Konflikte zwischen Übergangenen und bedachten Erben sind dann mittels Mediation oftmals schneller und effizienter zu lösen als durch langwierige und kostspielige Gerichtsverfahren.

Ein weiterer Anwendungsbereich für Erbrechtsmediation ergibt sich auch aus Konflikten hinsichtlich der Berücksichtigung von zu Lebzeiten des Erblassers erfolgten Schenkungen. So sieht § 785 Abs 1 ABGB vor, dass auf Verlangen eines pflichtteilsberechtigten Kindes oder des pflichtteilsberechtigten Ehegatten bei der Berechnung des Nachlasses Schenkungen des Erblassers in Anschlag zu bringen sind. Das Gesetz trifft diese Regelung deshalb, um eine ge-

---

857 Als besonders mediationsgeeignet gelten mE Konflikte zwischen Kindern, die vor dem Tod des Erblassers Kontakt zueinander hatten bzw generell zwischen erbberechtigten Personen, die bereits zu Lebzeiten in einer familiären Beziehung zueinander standen.

858 So kann zu Lebzeiten bereits offen geklärt werden, ob die vom Erblasser vorgesehene Person überhaupt die von diesem vorgesehenen Anteile am Erbe haben will. Will das Kind das vorgesehene Haus? Wie steht das Kind zur Übernahme des Betriebes? In diesem Zusammenhang sei das Stichwort „Generationenkonflikt" jedenfalls angeführt. Vgl weiterführend dazu etwa Grziwotz, Erfolgreiche Verhandlungsführung Rz 291ff; Oertel, Generationenmanagement in Unternehmen (2007) 79.

859 Vgl § 565 ff ABGB.

860 § 566 ABGB.

wisse Gleichberechtigung der Erben und Pflichtteilsberechtigten sicherzustellen. Um einer Vereitelung der Pflichtteilsansprüche vorzubeugen, werden bestimmte Schenkungen des Erblassers auf Verlangen einer pflichtteilsberechtigten Person dem Nachlass rechnerisch hinzugeschlagen. Die Pflichtteilsansprüche sind in Folge anhand dieses vermehrten Nachlasses zu berechnen.[861] Ob bzw in welchem Ausmaß solche Schenkungen vor dem Ableben des Erblassers stattgefunden haben, ist in der Praxis ein häufiges Streitthema. Vielfach geht es jedoch nicht ausschließlich um die vermögensmäßge Gleichstellung der Erben, sondern häufig sind auf den ersten Blick verborgene Interessen – die durch eine finanzielle Abgeltung keine ausreichende Berücksichtigung finden – von Bedeutung. Diese Interessen können innerhalb eines Mediationsverfahrens ausreichend behandelt werden und familiäre Beziehungen können insofern weiter bestehen.

861 Vgl weiterführend etwa Rabl, Die Schenkung auf den Todesfall im Pflichtteilsrecht, NZ 2005/32; Welser in Rummel3, § 785 Rz 1ff; Zollner, Die neuen Herausforderungen an das Erbrecht. Stiftungsrecht und Pflichtteilsrecht – ein unlösbarer Widerspruch? EF-Z 2008/2.

IX. Etablierung der Mediation in Österreich

Das in vielerlei Hinsicht nicht ausreichend ausgeprägte öffentliche Bewusstsein über außergerichtliche Streitbeilegungsverfahren wie Mediation ist innerhalb der Gesellschaft noch immer nicht überwunden. Die gesetzliche Verankerungen der Mediation, Empfehlungen und Hinweise von Rechtsanwälten und Richtern sowie eine zumindest teilweise staatliche Finanzierung von Mediationsverfahren, können als hilfreiche Schritte angesehen werden, um die Chancen einer interessensbasierten Konfliktbearbeitung für nahezu jeden zugänglich zu machen. Gesetzliche Verpflichtungen zur Inanspruchnahme von Mediation im Sinne von obligatorischen alternativen Streitbeilegungsverfahren, wie dies beispielsweise durch das ZivRÄG 2004 in österreichischen Nachbarschaftskonflikten geschaffen wurde, bieten ein besonderes Potential zur Förderung des öffentlichen Bewusstseins für Mediation.[862]

A. Derzeitige Situation und Überlegungen de lege ferenda

Obwohl es innerhalb Österreichs begrüßenswerte Ansätze zur Etablierung von Mediation, wie die geförderte Familienmediation nach § 39c FLAG[863], die Einführung des ZivMediatG oder verschiedene Modellprojekte gibt, ist auf dem Markt für Mediation die Nachfrage nicht in dem Umfang vorhanden, als aus der Anzahl der Mediatoren auf der Anbieterseite geschlossen werden könnte.[864] Dies zeigt, dass Mediation als Instrument der Konfliktregelung noch nicht das Interesse der breiten Öffentlichkeit geweckt hat. Insofern lässt sich die Schlussfolgerung ziehen, dass es noch eines erheblichen Engagements seitens Politik und Wissenschaft bedarf, um das Potential von Mediation in der Gesellschaft bekannt zu machen, zu erforschen und zu evaluieren.

Zahlreiche Streitparteien entscheiden sich aufgrund mangelnder Überzeugung und auch aufgrund der Kostenfrage nicht für Mediation, da in Ländern wie Österreich durch die Möglichkeit der Beantragung von Verfahrenshilfe auf den

---

862 Siehe Glavac, immolex 2006, 177.

863 Familienlastenausgleichsgesetz 1967, BGBl 1967/376. Ausführlich zu geförderten Familienmediationen siehe Roth/Gherdane in Hopt/Steffek, Mediation 105 (129f).

864 Siehe dazu etwa auch Palkovits, Familienmediation und Gerichtsbarkeit, in Töpel/Pritz (Hg), Mediation in Österreich2 89 (89).

ersten Blick ein klassisches streitiges Gerichtsverfahren kostengünstiger zu sein scheint.

Verfahrenshilfe könnte jedoch auch auf die Inanspruchnahme von Mediation ausgedehnt werden bzw im Sinne einer staatlichen Förderung von außergerichtlichen Streitbeilegungsmethoden, für jene Konfliktfälle, welche Mediationspotential aufweisen, ausschließlich Mediation staatlich (vor)finanziert werden.[865] Gerade dort, wo der finanzielle Anreiz bis dato fehlt, gelingt die Entlastung der Gerichte bislang noch nicht ausreichend.[866]

Die nachhaltige Modifikation, der noch immer auf Rechtsansprüchen fokussierenden Streitkultur in Österreich und Deutschland, obliegt somit der staatlichen Seite, der Politik bzw dem Gesetzgeber. Deren Aufgabe wird es sein, Mediation im öffentlichen Leben zu etablieren. Auf der Grundlage von Öffentlichkeits- und Bildungsarbeit sowie im Hinblick auf eine konstruktive Konfliktkultur innerhalb der Gesellschaft, könnten schon die Kleinsten unserer Gesellschaft mit Mediation - etwa mit den durchwegs positiven Ansätzen und Erfahrungen der Mediation im Kindergarten oder der Schulmediation[867] – in Berührung gebracht werden. So kann ein fest verankerter Grundstein für eine neue, nachhaltige Streitkultur gelegt werden.

B. Verpflichtende Mediation

Lässt man den – auf Mediation fokussierten – Blick über die Grenzen Europas auf Amerika schweifen, merkt man rasch den (im Vergleich zu Österreich) weitaus höheren Bekanntheitsgrad von Mediation. Sowohl von gesellschaftlicher als auch von staatlicher Seite wird Mediation durchwegs mehr unterstützt.[868]

---

865 Interessant könnte auch die Übernahme der Mediationskosten von Rechtsschutzversicherungen sein, wobei dies in Deutschland bereits angedacht wird. Risse in Scherer, Anwaltshandbuch2 Rz 65.

866 Knötzl, Österreich fällt bei Mediation zurück, Der Standard 2008/23/01.

867 Einen ersten Einblick dazu Gielkens, Mehr als Sieg und Niederlage (2007) 182f; Hagedorn, Mediation mit Konfliktlotsen – das Berliner Modell, Berliner Forum Gewaltprävention BFG 1/2000, 12; Mickley, Mediation in der Schule: Das Schaffen von Gerechtigkeitsinseln, in Dieter/Montada/Schulze (Hg), Gerechtigkeit im Konfliktmanagement und in der Mediation (2000) 81.

868 Kersting etwa spricht von einem „Mediationsboom" seit den 1970er Jahren innerhalb der USA. Kersting, Die Zukunft der lokalen Demokratie: Modernisierungs- und Reformmodelle (2004) 211.

Am Bundesgericht von San Francisco etwa, sind selbst in zweiter Instanz noch so genannte „Court-Mediators“ in eigenen Abteilungen tätig.[869] In den meisten Bundesstaaten der USA bestehen gesetzliche Regelungen über eine verpflichtende Vorschaltung einer Mediation in Scheidungsangelegenheiten bzw Kindschaftssachen.[870] Dies bedeutet, dass sich Parteien eines Scheidungskonfliktes nur noch dann an ein ordentliches Gericht wenden können, wenn vorweg ein Mediationsverfahren in Anspruch genommen wurde. Damit wurden eminente Fortschritte hinsichtlich des öffentlichen Bekanntheitsgrades von Mediation erzielt.[871]

Von dieser so genannten „obligatorischen“ Mediation in Scheidungskonflikten wird bis dato in Österreich jedoch nicht Gebrauch gemacht. Art III des ZivRÄG 2004[872] sieht lediglich für Nachbarschaftskonflikte[873] die Inanspruchnahme von außergerichtlichen Streitbeilegungsmethoden (unter anderem Mediation) vor der Befassung der Zivilgerichte vor.[874] Auch im BAG[875] ist seit 2008, für die außerordentliche Auflösung eines Lehrverhältnisses, die Aufnahme eines Mediationsverfahrens Voraussetzung.[876]

Die Vorschaltung eines Mediationsverfahrens vor einen Gerichtsprozess kann jedoch mE zu einer nachhaltigen Bewußtseinsänderung innerhalb der Ge-

---

869 Falk erforschte diese Mediationsabteilung im Jahr 1995. Grundsätzlich konnten diese von den Konfliktparteien freiwillig in zweiter Instanz in Anspruch genommen werden. Dazu Falk in Töpel/Pritz, Mediation in Österreich 11 (18).

870 Besemer, Mediation 41; Hammerbacher, Chancen und Risiken der Familienmediation am Beispiel des neuen Kindschaftsrechts (2000) 16f; Jenkel, Der Streitschlichtungsversuch 39. Argumente gegen obligatorische Vorschaltung von außergerichtlichen Verfahren, jedoch für eine obligatorische Verfahrensberatung in Hartges, Außergerichtliche Konfliktlösung 185ff.

871 Jall, Verpflichtende Programme bei familiären Veränderungsprozessen in den USA, in Becker-Textor/Textor (Hg), Online Handbuch (1990-2005) www.sgbviii.de (25.8.2009).

872 Zivilrechts-Änderungsgesetz 2004 BGBl I 2003/91. Siehe dazu weiterführend Kapitel VIII. E. Nachbarrecht.

873 Jene im Sinne des § 364 Abs 3 ABGB.

874 Seit dieser Gesetzesnovelle ist daher eine Klage nur mehr in solchen Konfliktfällen zulässig, in denen längstens innerhalb von drei Monaten ab Beginn der Mediation keine gütliche Einigung erzielt worden ist. Glavac, immolex 2006, 177.

875 Berufsausbildungsgesetz BGBl 1969/142 idF BGBl I 2008/82.

876 § 15a Abs 3 BAG. Kritisiert wird, dass einerseits im § 15a Abs 4 BAG darauf hingewiesen wird, dass auf das Mediationsverfahren das ZivMediatG anzuwenden ist und in der Definition von Mediation in § 1 Abs 1 ZivMediatG von „Freiwilligkeit“ die Rede ist, welche jedoch mit der hier vorliegenden „obligatorischen“ Mediation nur schwer vereinbar ist. Weiterführend dazu Maska, ecolex 2009, 153 (154); weitere kritische Anmerkungen von Filler in Greger/Unberath, Mediation in Deutschland 85.

sellschaft beitragen. Vergleicht man die Anzahl jener Personen, die bereits an einem gerichtlichen Verfahren teilgenommen haben, mit jenen, die Mediation genutzt haben, werden innerhalb kurzer Zeit die bestehenden Informationsmängel deutlich sichtbar. Unzählige Personen und Entscheidungsträger sind nicht ausreichend über das Potential dieser Konfliktbeilegungsmethode informiert. Dementsprechend können das Konzept einer verpflichtenden Mediation für Konflikte im Bereich des Scheidungs- und Kindschaftsrechts, Informationskampagnen über die Nutzung von außergerichtlichen Konfliktlösungsmethoden sowie die Etablierung von Mediation im Schul- bzw Kindergartenbereich, um bereits die Jüngsten unserer Gesellschaft mit Mediation in Kontakt zu bringen, weitere sinnvolle Schritte innerhalb Österreichs darstellen, um erfolgreiche Strategien zur außergerichtlichen Lösung von Konflikten aufzuzeigen. Auf der Grundlage von Öffentlichkeits- und Bildungsarbeit, in Hinblick auf eine konstruktive Konfliktkultur innerhalb der Gesellschaft, könnte mit den durchwegs positiven Ansätzen und Erfahrungen der Mediation im pädagogischen Bereich (Schule, Kindergarten) ein fest verankerter Grundstein für eine neue, nachhaltige Streitkultur gelegt werden.

Mit den Diskussionen über die Einführung einer obligatorischen Mediation gehen stets auch Überlegungen über das, grundsätzlich der Mediation zugrunde liegende, Prinzip der Freiwilligkeit[877] einher.[878] Dabei wird vor allem das „Selbstverständnis der Mediation" als Argument angeführt: Mediation stellt ein Verfahren dar, bei welchem die Parteien auf freiwilliger Basis miteinander kommunizieren. *Spindler*[879] lehnt eine obligatorische Mediation grundlegend ab

877 So bezeichnet auch § 1 Abs 1 ZivMediatG Mediation als „[...]eine auf Freiwilligkeit der Parteien beruhende Tätigkeit [...]."

878 Siehe dazu weiterführend etwa Allmayer-Beck, RZ 2008, 201 (202); Lenz, Mediation 34; Roth/Gherdane in Hopt/Steffek, Mediation 105 (110); Schröder, Familienmediation Rz 38; Spindler, Gerichtsnahe Mediation Rz 366ff.

879 Spindler, Gerichtsnahe Mediation Rz 366. Auch Eidenmüller steht dem Vorschlag einer gesetzlichen Mediationspflicht skeptisch gegenüber. Vielmehr sollte durch verstärkte Aufklärung die Präsenz von Mediationshindernissen eingeschränkt werden. Davon abgesehen lasse sich eine Mediationspflicht nur dann verantworten, wenn ein Netz an ausreichend qualifizierten Mediatoren zur Verfügung stehen würde, deren Ausbildung insofern eine notwendige Voraussetzung für die Implementierung einer Mediationspflicht darstellt. Dazu Eidenmüller in Henssler/Koch, Mediation § 2 Rz 98. Diese Aussage bezieht sich freilich auf Deutschland, wo keine gesetzlich normierte Ausbildung für Mediatoren vorgesehen ist. Österreich hat durch das ZivMediatG, einhergehend mit der Implementierung von so genannten „eingetragenen Mediatoren" (§ 9 ZivMediatG), bereits eine Vorreiterrolle übernommen. So wäre es sicherlich sinnvoll, wenn für die gesetzlich verankerten verpflichtenden Mediationen ausschließlich

und setzt sie mit einem – den Grundsätzen des Verfahrens völlig widersprechenden – „Zwang" zur Mediation gleich. Dabei argumentiert er, dass eine Partei, welche sich nicht freiwillig zur Mediation begibt, kaum eine Akzeptanz für das innerhalb der Mediation zustande kommende Ergebnis aufweisen würde.[880] Der Sinn des Verfahrens würde aus diesem Grunde ad absurdum geführt werden.

Dem ist entgegenzuhalten, dass ein Großteil der Parteien eines Konfliktes – im Eifer des Gefechts und der Konflikteskalation – gar nicht auf die Idee kommt, ein (möglicherweise für den konkreten Konflikt optimal geeignetes) Mediationsverfahren zu nutzen. Unwissenheit bzw Uninformiertheit über Möglichkeiten der Konfliktaustragung dürfen insofern keineswegs mit einer grundsätzlichen Ablehnung des Verfahrens und einem „Mediationszwang" bei der obligatorischen Vorschaltung einer Mediation verwechselt werden.[881]

Beachtet werden sollte zudem, dass bei einem obligatorischen Mediationsverfahren bloß der Beginn und insofern der „Versuch" einer Mediation als Verpflichtung gesehen werden kann. Die Konfliktparteien werden jedoch keineswegs zu einer Ergebnis- oder Lösungsfindung mittels Mediation gedrängt und das Verfahren kann jederzeit von den Parteien abgebrochen werden. Gewiss ist es begrüßenswert, wenn sich Parteien eines Konflikts von sich aus zu einem Mediationsverfahren entscheiden und somit die Initiative für eine außergerichtliche Konfliktlösung „freiwillig" ergreifen. Im Sinne der noch immer unzureichend vorhandenen Information über die Möglichkeiten sowie das Erfolgspotential der außergerichtlichen Methode, ist die obligatorische Mediation jedoch eine einzigartige Chance um einen breiten Anteil der Bevölkerung mit Mediation in

„eingetragene Mediatoren" tätig werden. Eine Qualitätsgarantie wäre insofern sichergestellt.

880 AA hingegen Jall in Becker-Textor/Textor, Online Handbuch, abrufbar unter www.sgbviii.de (dl 25.8.2009). Demnach wurden in den USA verpflichtende, so genannte „mandatory" Kurse für Familien, welche sich in einem Scheidungsverfahren befunden haben vorgeschrieben, um die Gerichte zu entlasten. Dabei sind nach den Kursen weniger als 10 % der Familien wegen weiterhin bestehender Kindschaftskonflikte vor Gericht getreten. Bei der Evaluierung wurde festgestellt, dass die gerichtliche Vorschreibung keineswegs als motivationshemmend erlebt wurde, sondern die „Verpflichtung" von den Parteien durchwegs dankbar angenommen wurde.

881 Auch das Forschungsprojekt „Erste Österreichische Mediations-Wochen 2002" zeigte im Ergebnis deutlich, dass oft schon allein die Befassung mit der Möglichkeit einer außergerichtichen Streitbewältigung die Konfliktbeilegung erleichtern kann und spricht sich in diesem Sinne für die obligatorische Vorschaltung eines Mediationsverfahrens aus. Siehe Ferz/Lison/Wolfart, Resümee und Ausblick, in Ferz/Lison/Wolfart (Hg), Zivilgerichte und Mediation. Widerspruch, Ergänzung, Symbiose? (2004) 177 (181).

Berührung zu bringen. Demzufolge wird auch die Grundlage für eine spätere Inanspruchnahme einer selbst initiierten, völlig freiwilligen Mediation geschaffen. Vor allem im Bereich des Familienrechts, dort wo es um menschliche Beziehungen geht, sollte Mediation auch im Sinne der Kinder, welche oftmals die betroffenen Leidträger der Konflikte sind, obligatorisch eingesetzt werden, denn Besuchsrechts- oder Obsorgesstreitigkeiten können per Gerichtsbeschluss kaum eine nachhaltige Regelung erfahren.[882]

Diese genannten Ansätze, die wohl auch im Sinne der Justiz[883] liegen, sollten von staatlicher Seite bedacht werden, da nur eine groß angelegte Kampagne zur Förderung von Mediation das Ungleichgewicht von Angebot und Nachfrage[884] aufheben kann. Dem Motto „All jenes, das in den USA erfolgreich genützt wird, lässt auch in Europa nicht lange auf sich warten" folgend, sollte jedenfalls die Hoffnung auf eine künftige umfassende Etablierung von Mediation auch innerhalb Österreichs aufrecht bleiben.

882 Vgl diesbezüglich den Artikel „Verpflichtung zur Mediation", Wiener Zeitung vom 4.7.2009.

883 Zur Entlastung der Gerichte durch Mediation siehe etwa Stabentheiner, Überlegungen zum Einsatz von Mediation im Wohnrecht, wobl 2004, 291.

884 Alexander, ZKM 4/2001, 162 (165).

X. Collaborative Law

A. Einführung

1. Begriffsdefinition

Rund um das Thema „kooperatives Anwaltsverfahren“ findet man im Schrifttum insbesondere drei unterschiedliche Begrifflichkeiten – „Collaborative Law“, „Collaborative Practice“ sowie „Collaborative Divorce“ – welche im Folgenden kurz erläutert werden.

Collaborative Law bezeichnet das ursprünglich in Nordamerika entwickelte Konzept zur außergerichtlichen Streitbeilegung, bei dem die Konfliktparteien von ihrem jeweiligen Rechtsanwalt während des gesamten Verfahrens, welches auf mediativer Verhandlungsführung basiert und insbesondere auf die Interessen aller Konfliktparteien Rücksicht nimmt, beraten und vertreten werden. Die Übersetzung ins Deutsche mit *„kooperatives Anwaltsverfahren“* spricht für sich. Anstatt auf Konfrontation zu setzen, kooperieren alle beteiligten Rechtsanwälte sowie die Mandanten miteinander und versuchen, aufgrund einer auf Konsens beruhenden Arbeitsweise die Interessen aller Parteien zu verstehen und somit zu einer fairen, auf Konsens beruhenden Lösung, welche als Ziel des Verfahrens gilt, zu gelangen.

Collaborative Practice wird mit *Kooperativer Praxis* ins Deutsche übersetzt und geht von jenem Grundkonzept aus, welches Collaborative Law zugrunde liegt.[885] Neben kooperativen Anwälten ist ein Team von Professionalisten bzw Spezialisten[886] mit unterschiedlichen beruflichen Hintergründen, wie beispielsweise Psychologen, Psychotherapeuten, Sozialpädagogen, Finanzberater oder Steuerberater in das Verfahren eingebunden.[887] Diese interdisziplinäre Arbeitsweise, welche in der Wirtschaft[888] schon lange praktiziert wird, ermöglicht die professionelle Berücksichtigung von unterschiedlichen Bereichen des Konflikts. Vor allem die Zusammenarbeit eines interprofessionellen Teams macht Collaborative Practice zu einem multi-dimensionalen Verfahren, in dem es möglich

885 Tesler/Thompson, Collaborative Divorce. The Revolutionary New Way to Restructure Your Family, Resolve Legal Issues, and Move on with your Life (2007) 7.

886 Etwa die so genannten „Kinderspezialisten“, welche die Bedürfnisse und Interessen der betroffenen Kinder vertreten. Tesler/Thompson, Collaborative Divorce 41.

887 Tesler/Thompson, Collaborative Divorce 41f.

888 Vgl etwa das interdisziplinäre Team bei Merger & Acquisition Prozessen, in welchem, um nur einige zu nennen, Investmentbanken mit Wirtschaftsprüfern, Wirtschaftsanwälten, Steuerberatern und Marketingspezialisten kooperieren.

wird, individuell auf die Bedürfnisse der Konfliktparteien bzw der vom Konflikt betroffenen Kinder einzugehen. Erfolgreich angewendet wird Collaborative Practice, ebenfalls ausgehend von den USA, in familienrechtlichen Konfliktfällen, insbesondere bei Scheidungen und Trennungen. Aus diesem Grund ist Collaborative Practice bzw Collaborative Law in Bezug auf Trennungs- und Scheidungskonflikte – als Hauptanwendungsbereich – auch unter dem Begriff *Collaborative Divorce*[889] *(kooperative Scheidung)* bekannt.[890]

2. Die Thematik

Zahlreiche Konflikte – insbesondere familiäre Streitigkeiten – bestehen nicht ausschließlich aus einer rechtlichen Dimension, sondern beinhalten stets auch soziologische und psychologische Aspekte.[891] Daraus können sich für die betroffenen Familienmitglieder emotional sehr belastende Situationen ergeben, die innerhalb der Rechtspraxis zwar aufgrund der Anwendung von außergerichtlichen Streitbeilegungsmethoden zunehmend, aber dennoch häufig nicht ausreichend, Beachtung finden. Die grundsätzliche Aufgabe von Juristen ist die Beantwortung von *Rechtsfragen.* In Trennungs- und Scheidungskonflikten geht es vordergründig ebenfalls oftmals um Rechtsfragen. Im Hintergrund sind jedoch Lebenskrisen[892] und Probleme der Beteiligten verborgen, die häufig nicht durch Rechtsentscheidungen zufrieden stellend geklärt werden können. Insofern geht es in diesen Konflikten vor allem um die Beantwortung von *Lebensfragen,* die

889 Nurse/Thompson in VandeCreek/Jackson, Clinical Practice 169 (169ff); Tesler/Thompson, Collaborative Divorce 7, beschreiben Collaborative Law bzw Divorce als miteinander verwandte Methoden, folgenderweise: „There is an overlap between collaborative law and interdisciplinary collaborative divorce".

890 Collaborative Law ist demnach nicht mit Collaborative Divorce gleichzusetzen, da ein kooperatives Anwaltsverfahren nicht nur in Scheidungskonflikten, sondern durchaus auch in anderen Konflikten, etwa im Bereich des Wirtschafts- oder Gesellschaftsrecht Anwendung findet. Siehe auch Nurse/Thompson in VandeCreek/Jackson, Clinical Practice 169 (170). Nurse beschreibt Collaborative Divorce folgenderweise: „Collaborative Divorce services are provided through an interdisciplinary team (including the attorneys) that signs an agreement not to go to court." Nurse, Family Assessment: Effective Uses of Personality Tests with Couples and Families (1998) 258.

891 Geimer, Obsorgeregelung, JAP 2002/2003, 72 (75).

892 Glenewinkel weist insbesondere auf die Mehrdimensionalität von multidisziplinären Trennungs- und Scheidungskonflikten hin, da diese juristische und psychologische Fragen aufwerfen. Insofern spricht er von einer juristischen und psychologischen Scheidung. Glenewinkel, Mediation 108f.

zwar unter Heranziehung des Rechts, aber eben nicht ausschließlich auf der Grundlage juristischer Überlegungen, gelöst werden können.[893]

Verhandlungen sind Gespräche mit dem Ziel der Einigung. Jede Seite der Verhandlungspartner ist bestrebt ein möglichst langfristiges und befriedigendes Ergebnis zu erzielen. Bei klassischen Gerichtsverfahren gelingt dies jedoch oftmals nur einer Partei, wobei man diesbezüglich von „Win-Lose-Ergebnissen“ spricht. Wird den Begehren beider Parteien nur teilweise Folge gegeben, handelt es sich unter Umständen sogar um ein „Lose-Lose-Ergebnis“.[894] Collaborative Law hingegen bietet auf diese unzufriedenstellende Situation für die Konfliktparteien eine klar strukturierte und vor allem zukunftsfähige Antwort um zu einer „Win-Win-Lösung“ zu gelangen.[895] Möglich wird dies insbesondere aufgrund spezieller Techniken der Konfliktbearbeitung und durch die Offenlegung der Interessen[896] der Konfliktparteien. In der Konsequenz werden eigenständige Lösungen erarbeitet, innerhalb derer die Bedürfnisse aller Parteien weitgehend Beachtung finden. Am Ende des Verfahrens gibt es keine „Gewinner“ und „Verlierer“.

Konfliktparteien tendieren in Streitsituationen häufig dazu, den Fokus ausschließlich auf ein einziges individuell definiertes Ziel zu richten und alternative Möglichkeiten gänzlich zu vernachlässigen. Klassische Verhandlungen führen zwar durchaus zu einer Beilegung des Konflikts; Konfliktparteien sind aber oft-

---

893 Auch Lueck stellt fest: „A divorce is not a legal problem. It is a relationship problem with collateral legal consequences […].” Lueck, The Collaborative [R]evolution: An Idea Whose Time Has Come In Nevada, www.lueckfamilylaw.com/cl.jsp (22.8.2009); Bramböck/Hutter/Hagen/Paumgartner, Wege zum kindzentrierten Verfahren – vom Verfahrensobjekt zum Verfahrenssubjekt, in Rauch-Kallat/Pichler (Hg), Entwicklungen in den Rechten der Kinder im Hinblick auf das UN-Übereinkommen über die Rechte des Kindes (1994) 245 (279f); Strecker, Scheidung 46.

894 Gielkens, Sieg und Niederlage 175f; Von Hertel, Professionelle Konfliktlösung. Führen mit Mediationskompetenz (2003) 268.

895 Abramson, Mediation Representation 4; Breidenbach, Mediation 83f; Gielkens, Sieg und Niederlage 179; Nagler, Handbook of Public Policy Evaluation (2001) 245; Tesler, Collaborative Law: What It Is and Why Lawyers Need to Know About It, American Journal of Family Law, Volume 13, 1999, 215; Weiss, Beziehungsmanagement. Eine Schlüsselkompetenz im Offenen Verhandeln nach dem Harvard-Konzept, in Europäische Anwaltsvereinigung (Hg), Mediation - 18. Tagung in Luxemburg (1999) 43 (43).

896 Dies erfolgt regelmäßig in der “Konfliktbearbeitungs-Phase”, welche die Aufdeckung der Gefühle, Hintergründe und Interessen der Parteien zum Ziel hat. Wird von der Einteilung eines Mediationsverfahrens in fünf Phasen ausgegangen, geschieht dies in der dritten Phase, jener der Konflikterhellung. Besemer, Mediation 120ff; Schröder, Familienmediation Rz 49ff.

mals unzufrieden mit dem erzielten Ergebnis, da die innere Identifizierung bzw das Verständnis für die Interessen der Gegenpartei nicht in ausreichendem Maße vorhanden sind. Innerhalb eines Collaborative Law Verfahrens wird der einseitige Fokus auf die jeweilige Position zum gegenseitigen Nutzen erweitert. Vor allem in familienrechtlichen Konflikten sollte deshalb die Tendenz, Streitfälle aufgrund der Zuhilfenahme von außergerichtlichen Vergleichsgesprächen zu lösen, gefördert werden. So formuliert *Tull*[897] das Ziel eines kooperativen Verfahrens zutreffend folgenderweise:

> "The goal of the collaborative process, particularly for parents, is that the end of a committed relationship is the beginning of a new and different one."[898]

B. Entwicklung des Verfahrens

Die Ursprünge von Collaborative Law gehen auf den Rechtsanwalt und Familienrechtsexperten *Stuart Webb* aus Minnesota zurück. Dieser entwickelte die Methode zu Beginn der 1990er Jahre.[899] Bereits wenige Jahre später stieg die Nachfrage seitens der amerikanischen Rechtsanwälte nach Aus- bzw Fortbildungen im Bereich des Collaborative Law rasant an. *Pauline Tesler*, in der hier vorliegenden Arbeit zitiert, gilt neben *Stuart Webb* als eine bedeutende Wegbegleiterin von Collaborative Practice. Sie war es auch, welche der Nachfrage nach Ausbildung als eine der ersten Rechtsanwältinnen nachgekommen ist und verteilt über ganz Nordamerika entsprechende Aus- und Fortbildungen für Anwälte angeboten hat.[900]

Seit diesem Zeitpunkt breitet sich Collaborative Law im US-amerikanischen Raum insbesondere auf dem Gebiet des Familienrechts aus. Innerhalb der USA unterstützt vor allem die „International Academy of Collaborative Professionals“[901] (IACP) den Bekanntheitsgrad des kooperativen Verfahrens. Mit dem Erscheinen einer einschlägigen Fachzeitschrift, dem „Collaborative Review“[902]

897 Tull, From the Editor: Reaching Out; Reaching In, Collaborative Review, Winter 2008, Volume 10, Issue 3, 2 (8).

898 Siehe auch Homeyer/Amato, Collaborative Law: Good News, Bad News, or No News? The St. Louis Bar Journal, Spring 2009, 24 (24).

899 Mossman, Families and the Law in Canada. Cases and Commentary (2004) 328f; Tesler, Collaborative Law. Achieving Effective Resolution in Divorce without Litigation (2001) XIX.

900 Tesler/Thompson, Collaborative Divorce 7; Tesler, Collaborative Law XIX.

901 www.collaborativepractice.com, dl 22.6.2009.

902 "Collaborative Review. Journal of the International Academy of Collaborative Professionals", ursprünglich herausgegeben als "Collaborative Quarterly".

im Jahr 1999 wurde ein Grundstein für die wissenschaftliche Diskussion rund um die Thematik Collaborative Law bzw Collaborative Practice gelegt. Dies, während in Europa bzw Österreich das Verfahren in Theorie und Praxis, noch kaum bekannt ist.

Die österreichische Anwaltschaft wurde auf Collaborative Law im Jahr 2002, zeitgleich mit den Diskussionen über das Inkrafttreten des ZivMediatG aufmerksam.[903] Unterstützt wird der Bekanntheitsgrad von Collaborative Law hierzulande vor allem durch die „Anwaltliche Vereinigung für Mediation und kooperatives Verhandeln“[904] (AVM), welche als Verein im Jahr 1997 gegründet wurde und gegenwärtig an die 300 Mitglieder, unter anderem sämtliche österreichische Rechtsanwaltskammern, umfasst.

Ähnliche Vereinigungen zur Förderung von Collaborative Law und Collaborative Practice bestehen in Deutschland mit dem „Anwaltlichen Netzwerk für kooperative Praxis und Mediation“[905], dem „Münchener Netzwerk für Cooperative Praxis“[906] sowie in der Schweiz mit dem „Schweizerischen Verein für Collaborative Law“[907] (kurz: SVCL).

C. Die zugrunde gelegte Idee: Das Harvard Konzept

Das nahezu weltweit bekannte Harvard Konzept[908] hat sich in unterschiedlichsten Konfliktkonstellationen bewährt und basiert auf dem Grundprinzip des so genannten „Offenen Verhandelns“[909]. Das dahinter liegende Prinzip stammt vom amerikanischen Rechtswissenschafter *Roger Fisher*, welcher zu Beginn der 1980er Jahre eine Antwort auf die Frage *„Wie können Menschen am besten mit Differenzen umgehen?“* suchte.

Das Harvard Konzept beschreibt mehr als eine bloße Technik. Vielmehr geht es von einer Philosophie aus, deren Motiv die Erlangung von Mehrwert für alle am Verhandlungsprozess Beteiligten darstellt. Collaborative Law versucht ebenso das Verhandlungsdilemma aufzulösen um zu einem kooperativen und Wert schöpfenden Ergebnis zu gelangen. Deshalb wird dem gesamten Collabo-

---

903 Haniger-Limburg, perspektive mediation 2005/3, 148 (148).

904 www.avm.co.at, dl 22.6.2009.

905 www.an-kom.de, dl 7.7.2009.

906 www.cooperative-praxis.de, dl 7.7.2009.

907 www.collaborative-law.ch, dl 7.7.2009.

908 Die erstmalige Veröffentlichung der Publikation von Fisher/Ury im Jahr 1981 erschien unter dem Originaltitel: „Getting to Yes. Negotiating Agreement Without Giving In“. Im deutschsprachigen Raum setzte sich der Titel „Harvard Konzept“ durch.

909 Weiss in Europäische Anwaltsvereinigung, Mediation 43 (43).

rative Law Verfahren das Harvard Konzept, welches im Folgenden erläutert wird, zugrunde gelegt.[910]

1. Sachbezogenes Verhandeln: „Weich zu Menschen – Hart zur Sache"

Der Schlüssel zum erfolgreichen Verhandeln, von dem Collaborative Law ausgeht, ist die Unterscheidung zwischen Sachangelegenheiten und zwischenmenschlichen Angelegenheiten – kurz: zwischen *Sache* und *Beziehung*.[911] Beide Ebenen verlaufen in einer Verhandlung parallel zueinander. Das Harvard Konzept basiert auf den Überlegungen, dass die Aufmerksamkeit getrennt auf diese beiden unterschiedlichen Ebenen gerichtet werden sollte.[912] Menschen und Probleme werden bei der Zugrundelegung eines sachbezogenen Verhandlungsstils getrennt voneinander behandelt. Dabei wird eine Vorgehensweise angewendet, die als „weich zu den Menschen" und „hart zu den Problemen" charakterisiert wird.[913] Das Hauptaugenmerk wird – wie bei der Mediation – auf die Interessen und nicht auf die Positionen der einzelnen Parteien des Konflikts gelegt.[914]

Dabei gehen *Fisher/Ury/Patton*[915] davon aus, dass Verhandlungspartner, von denen jeder die eigenen Interessen umfassend vertritt, auch die Kreativität zu einer Lösungsfindung des jeweils anderen anregen. Als Faustregel gilt, dass man

> „den Menschen auf der Gegenseite persönliche Hilfe in genau derselben Stärke zuteil werden lässt, in der man das Problem selbst attackiert"[916].

Obschon dies eine Widersprüchlichkeit in sich darstellt, ist der Erfolg des Verhandlungsstils auf diese Annahme zurückzuführen. Dahinter steht die – aus der Psychologie stammende – Theorie der „Kognitiven Dissonanz", welche besagt, dass Menschen Widersprüche nur schwer aushalten können und sie demnach auszuschalten versuchen. Vertritt eine Konfliktpartei die eigenen Interessen umfassend, lässt sie aber gleichzeitig dem Gegner persönliches Verständnis und

---

910 Mähler/Mähler in Büchting/Heussen, Rechtsanwalts-Handbuch Rz 57.

911 Weiss in Europäische Anwaltsvereinigung, Mediation 43 (44).

912 Im alltäglichen Verhandeln wird die Sach- und die Beziehungsebene hingegen meist nicht voneinander getrennt.

913 Fisher/Ury/Patton, Das Harvard-Konzept: Der Klassiker der Verhandlungstechnik22 (2004) 88f.

914 Dazu auch Prokop-Zischka/Langer, Konzepte der Mediation, in Töpel/Pritz (Hg), Mediation in Österreich2 (2005) 33 (43f).

915 Fisher/Ury/Patton, Das Harvard-Konzept 89.

916 Fisher/Ury/Patton, Das Harvard-Konzept 90.

Hilfe zuteil werden, stellt sie für den Konfliktgegner diese besagte kognitive Dissonanz voll umfassend her. In der Folge wird die Gegenpartei bestrebt sein, sich vom Problem abzukoppeln und an einer gemeinsamen Lösungsfindung mitzuwirken.

Wenngleich diese Vorgänge den Konfliktparteien nicht im Einzelnen während der gesamten Verhandlungsführung bewusst werden, erhöht diese Methode – als Mischung zwischen Hilfe und Angriff – die Erfolgswahrscheinlichkeit um zu einer einvernehmlichen Lösung des Konflikts zu gelangen. Die Unterstützung der Menschen auf der Gegnerseite (dem Grundsatz „weich zu Menschen" folgend) verbessert die Beziehungsebene nachhaltig. Die Verfolgung der eigenen Interessen und die Auseinandersetzung mit den Hauptstreitpunkten des Konflikts (dem Grundsatz „hart zur Sache" folgend) verstärken dabei den Drang eine wirkungsvolle Lösung zu erreichen. Vor allem die Kombination dieser beiden Methoden stellt das Erfolgspotential des Harvard Konzepts dar, da jede der beiden Methoden, für sich alleine angewendet, nicht wirkungsvoll wäre.[917]

2. Der Ablauf einer Verhandlung nach dem Harvard Konzept

Verhandlungen auf Basis des Harvard Konzepts beruhen grundsätzlich auf vier Eckpfeilern bzw Prinzipien[918]:

- *Der Mensch*: Menschen und Probleme werden getrennt voneinander behandelt
- *Das konkrete Interesse*: Auf Interessen konzentrieren – nicht auf die Positionen
- *Möglichkeiten*: Entwicklung von Entscheidungsmöglichkeiten (Optionen) zum beiderseitigen Vorteil
- *Kriterien*: Neutrale Beurteilungskriterien werden festgelegt

Das Feilschen um Positionen wird bei der Heranziehung des Harvard Konzepts als Verhandlungsgrundlage überwunden. Dem Verhandlungspartner wird „aktiv

---

917 Ein „harter Verhandler" macht sich sein Gegenüber sofort zum Feind und sucht den Konflikt in Inhalt und Beziehung. Ein ausschließlich „weicher Verhandler" hingegen, vertritt seine Interessen nicht umfassend energisch genug. Ein Verhandlungsstil im Sinne des Harvard Konzepts bedeutet hingegen „Konflikt im Inhalt" und „Kooperation in der Beziehung". Siehe dazu Erbacher, Grundzüge der Verhandlungsführung2 (2008) 60f.

918 Fisher/Ury/Patton, Das Harvard-Konzept 43ff.

zugehört“[919] um seine Sichtweise umfassend zu verstehen und ihm als Mensch Respekt entgegen zu bringen. Werden die Interessen hinter den Positionen entdeckt, wird im Anschluss darüber ausführlich diskutiert. Auf der Grundlage der beiderseitigen Interessen werden sodann Vorschläge bzw Optionen für die endgültige Lösung entwickelt. Dabei suchen alle Konfliktparteien nach Entscheidungsalternativen. Für die endgültige Entscheidungsfindung sind neutrale Kriterien festzulegen, welche als objektiver Maßstab für die Beurteilung der Vorschläge heranzuziehen sind.[920]

D. Vertragsverhältnisse

Innerhalb eines Collaborative Law Verfahrens werden grundsätzlich zwei Vertragsverhältnisse unterschieden. Die Vereinbarung zwischen Konfliktpartei (Mandant) und Rechtsanwalt einerseits sowie die vertragliche Vereinbarung zwischen sämtlichen am Verfahren Beteiligten (beide Rechtsanwälte und beide Konfliktparteien) andererseits. Bei jenem Vertrag, welcher zwischen Rechtsanwalt und Klient geschlossen wird, handelt es sich um den so genannten Mandatsvertrag. Die vertragliche Vereinbarung, welche zwischen allen am Verfahren Beteiligten abgeschlossen wird, wird als Collaborative Law Vereinbarung bezeichnet.

1. Bevollmächtigungsvertrag

Die Erteilung der Vollmacht der Konfliktpartei an den Collaborative Law Anwalt findet mittels eines Bevollmächtigungsvertrags[921] statt. Der Mandant (Auftraggeber) beauftragt den Rechtsanwalt (Beauftragter) zur Klärung eines bestimmten Konflikts im Rahmen eines Collaborative Law Verfahrens. Der Parteienvertreter schuldet dem Mandant das sorgfältige Bemühen, die Parteien bei der Erarbeitung einer eigenverantwortlichen Lösung zu begleiten.[922] Ein Erfolg dergestalt, dass eine Lösung vom Parteienvertreter herbeigeführt werden muss, wird jedenfalls nicht geschuldet.

---

919 Weiterführend zur Technik des „Aktiven Zuhörens“ siehe etwa Besemer, Mediation 117; Hohmann/Morawe, Praxis der Familienmediation 191f; Schwingenheuer, Die Technik der Mediation 13.

920 Siehe dazu ausführlich Kapitel X. E. Der Verfahrensablauf.

921 Auch als Mandatsvertrag bezeichnet.

922 Insofern wird zielstrebige Sorgfalt zur Erreichung des Erfolges (Sorgfaltsverbindlichkeit) geschuldet. Es handelt sich jedoch um keine Erfolgsverbindlichkeit.

Typischerweise werden in dieser Vollmacht die Grundsätze des kooperativen Verfahrens, wie Freiwilligkeit, Ehrlichkeit, Offenheit, Fairness und Eigenverantwortung angeführt. Zudem sollte im Mandatsvertrag dezidiert angeführt sein, dass sich der Rechtsanwalt als Parteienvertreter verpflichtet die Interessen des Auftraggebers (Konfliktpartei) zu vertreten, darüber hinaus aber auch die eigenverantwortliche Konfliktbearbeitung aller Parteien unterstützt.

Bereits im Mandatsvertrag wird festgeschrieben, dass der beauftragte Rechtsanwalt nicht als Zeuge in einem, mit dem konkreten Konfliktfall in Zusammenhang stehenden, Gerichtsverfahren anzuführen ist und auch nicht als Prozessanwalt in einem nachfolgenden streitigen Verfahren vor Gericht zur Verfügung steht.[923]

Darüber hinaus ist in einem Mandatsvertrag auch bereits ein schriftlicher Hinweis auf die Collaborative Law Vereinbarung enthalten. Diese bildet die Grundlage für das gesamte Verfahren, kann aber erst bei dem ersten Zusammentreffen aller am Verfahren beteiligter Personen, abgeschlossen werden.

2. Collaborative Law Vereinbarung

Die vertragliche Vereinbarung, welche zwischen beiden Konfliktparteien und beiden Rechtsanwälten abgeschlossen wird (vier Unterzeichnende), wird als Collaborative Law Vereinbarung oder Arbeitsvereinbarung bezeichnet, wobei insbesondere auf die uneinheitlich verwendete Terminologie hinzuweisen ist, da teilweise auch von einem Collaborative Law Vertrag[924] (kurz: CoLaw Vertrag) gesprochen wird.

Entscheiden sich Konfliktparteien für ein Collaborative Law Verfahren, einigen sie sich auf Grundlage dieser schriftlichen Vereinbarung, zu Beginn der gemeinsamen Verhandlungen, die Lösung ihres Konflikts auf außergerichtliche Art und Weise und insbesondere nach fairen Verhandlungsgrundsätzen vorzunehmen.[925]

Dabei verpflichten sich die Rechtsanwälte zu einer auf Konsens beruhenden Vorgehensweise sowie zur Einbeziehung von mediativen Elementen in den ge-

923 § 321 Abs 1 Z 4 ZPO besagt, dass die Aussage eines Zeugen in Ansehung desjenigen verweigert werden darf, was dem Zeugen in seiner Eigenschaft als Rechtsanwalt von seiner Partei anvertraut wurde. Siehe auch Lenz, Collaborative Law and Business Mediation, in Gruber/Pichler (Hg), Wirtschaftsmediation zwischen Theorie und Praxis (2005) 55 (56).

924 Haniger-Limburg, perspektive mediation 2005/3, 148.

925 Fried, Getting a Divorce? Why it Pays to Play Nice, Money Magazine July 1, 2005; Mossman, Families and the Law in Canada 328.

samten Collaborative Law Prozess. Die beteiligten Parteien legen fest, dass sie den Konflikt ohne die Anrufung des Gerichts, offen und in konstruktiven Verhandlungen zu lösen bereit sind.[926] Auch in der Collaborative Law Vereinbarung wird – wie im Mandatsvertrag – erwähnt, dass die Collaborative Law Anwälte bei einem Scheitern der außergerichtlichen Konfliktlösung nicht mehr als Parteienvertreter in einem nachfolgenden streitigen Gerichtsverfahren zur Verfügung stehen.[927] Dies vermittelt den Konfliktparteien, dass die Rechtsanwälte vom Verfahren selbst überzeugt sind und hat nicht zuletzt auch positive Auswirkungen auf das Vertrauen der Parteien in das Verfahren. Zudem werden etwaige, von den Konfliktparteien bloß zum Anschein durchgeführte außergerichtliche Verfahren möglichst hintan gehalten. Bei einem Scheitern des Collaborative Law Verfahrens kann nicht etwa der bereits über den Konflikt bzw die Rechtslage der Gegenpartei informierte Anwalt Klage einbringen, wobei er die Offenlegungen des Konfliktgegners für die Vertretung seines Mandanten nutzen könnte. Vielmehr müsste ein weiterer Rechtsanwalt, welcher mit dem bisherigen Konfliktverlauf keineswegs vertraut ist, beauftragt werden. Dies nimmt sowohl Zeit als auch Kosten in Anspruch.[928]

Das Verfahren ist insofern von einer gemeinsamen und fairen Suche nach einvernehmlichen Lösungen geprägt. Voraussetzung dafür ist die verbindliche Zusage, freiwillig sämtliche relevante Information mitzuteilen (Grundprinzip der Informiertheit[929]) sowie respektvoll und fair miteinander umzugehen. Gewiss ist

926 Haniger-Limburg, Außergerichtliche Streitbeilegung. Das anwaltliche Berufsbild hat sich längst erweitert, eco.nova 2008, 49 (50).

927 Dies gilt für sämtliche einer Kanzlei angehörige Rechtsanwälte. Das bedeutet, dass sich die Konfliktparteien nicht etwa an einen anderen Rechtsanwalt innerhalb der Kanzleigemeinschaft wenden können, sondern eine gänzlich neue Gesellschaft bzw einen außen stehenden Einzelanwalt mit der gerichtlichen Vertretung beauftragen müssen. So Homeyer/Amato, The St. Louis Bar Journal, Spring 2009, 24 (27). Weiterführend siehe Fried, Money Magazine July 1, 2005; Haniger-Limburg, perspektive mediation 2005/3, 148 (149); Homeyer/Amato, The St. Louis Bar Journal, Spring 2009, 24 (26); Nurse/Thompson in VandeCreek/Jackson, Clinical Practice 169 (173); Rae/Stewart, Conversation peace. Can collaborative law become the norm of family lawyers? Familiy Law Journal, March 2008, 20 (20); Tesler, American Journal of Family Law Volume 13, 1999, 215.

928 Webb/Ousky, The Collaborative Way to Divorce: The Revolutionary Method That Results in Less Stress, Lower Costs, and Happier Kids – Without Going to Court (2007) xiv: "(...) if the matter was not settled through collaboration, the lawyers for both spouses would be required to withdraw from the case and the spouses would be forced to hire new lawyers."

929 Dieses gilt jedenfalls auch innerhalb eines Mediationsverfahrens. Dazu Von Bargen, Gerichtsinterne Mediation 25ff.

beim Grundsatz der Informiertheit zu beachten, dass es sich dabei eher um eine Zieldefinition für ein optimales Durchführen des Verfahrens handelt, als um ein tatsächlich und unmittelbar durchsetzbares Prinzip.[930] Insofern gibt es auch keine Sanktionsmöglichkeiten um Verhaltensweisen, die dem Verfahren nicht dienlich sind, gänzlich hintan zu halten.

Zudem enthält die Collaborative Law Vereinbarung typischerweise auch eine Klausel, in der sich die Konfliktparteien dazu verpflichten, das gegenseitige Vertrauen, selbst bei einem etwaigen Scheitern der Verhandlungen, nicht zu missbrauchen. Demzufolge sollte von der Androhung gerichtlicher Schritte während des kollaborativen Prozesses Abstand genommen werden, da ein solches Verhalten dem Verfahren keineswegs förderlich wäre. Um diese Klausel mittels einer Sanktion zu unterstreichen, könnte die Einfügung einer Vertraulichkeitsvereinbarung in Kombination mit einer Konventionalstrafe bedacht werden. Kommt es zu einem etwaigen Vertrauensbruch – falls etwa während des Verfahrens erlangte Informationen in einem nachfolgenden Gerichtsverfahren trotz der vertraglichen Klausel verwendet werden – können Sanktionen verhängt werden. Dies kann für Parteien, welche die Inanspruchnahme eines Gerichtsverfahrens in Erwägung ziehen bzw das kooperative Verfahren abzubrechen gedenken, durchaus abschreckende Wirkung zeigen.

Außerdem beinhaltet die Arbeitsvereinbarung eine unwiderrufliche Verpflichtung zur Verschwiegenheit[931] der Collaborative Law Anwälte über alle ihnen im Verfahren anvertrauten und bekannt gewordenen Informationen. Die Parteien wiederum verpflichten sich, die Anwälte nicht als Zeugen vor Gericht zu beantragen bzw zu nennen.[932]

E. Verfahrensablauf

Ein Collaborative Law Verfahren stellt – genauso wie eine Mediation – ein strukturiertes Verfahren dar, welches ebenfalls in verschiedene Abschnitte un-

---

930 Von Bargen, Gerichtsinterne Mediation 36, welche zutreffend anführt, dass benachteiligte Konfliktparteien erst gar nicht wissen können, welche Informationen verschwiegen werden (Beweisfrage!).

931 Im Rahmen eines Mediationsverfahrens ist § 18 ZivMediatG maßgeblich, wonach der Mediator zur „Verschwiegenheit über die Tatsachen, die ihm im Rahmen der Mediation anvertraut oder sonst bekannt wurden“ verpflichtet ist.

932 Freilich kann dies nicht für alle Verfahren ausgeschlossen werden. Vor allem dann nicht, wenn Verfahren von Amts wegen durchgeführt werden und die Offizialmaxime gilt.

terteilt wird.[933] Die nun folgenden Erläuterungen[934] der einzelnen Verfahrensphasen dienen der Orientierung und können je nach konkretem Konfliktfall auch abgeändert und variiert werden. Die prinzipielle Zugrundelegung einer Verfahrensstruktur trägt jedoch maßgeblich zum Erfolg dieses außergerichtlichen Verfahrens bei.[935]

1. Erstgespräch zwischen Klient und Rechtsanwalt

Der erste Schritt innerhalb eines Collaborative Law Verfahrens ist ein Gespräch (Initial Office Conference) zwischen Konfliktpartei und Rechtsanwalt.[936]

Zu Beginn des Verfahrens ist es besonders wichtig, den Konfliktparteien die Rolle des kooperativen Rechtsanwalts innerhalb eines Collaborative Law Prozesses zu verdeutlichen und überblicksmäßig das Verfahren vorzustellen. Dies vor allem deshalb, um keine falschen Erwartungen oder Enttäuschungen seitens der Klienten aufkommen zu lassen. *Slovin*[937] führt dazu aus:

> „The Client begins to understand the lawyer´s role is not „answer giver", but rather „information provider and negotiation guide"."

Schlägt der Anwalt Collaborative Law vor und stimmt der Klient der Methode zu (bzw umgekehrt), folgt eine anschließende Klärung zwischen den beiden Konfliktparteien. Nur wenn beide Streitparteien ein kollaboratives Rechtsverfahren aus freier Überzeugung[938] in Anspruch nehmen wollen, ist die Methode zur

---

933 Siehe zum Aufbau eines Collaborative Law Verfahrens grundlegend Webb/Ousky, The Collaborative Way to Divorce 149.

934 Diese beziehen sich auf ein Collaborative Law Verfahren hinsichtlich eines Trennungs- bzw Scheidungskonflikts.

935 Einen Überblick über ein Collaborative Divorce Verfahren bieten Nurse/Thompson in VandeCreek/Jackson, Clinical Practice 169 (175ff). Dabei wird das Verfahren in drei Hauptabschnitte unterteilt: Phase A - Contracting and Starting, Phase B - Family Appraisal, Learning Co-Parenting Communication und Phase C - Negotiating and Setting Issues.

936 Dazu siehe Slovin, The Basics of Collaborative Family Law – A Divorce Paradigm Shift, The American Journal of Family Law, Volume 18, Number 2, Summer 2004. Dabei betont Slovin, dass häufig der Klient zu einem Rechtsanwalt, mit dem Anliegen "über seine Rechte" informiert zu werden, kommt. In solchen Konstellationen liegt es insbesondere in der Gestaltung des Erstgesprächs, welches hauptsächlich im Ermessen des Rechtsanwalts liegt, den Klienten zu einer interessensbasierten Konfliktlösung zu motivieren.

937 Slovin, Negotiation and the Attorney in the Collaborative Process, Collaborative Review, Volume 6, Issue 2, Summer 2004.

938 Grundprinzip der Freiwilligkeit.

Konfliktregelung geeignet. Besteht die grundsätzliche Bereitschaft auch bei der Gegenpartei, wird diese ebenfalls ein Gespräch mit dem gewählten bzw empfohlenen Collaborative Law Anwalt führen um erste Informationen über das außergerichtliche Verfahren einzuholen.

In diesem ersten Stadium werden auch die beiden Mandatsverträge, jeweils zwischen Konfliktpartei (Mandant) und dem beauftragten Parteienvertreter, abgeschlossen.[939]

2. Erstgespräch zwischen den Rechtsanwälten – Anwaltskonferenz

Der nächste Schritt innerhalb eines Collaborative Law Verfahrens ist ein Gespräch zwischen den beteiligten Rechtsanwälten (Attorney-to-Attorney Conference[940]). Dies eignet sich vor allem zu einem Austausch der (vermuteten) Interessen der jeweiligen Konfliktparteien.

Ziel dieses vorbereitenden Treffens ist die zuverlässige Herstellung einer tragfähigen Arbeitsbeziehung zwischen den beiden Rechtsanwälten, welche maßgeblich zum Erfolg des weiteren Verfahrens beiträgt. Ähnlich einem Co-Mediatorenteam werden an Collaborative Law Anwälte besondere Anforderungen gestellt, die im Vorfeld abgeklärt werden müssen.[941] Dabei ist zu betonen, dass die Anwälte möglichst über gemeinsame Erfahrungen, sei es in der gemeinsamen Ausbildung oder in der praktischen Zusammenarbeit innerhalb eines kooperativen Verfahrens – sozusagen als Collaborative Law Team[942] – verfügen sollten.[943]

Innerhalb dieses Treffens wird ein grobes Ablaufkonzept über den geplanten Verlauf der Verhandlungen ausgearbeitet und das Programm für das erste gemeinsame Treffen zu viert (beide Rechtsanwälte und beide Konfliktparteien) festgelegt. Weiters kann beispielsweise der Umgang mit plötzlich aufkommenden Emotionen thematisiert werden. Zudem können auch Interventionen besprochen werden, falls eine der Konfliktparteien die Gegenpartei bzw deren Rechts-

---

939 Vgl dazu weiterführend etwa Strasser in Rummel3, § 1002 Rz 26. Zu beachten ist mE allenfalls, dass von einem Collaborative Law Verfahren keine Vertretung vor dem Gericht umfasst ist und ein Rechtsanwalt somit primär beratend tätig wird.

940 Slovin, Collaborative Review, Volume 6, Issue 2, Summer 2004.

941 Bastine/Ripke, Mediation im System Familie, in Falk/Heintel/Krainz (Hg), Handbuch Mediation und Konfliktmanagement (2005) 131 (142f).

942 Vgl dazu die Anforderungen an ein Co-Mediatorenteam. Dazu im Kapitel VIII. A. 3. c. Co-Mediation.

943 Webb/Ousky, The Collaborative Way to Divorce 85.

anwalt zu brüskieren versucht. Insbesondere zu Beginn des Verfahrens fokussieren Konfliktparteien noch häufig ausschließlich ihre jeweiligen Positionen. Die Herausforderung der Rechtsanwälte innerhalb eines Collaborative Law Verfahrens stellt es dar, die Konfliktparteien zu einem interessensbasierten Verhandeln anzuhalten.[944] Eben dies bedarf einer ausreichenden Vorbereitung und Planung seitens der Anwälte.

Bei einem Collaborative Law Team, welches nicht bereits miteinander praktiziert hat, wird die Vorbereitung (Verfahrensdesign) bzw das Aufeinanderabstimmen besonders bedeutend und umfangreich sein.[945] Unterschiedliche methodische Vorgehensweisen sowie Kommunikationsstile[946] sollten einander bekannt sein bzw angeglichen werden, um eine generelle Kooperation im Verfahren sicherzustellen. Uneinigkeiten oder sich widersprechende Vorgehensweisen seitens der Rechtsanwälte während der Anwesenheit der Mandanten, können zu Unsicherheit gegenüber dem gesamten Verfahren führen und sollten demnach weitgehend vermieden werden.

Hingewiesen wird an dieser Stelle, dass auch während des weiteren Verfahrensablaufs, je nach Bedarf, vor- bzw nachbereitende Treffen der Rechtsanwälte zwischen den gemeinsamen Collaborative Law Sitzungen stattfinden. In Hinblick auf das Planen der konkreten Vorgehensweisen innerhalb der gemeinsamen Treffen zu viert, ist dies auch besonders sinnvoll.

---

944 Dazu siehe Rose, The Client-Centered Process: Common Ground for Mediators and Collaborative Professionals, Collaborative Review, Winter 2007, Volume 9, Issue 3.

945 So sind beispielsweise in einem Scheidungskonflikt der bereits erreichte Eskalationsgrad des Konflikts vorweg zu beurteilen. Außerdem können die jeweiligen Phasen der Trennung, in welchen sich die beiden Konfliktparteien befinden, für die Rechtsanwälte ein wichtiger Anhaltspunkt für das zu planende Vorgehen sein.

946 Kenntnisse von Grundlagen und Mechanismen der Kommunikation sind für die Durchführung eines erfolgreichen Collaborative Law Verfahrens jedenfalls notwendig, um eine konstruktive Kommunikation zwischen den Konfliktparteien zu ermöglichen bzw wieder herzustellen. Aufgabe der Collaborative Law Anwälte ist es insbesondere, klare Kommunikationsregeln aufzustellen, eine kooperative Kommunikation der Streitparteien zu fördern und während des Prozesses belastende Störungen (diffamierende Aussagen, Abtriften der Parteien in alte Kommunikationsmuster) zu unterbinden. Einen Überblick über Kommunikationsmethoden, welche auch in der Mediationstätigkeit unablässig sind, geben etwa Hochwimmer, Lebensphasen einer Partnerschaft – von der Lebensgemeinschaft über die Ehe bis hin zum Konfliktregelungsinstrument Scheidungsmediation (2007) 186; Hohmann/Morawe, Praxis der Familienmediation 191.

3. Erstes gemeinsames Collaborative Law Treffen

Im Anschluss folgen die so genannten „Vierertreffen" (Four-way meeting), bei denen sich sowohl die Rechtsanwälte als auch beide Konfliktparteien (mindestens vier Personen) gemeinsam treffen.[947] Dieses erste gemeinsame Vierertreffen bildet das Fundament für den weiteren Gesprächs- und Verhandlungsablauf und ist somit von besonderer Bedeutung, denn Fehler in der Einleitungsphase des Verfahrens können den gesamten Verfahrenslauf negativ beeinflussen.

Inhalt dieses ersten gemeinsamen Treffens ist zum einen die Klärung von organisatorischen Fragen, zum anderen die umfassende Vorstellung der Methoden und die Einführung in das Verfahren.

Besonders wichtig ist das Schaffen einer angenehmen vertrauensvollen sowie kooperativen Atmosphäre von Seiten der Rechtsanwälte. Erfolgreiche Zusammenarbeit hängt insbesondere von der zu Beginn des Verfahrens geschaffenen Beziehungsebene ab. Gerade dies kennzeichnet ein Collaborative Law Verfahren gegenüber einem „alltäglichen" Vergleichsgespräch, welchem meist ein harter Verhandlungsstil zugrunde gelegt wird. Wertschätzende Anerkennung gegenüber den Konfliktparteien, weil sie sich für ein außergerichtliches Konfliktlösungsverfahren entschieden haben, sollte jedenfalls an der Tagesordnung dieses Collaborative Law Treffens stehen.

Sodann folgt die Vorstellung des Verfahrens sowie die Definition der Rolle der Collaborative Law Anwälte. Auch wenn dies bereits in der Vorphase – in der Zusammenkunft zwischen Rechtsanwalt und Konfliktpartei zumindest rudimentär geschehen ist – sollte der geplante Ablauf jedenfalls noch einmal in groben Zügen vorgestellt werden. Infolgedessen verfügen beide Konfliktparteien über dieselben Informationen und wissen, was in den nachfolgenden Terminen zu erwarten ist.[948]

Typisch für ein Collaborative Law Verfahren sind die Einzelgespräche zwischen Konfliktpartei und dem jeweiligen Rechtsanwalt, welche jederzeit stattfinden können. Dies geschieht – im Sinne einer Vor- und Nachbereitung häufig zwischen den gemeinsamen Vierertreffen. Gespräche unter vier Augen sind aber auch innerhalb eines Teamtreffens möglich. Darauf sollte beim ersten gemeinsamen Zusammentreffen ebenfalls hingewiesen werden.

Zudem werden – ähnlich der ersten Phase innerhalb eines Mediationsverfahrens[949] – unverzichtbare Kommunikationsgrundregeln sowie faire Verhand-

947 Slovin, Collaborative Review, Volume 6, Issue 2, Summer 2004; Tesler, Collaborative Law 48f.

948 Grundprinzip der Informiertheit.

949 Siehe dazu im Kapitel III. Ablauf eines Mediationsverfahrens.

lungsprinzipien aufgestellt, um innerhalb der Treffen einen respektvollen Umgang der Parteien sicherzustellen. Ferner wird das Ziel des Collaborative Law Verfahrens gemeinsam mit den Konfliktparteien erarbeitet.

Selbstverständlich werden während dieser Eingangsphase des außergerichtlichen Verfahrens offene Fragen und Unklarheiten von Seiten der Konfliktparteien jederzeit beantwortet. Insbesondere die Methode des aktiven Zuhörens eignet sich, um Befürchtungen und Ängste allumfassend wahrzunehmen.

Zum Abschluss der Einleitungsphase findet die Unterzeichnung der Collaborative Law Vereinbarung statt. Wie im vorausgegangenen Kapitel bereits erwähnt, wird diese zwischen den vier Parteien des Collaborative Law Verfahrens abgeschlossen. Die Vertragspunkte werden vorweg von den Parteienvertretern erläutert.[950]

4. Erhebung der einzelnen Sichtweisen – Themensammlung

Ist das geplante Vorgehen geklärt und das Verfahren vorgestellt, wird im nächsten Verfahrensschritt die so genannte Themensammlung vorgenommen. An dieser Stelle beginnt die eigentliche Konfliktbearbeitung.

Die Konfliktparteien schildern dabei – ähnlich der zweiten Phase eines Mediationsverfahrens – die jeweilige subjektive Sicht der Dinge und versuchen den Konflikt darzustellen. Jene Konfliktpartei, welcher von den Rechtsanwälten das Wort erteilt wurde, wird dabei nicht von der Gegenpartei unterbrochen.[951] Vielmehr hat diese abzuwarten, bis sie selbst an der Reihe ist, um etwaige Einwände und Richtigstellungen vorzunehmen. Sämtliche Fakten, etwa die Finanzen oder Kinder betreffend, sollten dabei offen gelegt werden.[952]

Die Rechtsanwälte versuchen mittels der Anwendung verschiedener – auch in der Mediation verwendeter – Grundtechniken, wie Spiegeln, aktives Zuhören oder Umformulieren, das Vertrauen der Konfliktparteien nach und nach wieder

---

950 Dies bedeutet, dass nicht ein vorgefertigtes Vertragsmuster herangezogen wird, sondern die Parteien des Konflikts gefragt werden, welche Grundsätze bzw Regeln für das Verfahren ihrer Ansicht nach besonders wichtig erscheinen. Selbstverständlich werden die Parteien auch auf die Verschwiegenheitspflicht hingewiesen, falls diese nicht eigenständig an diesen, das Verfahren kennzeichnenden, Grundsatz denken.

951 Dafür wurden in der vorhergehenden Verfahrensphase Kommunikationsregeln aufgestellt!

952 Homeyer/Amato, Collaborative Law: Good News, Bad News, or No News? The St. Louis Bar Journal, Spring 2009, 24 (26); Nurse/Thompson in VandeCreek/Jackson, Clinical Practice 169 (175).

herzustellen und einen Kommunikationsrahmen für die einvernehmliche Konfliktklärung zu schaffen. So werden beispielsweise wertende Schuldzuweisungen in der Konflikterläuterung einer Partei von den Collaborative Law Anwälten in neutrale und nicht verletzende Aussagen umformuliert.[953]

Die Kommunikation läuft in dieser Verfahrensphase hauptsächlich über die Rechtsanwälte, um etwaige destruktive Auseinandersetzungen zwischen den Parteien zu vermeiden. Erst im Laufe des weiteren Verfahrens soll schrittweise die direkte Kommunikation wieder hergestellt werden.

Zum Abschluss dieser Verfahrensstufe fassen die Rechtsanwälte die jeweiligen Standpunkte der Parteien zusammen. Insbesondere diese neutrale Beschreibung der Sichtweisen kann für die Konfliktparteien eine beachtliche Unterstützung darstellen und Klarheit schaffen. Ferner kann im Einvernehmen mit den Streitparteien eine Reihung der zu behandelnden Themen vorgenommen werden.[954]

5. Je nach Bedarf: Einzeltreffen zwischen Klient und Rechtsanwalt

Zur Vor- und Nachbereitung der Verhandlungen im gesamten Team finden je nach Bedarf Einzeltreffen (so genannte „private conferences“[955]) zwischen den Konfliktparteien und deren Parteienvertretern statt. In diesen Zusammenkünften erfolgt insbesondere die rechtliche Beratung. Unklarheiten, Schwierigkeiten oder Fragen, die sich bei den Konfliktparteien nach den gemeinsamen Sitzungen ergeben haben, können ebenso beantwortet werden. Diese Treffen eignen sich insbesondere auch für die Erläuterung jener Interessen, welche nicht im gemeinsamen Treffen offen gelegt werden wollten. Grundsätzlich eignen sich diese Treffen vor allem auch zur Motivierung und Unterstützung der Parteien, weiterhin kooperativ an der Konfliktbeilegung zu arbeiten. Bei Bedarf können auch sachverständige Spezialisten, wie beispielsweise Steuerberater oder psychologisch geschulte Coaches, zur Unterstützung der Parteien hinzugezogen werden.

---

953 Besonders wird an dieser Stelle auf die Anwendung der so genannten „gewaltfreien Kommunikation“ hingewiesen. Dazu siehe Rosenberg, Gewaltfreie Kommunikation. Eine Sprache des Lebens7 (2007).

954 Dabei einigen sich die Parteien, in welcher Reihenfolge die Themen in den nächsten Verfahrensstufen behandelt werden.

955 Homeyer/Amato, The St. Louis Bar Journal, Spring 2009, 24 (27); Nurse/Thompson in VandeCreek/Jackson, Clinical Practice 169 (177).

6. Interessensklärung – Konflikterhellung

Nachdem die Sichtweise der Parteien dargestellt und die zu regelnden Themen innerhalb des Verfahrens festgelegt wurden, erfolgt nun die tiefere Konflikterörterung. Dabei richten die Rechtsanwälte gezielte Fragen an die Konfliktparteien, um die Interessen, Ziele und Werte der Konfliktparteien sowie die Hintergründe des Problems aufzudecken.[956]

Zur Vorbereitung dieser Fragen bzw generell zur Planung der Phase der Konflikterhellung ist wiederum ein gemeinsames Treffen zwischen den beiden Rechtsanwälten sinnvoll. So können die vermuteten Motive der Konfliktparteien miteinander diskutiert und mögliche gemeinsame Interessen der Parteien bereits vorweg erkannt werden. Dies ermöglicht gezielte Fragestellungen und Interventionen.

Zu Beginn dieses Verfahrens kann es häufig vorkommen, dass die Konfliktparteien bestrebt sind, schnell zur Entscheidungsfindung übergehen zu wollen und die Interessen und verborgenen Bedürfnisse nicht offen legen. Die Aufgabe der Rechtsanwälte ist es dann, voreilige Entscheidungen der Klienten vorzubeugen und auf eine weiter gehende Diskussion hinzuwirken.[957] Dies bedeutet aber keinesfalls, dass das Verfahren zeitlich in die Länge gezogen wird, sondern dass Konfliktpunkte, die von den Parteien vorschnell gelöst werden wollen, von den Anwälten gezielt angesprochen werden.

Im Rahmen dieser Stufe gibt es nun bereits mehrere Varianten der Kommunikationsführung. So können die Parteienvertreter miteinander kommunizieren, der Rechtsanwalt sich (im Beisein des Gegenvertreters) an die Gegenpartei wenden oder umgekehrt und zunehmend wieder direkte Kommunikation zwischen den Parteien hergestellt werden.[958]

7. Entwicklung und Bewertung der Lösungsmöglichkeiten

Für die jeweiligen Themenbereiche des Konflikts werden nun Lösungsmöglichkeiten gesammelt. Dabei ist es besonders sinnvoll, wenn die Aufmerksamkeit zu Beginn dieser Phase auf jene Konfliktbereiche gelegt wird, denen ein leicht

---

956 Homeyer/Amato, The St. Louis Bar Journal, Spring 2009, 24 (26).

957 In diesem Sinne Homeyer/Amato, The St. Louis Bar Journal, Spring 2009, 24 (26): „Clients often want to jump quickly to the decision-making discussions and exchange offers and counter-offers, but, as guardians of the process, CL attorneys understand that at times they need to slow down a rushed process." Dazu auch Nurse/Thompson in VandeCreek/Jackson, Clinical Practice 169 (178).

958 Nurse/Thompson in VandeCreek/Jackson, Clinical Practice 169 (177).

handhabbares Problem zugrunde liegt. Erste Erfolgserlebnisse wirken auf die Konfliktparteien motivierend.

Bei der Optionenfindung sollten die Konfliktparteien hingewiesen werden, dass die erstbeste Lösungsidee meist nicht die einzige und häufig auch nicht jene ist, welche die beiderseitigen Interessen am ehesten befriedigt. Eine besonders beliebte Methode diesbezüglich ist das Brainstorming, welches ebenfalls in der Mediation erfolgreich eingesetzt wird.[959] Kreative und phantasievolle Ideen werden – unabhängig von der jeweiligen Realitätskompatibilität – gesammelt, ohne vorerst eine Bewertung durchzuführen.

In einem nächsten Schritt werden die Lösungsvorschläge bewertet und auf ihre Brauchbarkeit hin überprüft. Unrealistische bzw nicht-akzeptable Ideen werden verworfen, andere Optionen werden genauer geprüft. Dabei wird jede Konfliktpartei die für sie beste Alternative der Konfliktlösung („Best Alternative to a Negotiated Settlement“[960]) anführen. Um eine Bewertung der Vorschläge vorzunehmen, ist es sinnvoll, mit den Konfliktparteien Bewertungskriterien zu entwickeln, die von *beiden* Parteien als fair empfunden werden. Jene Lösungsmöglichkeiten, welche in die engere Auswahl gekommen sind, werden zudem auf ihre juristische Haltbarkeit hin überprüft.

8. Vertragliche Vereinbarung

Sobald eine Einigung über die Konfliktlösung erzielt wurde und sich die Parteien auf jene Optionen mit dem größten Wertschöpfungspotential geeinigt haben, werden die Parteienvertreter mit der Vertragsgestaltung bzw der rechtsverbindlichen Ausarbeitung der getroffenen Vereinbarung betraut. Die einzelnen Vertragspunkte werden dabei, insbesondere in individuellen Einzeltreffen zwischen Partei und Rechtsanwalt, aus- bzw überarbeitet. Am Ende des kooperativen Anwaltsverfahrens steht die von den Konfliktparteien zu unterzeichnende vertragliche Vereinbarung über die konsensuale Beilegung des Konflikts.[961] Diese findet in einem abschließenden gemeinsamen Treffen statt.

959 Dies in der Phase vier der Mediation.

960 Auch als BATNA (Best Alternative to a Negotiated Settlement) bezeichnet. Slovin, Collaborative Review, Volume 6, Issue 2, Summer 2004.

961 Homeyer/Amato, The St. Louis Bar Journal, Spring 2009, 24 (26).

F. Abgrenzung

Da Collaborative Law bzw auch Collaborative Practice besonders viele Ähnlichkeiten[962] zur Mediation aufweisen, wird im folgenden Abschnitt eine ausführliche Abgrenzung der beiden außergerichtlichen Konfliktlösungsverfahren vorgenommen. Neben der Herausarbeitung der Unterschiede der beiden Verfahren, welche zum einen im Verfahrensaufbau, aber insbesondere auch in der Einbeziehung des Rechts liegen, wird ein besonderer Blick auch auf bedeutende Gemeinsamkeiten der beiden Verfahren, nämlich die Zugrundelegung der Grundprinzipen der Mediation[963], geworfen.

1. Verfahrensaufbau

In der Mediation werden die Konfliktparteien von einer dritten Person, die den Grundsätzen der Allparteilichkeit verpflichtet ist, begleitet. Dieser neutrale Mediator ist ausschließlich für die Gestaltung des Mediationsprozesses bzw für die formellen Rahmenbedingungen des Verfahrens verantwortlich und unterstützt somit die Konfliktparteien in ihrer Lösungsfindung, gibt aber selbst kaum eigene inhaltliche Stellungnahmen oder Vorschläge für eine Beilegung des Konflikts ab.

Innerhalb eines Collaborative Law Verfahrens hingegen, wird jede Streitpartei von ihrem jeweiligen Rechtsanwalt unterstützt, der seinem Mandanten gegenüber auch mit inhaltlichen, insbesondere juristisch fundierten Ratschlägen, zur Seite steht.[964] Diese individuelle Unterstützung, bietet nicht nur Sicherheit[965] und rechtlichen Rückhalt für die Konfliktparteien, sondern beinhaltet auch den Vorteil, dass in juristisch komplexen Konstellationen keine Entscheidungen getroffen werden, die in der Zukunft ungeahnte bzw ungewollte Konsequenzen, wie etwa Nichtigkeit der Vereinbarung wegen Gesetzes- bzw Sittenwidrigkeit, nach sich ziehen.[966]

---

962 "Collaborative Family Law shares many of the principles of mediation". Slovin, The American Journal of Family Law, Volume 18, Number 2, Summer 2004.

963 Im Folgenden auch als „mediative Grundsätze" bezeichnet.

964 Fried, Money Magazine, July 1, 2005.

965 Haniger-Limburg, perspektive mediation 2005/3, 148.

966 Thouvenin, Das künftige Berufsbild der Anwälte aus Schweizer Sicht – Abschied vom Einzelkämpfer, der Anwalt als Unternehmer, Mediation als neues Tätigkeitsgebiet, anwaltliche Werbung, in Europäische Anwaltsvereinigung (Hg), Das künftige Berufsbild des Anwalts in Europa (2000) 111 (129).

2. Die Rolle des Rechtes

Werden in einem außergerichtlichen Verfahren rechtsverbindliche Vereinbarungen[967] angestrebt (hinsichtlich einer Scheidung beispielsweise der Scheidungsvergleich), ist die Kenntnis des Rechts eine notwendige Voraussetzung um die Zulässigkeitsgrenzen für die vertragliche Vereinbarung zu kennen. Das Mediationsergebnis hat sich dabei stets innerhalb der vorgegebenen Rechtsordnung zu bewegen. Überall dort, wo das Recht private Gestaltungsmöglichkeiten zulässt, sind im Zuge der weit gefassten Vertragsfreiheit individuell getroffene Regelungen möglich. In Bezug auf Trennungskonflikte sind zur Disposition stehende Themen etwa Unterhaltsfragen, die Kontakte zu den Kindern oder die Obsorge der Kinder. Das staatliche Rechtsmonopol zieht sich aus diesen Bereichen zurück, bleibt aber gleichzeitig subsidiär als kontrollierender Rahmen aufrecht.[968]

Werden Parteien eines Konflikts über ihre rechtliche Lage aufgeklärt, kann dies auch dazu führen, intensiver und motivierter an einer außergerichtlichen Entscheidungsfindung zu arbeiten, um eine unbefriedigend scheinende Gerichtsentscheidung zu vermeiden. Die Konsequenz des Scheiterns eines außergerichtlichen Verfahrens wird mit dem Aufzeigen der Rechtssituation den Parteien oftmals erst bewusst.

Die Tatsache, dass in der Beurteilung der Rechtslage, innerhalb verschiedener Instanzen eines Gerichtsverfahrens, oftmals geradezu diametral entgegengesetzte Ansichten vertreten werden, zeugt jedoch von einer gewissen „Relativität des Rechts".969 Das Gesetzessystem basiert auf einem binären Charakter970, da es auf „entweder/oder-Entscheidungen" basiert.971 Dadurch kommt es in jüngster Zeit vermehrt zu Forderungen nach Initiierung einer neuen Streit- und Rechtskultur. Die grundlegende Kritik am juristischen Denken in Ansprüchen und Positionen, vor allem hinsichtlich familienrechtlicher Konflikte, wird zunehmend geäußert[972]:

Klassische Gerichtsverfahren führen in Familienkonflikten häufig nicht zu einer zufrieden stellenden und zukunftsfähigen Lösung im Sinne aller Beteiligten. Trotzdem kann, auch bei Anwendung eines außergerichtlichen Verfahrens,

---

967 Wobei dies durchwegs als Ziel des Verfahrens angesehen wird. Falk in Töpel/Pritz, Mediation in Österreich 3 (15).

968 Siehe dazu Falk in Töpel/Pritz, Mediation in Österreich (15).

969 Grziwotz, Erfolgreiche Verhandlungsführung Rz 3.

970 Falk in Töpel/Pritz, Mediation in Österreich (17); Mähler/Mähler in Büchting/Heussen, Rechtsanwalts-Handbuch Rz 25.

971 So genannte Konfliktaustragung durch Delegation an die rechtsprechende Gewalt.

972 Weiterführend dazu siehe etwa Mähler/Mähler in Büchting/Heussen, Rechtsanwalts-Handbuch Rz 24ff, die von einer „Krise des Gesetzessystems" sprechen.

die juristische Dimension aus mehreren Gründen nicht gänzlich vernachlässigt werden. Zum einen sind insbesondere im Kindschaftsrecht bestimmte öffentliche Interessen zu beachten.[973] Zum anderen wird auch eine auf Konsens beruhende, außergerichtliche Konfliktlösung nicht völlig von den rechtlichen Ansprüchen der jeweiligen Partei abweichen. Selbstverständlich sollte nicht wieder in das rechtsanspruchsbezogene Denken zurückgekehrt werden.[974] Trotzdem ist das Wissen der Konfliktparteien über die jeweilige Rechtslage Voraussetzung, um eine faire und letztendlich erfolgreiche Konfliktlösung zu erzielen ohne eine Partei gröblich zu benachteiligen oder zu übervorteilen.

Festgehalten werden kann, dass das Recht sowohl in der Mediation als auch in einem Collaborative Law Verfahren keineswegs ausgeblendet werden kann. Die Art bzw der Zeitpunkt der Einbeziehung der rechtlichen Aspekte stellt jedoch einen grundlegenden Unterschied der beiden Verfahren dar, welcher im Folgenden erläutert wird:

a. Mediation

Bei einem Mediationsverfahren hat der Mediator im Einvernehmen mit den Medianden über den richtigen Zeitpunkt für die Einbeziehung des Rechts zu entscheiden.[975] Die Initiative zur Einholung von externer Rechtsinformation wird in den meisten Fällen vom erfahrenen und in Grundzügen auch über die rechtlichen[976] Problematiken Bescheid wissenden, Mediator kommen. Teilweise vertreten Autoren[977] die Ansicht, dass allein der Mediator – als für das Verfahren verantwortlich – die Entscheidung über die Einholung von externer Rechtsberatung trifft. ME sind, dem Grundsatz der Eigenverantwortung[978] folgend, die Konfliktparteien aber jedenfalls mit einzubeziehen. Insbesondere an Mediatoren, welche aus einem juristischen Grundberuf stammen, wird die Frage nach der Rechtssituation ohnehin meist in einem frühen Verfahrensstadium gestellt. In

---

973 Vgl etwa Rummel in Rummel3, § 859 Rz 16.

974 Falk in Töpel/Pritz, Mediation in Österreich 3 (18).

975 Mähler/Mähler/Duss-von Werdt, Mediation: Die andere Scheidung (1995) 56.

976 Siehe dazu § 29 Abs 2 Z 1 h ZivMediatG, in welchem festgeschrieben ist, dass der theoretische Teil der Mediationsausbildung „rechtliche, insbesondere zivilrechtliche, Fragen der Mediation sowie Rechtsfragen von Konflikten, die für eine Mediation besonders in Betracht kommen“, zu umfassen hat. Auch in Deutschland setzt die Tätigkeit als Mediator Kenntnisse auf dem Gebiet des Rechtes voraus; Dazu vgl BMWA, Standards (2008) Punkt 2 (Ausbildungsstandards).

977 Hohmann/Morawe, Praxis der Familienmediation 85.

978 Nach Lenz, Mediation 35, ist der Grundsatz der Eigenverantwortlichkeit mit einer Delegation auf einen konfliktfernen Berater unmöglich.

der Praxis kommt es zudem auch häufig vor, dass sich die Konfliktparteien schon vor dem Beginn des Mediationsverfahrens bzw ab einer gewissen Eskalationsstufe des Konflikts, über ihre Rechtsposition Informationen eingeholt haben.[979]

Von Bedeutung ist, dass dem Recht innerhalb der Mediation in erster Linie eine Kontroll- bzw Fairnessfunktion zukommt. Eine zu starre Orientierung an den juristisch einschlägigen Gesetzeslagen kann die Entwicklung der eigenen kreativen Lösung der Medianden beeinträchtigen. Auf Grundlage des Rechts und der Gesetze soll den Parteien ein Vergleich auf Basis der selbst erarbeiteten autonom gestalteten Lösung des Konflikts aber ermöglicht werden. Meistens wird den Konfliktparteien dadurch klar, dass die eigenverantwortliche Konfliktlösung den beiderseitigen Interessen besser gerecht wird. Das Recht wird insofern sinnvollerweise erst dann einbezogen, wenn die Parteien einen ersten eigenen Lösungsansatz entwickelt haben.[980] Problematisch könnte dies jedoch dann werden, wenn es für die Entscheidungsfindung schon Voraussetzung ist, die Rechtslage zumindest rudimentär zu kennen. So kann eine im völlig rechtsfreien Raum erarbeitete Konfliktlösung zwar den Interessen der Konfliktparteien entsprechen, gleichzeitig jedoch gegen zwingendes Recht verstoßen. Insbesondere in familienrechtlichen Streitigkeiten ist darauf Bedacht zu nehmen. Das Nichtakzeptieren der eigenständig entwickelten Konfliktlösung seitens des Gerichtes ist nicht nur äußerst frustrierend für die Konfliktparteien, sondern führt auch dazu, dass die bisweilen bereits beendete Mediation abermals, in einer unter Umständen frühen Verfahrensphase, aufgegriffen werden müsste.

Grundsätzlich wird deshalb der Mediator, spätestens vor dem Abschluss der Mediationsvereinbarung, den Parteien jedenfalls eine Rechtsberatung empfehlen. Die Zusammenarbeit mit Außenanwälten erfolgt zumeist dergestalt, dass sich jede Partei eines Rechtsanwalts bedient, kann aber auch derart erfolgen, dass – unter ausdrücklicher Entbindung vom Doppelvertretungsverbot – ein gemeinsamer Rechtsvertreter bestellt wird. Nichtsdestotrotz ist eine schlichte Rechtsauskunft von jenen Mediatoren, die über eine juristische Grundausbildung[981] verfügen, auch während des Verfahrens durchaus zulässig und dient dazu, den Konfliktparteien schon erste rechtliche Grenzen aufzuzeigen.[982] Die Aufgabe von Rechtsanwälten, die außerhalb des Verfahrens stehen (also nicht

979 Bei Trennungs- und Scheidungskonflikten wird dies insbesondere die Informationseinholung über die Höhe des Unterhalts oder die rechtlichen Ansichten über die Handhabung des Besuchsrechts sein.

980 Hohmann/Morawe, Praxis der Familienmediation 85.

981 Mossman, Families and the Law in Canada 330.

982 Lenz, Mediation 40; Mähler/Mähler in Büchting/Heussen, Rechtsanwalts-Handbuch Rz 74.

etwa eine Co-Mediation gemeinsam mit einem Mediator aus einer psychosozialen Berufsgruppe durchführen) ist es, die Parteien nach den einzelnen Mediationssitzungen rechtlich zu beraten bzw die bereits getroffenen Entscheidungen auf ihre juristische Haltbarkeit hin zu überprüfen. Nach dem Abschluss der Mediation wird (meist zusammen mit dem Rechtsanwalt der Gegenpartei) eine rechtsverbindliche vertragliche Vereinbarung über die im Mediationsverfahren ausgearbeitete Konfliktlösung verfasst.[983]

Problematisch kann die eigenständige Einholung von Rechtsauskünften bei einer Mediation seitens der Medianden mE vor allem deshalb gesehen werden, weil die Konfliktparteien unter Umständen sehr oft einen Rechtsanwalt – wenn auch nur für relativ schnell zu beantwortende Rechtsfragen – kontaktieren müssen. Zudem können die Medianden die rechtlichen Auskünfte vielleicht nicht immer in der notwendigen Exaktheit in der darauf folgenden Mediationssitzung wiedergeben und so kann es zu Missverständnissen oder unangenehmen Verfahrensverzögerungen kommen. Ferner können die Konfliktparteien auch von einem außerhalb des Verfahrens stehenden Rechtsanwalt verunsichert werden: Beispielsweise dann, wenn ihnen die Rechtslage – ohne die notwendige Sensibilität und Kenntnis des jeweiligen konkreten Konflikts – sachlich dargestellt wird und die Konfliktparteien die in der Mediation entwickelten kooperativen Ansätze zunehmend zu hinterfragen beginnen. Demnach würde sich die Zusammenarbeit zwischen Mediator und Rechtsanwalt jedenfalls insofern empfehlen, als das Mediationsverfahren vom beratenden Rechtsanwalt mit seinen grundlegenden Verfahrensgrundsätzen akzeptiert wird und er an einzelnen Mediationssitzungen eventuell auch persönlich teilnimmt.

Zusammenfassend kann festgestellt werden, dass sich die Medianden, meist auf Hinweis des Mediators, von frei gewählten, außerhalb des Mediationsverfahrens stehenden, Rechtsanwälten in rechtlich fundierter Weise informieren und beraten lassen. Die Rechtsanwälte werden daher meist nur indirekt in die Mediation einbezogen. Nach Abschluss des Mediationsverfahrens ist es zudem Aufgabe der beratenden Rechtsanwälte einen Vertrag (die so genannte Mediationsvereinbarung) auszuarbeiten.

b. Collaborative Law

Bei einem Collaborative Law Verfahren werden die Rechtsanwälte direkt in das Verfahren einbezogen. Ein Collaborative Law Anwalt zeigt den Parteien die rechtlichen Möglichkeiten während des gesamten Verfahrens auf und erläutert auch die als wahrscheinlich anzusehende Entscheidung eines mit dem Konflikt

983 Mähler/Mähler in Büchting/Heussen, Rechtsanwalts-Handbuch Rz 110.

befassten Richters. Darüber hinaus wird er die Parteien jedoch insbesondere unterstützen, einen den individuellen Bedürfnissen und Wünschen entsprechenden Lösungsansatz für das konkrete Problem zu entwickeln.[984]

3. Gemeinsamkeit: „Mediative Grundsätze"

Eine bedeutende Gemeinsamkeit von Mediation und Collaborative Law ist insbesondere das Zugrundelegen der „Grundprinzipien der Mediation"[985], die mE auch als Prinzipien des Collaborative Law anzuerkennen sind.[986]

Eingeschränkte Neutralität

Freilich ist der „Grundsatz der Neutralität"[987] des Mediators, welcher in der Mediation als unumgänglich anzusehen ist, in einem Collaborative Law Verfahren schon aus Gründen des Verfahrensaufbaus – jede Konfliktpartei betraut einen eigenen Rechtsanwalt – nicht deckungsgleich anzuwenden. Demzufolge führt jeder Rechtsanwalt, auf die jeweilige Partei abgestimmte und eben gerade nicht neutrale Rechtsberatungen durch. Neutralität bedeutet aber sehr wohl auch, dass alle Konfliktparteien in einem fairen Prozess unterstützt werden und auch die Interessen der Gegenpartei vollinhaltlich akzeptiert werden. Insoweit gilt dieser – ursprünglich aus der Mediation stammende – Grundsatz in abgeschwächter Form auch für Collaborative Law Verfahren, um zu einer zufrieden stellenden sowie fairen Vereinbarung und im Endeffekt zu einer Lösung des Konflikts zu gelangen.[988]

Offenlegung / Informiertheit

Andere Grundprinzipien[989] der Mediation sind ohne Modifizierung auf ein Collaborative Law bzw Practice Verfahren anzuwenden. So ist es sowohl in einem

---

984 Tesler/Thompson, Collaborative Divorce 154.

985 Fitsch, JAP 2000/2001, 71; Hohmann/Morawe, Praxis der Familienmediation 3ff; Kollros, ecolex 2003, 745; Kriegel, Mediationspflicht? Über die Notwendigkeit einer Begleitung von Eltern bei Trennung und Scheidung (2006) 57; Lenz, Mediation 34f; Schröder, Familienmediation Rz 27ff.

986 So im Ergebnis wohl auch Slovin, The American Journal of Family Law, Volume 18, Number 2, Summer 2004.

987 Etwa Lenz, Mediation 34.

988 Lenz, Mediation 34.

989 So folgt etwa die Trennungs- und Scheidungsmediation fünf Grundsätzen, welche unter anderem von der Bundesarbeitsgemeinschaft für Familienmediation (BAFM) auf-

Mediationsverfahren, als auch in einem Erfolg versprechenden Collaborative Law Verfahren unumgänglich, dem so genannten „Prinzip der Offenheit und Informiertheit“[990] folgend, alle Informationen, Tatsachen und Belege, die für ein faires und nachhaltiges Verfahren notwendig sind, offen zu legen.[991] Die sachliche Informiertheit, im Sinne der Bereitschaft zur Offenlegung aller sachlichen Daten und relevanten Umstände, ist Voraussetzung für eine selbst verantwortete Entscheidung der Konfliktparteien.

Freiwilligkeit

Auch das „Prinzip der Freiwilligkeit“[992] bildet eine wichtige Basis eines Collaborative Law Verfahrens. Dieser bedeutende Grundsatz besagt, dass von den Konfliktparteien freiwillig zustande gekommene Konsenslösungen regelmäßig in weit höherem Maße akzeptiert werden, als jene, die von einem Dritten aufoktroyiert wurden.[993] Die betroffenen Konfliktparteien dürfen demnach von keiner Seite (weder Anwalt noch Mediator) zu einer bestimmten Entscheidung bzw zu einem Ergebnis gedrängt werden.[994] Zudem ist es den Parteien frei gestellt, das Verfahren jederzeit von sich aus zu beenden. Dies sollte jedenfalls auch in dem zu Beginn des Verfahrens zu erstellenden Mediationsvertrag bzw Collaborative Law Vertrag festgehalten werden.[995]

---

gestellt wurden: Neutralität des Mediators, Eigenverantwortlichkeit der Medianden, Prinzip der Informiertheit (Offenlegung aller relevanten Informationen), Vertraulichkeit sowie Freiwilligkeit.

990 Hohmann/Morawe, Praxis der Familienmediation 4; Lenz, Mediation 35.

991 Dies geschieht in der Mediation (bzw in einem Collaborative Law Verfahren) typischerweise in einer der ersten Treffen. Bei einem Mediationsverfahren ist dies die Phase zwei (Darlegung der Positionen bzw Darstellung der einzelnen Sichtweisen der Konfliktparteien) des Verfahrens. Weiterführend dazu Hohmann/Morawe, Praxis der Familienmediation 135ff; Lenz, Mediation 25.

992 Mayer/Boness, Interkulturelle Mediation und Konfliktbearbeitung (2003) 34.

993 Mähler/Mähler in Büchting/Heussen, Rechtsanwalts-Handbuch Rz 56; Strempel in Strempel, Mediation für die Praxis 7 (12).

994 Dies ist auch durch das Konzept der „obligatorischen Mediation“ (dazu ausführlich im Kapitel IX. B. Verpflichtende Mediation), welche nur von der verpflichtenden Inanspruchnahme der Mediation ausgeht, durchwegs gewährleistet.

995 Besonders das Prinzip der Freiwilligkeit wird bei gesetzlich verankerten, so genannten verpflichtenden Mediationen und bei Mediationsklauseln in Verträgen in Frage gestellt. Dem kann jedoch entgegnet werden, dass bei diesen rechtlichen Konstrukten keinesfalls von einer „Pflicht“ zur Einigung innerhalb eines Mediationsverfahrens auszugehen ist, sondern lediglich von einem Einigungsversuch innerhalb eines Mediationsverfahrens die Rede ist, der vor einem etwaigen Gerichtsverfahren, vorzuschalten ist.

Autonomie / Eigenverantwortlichkeit

Das „Prinzip der Eigenverantwortlichkeit"[996] besagt, dass die Konfliktparteien ihren Konflikt am besten kennen und somit auch selbst – im Sinne der Eigenverantwortlichkeit – die beste Lösung der Problematik finden können.[997]

Vertraulichkeit

Das „Prinzip der Vertraulichkeit"[998] gilt als grundlegende Basis ebenfalls für beide außergerichtlichen Verfahren, da im Gegensatz zu Gerichtsprozessen die Verfahren nicht öffentlich stattfinden. Im Rahmen der gesetzlichen Grenzen verpflichten sich alle involvierten Personen, typischerweise im Eingangsvertrag, keine Informationen und Erkenntnisse aus dem Prozess an außen stehende Personen weiter zu geben.

G. Positionales Verhandeln versus kooperatives Verhandeln

1. Das „klassische Anwaltsverfahren" – Verhandeln in Positionen

Durch das Aufkommen von ADR-Methoden erweiterte sich zwar das Angebot der Anwaltschaft, gleichwohl werden Rechtsanwälte nach wie vor hauptsächlich als klassische Vertreter bei Gerichten und Behörden tätig.[999] Im folgenden Abschnitt der Arbeit wird ein Überblick über das System des klassischen Verhandelns vor Gerichten, welches meist mit Unterstützung von Rechtsanwälten geschieht, gegeben.

---

996 Auch als Autonomie bezeichnet. So etwa Hohmann/Morawe, Praxis der Familienmediation 3; Schröder, Familienmediation Rz 37; Von Bargen, Gerichtsinterne Mediation 26f.

997 Mayer/Boness, Mediation 35.

998 Hartges, Außergerichtliche Konfliktlösung 192ff; Hohmann/Morawe, Praxis der Familienmediation 33; Lenz, Mediation 35; Mayer/Boness, Mediation 34.

999 Abgesehen davon waren bzw sind Anwälte selbstverständlich auch seit jeher mit Vertragserrichtungen bzw Vergleichsgesprächen und Rechtsberatungen betraut. Haniger-Limburg, perspektive mediation 2005/3, 148.

a. Das Delegationssystem

Beim so genannten „klassischen Anwaltsverfahren“ geben Parteien die Verantwortung für ihren Konflikt an einen Rechtsanwalt ab, welcher als Interessenvertreter[1000] die Anliegen einer Partei vor Behörden und Gerichten vertritt.[1001] Aus diesem Grund wird auch vom so genannten Delegationssystem[1002] gesprochen, in dem die Entscheidung nicht mehr von den subjektiv am Konflikt Beteiligten getroffen wird, sondern an Richter, Sachverständige und letztendlich an die Gesetzgebung des Staates bzw die Politik – schlichtweg an Dritte, am Konflikt nicht beteiligte Akteure – delegiert wird.[1003] Maßstab einer jeden Entscheidungsfindung eines Richters ist die Subsumierung des jeweiligen konkreten Konfliktfalles unter das Gesetz, welches als Basis für die Entscheidungsfindung anzusehen ist. Insbesondere in Obsorgekonflikten werden unabhängige Sachverständige[1004] mit familienpsychologischem Hintergrund zu Rate gezogen. Selbstverständlich handelt es sich bei Sachverständigen um Spezialisten mit einschlägigem Bildungshintergrund, welche sowohl kinderbezogene[1005] als auch elternbezogene Faktoren bei der Beurteilung berücksichtigen. Allerdings findet wiederum eine Delegation an eine, am Konflikt unbeteiligte, Person statt.[1006] Die end-

---

1000 Der Begriff „Interessenvertreter“ ist insofern unpassend, weil in erster Linie die Positionen einer Konfliktpartei verfolgt werden und den (meist verborgenen und den Parteien oftmals selbst nicht bewussten) Interessen wenig Aufmerksamkeit geschenkt wird.

1001 Strecker, Versöhnliche Scheidung 46.

1002 Mähler, Macht – Gesetz – Konsens, in Falk/Heintel/Krainz (Hg), Handbuch Mediation und Konfliktmanagement (2005) 95 (95).

1003 Mähler/Mähler in Büchting/Heussen, Rechtsanwalts-Handbuch Rz 24.

1004 Gutschner/Völkl-Kernstock/Kobel/Friedrich, Grundlagen und wichtige Kriterien für die Erstellung von Obsorgegutachten, RZ 2008, 269 (269).

1005 Dabei stellt mit zunehmendem Alter des Kindes auch der Kindeswille ein maßgebliches Kriterium dar. Siehe dazu Röchling, Eltern und Kinder bei Trennung und Scheidung2 (2006) 43. Inwieweit dieser Kindeswille in eine sinnvolle Entscheidung einzufließen vermag, ist jedoch nicht eindeutig zu beantworten. Jedenfalls muss eine (durchaus schwierige!) Abwägung zwischen dem Äußerungsrecht des Kindes und dem Schutz des urteilsunfähigen Kindes, welchem keine untragbare Verantwortung aufgebürdet werden darf, vorgenommen werden. Die Entscheidung auf das Kind zu übertragen kann jedenfalls keine Lösung des Elternkonflikts darstellen. Weiterführend dazu Figdor, Lässt sich das Kindeswohl quantifizieren? Über die Rolle von Sachverständigen bei Trennung und Scheidung, FamZ 2006, 246 (252); Zitelmann, Kindeswohl und Kindeswille im Spannungsfeld von Pädagogik und Recht (2001) 166ff.

1006 Siehe dazu Heintel, Über einen Strukturwiderspruch im Verhältnis Rechtsanwalt – Mediator, in Höpfel/Pritz (Hg), Mediation in Österreich2 (2005) 69 (74ff).

gültige Entscheidung trifft der Richter, dem sowohl Ergebnis als auch Prozessverantwortung zukommt.[1007]

Der Rechtsanwalt tritt beim traditionellen Verhandeln für seine Mandanten ein und versucht mittels Auslegung der Gesetze, rechtlicher Argumentationen und Beantragungen etwaiger Gegengutachten, den Richter zu überzeugen. Der Gewinn des einen Konfliktpartners stellt, unter der Prämisse des Delegationssystems oftmals den Verlust des anderen dar.[1008] Für die Konfliktparteien – selbst für die Gewinner eines Gerichtsverfahrens – ist dies nicht immer befriedigend, da die Berücksichtigung der subjektiven Interessen und Bedürfnisse im Rahmen einer richterlichen Entscheidung auf Grundlage der Gesetze schon aus grundsätzlichen Überlegungen nicht möglich ist.[1009]

Dies stellt die notwendige Konsequenz des Gesetzessystems dar, welches auf so genannten „Ja-Nein-Entscheidungen“[1010] (binär kodiertem Denken bzw Denken in Positionen) beruht, die deshalb notwendig sind, um bei der Flut an Konflikten und Rechtsstreitigkeiten überhaupt zu rechtskonformen Entscheidungen zu gelangen. *Hagen*[1011] weist darauf hin, dass die Kritik am Denken in Positionen teils auch einer Relativierung bedarf, da die Kenntnis der Rechtspositionen bzw der so genannten „Nichteinigungsalternativen“ für die Konfliktparteien – auch wenn sie sich für Mediation entscheiden – auch Anreize für außergerichtliche Verhandlungen darstellen können. Freilich geht es nicht um die dogmatisch richtige Lösung, sondern um eine erste Einschätzung wie ein Gericht den Fall beurteilen würde. Gerade dies kann für die Medianden durchaus auch hilfreich sein.

b. Rechtsanwalt als Parteienvertreter

Rechtsanwälte, auch als Parteienvertreter bezeichnet, vertreten die Rechtspositionen ihrer Parteien. So legt die österreichsche RAO[1012] folgendes fest:

> „§ 9 (1) Der Rechtsanwalt ist verpflichtet, die übernommenen Vertretungen dem Gesetz gemäß zu führen und die Rechte seiner Partei gegen jedermann mit Eifer,

---

1007 Im Vergleich dazu kommt in der Mediation dem Mediator Prozessverantwortung (Verantwortung für den Ablauf des Verfahrens) zu, die Ergebnisverantwortung liegt hingegen bei den Konfliktparteien. Vgl dazu Hagen in Urnik, Sport und Gesundheit 287 (291f).

1008 Strecker, Versöhnliche Scheidung 47.

1009 Besemer, Mediation 34; Slovin, The American Journal of Family Law, Volume 18, Number 2, Summer 2004.

1010 Mähler in Falk/Heintel/Krainz, Mediation 96.

1011 Hagen in Hagen/Lenz, Wirtschaftsmediation 155 (161).

1012 RGBl 96/1868 idF BGBl I 1/2009.

> Treue und Gewissenhaftigkeit zu vertreten. Er ist befugt, alles, was er nach dem Gesetz zur Vertretung seiner Partei für dienlich erachtet, unumwunden vorzubringen, ihre Angriffs- und Verteidigungsmittel in jeder Weise zu gebrauchen, welche seinem Auftrag, seinem Gewissen und den Gesetzen nicht widerstreiten."

Meist wird bei der Vertretung der Parteien der so genannte harte Verhandlungsstil[1013] angewendet, da sich dieser besonders dazu eignet, die Rechte (nicht die Interessen) der Partei zu vertreten.

Die rechtliche Konfrontation im Sinne einer Machtauseinandersetzung führt jedoch in familienrechtlichen Konflikten oder solchen Auseinandersetzungen, in denen die Beziehung der Streitparteien eine wichtige Rolle spielt, häufig zu keiner konstruktiven Konfliktbewältigung.[1014] In Obsorge- oder Besuchsrechtskonflikten[1015] lautet die Position der Elternteile beispielsweise häufig: „Ich will das Kind". Konflikte um das Sorgerecht der Kinder, die vor den Gerichten ausgetragen werden, führen im Ergebnis nicht selten dazu, dass Kinder, welche in erster Linie als sensible Menschen mit Gefühlen, Emotionen und individuellen Bedürfnissen gesehen werden sollen, ähnlich einem Streitobjekt behandelt werden, welches einem Elternteil von einem Dritten, dem Richter, „zugesprochen" wird.[1016] Somit „obsiegt" ein Elternteil bzw Rechtsanwalt gegenüber dem anderen. Der eine geht als Gewinner, der andere als Verlierer[1017] hervor. Das wahre, jedoch vielfach verborgene, Interesse der einen Konfliktpartei ist häufig das Verständnis der anderen Konfliktpartei für die vorgefallenen Verletzungen und Kränkungen in der Partnerschaft bzw die schwierige neue Lebenssituation. In vielen Fällen ist es auch das verborgene und im Hintergrund stehende (gemeinsame!) Interesse am Wohlergehen der gemeinsamen Kinder, welches die Konfliktparteien leitet. Wird den Streitparteien erst klar, welche Bedürfnisse und Interessen hinter der schlichten Position: „Ich will das Kind" stehen, ist es oftmals ein Leichtes, zu einer einvernehmlichen Entscheidungsfindung zu gelangen.[1018]

1013 Ein harter Verhandlungsstil ist dadurch gekennzeichnet, dass die Durchsetzung der eigenen Position bzw jener des Mandanten als höchstes Ziel definiert wird. Vgl etwa Berning/Schwamberger, Wirtschaftsmediation für Steuerberater - Mediation als neues Beratungsfeld (2008) 56f; Erbacher, Verhandlungsführung2 57.

1014 An dieser Stelle wird ausdrücklich erwähnt, dass nicht die Wirksamkeit des streitigen Verfahrens bzw die Beiziehung von parteilichen Rechtsanwälten generell angezweifelt wird, da es sehr wohl Konflikte und Rechtsfragen gibt, deren gerichtliche Beilegung der zweckmäßigste Weg ist.

1015 Siehe etwa § 148 Abs 1 Satz 3 ABGB.

1016 Mangels Einvernehmens ist die Besuchsrechtsausübung auf Antrag durch Gerichtsbeschluss zu regeln. Stabentheiner in Rummel3, § 148 Rz 1d.

1017 Mähler in Falk/Heintel/Krainz, Mediation 95.

1018 Vgl diesbezüglich vor allem die Ausführungen im Kapitel X. C. Die zugrunde gelegte Idee: Das Harvard Konzept.

Andernfalls zahlen vor allem Kindern, aber auch die sich streitenden Konfliktparteien selbst, in vielerlei Hinsicht einen hohen emotionalen Preis.[1019]

Jedenfalls stellt es aber auch das Anrecht jeder Konfliktpartei dar – dies darf keineswegs unerwähnt bleiben – das Recht vor Gericht zu suchen, ein unabhängiges und unparteiisches Gericht anzurufen und sich dabei von einem Rechtsanwalt vertreten zu lassen. Dies gilt als wichtiges Grundelement des Rechtsstaates.[1020] Bei allen, in dieser Arbeit erläuterten, Vorteile der außergerichtlichen Konfliktlösung gibt es auch zahlreiche Konflikte, die innerhalb eines klassischen Gerichtsverfahrens besser aufgehoben sind. Dies gilt auch für Trennungs- und Scheidungskonflikte. Wenn aus der Beziehung beispielsweise keine Kinder hervorgegangen sind, es rein um die Aufteilung des finanziellen Vermögens geht und beiden Partnern nichts an einer einvernehmlichen Lösung liegt oder auch, falls beide Konfliktparteien nicht die Kraft aufwenden wollen (ein außergerichtliches Verfahren verlangt sowohl Zeit und stellt auch harte Arbeit dar), sich in mehreren Treffen mit dem Konflikt zu befassen, ist eine Delegation der Entscheidung an das Gericht durchaus eine sinnvolle Möglichkeit. Dies gilt etwa auch dann, wenn es innerhalb der Paarbeziehung bzw an deren Ende zur Anwendung von Gewalt gekommen ist und infolgedessen überhaupt keine Gesprächsbasis zwischen den Parteien mehr vorhanden ist. Schließlich ist es grundlegende Voraussetzung eines Collaborative Law Verfahrens, dass beide Konfliktparteien eine einvernehmliche Konfliktlösung anstreben wollen.[1021]

2. Das „kooperative Verfahren"

a. Die Rolle des „kooperativen Rechtsanwalts"

Wirft man einen Blick in die in Österreich in Geltung stehende RAO findet man im § 8 Abs 1 folgenden Gesetzeswortlaut:

> „Das Vertretungsrecht eines Rechtsanwalts erstreckt sich auf alle Gerichte und Behörden der Republik Österreich und umfaßt die Befugnis zur berufsmäßigen Parteienvertretung in allen gerichtlichen und *außergerichtlichen* […] Angelegenheiten."

Obwohl man meinen könnte, dass Rechtsanwälte großteils in gerichtlichen Angelegenheiten tätig werden, ist doch die außergerichtliche Tätigkeit in der RAO

1019 Tesler, American Journal of Family Law, Volume 13, 1999, 215.

1020 Strecker, Versöhnliche Scheidung 46.

1021 Siehe dazu auch die Indikationen für Collaborative Law bzw Practice im Kapitel X. J.

gleichrangig – sozusagen auf einer Ebene – mit den gerichtlichen Angelegenheiten genannt.[1022]

Der Klient soll sich innerhalb eines kooperativen Verfahrens von seinem Anwalt verstanden fühlen und die Argumentationen des Rechtsexperten vollinhaltlich nachvollziehen können. Dies wiederum bedeutet, dass der Rechtsanwalt – und das stellt die große Herausforderung innerhalb eines Collaborative Law Verfahrens dar – keinesfalls Zugeständnisse, Vorschläge oder Zustimmungen abgeben darf, welche der Klient, dessen Interessen stets an erster Stelle stehen, nicht befürworten würde. Eine gewissenhafte und intensive Vorbereitung des Rechtsanwalts zusammen mit dem Klienten kann dem zuverlässig vorbeugen.[1023] Die vorbereitenden Gespräche und Absprachen des Klienten mit seinem Rechtsanwalt, die den jeweiligen Treffen im Gesamtteam vorausgehen, sind zur Vermeidung von Missverständnissen während des Verfahrens unumgänglich.[1024]

b. Vertragliche Einigung auf Grundlage der Privatautonomie

Collaborative Law setzt – als Konsenssystem – den Fokus nicht auf Konfrontation, sondern auf die umfassende Befriedigung möglichst aller Interessen der vom Konflikt betroffenen Parteien.[1025] Am Ende steht gerade kein Urteil, sondern eine ressourcen- und zukunftsorientierte Lösung, die letztendlich in einem rechtsverbindlichen Vertrag festgehalten wird.[1026] Das Wissen um die Umstände des Konflikts und die daraus resultierenden Kompetenzen der Parteien werden bei kollaborativen Verfahren weitgehend berücksichtigt. Das dahinter stehende Konzept der Mediation geht davon aus, dass Konflikte durchwegs auch positives Potential aufweisen und in ihnen auch eine Chance zur Neuorientierung steckt. Collaborative Law geht demnach nicht von einem hierarchischen System, sondern von einem Konfliktlösungsmodell aus, welches auf Gleichberechtigung

---

1022 Tatsächlich werden viele Rechtsstreitigkeiten mittels Vergleichsgesprächen beigelegt. Siehe dazu etwa Gottwald, Verhandeln als juristische Fertigkeit, ÖJZ 1985, 678. Auch wenn dabei oftmals der so genannte „harte Verhandlungsstil" zum Einsatz kommt, handelt es sich um eine außergerichtliche Konfliktbeilegung. Siehe zur Mediation von Rechtsfragen, die hauptsächlich von Anwälten durchgeführt wird, auch Hagen in Hagen/Lenz, Wirtschaftsmediation 155 (180ff) über die „Mediation des Rechts".

1023 Zur generellen Rolle eines Rechtsanwalts innerhalb eines Collaborative Law Prozesses siehe Slovin, Collaborative Review, Volume 6, Issue 2, Summer 2004. Vgl insbesondere auch die Ausführungen im Kapitel IV. D. 2. b. „Mediator und Rechtsanwalt: Der anwaltliche Mediator".

1024 Siehe dazu ausführlich im Kapitel X. E. Der Verfahrensablauf.

1025 Tesler, American Journal of Family Law, Volume 13, 1999, 215; Fried, Money Magazine July 1, 2005.

1026 Mähler/Mähler in Büchting/Heussen, Rechtsanwalts-Handbuch Rz 28.

beruht. Die Herrschaft über einen Konflikt wird nach diesem zugrunde gelegten Verständnis an jene Menschen übertragen, die über den Konflikt am besten Bescheid wissen – nämlich die Konfliktparteien selbst. In der Konsequenz sind die Betroffenen eher bereit, ihr Verhalten nachhaltig zu ändern bzw an der vereinbarten Lösung festzuhalten.[1027]

All dies ermöglicht die Privatautonomie, welche der österreichischen Privatrechtsordnung zu Grunde liegt. Ausdruck findet diese innerhalb eines Collaborative Law Verfahrens insbesondere in der, am Ende des Verfahrens stehenden, vertraglichen Vereinbarung der Parteien.[1028] *Eidenmüller*[1029] betont in diesem Zusammenhang die „privatautonome Konfliktbewältigungskompetenz", welche die Fähigkeit und Bereitschaft der am Konflikt Beteiligten stärkt, auch in Zukunft autonom und eigenverantwortlich mit Konflikten umzugehen.

Die Privatautonomie, als grundsätzliche Freiheit der Personen, ihre rechtlichen Beziehungen zu einander durch Rechtsgeschäft frei zu regeln, findet in § 859 ABGB ihre rechtliche Grundlage.[1030] In dieser Gesetzesbestimmung ist die Selbstgestaltung der rechtsgeschäftlichen Beziehungen zu anderen Personen nach dem eigenen Willen sowie in eigener Verantwortung festgeschrieben.[1031] Beachtet werden müssen freilich das (nicht zur Disposition stehende) zwingende Recht sowie der Grundsatz der guten Sitten[1032], welche die weitgehende Inhaltsfreiheit[1033], als eine der Ausprägungsformen der Privatautonomie, beschränken. Im Familienrecht ist die Privatautonomie zudem durch Typenzwang eingeschränkt, da öffentliche Interessen große Teile des Kindschaftsrechts bestimmen.[1034]

Somit kann festgehalten werden, dass es alleine in der Entscheidung der Konfliktparteien liegt, sich für ein klassisches Anwaltsverfahren – mit all seinen Konsequenzen bzw Vor- und Nachteilen – auszusprechen, oder sich für ein kooperatives außergerichtliches Anwaltsverfahren zu entscheiden. Beides ist und

---

1027 Besemer, Mediation 37.

1028 Mähler/Mähler in Büchting/Heussen, Rechtsanwalts-Handbuch Rz 28.

1029 Eidenmüller in Henssler/Koch, Mediation § 2 Rz 39.

1030 Rummel in Rummel3, § 859 Rz 15; Apathy/Riedler in Schwimann3, § 859 Rz 2.

1031 Bydlinski, Privatautonomie und objektive Grundlagen des verpflichtenden Rechtsgeschäftes (1967) 10.

1032 Siehe etwa Krejci in Rummel3, § 879 Rz 124; Bollenberger in Koziol/Bydlinski/Bollenberger2, § 879 Rz 10. Für Unterhaltsvereinbarungen bei Scheidungen siehe Apathy/Riedler in Schwimann3, § 879 Rz 11p; Krejci in Rummel3, § 879 Rz 87.

1033 So resultieren aus der Privatautonomie sowohl die Abschlussfreiheit als auch die Inhaltsfreiheit. Rummel in Rummel3, § 859 Rz 16.

1034 Apathy/Riedler in Schwimann3, § 859 Rz 2; Rummel in Rummel3, § 859 Rz 16.

muss in einem Rechtsstaat möglich sein.[1035] Betrachtet man die Hintergründe des Zustandekommens des jeweiligen, am Ende des Verfahrens stehenden, Aktes – gerichtliche Entscheidung oder privatautonomer Vertrag – kommt die Autonomie und Eigenverantwortung der Konfliktparteien, im Sinne einer vom eigenen Willen getragenen rechtsgeschäftlichen Selbstbestimmung[1036], in einem kooperativen Verfahren weitaus mehr zum Ausdruck. Dies fällt selbst bei der terminologischen Betrachtung auf: So steht am Ende eines Gerichtsverfahrens keine *Lösung* des Konflikts, sondern eine *Entscheidung*, die ausschließlich auf der Grundlage des Rechts, unter Berücksichtigung all seiner Theorien und dogmatischen Überlegungen, gefällt wird.

H. Kritik an Collaborative Law

Einerseits kann argumentiert werden, dass Rechtsanwälte, neben den erforderlichen Rechtskenntnissen um als Anwalt tätig zu sein, häufig auch über durchwegs gute Fähigkeiten als Gesprächsleiter oder Vermittler verfügen und insofern grundsätzlich die Fähigkeit zur Durchführung eines erfolgreichen außergerichtlichen Verfahrens wie Mediation oder Collaborative Law besitzen.

Andererseits kann folgende Frage gestellt werden: Wie steht es mit den Fähigkeiten eines (rein juristisch ausgebildeten) Rechtsanwalts, als kooperativer Gesprächsleiter tätig zu sein bzw generell mit der psychologischen Eignung eines Rechtsanwalts innerhalb eines Trennungs- und Scheidungskonflikts zu vermitteln, in welchen Kinder involviert sind?

Selbst wenn in der anwaltlichen Praxis Vergleichsgespräche durchgeführt werden und Rechtsanwälte durchwegs gute Gesprächsleiter sind bzw häufig auch vermittelnde Lösungen suchen, sind sie in erster Linie als Parteienvertreter tätig. Insofern stellt es höchstwahrscheinlich eine der größten Herausforderungen für Rechtsanwälte innerhalb eines Collaborative Law Verfahrens dar, die häufig erwünschten Eigenschaften (aktives Auftreten, konkrete Regelungen vorschlagen, mit der autoritativen Entscheidung durch den Richter drohen) zurückzuschrauben.[1037] Das gewohnheitsmäßig lösungsorientierte Angehen von Rechtsproblemen sollte hinsichtlich eines konsensorientierten Verhandlungsstils

1035 So auch Strecker, Versöhnliche Scheidung 46, welcher das Recht sich anwaltlich beraten und vertreten zu lassen als wesentliches Grundelement des Rechtsstaates bezeichnet.

1036 Bydlinski, Privatautonomie 52.

1037 Thouvenin in Europäische Anwaltsvereinigung (Hg), Das künftige Berufsbild des Anwalts in Europa 111 (130).

zurückgenommen werden. Insofern ist auf eine entsprechende Ausbildung als Mediator bzw Collaborative Law Anwalt besonders bedacht zu nehmen. Nach deren Absolvierung und Durchführung von praxisrelevanten Übungsfällen, steht einer erfolgreichen Tätigkeit als kooperativer Anwalt auch meist nichts im Wege. Wird der Anwalt hauptsächlich in familienrechtlichen Konfliktfällen tätig, ist aber jedenfalls auf die Aneignung von psychologischen Grundkenntnissen (wenn diese nicht ohnehin von einer Mediations- bzw Collaborative Law Ausbildung mit umfasst wurden) hinzuweisen.[1038]

Je nach konkreter Ausgestaltung des Konflikts kann es aber dennoch hilfreich sein, zusätzliche – vor allem aus dem psychosozialen Bereich stammende – Professionalisten zum Verfahren hinzuzuziehen. Insbesondere dann, wenn in den Konflikt Kinder involviert sind und die Interessen dieser besondere Beachtung finden sollten. Eine Antwort auf die zu Beginn dieses Kapitels gestellte kritische Frage bietet das – Collaborative Law erweiternde – Verfahren namens Collaborative Practice, welches im anschließenden Kapitel behandelt wird:

I. Collaborative Practice

Collaborative Practice wurde ebenfalls in den USA entwickelt und kann als „Schwester" des Collaborative Law bezeichnet werden, da es gleichermaßen vom Prinzip der Kooperation und den Grundsätzen sowie Prinzipien des Collaborative Law ausgeht. Neben den Collaborative Law Anwälten[1039] ist zusätzlich ein Team von Spezialisten aus verschiedenen Fachrichtungen in das Konfliktlösungsverfahren integriert, um mit den Streitparteien an einer einvernehmlichen Konfliktbeilegung zu arbeiten.[1040] Dieses kooperative Verfahren eignet sich be-

---

1038 So weist auch Schmidt auf die anzueignende kommunikationspsychologische Kompetenz eines Anwalts hin, welcher als Mediator tätig sein will. Schmidt, Erfahrungen aus der anwaltlichen Mediation, in Greger/Unberath (Hg), Die Zukunft der Mediation in Deutschland (2008) 121 (129). Siehe zudem den Punkt IV. Ausbildungsinhalte der Ausführungsrichtlinie zur Mediation gem § 39c FLAG 1967, in welchem von speziellen Modulen mit dem Titel: „Psychologie für Juristen" die Rede ist. Ausbildungsinhalte sind beispielsweise Kommunikationsregeln, Grundtechniken der Dialogführung oder Entwicklungspsychologische Aspekte bei Kindern und Jugendlichen.

1039 Sind ausschließlich Rechtsanwälte am kooperativen Verfahren beteiligt (Collaborative Law) wird dies in der Fachterminologie als „lawyer-only-model" bezeichnet. So Webb/Ousky, The Collaborative Way to Divorce 87.

1040 So ist es auch für Trennungs- und Scheidungsmediationen besonders wünschenswert, wenn Mediatoren auf interdisziplinärer Basis zusammenarbeiten und somit aus unterschiedlichen Grundberufen stammen. Siehe Haynes/Bastine/Link/Mecke, Scheidung ohne Verlierer 328.

sonders gut für jene Trennungs- und Scheidungskonflikte, die bereits eine hohe Eskalationsstufe erreicht haben und innerhalb derer psychosoziale Interventionen zusätzlich zur rechtlichen Beratung notwendig sind.[1041] Demnach ist Collaborative Practice insbesondere dann eine optimale Konfliktlösungsmethode, wenn im Rahmen des Konflikts die Kindesinteressen in besonderem Maße berücksichtigt werden sollten.[1042]

1. Verfahrensaufbau

Bei einem Collaborative Practice Verfahren unterstützt ein interdisziplinär tätiges Team von Fachleuten, wie Juristen, Psychologen, Therapeuten, Wirtschaftsprüfer oder Steuerberater die Konfliktparteien bei der Lösung des Konflikts. Neben den, die Konfliktparteien juristisch beratenden Collaborative Law Anwälten, hängt der Erfolg von Collaborative Practice, insbesondere von dem interdisziplinär tätigen Team aus verschiedenen Spezialisten ab, die auch als Konfliktbegleiter[1043] bezeichnet werden. Dieses Team verfügt im Regelfall über ein spezielles Training in der interdisziplinären Zusammenarbeit.[1044]

Das hinter einem Collaborative Practice Verfahren stehende Konzept basiert auf einer Art „Baukasten- oder Legosystem"[1045]. Je nach Anforderung des Falles und der jeweiligen Bedürfnisse der Konfliktparteien fungiert das Team in verschiedenen Zusammensetzungen. Dies ermöglicht sowohl auf sachlicher wie auch auf emotionaler Ebene eine ausgeglichene Lösungsfindung. Die Konfliktparteien können innerhalb eines Collaborative Practice Verfahrens mit neutralen Konfliktbegleitern zusammenarbeiten, die für beide Parteien gleichermaßen tätig werden.[1046] Andererseits ist es jedoch auch möglich, dass Konfliktbegleiter – wie Collaborative Law Anwälte oder Psychologen – nur für eine einzige Partei unterstützend tätig werden.[1047] Typisch für Collaborative Practice ist zudem die Einbindung von Konfliktbegleitern, welche die Interessen von Dritten – im Re-

1041 Lenz/Schwarzinger in Lenz/Salzer/Schwarzinger, Konflikt 9 (15).

1042 Homeyer/Amato, The St. Louis Bar Journal, Spring 2009, 24 (28).

1043 Bruhn, Collaborative Practice – Eine neue Alternative Streitbeilegungsmethode mit großem Potential, NJOZ 2008, 1726 (Fn 7).

1044 Tesler/Thompson, Collaborative Divorce 41.

1045 Bruhn, NJOZ 2008, 1726 (1727).

1046 Dies sind beispielsweise Kinder- oder Finanzspezialisten.

1047 McGeary Fossum/Fossum, The Role of the Child Specialist in a Collaborative Divorce, The Collaborative Review, Spring 2006, 12, gehen davon aus, dass jedem Konfliktpartner ein so genannter "Scheidungs-Coach" (Divorce Coach) beigestellt ist.

gelfall jene der Kinder – vertreten. Diese treten dann als so genannte Kinderspezialisten[1048] (aus dem Amerikanischen: „child specialist“) auf.

Die Klienten[1049] entscheiden grundsätzlich in Absprache mit dem Spezialistenteam, in welcher konkreten Konstellation das nächste Treffen stattfindet. So kann vereinbart werden, dass Sitzungen nur mit den Collaborative Law Anwälten der Parteien stattfinden oder alle am Verfahren Beteiligte anwesend sind. Steht ein besonders emotional geprägtes Thema an der Tagesordnung, können sich die Parteien nur mit den psychosozial geschulten Coaches treffen und in einer nachfolgenden Sitzung mit den Collaborative Law Anwälten eine geeignete Sachlösung unter Berücksichtigung der juristischen Feinheiten finden. Zudem ist es auch möglich, dass sich eine einzelne Konfliktpartei allein mit dem jeweiligen Experten bespricht, um mögliche Unklarheiten und Anliegen „unter vier Augen“ zu klären. Dies ermöglicht nicht nur einen maximal individuellen Aufbau des Verfahrens, sondern lässt auch eine spezifische Kostensteuerung – meist durch Abrechnung auf der Basis von Stundensätzen – durch die Konfliktparteien zu.

2. Die Rolle der Spezialisten

a. Psychologe / Coach

Im Unterschied zu einem Collaborative Law Verfahren, in welchem den Streitparteien ausschließlich Collaborative Law Anwälte zur Seite stehen, gibt es ausgehend vom amerikanischen Modell zusätzlich einen therapeutisch geschulten Coach[1050] (so genannter „menthal health professional“[1051]) für beide Konfliktpartner bzw je nach Wunsch der Parteien auch zwei Coaches (für jeden Konfliktpartner), welche bei der Lösung der psychischen Krisensituationen bzw generell bei der Bewältigung der emotionalen Konfliktebene begleiten.[1052] Falls für jede Konfliktpartei ein eigener Coach vorgesehen ist, wird ein gemischt geschlechtliches Paar befürwortet, um die systemische Ausgewogenheit zu ge-

---

1048 McGeary Fossum/Fossum, The Collaborative Review, Spring 2006, 12.

1049 Bruhn, NJOZ 2008, 1726 (Fn 7) schlägt vor, von „Klienten“ zu sprechen um zu verdeutlichen, dass es sich um ein vertragliches und nicht um ein forensisches Verhältnis handelt.

1050 Etwa Pädagoge, Sozialarbeiter, Psychologe, Psychotherapeut.

1051 Nurse, Family Assessment 258.

1052 Bruhn, NJOZ 2008, 1726 (1727); Homeyer/Amato, The St. Louis Bar Journal, Spring 2009, 24 (28).

währleisten. Der Ehemann wird demnach von einem männlichen, die Ehefrau von einem weiblichen Coach begleitet.[1053]

Aufgrund der Unterstützung durch die Psychologen, insbesondere in der Erlernung neuer Kommunikationsmuster, ist es möglich, Verletzungen und unaufgearbeitete Kränkungen auf der Paarebene, die meist den Anstoß für die Trennung gegeben haben, zu thematisieren.[1054] Dies ist vor allem dann von großer Bedeutung, wenn Kinder aus der Beziehung hervorgegangen sind und die Eltern auch in Zukunft fähig sein sollten miteinander zu kommunizieren.[1055]

Bei einer Trennung eines Paares mit Kindern ist es besonders bedeutend, die Paarebene und die Elternebene auseinander zu halten.[1056] Häufig ist es den Konfliktparteien nicht möglich, diese beiden Ebenen emotional zu trennen. Die Verletzungen, welche auf der Paarebene stattgefunden haben bzw noch stattfinden, hindern ein vertrauensvolles Zusammenwirken auf der Ebene der Elternschaft.[1057] Einerseits wird die Paarebene Schritt für Schritt aufgelöst, die Elternebene bzw die Stärkung des Verantwortungsgefühls für die Kinder soll hingegen gestärkt werden. Diese Differenzierung der beiden Ebenen ist oftmals ein sehr schwieriger Prozess, für welchen innerhalb eines Collaborative Practice Verfahrens ausreichend Raum und Zeit vorhanden ist.

Oftmals folgenschwer ist ein unaufgearbeiteter Scheidungs- bzw Trennungskonflikt dann, wenn das Kind als „Druckmittel“ herangezogen wird, um den ehemaligen Partner für sein Fehlverhalten auf der Paarebene zu „bestrafen“.

1053 Nurse/Thompson in VandeCreek/Jackson, Clinical Practice 169 (170); Slovin, The American Journal of Family Law, Volume 18, Number 2, Summer 2004. Haynes/Bastine/Link/Mecke, Scheidung ohne Verlierer 30f, gehen davon aus, dass ein Mediatorenteam, welches hinsichtlich Geschlecht und Grundberuf (juristisch und psychologischer Grundberuf) ausgeglichen ist (so genanntes „ausbalanciertes Mediatorenteam“), einen beachtenswerten Vorteil für die Konfliktparteien darstellen kann. Ähnlich auch Besemer, Mediation 18.

1054 Nurse, Family Assessment 258.

1055 Ein häufig angeführter Satz in der Bearbeitung von Trennungskonflikten ist oftmals: „Er hat uns verlassen“. Dabei wird oftmals nicht realisiert, dass der Ehemann nicht die Kinder, sondern die Ehefrau verlassen hat und somit der Satz „Er hat mich verlassen“ lauten müsste. Die Beziehung zu den Kindern will hingegen häufig aufrecht gehalten werden. Dieses Beispiel zeigt, dass die Rolle als Ehefrau und jene als Mutter vermengt wurde und in Folge die Führung von sinnvollen Verhandlungen Schwierigkeiten bereitet. Dazu weiterführend Haynes/Bastine/Link/Mecke, Scheidung ohne Verlierer 207.

1056 Haynes/Bastine/Link/Mecke, Scheidung ohne Verlierer 206f, welche von „elterlicher“ und „ehelicher Rolle“ sprechen. Dazu auch Schürmann, Kindeswohlorientierte Sachverständigentätigkeit 76f.

1057 Bruhn, NJOZ 2008, 1726 (1731).

Die Aufgabe des Psychologen ist es, insbesondere diese Rollenkonfusion[1058] soweit aufzulösen, bis die Konfliktparteien bereit und fähig sind, über die gemeinsame elterliche Verantwortung zu sprechen. Im Optimalfall ist es den Parteien möglich, sich gegenseitig als gute Eltern anzuerkennen. Gelingt es dem Psychologen bzw Psychotherapeuten den Konfliktparteien dies zu vermitteln, ist ein bedeutender Schritt in Richtung einvernehmliche Trennung gesetzt. Auch wenn dies zweifelsohne oftmals ein langwieriges Unterfangen darstellt.

b. Kinderexperte

Der Kinderexperte (Kindercoach[1059]) vertritt die Anliegen der in den Scheidungs- bzw Trennungskonflikt involvierten Kinder und ist sozusagen der „Anwalt des Kindes".[1060] Daraus ergibt sich, dass der Kinderspezialist, meist Sozialpädagoge, Psychologe oder Psychotherapeut[1061], nicht als ein, für eine einzige Konfliktpartei tätiger, Spezialist auftritt, sondern beiden Parteien gegenüber neutral[1062] – jedoch gegenüber beiden gleichermaßen die Interessen des Kindes vertretend – im Verfahren mitwirkt. Seine Rolle kann demnach mit der eines unabhängigen Sachverständigen verglichen werden. Insgesamt ist es seine Aufgabe, gegenüber den Konfliktparteien bzw den anderen Konfliktbegleitern innerhalb des Collaborative Practice Verfahrens, für die Interessen und Bedürfnisse der Kinder einzutreten.[1063]

Wie alle am Verfahren beteiligten Konfliktbegleiter, verpflichtet sich auch der Kinderspezialist zur umfassenden Vertraulichkeit über die Informationen, welche ihm im Laufe des Verfahrens zugänglich werden. Die Treffen der Konfliktparteien mit dem Kinderspezialisten können individuell vereinbart werden und je nach aktuellem Thema gemeinsam mit anderen Konfliktbegleitern oder nur mit den Streitparteien („Dreier Treffen") stattfinden. Daraus geht die hohe Flexibilität des Verfahrens hervor. Neben den Wünschen und Interessen der Eltern hinsichtlich der Kinder beschäftigt sich der Kinderspezialist auch mit den

1058 So Haynes/Bastine/Link/Mecke, Scheidung ohne Verlierer 207, wobei diese den Begriff in Zusammenhang mit der Aufgabe des Mediators innerhalb der Begleitung eines Scheidungskonflikts verwenden.

1059 Czinglar in Lenz/Salzer/Schwarzinger, Konflikt 203 (205).

1060 So McGeary Fossum/Fossum, The Collaborative Review, Spring 2006, 12 (12). Siehe auch Nurse/Thompson in VandeCreek/Jackson, Clinical Practice 169 (172).

1061 McGeary Fossum/Fossum, The Collaborative Review, Spring 2006, 12 (13), sprechen in ihren Ausführungen von "licensed mental health expert".

1062 Slovin, The American Journal of Family Law, Volume 18, Number 2, Summer 2004; Wölke in Lenz/Salzer/Schwarzinger, Konflikt 148 (149).

1063 Homeyer/Amato, The St. Louis Bar Journal, Spring 2009, 24 (28).

Anliegen der betroffenen Kinder. Je nach Alter des Kindes führt er direkt Gespräche mit den Kindern und bezieht sie insofern aktiv in das Verfahren mit ein.[1064] So kann der Kindercoach beispielsweise die Position der Kinder im Elternkonflikt ausloten, die Bedürfnisse der Kinder eruieren und in Folge mit den Eltern die entsprechenden Erkenntnisse besprechen. Ehegatten können dadurch wiederum die Bedeutung der Elternebene und davon getrennt ihren Paarkonflikt erkennen.[1065] Insbesondere die Vertraulichkeitsvereinbarung sollte – bei Einbeziehung der Kinder in das Verfahren – zumindest als bloße Geste ebenfalls von den Kindern unterzeichnet werden, um ihnen zu verdeutlichen, dass sie sich dem „child specialist" bedenkenlos anvertrauen können.

Während des Verfahrens ist es durchaus möglich, dass der Kinderspezialist eigene Vorschläge und Empfehlungen – als Fachmann für das Kindeswohl – abgibt, die jedoch klar als solche gekennzeichnet sein müssen, da den Eltern bzw Kindern auch die Chance gegeben werden sollte, selbst aktiv an der Gestaltung der gemeinsamen Zukunft mitzuwirken. Betroffene Themen können etwa das Sorgerecht, der Ort des gewöhnlichen Aufenthalts, das Besuchsrecht (insbesondere auch in Ferienzeiten) oder generell Erziehungsfragen (Schule, Religion, Freizeitaktivitäten) der Kinder sein.[1066]

Der Kinderspezialist ist jedoch kein Psychotherapeut der von der Trennung betroffenen Kinder. Seine Aufgabe ist es nicht, mit den Kindern den Scheidungskonflikt aufzuarbeiten. Dies sollte, falls nötig, von einem außerhalb des Verfahrens stehenden Therapeuten vorgenommen werden. Vielmehr ist es seine Aufgabe, das Kindeswohl umfassend auf sachlicher Ebene zu eruieren und eine Art Themensammlung (wichtige Umstände und Fakten die zu berücksichtigen sind) aufzustellen. Dies kann auch unter Einholung von Informationen von außerhalb des Verfahrens stehenden Familienmitgliedern, Lehrern oder Freunden geschehen, die Auskunft über besondere Begabungen, zukünftiges Entwicklungspotential oder etwaige Entwicklungsprobleme der Kinder geben können.[1067] Die Informationseinholung von außen stehenden Personen ist selbstverständlich nur dann angebracht, wenn die Eltern (bzw die Kinder) dem zustimmen.

1064 Wölke in Lenz/Salzer/Schwarzinger, Konflikt 148ff.

1065 Czinglar in Lenz/Salzer/Schwarzinger, Konflikt 203 (205).

1066 McGeary Fossum/Fossum, The Collaborative Review, Spring 2006, 12 (13); Slovin, The American Journal of Family Law, Volume 18, Number 2, Summer 2004.

1067 McGeary Fossum/Fossum, The Collaborative Review, Spring 2006, 12 (14); Nurse/Thompson in VandeCreek/Jackson, Clinical Practice 169 (172).

Am Ende der Tätigkeit des Kinderspezialisten steht eine schriftliche Vereinbarung[1068] („parenting plan"), zwischen den sich trennenden Eltern. Darin werden in erster Linie die Kontakte der Kinder zu den Eltern geregelt.

c. Finanzberater

Der Finanzberater („financial counselor"[1069]) – wie die Terminologie schon vermuten lässt – berät die Parteien insbesondere in finanziellen Belangen und bei der Aufteilung der Vermögenswerte.[1070] Zu Beginn des Verfahrens verschafft sich der Finanzberater einen Überblick über alle wirtschaftlichen Parameter. Dies bedeutet, dass er – nach Offenlegung der Konfliktparteien – sämtliche Vermögenswerte bzw Gegenstände, die der Aufteilung unterliegen, wertmäßig (unter Umständen unter Hinzuziehung von Sachverständigen) schätzt und im Einvernehmen mit den Parteien eine faire Verteilung entwickelt. Die Konfliktparteien verpflichten sich zu Beginn des Verfahrens – dem Grundprinzip der Informiertheit und Offenlegung[1071] folgend – alle ihnen bekannten Vermögenswerte anzugeben und keine finanziellen Werte unerwähnt zu lassen.[1072]

Demnach ist die Hinzuziehung eines Finanzberaters vor allem dann sinnvoll, wenn die Konfliktparteien über eine große Anzahl von unterschiedlichen Vermögenswerten, etwa Immobilien, Unternehmen und Beteiligungen verfügen. Sind Unternehmensanteile, Aktien oder gar ganze Betriebe aufzuteilen, kann es auch nötig sein, einen Wirtschaftstreuhänder oder Steuerberater als Spezialisten zu beauftragen, um diese wirtschaftlich komplexen Vorgänge zu steuern.[1073] Eine weitere Aufgabe des Finanzberaters ist es, gemeinsam mit den Konfliktparteien den zukünftigen Unterhaltsbetrag festzulegen. Sind Schulden vorhanden, kann der Finanzberater beispielsweise Finanzpläne im Sinne eines Kredittilgungsplanes aufstellen bzw die Konfliktparteien generell – ähnlich wie ein Schuldnerberater – coachen, in welchen Bereichen zukünftige Einsparungen getätigt werden könnten.[1074]

Aus dem Aufgabenbereich des Finanzberaters, der zur Konfliktbegleitung in sachlicher Hinsicht zählt, ergibt sich eine besonders intensive Zusammenarbeit

---

1068 McGeary Fossum/Fossum, The Collaborative Review, Spring 2006, 12 (15).

1069 Nurse/Thompson in VandeCreek/Jackson, Clinical Practice 169 (172).

1070 Homeyer/Amato, The St. Louis Bar Journal, Spring 2009, 24 (28); McGeary Fossum/Fossum, The Collaborative Review, Spring 2006, 12 (12); Nurse, Family Assessment 258; Tauscher in Lenz/Salzer/Schwarzinger, Konflikt 141ff.

1071 Dazu ausführlich Kapitel X. F. 3. Gemeinsamkeit: „Mediative Grundsätze".

1072 McGeary Fossum/Fossum, The Collaborative Review, Spring 2006, 12 (12).

1073 Rae/Stewart, Familiy Law Journal, March 2008, 20 (21).

1074 Tesler, Collaborative Law 47.

mit den Collaborative Law Anwälten um die juristischen Möglichkeiten der Aufteilung zu eruieren.

d. Mediator

Auf den ersten Blick überraschend mag vielleicht die Tatsache anmuten, dass in einem Collaborative Law Verfahren auch ein neutraler Mediator vertreten sein kann. Insbesondere dann, wenn die Konfliktparteien zusammen mit den Konfliktbegleitern in einer Sackgasse stecken und das Voranschreiten des Verfahrens zu stocken scheint, kann es durchaus nötig sein, dass ein unparteiischer Dritter während einer oder mehrerer Treffen die Leitung des Verfahrens übernimmt und mittels gezielter Konfliktmoderation die am Verfahren Beteiligten begleitet.[1075]

3. Der Schlüssel zum Erfolg: Ein aufeinander abgestimmtes Team

Für den Erfolg von Collaborative Practice sind die Zusammensetzung des Teams und die Qualität der Zusammenarbeit von besonderer Bedeutung.[1076] Besonders wichtig ist die, anfangs schon erwähnte, gezielte Ausbildung der Konfliktbegleiter in interdisziplinärer Zusammenarbeit, um Abstimmungsprobleme weitgehend zu vermeiden.[1077] Grundsätzlich sollten die Konfliktbegleiter zusätzlich zu ihrem Grundberuf eine Ausbildung als Mediator und darüber hinaus in Collaborative Practice absolviert haben. Neben der jeweiligen fachspezifischen Ausbildung ist zudem die Inanspruchnahme von regelmäßiger Teamsupervision empfehlenswert.[1078] Nur wenn das Expertenteam nicht mit internen Konflikten beschäftigt ist, kann es sich umfassend und optimal auf das Collaborative Law Verfahren bzw auf die Konfliktparteien konzentrieren.[1079]

1075 Slovin, The American Journal of Family Law, Volume 18, Number 2, Summer 2004.

1076 Nurse/Thompson in VandeCreek/Jackson, Clinical Practice 169 (173f).

1077 Dazu auch Eidenmüller in Henssler/Koch, Mediation § 2 Rz 92.

1078 Supervision stellt eine Form der Beratung dar, die sich die Erhöhung der Arbeitsqualität und der Arbeitszufriedenheit sowie die Selbstreflexion zum Ziel setzt. Aufgrund von Teamsupervision wird es möglich, die Selbststeuerung zu verbessern, Effizienz zu erhöhen und die Zusammenarbeit bzw das Vertrauen in die Kooperation von Teams zu optimieren. Dazu weiterführend siehe Bruhn, NJOZ 2008, 1726 (1728); Hofstetter Rogger, Mediation – Supervision im Vergleich, perspektive mediation 2005/3, 124 (125).

1079 Klinkhammer in Lenz/Salzer/Schwarzinger, Konflikt 128 (140).

Innerhalb eines Collaborative Practice Teams kann es jedoch auch vorkommen, dass die Konfliktbegleiter, welche aus den unterschiedlichsten Fachrichtungen stammen, miteinander in Konkurrenz treten. Dies vor allem dann, wenn kein ausreichendes Verständnis für die anderen Fachrichtungen besteht. Werden für die Konfliktparteien unreflektierte Spannungen spürbar, kann dies eine Belastung an Stelle der erhofften Entlastung der ohnehin schon schwierigen Situation darstellen. Dabei besteht vor allem die Gefahr, dass sich Missverständnisse zwischen den Spezialisten aus dem juristischen Bereich und jenen aus dem psychosozialen Bereich ergeben.[1080] Mit jenen Teammitgliedern, die aus derselben einschlägigen Fachrichtung stammen, gibt es oftmals ein weniger ausgeprägtes Konfliktpotential. Die Fähigkeit zur Anerkennung des Expertenwissens der jeweils anderen Konfliktbegleiter sollte deshalb in speziellen Trainings (etwa Gruppensupervision) für Collaborative Practitioners besonders geschult werden, um „Berührungsängste" mit fremden Professionen abzubauen und ein dem Verfahren schädliches Konkurrenzdenken erst gar nicht aufkommen zu lassen. Kommunikationsbarrieren[1081], welche zwischen den unterschiedlichen Disziplinen vorliegen, können in gemeinsamen Kommunikationstrainings abgebaut werden. Ein stabiler Kommunikationsstil[1082] innerhalb des Expertenteams erleichtert nicht nur die Zusammenarbeit innerhalb des Teams, sondern übernimmt eine gewisse Vorbildwirkung auf die Konfliktparteien und ist insofern besonders bedeutsam. Die ausreichende Einplanung von informativen Vorgesprächen innerhalb sämtlicher Konfliktbegleiter zum Zwecke der Konfliktanalyse[1083] ist äußerst wichtig. Der persönliche Austausch von Sach- und Hintergrundinformationen ist vor allem dann bedeutend, wenn Sitzungen im kleinen Kreise durchgeführt werden und nicht alle Spezialisten anwesend waren. Freilich muss im Vorfeld des Verfahrens der Kommunikationsaustausch innerhalb des Teams mit den Konfliktparteien umfassend abgeklärt werden. Die Parteien sollten über die Kommunikationsflüsse[1084] der Spezialisten nach den vorangegangenen Sitzungen Bescheid wissen, es sei denn, die Parteien wünschen ausdrücklich, dass bestimmte Informationen nicht weitergeleitet werden. Dies kann vor allem dann vorkommen, wenn mit dem Psychologen bzw Psychotherapeuten intrapersonale

1080 Monk/Solomon unterscheiden "Open vs. Closed Communication". Siehe Monk/Solomon, What Language Do You Speak? Strengthening the Lawyer – Mental Health Professional Relationship, Collaborative Review, Winter 2008, Volume 10, Issue 3, 18.

1081 Monk/Solomon, Collaborative Review, Winter 2008, Volume 10, Issue 3, 18.

1082 Fürst, Umweltmediation 98f.

1083 Zur Analyse eines Konflikts siehe Besemer, Mediation 107.

1084 Etwa Telefonkonferenzschaltungen.

Themen bearbeitet wurden, von welchen der Konfliktgegner nicht erfahren sollte.

Eine spürbare Entlastung für die Konfliktparteien zeigt sich nur dann, wenn die ausgeprägte Fähigkeit der Teammitglieder besteht, Verantwortung für das gesamte Verfahren zu übernehmen, gleichzeitig aber die Grenzen der eigenen und anderen Ressourcen und Verantwortungen anzuerkennen. Dies macht die besondere Kraft und das Potential der Methode aus, da alle am Verfahren beteiligten Konfliktbegleiter im Dienste der selbstverantwortlichen Entscheidungsfindung der Parteien stehen.[1085] Ein Collaborative Practice Verfahren spiegelt, durch die unterschiedliche Zusammensetzung des Konfliktbegleiterteams, die unterschiedlichen Lebensbereiche, die bei einem Trennungs- und Scheidungskonflikt betroffen sind, wider. Kooperieren die Teammitglieder, erkennen sie einander an und gelingt es vor allem die sachlichen und emotionalen Bereiche des Konflikts Hand in Hand zu bearbeiten, stellt dies im Optimalfall eine bedeutende Vorbildwirkung – zumindest unbewusst – auf das sich trennende Paar dar. In der Konsequenz gelingen den Parteien des Konflikts die Abgrenzung sowie die Akzeptanz der unterschiedlichen Konfliktebenen.

Das Collaborative Practice Team sollte demnach besonders gut auf die Beziehungsebene achten. Wechselseitige Kompetenzen sollten nicht nur erkannt, sondern auch ausreichend anerkannt werden. Schlussendlich ist die Stabilität des Collaborative Practice Teams ein entscheidender Faktor für die Prozesssicherheit.[1086]

Ferner sollten für jedes Collaborative Practice Mitglied dieselben Verfahrensregeln gelten. Dies bedeutet etwa für den Fall des Scheiterns des außergerichtlichen Verfahrens, dass sich – wie in einem Collaborative Law Verfahren – sämtliche Teammitglieder zur absoluten Verschwiegenheit außerhalb des Verfahrens verpflichten. Das Team der Konfliktbegleiter vereinbart deshalb bereits zu Beginn des Verfahrens im Einvernehmen mit den Konfliktparteien, bei einem allfälligen Scheitern des Verfahrens nicht für dieselben Parteien in einer anderen Angelegenheit tätig zu werden. So wie der Collaborative Law Rechtsanwalt nicht in einem nachfolgenden Gerichtsverfahren ein Mandat übernimmt, verweigert somit auch der Psychologe eine Therapie oder Beratung nach einem abgeschlossenen Collaborative Practice Verfahren bei der ehemaligen Konfliktpartei durchzuführen.[1087] Natürlich gilt dies nur für das Aktivwerden der Spezialis-

---

1085 Bruhn, NJOZ 2008, 1726 (1730).

1086 In Anlehnung an Fürst, Umweltmediation 98, welcher seine Ausführungen auf Mediatorenteams innerhalb einer Umweltmediation bezieht.

1087 So auch Bruhn, NJOZ 2008, 1726 (1729); Nurse/Thompson in VandeCreek/Jackson, Clinical Practice 169 (178). Für Mediatoren gilt dies ebenfalls; Besemer, Mediation 19.

ten in jenem Konflikt, der schon im Collaborative Practice Team bearbeitet wurde. In einem nachfolgenden, nicht mit dem Konflikt verwandten Fall, kann das jeweilige Teammitglied mE sehr wohl wieder für einen Klienten tätig werden, welcher vormals als Konfliktpartei innerhalb eines Collaborative Law Verfahrens aufgetreten ist.[1088]

J. Indikationen für Collaborative Law / Collaborative Practice

Grundsätzlich kann davon ausgegangen werden, dass sich Collaborative Law bzw Collaborative Practice vor allem für Konfliktparteien eignet, die selbstverantwortlich ihre Konflikte beilegen und nach dem Prinzip der Eigenverantwortlichkeit eine Lösung ihres Problems erzielen wollen. Besonders sinnvoll ist die Durchführung eines Collaborative Law Verfahrens zudem dann, wenn die Konfliktparteien auch in Zukunft fähig sein sollten, miteinander zu kommunizieren und auch weiterhin in Beziehung zueinander treten.[1089] Dies gilt vor allem dann, wenn für gemeinsame Kinder auch zukünftig gesorgt werden muss.

Die angeführten Indikationen sind grundsätzlich auch Voraussetzung bzw wesentliche Indikationsstellungen für die Inanspruchnahme eines Mediationsverfahrens. Ist es nun gleichgültig, ob sich Parteien eines Konflikts für eine Mediation oder ein Collaborative Law Verfahren entscheiden bzw gibt es Konflikte, für welche die Inanspruchnahme von Collaborative Law einem (klassischen) Mediationsverfahren sogar vorzuziehen ist? Die nun folgenden Ausführungen versuchen eine Antwort auf diese aufgeworfene Frage zu geben:

1. Juristisch komplex gelagerte Fälle

Collaborative Law ist vor allem bei juristisch komplex gelagerten Konfliktfällen sinnvoll. Die Rechtsinformationseinholung nach den jeweiligen Sitzungen – wie

1088 AA jedoch Prokop-Zischka, Selbsterfahrung im Rahmen der Ausbildung von Mediatoren, in Töpel/Pritz (Hg), Mediation in Österreich2 (2005) 285 (290). Nach dieser Auffassung schließt das Tätigwerden eines Anwalts für einen früheren Klienten die Übernahme eines Mediationsmandates aus. Gleiches gilt auch für Psychotherapeuten, welche eine der Konfliktparteien bereits aus früheren Therapiesitzungen kennen. Prokop-Zischka, aaO spricht insofern von einem Ausschließungskriterium für Mediation.

1089 Dies etwa bei der Ausübung der Kontakte zu den getrennt lebenden Kindern oder hinsichtlich Absprachen in wichtigen Angelegenheiten die gemeinsamen Kinder betreffend.

dies bei Mediationsverfahren üblich ist – kann unterbleiben und stellt eine Zeit- sowie Kostenersparnis für die Parteien dar. Jene Anwälte, die das Verfahren durchführen, sind mit dem Fall bereits umfassend vertraut und können ohne weiteres auch die Gestaltung der Vertragsverhältnisse am Ende des Verfahrens übernehmen, ohne sich zuerst umfassend mit den juristischen Problemen vertraut machen zu müssen. Für Trennungs- und Scheidungskonflikte ist Collaborative Law dann zu empfehlen, wenn beispielsweise Unternehmen oder Immobilien im Rahmen der Trennung aufzuteilen sind oder es sich um Konflikte im Bereich der Finanzen und wirtschaftlichen Errungenschaften handelt. Etwaige grund- und firmenbücherliche Vorgänge können zudem von den Rechtsanwälten gleich im Rahmen des Verfahrens übernommen werden.

2. Machtungleichgewicht zwischen den Konfliktparteien

Bei Trennungs- und Scheidungskonflikten kommt es auch vor, dass ein besonders stark ausgeprägtes Machtungleichgewicht besteht. Eine Konfliktpartei benötigt dann besondere Unterstützung, um die eigenen Interessen und Bedürfnisse zu kommunizieren.[1090] Eines der Ziele eines außergerichtlichen ressourcenorientierten Verfahrens ist es somit, Machtungleichgewichte während des Verfahrens zu neutralisieren. Ein Mediator kann dies – aufgrund seiner Allparteilichkeit – jedoch nur bis zu einem gewissen Grad steuern. Nach *Besemer*[1091] stellt Mediation kein Mittel dar, um strukturelle Ungleichgewichte zu verändern; vielmehr könne sie nur punktuell überbrückt werden. Collaborative Law kann ebenfalls kein strukturelles Machtungleichgewicht zwischen den Konfliktparteien langfristig auflösen. Die Machtverhältnisse innerhalb des Prozesses können jedoch aufgrund der Struktur des Verfahrens (insbesondere der parteilichen Rechtsanwälte) sehr wohl gelenkt werden. Dies oftmals sogar besser, als es einem unparteiischen Mediator möglich wäre.

3. Hoch eskalierte und komplexe Konflikte

Insbesondere für hoch eskalierte Konflikte weist Collaborative Law ein enormes Potential auf.[1092] Beide Collaborative Law Anwälte sorgen als Leiter des Verfahrens für die Einhaltung einer wertschätzenden kooperativen Kommunikation.

1090 Saner, Abgrenzung zwischen Mediation und Verhandlung, perspektive mediation 2005/3, 135 (136).

1091 Besemer, Mediation 103.

1092 Bruhn, NJOZ 2008, 1726.

Aufgrund der parteilichen Zuordnung der Verfahrensleiter zur jeweiligen Konfliktpartei ist die Deeskalation des Konflikts oftmals nachhaltiger als durch neutrale Mediatoren möglich. Je mehr Personen am Konflikt beteiligt, je mehr Themen Konfliktgegenstand sind bzw je komplexer die inhaltlichen Fragestellungen sind, desto nützlicher ist der Einsatz eines Teams, wofür Collaborative Practice das passende Konzept bietet.

4. In den Konflikt involvierte Kinder: Collaborative Practice

Im Hinblick auf Trennungs- und Scheidungskonflikte, in welche Kinder involviert sind, wird ein Collaborative Practice Verfahren einem Collaborative Law Verfahren vorzuziehen sein. Grund dafür ist, dass die vielfältigen Bereiche von unterschiedlichen Professionalisten in einem gemeinsamen Verfahren gezielt behandelt und erörtert werden können und nicht (wie bei einem Mediationsverfahren) auf Spezialisten außerhalb des Verfahrens verwiesen werden muss.[1093] Somit kann ein Collaborative Practice Team den Konfliktparteien in erster Linie bedeutend mehr Ressourcen und Unterstützung für eine nachhaltige Konfliktlösung anbieten, als dies einem einzelnen Mediator bzw zwei Collaborative Law Anwälten möglich wäre.[1094]

Aus all diesen Gründen stellt die außergerichtliche Konfliktlösungsmethode Collaborative Law bzw Practice eine ideale Ergänzung aus Mediation und juristischer Beratung bzw rechtsanwaltlicher Vertretung für all jene dar, die bereit sind, zwar einerseits von den rein rechtlichen Dimensionen ihres Konflikts abzugehen und Verantwortung für das Zustandekommen einer Lösung selbst zu übernehmen, zeitgleich aber auch juristische Informationen und Beratung über die Rechtslage ihres Konfliktfalles von einem Rechtsexperten wünschen.[1095]

Den Konfliktparteien sollte bei der Entscheidung für ein Collaborative Law Verfahren aber auch bewusst sein, dass sie gerade keine Lösung von einer dritten Person unterbreitet bekommen, die auf rechtlichen Überlegungen basiert. Zudem können im Laufe des Verfahrens gegebenenfalls der Gegenpartei Zugeständnisse gemacht werden, die aus rechtlicher Hinsicht gar nicht notwendig wären – und dies auch noch aus freier Überzeugung.[1096]

1093 Hohmann/Morawe, Praxis der Familienmediation 86.

1094 Tesler/Thompson, Collaborative Divorce 32.

1095 Mähler/Mähler in Büchting/Heussen, Rechtsanwalts-Handbuch Rz 25ff.

1096 Gerade dies ist oftmals so unvorstellbar zu Beginn des Verfahrens!

K. Vorteile von Collaborative Law / Collaborative Practice

1. Rechtssicherheit

Zumal es bei rechtlich komplizierten Konflikten oftmals sehr aufwendig ist, nach jeder Mediationssitzung extern Informationen[1097] über die juristischen Grenzen und etwaigen rechtlich zu beachtenden Umstände einzuholen, wird für komplex gelagerte Konfliktfälle ein professionell durchgeführtes Collaborative Law Verfahren der klassischen Mediation vorzuziehen sein. Die Gefahr von Übertragungsfehlern, Kommunikationsschwierigkeiten und Missverständnissen wird jedenfalls reduziert, da die Klienten keine externen Rechtsauskünfte einzuholen haben.[1098] Ein beachtenswerter Vorteil ist deshalb auch die im Verfahren ständig präsente rechtliche Beratung von Seiten der Anwälte, welche die kooperativen Grundsätze des Verfahrens umfassend akzeptieren.[1099]

Ein Collaborative Law Anwalt bereitet jede Sitzung zusammen mit seiner Konfliktpartei vor und setzt sich für die Interessen seines Klienten – in einer mit der Gegenpartei kooperierenden Weise – ein. Somit kann er für seinen Klienten vor allem (Rechts)Sicherheit gewährleisten und insofern die Konfliktpartei als parteilicher Vertreter umfangreicher unterstützen als dies ein allparteilicher Mediator kann.[1100]

2. Empowerment

Für Konfliktparteien, die einem außergerichtlichen Verfahren noch mit einer gewissen Unsicherheit gegenüberstehen, bringt Collaborative Law ebenfalls entscheidende Vorteile mit sich. Auch wenn zwischen den Parteien ein Ungleichgewicht[1101] in der Vertretung der eigenen Interessen besteht, ist Collaborative Law ein besonders geeignetes Verfahren. Zudem bietet es darüber hinausgehend den Klienten Schutz durch eine individuell abgestimmte parteiische Konfliktbegleitung. Entgegnet werden könnte, dass in einem Gerichtsverfahren ebenfalls

1097 Hohmann/Morawe, Praxis der Familienmediation 85ff.

1098 Bruhn, NJOZ 2008, 1726 (1728).

1099 Dies bedeutet, dass die (rechtlichen) Schwachstellen der Gegenpartei nicht zu den eigenen Vorteilen genutzt werden und die eigenen Mandanten – wie in einem klassischen Anwaltsverfahren oftmals üblich – nicht sofort auf die vorteilhaftere Rechtsposition hingewiesen werden.

1100 Haniger-Limburg, eco.nova 2008, 49 (50).

1101 Saner, Mediation und Verhandlung, perspektive mediation 2005/3, 135 (136).

parteiische Unterstützung möglich ist – dies aber zu einem sehr hohen Preis: Der Prozess kann von den Konfliktparteien kaum selber gesteuert werden und die endgültige Entscheidung fällt ein außenstehender Dritter.[1102]

Aufgrund der ständig präsenten und parteiischen Konfliktbegleitung werden die Konfliktparteien insbesondere auch bei einem Collaborative Practice Verfahren gestärkt und befähigt, eine autonome Entscheidung zu treffen. Das Team in einem Collaborative Practice Verfahren schafft nicht zuletzt auch eine Entlastung für die betroffenen Konfliktparteien, da auch relevante Nebenaspekte beachtet werden. Ein Team aus Spezialisten kann die Konfliktparteien in einer belastenden Lebenssituation oft besser auffangen, als dies ein Mediator bzw ein kooperativer Rechtsanwalt kann. Insbesondere Psychologen bzw Psychotherapeuten achten darauf, dass die Klienten auch die inneren Prozesse bewältigen können und bieten kompetente Unterstützung.[1103]

3. Kosten

Ein weiterer erwähnenswerter Vorteil sind auch die geringeren Kosten im Vergleich zu einem Gerichtsverfahren, die generell als nicht zu unterschätzender Nutzen für außergerichtliche Konfliktlösungsmethoden angesehen werden.[1104] Im US-amerikanischen Raum wird von Ersparnissen bei der Inanspruchnahme von kooperativen Anwaltsverfahren von 40 – 65 % ausgegangen.[1105] Im Vergleich zu einem klassischen Mediationsverfahren und der hinzuzurechnenden Rechtsauskunfteinholung von externen Anwälten wird – selbstverständlich abgesehen von den unterschiedlichen Stundensätzen, die jeweils im Einzelnen verhandelt und vereinbart werden – bei einem Collaborative Law Verfahren in etwa von einem gleich hohen Kostenaufwand auszugehen sein. Collaborative Law Anwälte werden – wie Mediatoren – auf der Basis ihres Zeiteinsatzes honoriert. Dies bedeutet einen relativ hohen Fixkostencharakter, da auch bei niedrigen Streitwerten der zeitliche Einsatz einzurechnen ist. Die Kostenvorteile zeigen sich demzufolge vor allem bei mittleren und hohen Streitwerten.[1106] Vor einer reinen Beschränkung des Vergleichs auf Kostenbasis sei jedoch gewarnt, da die bedeutenden nachhaltigen Vorteile gerade nicht in quantifizierbaren Kostensätzen angegeben werden können.

1102 Bruhn, NJOZ 2008, 1726 (1732).

1103 Bruhn, NJOZ 2008, 1726 (1728).

1104 Dazu auch Lenz, Mediation 35f; Spencer/Brogan, Mediation Law and Practice (2007) 137.

1105 Fried, Money Magazine, July 1, 2005.

1106 Eidenmüller in Henssler/Koch, Mediation § 2 Rz 43.

Zu beachten ist jedenfalls die eingeschränkte Aufklärungspflicht eines Rechtsanwalts – trotz uneinheitlicher höchstgerichtlicher Rechtsprechung – über die zu erwartenden Kosten, die auch bei einem Collaborative Law Verfahren nicht unberücksichtigt bleiben darf. Nach Ansicht des OGH[1107] besteht nur eine ganz allgemeine Aufklärungspflicht des Rechtsanwalts gegenüber seinen Mandanten über die ihm unbekannten wirtschaftlichen Auswirkungen sowie sein Honorar.[1108] Die Konfliktparteien sind, bei Abrechnung nach Zeitaufwand, zumindest über den Stundensatz[1109] (oder die Kosten für eine Sitzungseinheit, die beispielsweise auch 90 Minuten dauern kann) des Collaborative Law Anwalts aufzuklären. Wird nach Stundensätzen abgerechnet sind vom Kostenaufwand auch die nicht zu vernachlässigenden Vor- und Nachbereitungsarbeiten der Anwälte zu berücksichtigen, die unter Umständen einen größeren Zeitrahmen als die tatsächlichen Collaborative Law Termine ausmachen können. Um finanziellen Überraschungen bei den Konfliktparteien im Sinne einer unvorhergesehenen Kostenexplosion vorzubeugen, ist die Kostennotenlegung der Rechtsanwälte nach der jeweiligen Sitzung bzw monatlich zu empfehlen. Außergerichtliche Konfliktlösungsverfahren sind zwar in der Regel günstiger als streitige Gerichtsverfahren, die sich aufsummierenden Kosten sollten jedoch auch bei einem Collaborative Law bzw Practice Verfahren nicht unterschätzt werden. Der OGH[1110] gesteht den Klienten eines Rechtsanwalts die Setzung eines Kostenlimits jedenfalls zu. Die Vereinbarung eines solchen Kostenlimits ist durchaus auch für Konsumenten eines Collaborative Law Verfahrens zu empfehlen.[1111] Ab einer gewissen vereinbarten Kostengrenze hat demnach der Rechtsanwalt seine Tätigkeit einzustellen bzw zumindest mit dem Klienten bzw der Partei des

1107 OGH 3.10.2008, 3 Ob 132/08w; OGH 7.7.2005, 2 Ob 145/05w; OGH 9.11.2005, 7 Ob 250/05y.

1108 Ein Rechtsanwalt ist nach Ansicht des OGH in 2 Ob 145/05w nicht analog § 25 Abs 1 GebAG verpflichtet, seinen Mandanten insofern zu warnen, als seine Honorarforderung einen erlegten Kostenvorschuss erheblich übersteigen wird; eine andere Betrachtungsweise durchaus für möglich haltend OGH 25.4.1995, 10 Ob 509/95.

1109 Bei der zitierten OGH Entscheidung beispielsweise ein Stundenhonorarsatz von 270 Euro für den Rechtsanwalt; 180 Euro – 220 Euro für Mitarbeiter bzw Konzipienten, wobei dies nicht deckungsgleich auf ein Collaborative Law Verfahren übertragen werden kann und sich durchaus andere Sätze ergeben können.

1110 OGH 3.10.2008, 3 Ob 132/08w.

1111 Wie der OGH schon wiederholt ausgesprochen hat (OGH 9.11.2005, 7 Ob 250/05y; OGH 25.4.1995, 10 Ob 509/95), ist die Parteienvereinbarung im ersten Rang der Rechtsgrundlagen für das Anwaltshonorar, noch vor dem RATG (Rechtsanwaltstarifgesetz BGBl 1969/189 idF 2008/90), heranzuziehen.

Verfahrens Rücksprache zu halten und nimmt somit seine „Vorwarnpflicht“[1112] wahr.

Kommt es – wie in einem Collaborative Practice Verfahren – zur zusätzlichen Inanspruchnahme von Experten, werden die Konfliktparteien mit diesen meist eine eigene Kostenabrechnung vereinbaren.

L. Ausblick: Der zu überwindende Widerstand

Zur umfassenden Etablierung von mediativen Elementen in der Anwaltskanzlei ist es jedoch, trotz der begrüßenswerten Tendenz außergerichtliche Konfliktlösungsmethoden zu fördern, mE bis dato noch nicht gekommen. Nicht zuletzt kommt es in der Praxis auch vor, dass sich Konfliktparteien gegen die Durchführung einer Mediation bzw eines Collaborative Law Verfahrens entscheiden, weil der eigene Rechtsanwalt, mangels Überzeugung von außergerichtlichen Verfahren abrät, da die Rechtsposition seines Mandanten im hierarchischen Delegationssystem ohnehin viel versprechend zu sein scheint.[1113] Ein Gerichtsverfahren stößt bei der Bewältigung von Trennungs- und Scheidungskonflikten vor allem deshalb regelmäßig an seine Grenzen, weil die Ordnung von, vor allem auf emotionalen Befindlichkeiten basierenden, Problemen und Konflikten, durch die Entscheidung eines Dritten nicht ausreichend bewerkstelligt werden kann. Richter können nur auf Antrag über Ansprüche entscheiden, haben jedoch kraft ihres Amtes nicht die Möglichkeit zukunftsorientierte Lösungen gemeinsam mit den Parteien zu bearbeiten.[1114]

Zweifellos sind es aber nicht nur Rechtsanwälte, welche dem Einsatz von Mediation oder kollaborativen Verfahren mit einer gewissen Zurückhaltung gegenüberstehen. Die Streitparteien selbst versuchen oftmals in einer Konfliktsituation einer Konfrontation mit dem Konfliktgegner nicht ausgesetzt zu sein. Deshalb besteht nach wie vor die Tendenz in der Gesellschaft die endgültige „Lösung“ einem Außenstehenden, meist eben dem Rechtsanwalt des Vertrauens

1112 Vgl dazu noch OGH 25.4.1995, 10 Ob 509/95. Einem Rechtsanwalt eine entsprechende Warnpflicht aufzuerlegen, wenn sich im Verlaufe der Vertretung herausstellt, dass das Honorar den Wert des Streitgegenstandes oder erheblich die Höhe eines Kostenvorschusses übersteigen werde, wäre durchaus vertretbar. Mittlerweile siehe jedoch OGH 7.7.2005, 2 Ob 145/05w.

1113 Scherpe/Vollers, Mediation in England. Rechtliche Rahmen und praktische Erfahrungen, in Hopt/Steffek (Hg), Mediation (2008) 259 (297).

1114 Schröder, Familienmediation Rz 10f.

bzw dem Richter, zu überlassen.[1115] Das Problem sollte durch die Anwendung des Gesetzes und die gekonnte Formulierung von Rechtsansprüchen endgültig – für die Konfliktbeteiligten auf den ersten Blick bequem und ohne aktive Beteiligung – aus der Welt geschafft werden.

1115 Allmayer-Beck, RZ 2008, 201; Mähler/Mähler in Büchting/Heussen, Rechtsanwalts-Handbuch Rz 23.

XI. Ergebnis und abschließende Stellungnahme

Der erste Abschnitt der vorliegenden Untersuchung hat gezeigt, dass Mediation zwar ein außergerichtliches Verfahren darstellt, dennoch – insbesondere durch das in Österreich in Geltung stehende ZivMediatG – das Recht eine Rolle spielt und Mediation insofern in das rechtsstaatliche System integriert ist.[1116] Sowohl das *„Recht der Mediation"*, welches im ZivMediatG unter anderem Qualitätsstandards der Mediatoren sowie Rechte und Pflichten der Parteien festlegt oder aus Vertragswerken wie dem Mediationsvertrag oder der Mediationsvereinbarung hervorgeht, als auch das *„Recht in der Mediation"*, welches insbesondere durch die Einholung von externen Rechtsauskünften in das Verfahren einfließt, spielen im Laufe des außergerichtlichen Verfahrens eine Rolle.

Die vorausgegangenen Kapitel haben aufgezeigt, dass für spezifische Konflikte in zahlreichen Rechtsgebieten des österreichischen Zivilrechts Mediation und Collaborative Law bzw Collaborative Practice eine wertvolle Alternative zum klassischen Justiz- und Prozesssystem darstellen. Dies gilt vor allem für jene Konflikte die Lebenssachverhalte beinhalten in denen es um Beziehungsfragen zwischen den Parteien geht und auch in Zukunft eine nachhaltige Beziehung möglich sein sollte. Bemerkenswert erscheint, dass auch die ZPO expressis verbis zum Ausdruck bringt, dass der Prozess jeweils als Ultima Ratio gilt.[1117]

Die Aufgabe von Collaborative Law ist es, den Konfliktparteien eine mögliche Alternative zu einem Gerichtsverfahren aufzuzeigen und neben den rechtlichen Aspekten auch Rahmenbedingungen für eine auf Konsens beruhende, einvernehmliche Entscheidungsfindung zu schaffen.[1118] Nach der umfassenden Beschäftigung mit der zugrunde gelegten Theorie von Collaborative Law hat sich gezeigt, dass dieses Konfliktbeilegungsverfahren insbesondere für Konflikte, die ein hohes Maß an rechtlicher Komplexität aufweisen, eine attraktive Möglichkeit zur einvernehmlichen Konfliktbeilegung darstellt. Für jene Streitfälle, in welche Kinder involviert sind, bietet die funktionale Spezialisierung mittels

1116 So stellt Mediation zwar ein außergerichtliches Verfahren dar, jedoch kein Verfahren außerhalb des Rechts. Vgl Hagen in Hagen/Lenz, Wirtschaftsmediation 155 (156).

1117 § 45 ZPO schreibt in diesem Sinne fest: Wenn eine Klage erhoben wurde, obwohl der Beklagte durch sein Verhalten zur Erhebung dieser Klage keine Veranlassung geboten hat, so kann der Beklagte den Anspruch bei erster Gelegenheit sofort anerkennen. Die gesamten Prozesskosten werden in solch einem Falle dem Kläger auferlegt. Sowohl die Gerichtskosten als auch die Kosten des eigenen sowie des gegnerischen Anwalts müssen übernommen werden. Siehe dazu Rechberger/Simotta, ZPR7 Rz 24.

1118 Schröder, Familienmediation Rz 10ff.

Einbeziehung besonderer Expertisen innerhalb eines Collaborative Practice Verfahrens eine besondere Chance.

Eine Grundvoraussetzung, um außergerichtliche Verfahren wie Mediation und Collaborative Law im österreichischen System der Konfliktlösung nachhaltig zu integrieren, ist die positive und bejahende Einstellung gegenüber dem Verfahren von Seiten der Rechtsanwaltschaft.[1119] *Koch*[1120] formuliert hinsichtlich der umfassenden Akzeptanz von Mediation zutreffend:

> „Mediation, begriffen als spezielles Verhandlungsmanagement in allen Rechtsangelegenheiten [...] wird nur dann zur Anwaltssache, wenn die Anwaltschaft in ihrer Gesamtheit sich der Mediation nun zuwendet".[1121]

In diesem Sinne ergab auch eine in den Jahren 2002/2003 durchgeführte empirische Untersuchung[1122] über die gerichtsnahe Mediation, dass die Überzeugung der Juristen (Richter und Rechtsanwälte) von außergerichtlichen Konfliktbeilegungsmethoden einen starken Motivationsfaktor für Parteien, die sich mit den Möglichkeiten von Mediation auseinandersetzen, darstellt.[1123]

Angesichts des Erfolgspotentials und der positiven Auswirkungen[1124] von Mediation, welche vor allem im Bereich der Scheidungsmediation in den USA bereits erforscht wurden[1125], mag es auf den ersten Blick verwunderlich scheinen, dass außergerichtlichen Verfahren wie Mediation oder Collaborative Law innerhalb Österreichs noch nicht die gebührende Aufmerksamkeit zukommt und auch die Nachfrage danach noch eher gering zu sein scheint.[1126] Begrüßenswert innerhalb Österreichs ist jedenfalls die Etablierung der interdisziplinären Famili-

---

1119 So steht beispielsweise in den USA die Anwaltschaft nahezu geschlossen hinter ADR-Verfahren und war auch maßgeblich an der Entwicklung beteiligt. Anwaltsvereinigungen der einzelnen US-Staaten bilden eigene Sektionen oder Kommissionen zu ADR. Siehe ausführlich Gottwald in Henssler/Koch, Mediation § 7 Rz 33ff; Zur Professionalisierung der Mediation innerhalb der Anwaltschaft siehe auch Schmidt in Greger/Unberath, Mediation 121 (125).

1120 Koch, Einführung, in Henssler/Koch (Hg), Mediation in der Anwaltspraxis2 (2004) § 1 Rz 40.

1121 Gottwald etwa merkte schon vor über 25 Jahren an, dass der Vorzug vor allem jenen Rechtsanwälten gebührt, denen es gelingt den Streit ohne Inanspruchnahme des Gerichts durch Verhandlungen beizulegen. Gottwald, ÖJZ 1985, 678.

1122 Forschungsprojekt der „Ersten Österreichischen Mediations-Wochen 2002". Siehe dazu Ferz/Lison/Wolfart (Hg), Zivilgerichte und Mediation. Widerspruch, Ergänzung, Symbiose? (2004).

1123 Ferz/Lison/Wolfart in Ferz/Lison/Wolfart, Zivilgerichte und Mediation 177 (178).

1124 Besemer, Mediation 53f.

1125 Siehe etwa Falk in Töpel/Pritz, Mediation in Österreich 11 (18).

1126 Vgl dazu insbesondere die Ausführungen zur „obligatorischen Mediation" im Kapitel IX. B. Verpflichtende Mediation.

enmediation. Das Konzept berücksichtigt nicht nur die rechtlichen und psychosozialen Aspekte eines Familienkonflikts, sondern zeigt insbesondere die Bemühungen von staatlicher Seite, Mediation als außergerichtliche Konfliktlösungsmethode zu unterstützen. Ob die Möglichkeit der Inanspruchnahme einer „geförderten Familienmediation" innerhalb der österreichischen Gesellschaft auch ausreichenden Bekanntheitsgrad aufweist, ist jedoch fraglich.

Im Sinne der Effizienz sowie der Förderung des Bekanntheitsgrades von außergerichtlichen Konfliktlösungsverfahren liegt mE auch die obligatorische Vorschaltung eines Mediations- oder Collaborative Practice Verfahrens bzw zumindest die obligatorische Beratung hinsichtlich außergerichtlicher Verfahren vor einem Gerichtsverfahren.

Von politischer Seite sollten außergerichtliche Konfliktlösungsverfahren insbesondere auch zur Vermeidung volkswirtschaftlicher Nachteile gefördert werden. Ungelöste Konflikte schlagen sich auch in psychosomatischen Krankheitssymptomen nieder, deren Folgekosten von bedeutender Höhe sein können und welche letztendlich vom Staat zu tragen sind. Aufmerksamkeit und Akzeptanz könnten Mediation und Collaborative Law mE auch dadurch erlangen, dass diesbezügliche Verfahrenskosten von Rechtsschutzversicherungen oder der Verfahrenshilfe übernommen werden und insofern Anreize zur Inanspruchnahme geschaffen werden.[1127]

Konflikte und Auseinandersetzungen im familiären Bereich (allen voran Scheidungen und Trennungen) stellen alltägliche Phänomene unserer Gesellschaft dar. Die Art und Weise, wie mit den meisten Trennungs- und Scheidungskonflikten in der Gesellschaft noch immer umgegangen wird, hat jedoch mit den zivilisatorischen und gesellschaftlichen Entwicklungen in den letzten Jahrzehnten nicht mitgehalten. Familiäre Verhältnisse sind flexibler, individueller und ambivalenter geworden. Hierarchische Strukturen verlieren nicht nur in der Familie, sondern auch im Wirtschafts- und Arbeitsleben zunehmend an Bedeutung. Das rechtliche Delegationssystem, welches dem binären (auf ja/nein-Entscheidungen basierenden) Gesetzessystem zu Grunde gelegt ist, kann nicht immer zufrieden stellende Antworten auf diese fundamentalen Veränderungen der sozialen Wirklichkeit geben.[1128] Dies deshalb, weil zahlreiche Auseinandersetzungen und Streitigkeiten sowohl juristische als auch psychologische Aspekte enthalten und sich diese beiden Seiten der Konfliktlösung letztendlich nicht trennen lassen.[1129] Deshalb ist für familienrechtliche Konfliktfälle die Einrich-

1127 So genannte Anreizsysteme. So Ferz/Lison/Wolfart in Ferz/Lison/Wolfart, Zivilgerichte und Mediation 177 (181).

1128 Mähler in Falk/Heintel/Krainz, Mediation 96.

1129 Glenewinkel, Mediation 109.

tung von so genannten Familiengerichtszentren[1130], in denen außergerichtliche Konfliktberatungsstellen organisatorisch an Gerichte angeschlossen sind, jedenfalls sinnvoll. Die Verwirklichung des Kindeswohls – als leitender Grundgedanke im Familienrecht – kann dadurch nachhaltig gefördert werden.

1130 Bramböck/Hutter/Hagen/Paumgartner in Rauch-Kallat/Pichler, Entwicklungen in den Rechten der Kinder (245) 280.

XII. Literaturverzeichnis

Abramson, Mediation Representation. Advocating in a Problem-Solving Process (2004)

Adler, Einführung in die biopsychosoziale Medizin (2005)

Aicher, Ehescheidung und Scheidungsfolgen, in *Floretta (Hg)*, Das neue Ehe- und Kindschaftsrecht (1979) 83

Alexander, Die Institutionalisierung von Mediation. Entwicklungen in den USA, Australien und Deutschland, ZKM 4/2001, 162

Allmayer-Beck, ADR im Wohnungseigentum, immolex 2006, 173

Allmayer-Beck, Einigung ist planbar, RZ 2008, 201

Apathy, Privatrecht VII. Erbrecht[2] (2006)

Bajons, Außergerichtliche Güteverfahren als Mittel der Prozessvermeidung und Konfliktlösung, ÖJZ 1984, 368

Bastine/Ripke, Mediation im System Familie, in *Falk/Heintel/Krainz (Hg)*, Handbuch Mediation und Konfliktmanagement (2005) 131

Benn-Ibler, Außergerichtliche Streitbeilegung, AnwBl 2004, 373

Berning/Schwamberger, Wirtschaftsmediation für Steuerberater: Mediation als neues Beratungsfeld (2008)

Besemer, Mediation. Vermittlung in Konflikten[12] (2007)

Betschel, Volkskrankheit Depression – gesundheitswissenschaftliche Darstellung der Depression in der heutigen Gesellschaft (2009)

Bramböck/Hutter/Hagen/Paumgartner, Wege zum kindzentrierten Verfahren – vom Verfahrensobjekt zum Verfahrenssubjekt, in *Rauch-Kallat/Pichler (Hg)*, Entwicklungen in den Rechten der Kinder im Hinblick auf das UN-Übereinkommen über die Rechte des Kindes (1994) 245

Breidenbach, Mediation. Struktur, Chancen und Risiken von Vermittlung im Konflikt (1995)

Bruhn, Collaborative Practice – Eine neue Alternative Streitbeilegungsmethode mit großem Potential, NJOZ 2008, 1726

Busch, Wie kommen Ideen von interkultureller Mediation zustande? in *Otten/Scheitza/Cnyrim (Hg)*, Interkulturelle Kompetenz im Wandel 1: Grundlegungen, Konzepte und Diskurse (2009) 141

Butler, Mediation. Essentials and Expectations (2004)

Büchting/Heussen, Beck´sches Rechtsanwalts-Handbuch[9] (2007)

Bydlinski, Lohn- und Kondiktionsansprüche aus zweckverfehlenden Arbeitsleistungen, FS Wilburg (1965) 45

Bydlinski, Privatautonomie und objektive Grundlagen des verpflichtenden Rechtsgeschäftes (1967)

Bydlinski, Juristische Methodenlehre und Rechtsbegriff[2] (1991)
Chiu, Rechtliche Rahmenbedingungen für Umweltschutz in Asien: Das Modell in Taiwan, RdU 2008/113
Czinglar, Stellungnahme zum Entwurf für das Ehe- und Scheidungsrechtsänderungsgesetz 1998, AnwBl 1998, 718
Deixler-Hübner, Probleme der Leistungsabgeltung im Zusammenhang mit der Auflösung der Lebensgemeinschaft, ÖJZ 1999, 201
Deixler-Hübner, Scheidung, Ehe und Lebensgemeinschaft[10] (2009)
Delerue/Reeckmann-Fiedler, Mediation bei Scheidung und Erbschaft (2005)
Derfler, Wege zur Win-Win-Situation - Lösungsmechanismen in der Wirtschaftsmediation, VWT 2005 Heft 3
Dettenborn/Walter, Familienrechtspsychologie (2002)
Deutschmann/Lenz, Die Verschwiegenheit in der Mediation, perspektive mediation 2009/2,98
Diez/Krabbe/Thomsen, Familien-Mediation und Kinder[3] (2009)
Distenfield/Distenfield, We The People´s Guide To Divorce (2005)
Dolp/Soder/Hütter, Mediation im österreichischen Umweltschutzrecht – Praktische Überlegungen für Vorhabenswerber, Beteiligte und Behörden aus Anlass des UVP-Gesetzes 2000, RdU 2001, 11
Dulabaum, Mediation: Das ABC. Die Kunst, in Konflikten erfolgreich zu vermitteln[4] (2003)
Dullinger, Bürgerliches Recht II. Schuldrecht Allgemeiner Teil[3] (2008)
Edlbacher, Kritische Studien zum Adoptionsrecht, ÖJZ 1964, 226
Ehrenberg, Das erschöpfte Selbst. Depression und Gesellschaft in der Gegenwart (2005)
Eidenmüller, Verhandlungsmanagement durch Mediation, in *Henssler/Koch (Hg)*, Mediation in der Anwaltspraxis[2] (2004)
Erbacher, Grundzüge der Verhandlungsführung[2] (2008)
Etter, Applying Mediation to the Field of Adoption, in *Kruk (Hg)*, Mediation and Conflict Resolution (1998)
Falk, Die Entwicklung der Mediation, in *Töpel/Pritz (Hg)*, Mediation in Österreich[2] (2005) 3
Falk, Zur Geschichte der Mediation (2008)
Falk/Koren, Kommentar zum ZivMediatG (2005)
Falk/Pruckner, Rechtsgrundlagen der Mediation, in *Falk/Heintel/Krainz (Hg),* Handbuch Mediation und Konfliktmanagement (2005)
Fasching, Lehrbuch des Österreichischen Zivilprozessrechts[2] (1990)
Fasching (Hg), Kommentar zu den Zivilprozessgesetzen[2] (2000-2009)
Feil, Ehegesetz[2] (1999)

Feil/Kroisenbrunner, Zivilprozessordnung. Kurzkommentar für die Praxis (2003)

Feil/Marent, Außerstreitgesetz Kommentar[2] (2007)

Ferrari-Hofmann-Wellenhof, Ausgestaltung und Mangelhaftigkeit von Vereinbarungen im Zuge einer einvernehmlichen Scheidung, JBl 1992, 409

Ferz, Mediation und Verwaltungsrecht in Österreich, ZKM 1/2001

Ferz, Kenne deine Rechte und Pflichten – Das österreichische Zivilrechts-Mediations-Gesetz in der Praxis, perspektive mediation 2005/1, 17

Ferz, Mediation im öffentlichen Bereich. Zur Stellung der Behörde als „dritte Partei", in *Gruber/Pichler (Hg)*, Wirtschaftsmediation zwischen Theorie und Praxis (2005) 67

Ferz/Filler, Mediation. Gesetzestexte und Kommentar (2003)

Ferz/Lison/Wolfart, Resümee und Ausblick, in *Ferz/Lison/Wolfart (Hg)*, Zivilgerichte und Mediation. Widerspruch, Ergänzung, Symbiose? (2004)

Filler, Erfahrungen mit dem österreichischen Zivilrechtsmediationsgesetz in *Greger/Unberath (Hg)*, Die Zukunft der Mediation in Deutschland (2008) 65

Fisher/Ury/Patton, Das Harvard-Konzept: Der Klassiker der Verhandlungstechnik[22] (2004)

Fitsch, Rechtsfragen des Mediationsvertrages (Teil I) Grundsätzliches und Vertragsnatur, JAP 2000/2001, 70

Fitsch, Rechtsfragen des Mediationsvertrages (Teil II) Rechtsfolgen und Sonderfragen, JAP 2000/2001, 139

Frey, Anwälte, Notare streiten um Vergleich, Der Standard 2009/14/01

Fried, Getting a Divorce? Why it Pays to Play Nice, Money Magazine July 1, 2005

Fritz, Konfliktprophylaxe und Streitbeilegung in Personengesellschaften, GesRZ 2003, 79

Fritz/Schauer, Chancen und Grenzen der Mediation in gesellschaftsrechtlichen Streitigkeiten, SWK 2003, W 169

Fuchshuber, Mediation im Zivilrecht. Neue Wege der Konfliktlösung (2004)

Fucik, Der Vergleich, ÖJZ 2008/79

Fucik, Österreichisches und Europäisches Zivilprozessrecht[10] (2009)

Fucik/Kloiber, Außerstreitgesetz Kurzkommentar (2005)

Fucik/Mayr, Das neue Verfahren außer Streitsachen[3] (2006)

Fürst, Umweltmediation (2004)

Ganner, Vertragsgerechtigkeit durch Mediation, ÖJZ 2003/43

Gehres/Hildenbrand, Identitätsbildung und Lebensverläufe bei Pflegekindern: Aufwachsen in Pflegeverhältnissen (2008)

Geimer, Obsorgeregelung, JAP 2002/2003, 72

Gielkens, Mehr als Sieg und Niederlage (2007)

Glasl, Selbsthilfe in Konflikten[5] (2008)
Glasl, Wie geht Mediation mit Macht um? perspektive mediation 2009/2, 66
Glavac, Mediation im Nachbarschaftsrecht, immolex 2006, 177
Glenewinkel, Mediation als außergerichtliches Konfliktlösungsmodell. Am Beispiel der Trennungs- und Scheidungsmediation in der Bundesrepublik Deutschland (1999)
Gößl, Außergerichtliche Konfliktlösung, in *Hannemann/Wiegner (Hg),* Wohnraummietrecht[2] (2005)
Gottwald, Verhandeln als juristische Fertigkeit, ÖJZ 1985, 678
Gottwald, Mediation in den USA, in *Henssler/Koch (Hg)*, Mediation in der Anwaltspraxis[2] (2004) § 7
Greger, Abschlussbericht Forschungsprojekt „Außergerichtliche Streitbeilegung in Bayern" (2004)
Greger, Mediation und Justiz, in *Greger/Unberath (Hg),* Die Zukunft der Mediation in Deutschland (2008) 89
Grossarth-Maticek, Autonomietraining: Gesundheit und Problemlösung durch Anregung der Selbstregulation (2000)
Grover Duffy, Introduction to Community Mediation Programs: Past Present, and Future, in *Grover Duffy/Grosch/Olczak (Hg)*, Community Mediation. A Handbook for Practitioners and Researchers[2] (1991)
Gröne, Lösungen durch Scheidungsmediation. Chancen und Grenzen für betroffene Kinder (2007)
Grziwotz, Erfolgreiche Verhandlungsführung und Konfliktmanagement durch Notare (2001)
Grünberger, Die Regelung der Mediation im EheRÄG 1999, ÖJZ 2000, 50
Gründler, Die gemeinsame Obsorge nach dem KindRÄG 2001, ÖJZ 2001, 701
Gutschner/Völkl-Kernstock/Kobel/Friedrich, Grundlagen und wichtige Kriterien für die Erstellung von Obsorgegutachten, RZ 2008, 269
Hagedorn, Mediation mit Konfliktlotsen – das Berliner Modell, Berliner Forum Gewaltprävention BFG 1/2000, 12
Hagen, Verfahrensalternativen und Verfahrensäquivalente in Wirtschaftskonflikten, in *Gruber/Pichler (Hg)*, Wirtschaftsmediation zwischen Theorie und Praxis (2005) 41
Hagen, Lösungsalternativen in Sportkonflikten, in *Urnik (Hg)*, Sport und Gesundheit in Wirtschaft und Gesellschaft (2007) 287
Hagen, Recht und Mediation, in *Hagen/Lenz (Hg)*, Wirtschaftsmediation (2008) 155
Hammerbacher, Chancen und Risiken der Familienmediation am Beispiel des neuen Kindschaftsrechts (2000)

Haniger-Limburg, Collaborative Law und Mediation durch anwaltliche MediatorInnen – ein Vergleich, perspektive mediation 2005/3, 148

Haniger-Limburg, Außergerichtliche Streitbeilegung. Das anwaltliche Berufsbild hat sich längst erweitert, eco.nova 2008, 49

Hartges, Außergerichtliche Konfliktlösung in Deutschland – Modell ÖRA – (2003)

Hausmann/Hohloch (Hg), Das Recht der nichtehelichen Lebensgemeinschaft[2] (2004)

Hausmaninger/Petsche/Vartian (Hg), Wiener Vertragshandbuch Band 1 (2005)

Haynes/Bastine/Link/Mecke, Scheidung ohne Verlierer (2001)

Heintel, Über einen Strukturwiderspruch im Verhältnis Rechtsanwalt – Mediator, in *Höpfel/Pritz (Hg)*, Mediation in Österreich[2] (2005) 69

Heßler, Das Bayrische Schlichtungsgesetz: Einführung und Erwartungen an dessen Umsetzung, MittBayNot 2000 Sonderheft zu Ausgabe 4, 2

Hinteregger, Familienrecht[3] (2004)

Hinterhofer, Einleitung und Wiederaufnahme des Strafverfahrens nach bzw während diversioneller Erledigung, RZ 2003, 71

Hochwimmer, Lebensphasen einer Partnerschaft – von der Lebensgemeinschaft über die Ehe bis hin zum Konfliktregelungsinstrument Scheidungsmediation (2007)

Hoffmann, Ein neues Tätigkeitsfeld für den Rechtsanwalt, AnwBl 1999, 133

Hoffmann, Mediation, AnwBl 2001, 361

Hofstetter Rogger, Mediation – Supervision im Vergleich, perspektive mediation 2005/3, 124

Hohmann/Morawe, Praxis der Familienmediation (2001)

Hoksbergen/Textor, Adoption. Grundlagen, Vermittlung, Nachbetreuung, Beratung (1993)

Holzhammer, Parteien und Parteienvertreter im Zivilprozeß[3] (2002)

Holzhammer/Holzhammer, Ehe und Familie[2] (2001)

Holzhammer/Roth, Bürgerliches Recht mit Internationalem Privatrecht[6] (2004)

Homeyer/Amato, Collaborative Law: Good News, Bad News, or No News? The St. Louis Bar Journal, Spring 2009, 24

Hopf/Weizenböck, Schwerpunkte des Kindschaftsrechts-Änderungsgesetzes 2001, ÖJZ 2001, 485

Hopt/Steffek, Mediation – Rechtsvergleich, Regelungsmodelle, Grundsatzprobleme, in *Hopt/Steffek (Hg)*, Mediation (2008) 5

Huber-Mumelter/Mumelter, Schlichten statt Richten. Obligatorischer Vermittlungsversuch im liechtensteinischen und (neuen) schweizerischen Zivilprozess, ZfRV 2009/24

Hutner, Die Mediationsvereinbarung - Regelungsgegenstände und vertragsrechtliche Qualifizierung, SchiedsVZ 2003, 226
Iro, Sachenrecht[3] (2008)
Illedits, OGH klärt die Ortsüblichkeit des Klavierspiels in Wohnräumen im städtischen Gebiet, wobl 2004, 300
Jabornegg, Grenzen kollektivvertraglicher Rechtssetzung und richterliche Kontrolle, JBl 1990, 205
Jenkel, Der Streitschlichtungsversuch als Zulässigkeitsvoraussetzung in Zivilsachen. Eine Untersuchung des § 15a EGZPO und seiner Landesausführungsgesetze mit vergleichendem Blick auf Konfliktlösungsmechanismen in den USA (2002)
Kempe, Die Stellung des Rechtsanwalts im obligatorischen Schlichtungsverfahren nach § 15a EGZPO, dAnwBl 7/2003, 393
Kerschner, Familienrecht[3] (2008)
Kerschner, Nachbarrecht im Spannungsfeld zwischen Privatrecht und öffentlichem Recht, JBl 1994, 781
Kersting, Die Zukunft der lokalen Demokratie: Modernisierungs- und Reformmodelle (2004)
Kissich/Pfurtscheller, Der Baum am Nachbargrund – wirksamer Rechtsschutz durch das Zivilrechts-Änderungsgesetz 2004, ÖJZ 2004/44
Klauser/Kodek, Jurisdiktionsnorm und Zivilprozessordnung[16] (2006)
Kletečka/Schauer (Hg), Kommentar zum Allgemeinen bürgerlichen Gesetzbuch (2010)
Knötzl, Österreich fällt bei Mediation zurück, Der Standard 2008/23/01
Koch, Neu: Lehrvertragsauflösung nach Mediation gesetzlich verankert, taxlex 2008, 392
Koch-Hipp, Die einvernehmliche Scheidung. Voraussetzungen, Verfahren und Rechtskraft, FamZ 2006, 100
Kocher in *Schiek (Hg)*, Allgemeines Gleichbehandlungsgesetz (AGG). Ein Kommentar aus europäischer Perspektive (2007)
Kollros, Die Rechtsstellung des Mediators nach dem Zivilrechts-Mediations-Gesetz, ecolex 2003, 745
Koziol/Welser, Bürgerliches Recht I[13] (2006)
Koziol/Bydlinsky/Bollenberger (Hg), Kommentar zum ABGB[2] (2007)
Kulms, Alternative Streitbeilegung durch Mediation in den USA, in *Hopt/Steffek (Hg)*, Mediation (2008) 403
Leibetseder/Engelbrecht/Glasl/Bacher, Wie kann Familienmediation gelingen?[2] (2008)
Lenitz, Der Mediationsprozess, in *Töpel/Pritz (Hg),* Mediation in Österreich[2] (2005)

Lenz, Collaborative Law and Business Mediation, in *Gruber/Pichler (Hg)*, Wirtschaftsmediation zwischen Theorie und Praxis (2005) 55
Lenz, Mediation und ihre gesetzliche Verankerung in Deutschland (2008)
Lenz/Salzer/Schwarzinger (Hg), Konflikt Kooperation Konsens. Über die Mediation hinaus. Das Modell der Cooperative Practice (2010)
Liebmann (Hg), Community and Neighbourhood Mediation (1998)
Likar/Krommer, Mediation und Recht – Das Recht in der Mediation, AnwBl 2005, 60
Lorenz, Entwicklungsgeschichtliche und aktuelle Bemerkungen zur Mediation mit besonderem Bezug zum Kindschaftsrecht (2006)
Mähler/Mähler, Außergerichtliche Streitbeilegung – Mediation, in *Büchting/Heussen (Hg)*, Beck´sches Rechtsanwalts-Handbuch[9] (2007)
Mähler, Macht – Gesetz – Konsens, in *Falk/Heintel/Krainz (Hg)*, Handbuch Mediation und Konfliktmanagement (2005) 95
Mähler/Mähler/Duss-von Werdt, Mediation: Die andere Scheidung (1995)
Marx, Sozial-Mediation: Neuere Ansätze in den USA, Theorie und Praxis der Sozialen Arbeit, Heft 2/2003
Maska, Der Ausbildungsübertritt: Mediation versus Mediationsgespräch, ecolex 2009, 153
Maurer/Schrott/Schütz, Außerstreitgesetz Kommentar (2006)
Mayer/Boness von Waxmann, Interkulturelle Mediation und Konfliktbearbeitung: Bausteine deutsch-afrikanischer Wirklichkeiten (2004)
Mayr, Die Schlichtungstätigkeit der Kammer der freien Berufe, WBl 1995, 269
Mayer/Boness, Interkulturelle Mediation und Konfliktbearbeitung (2003)
Mayr/Weber, Europäische Alternativen zur Förderung der alternativen Streitbeilegung, ZfRV 2007/26, 163
McGeary Fossum/Fossum, The Role of the Child Specialist in a Collaborative Divorce, The Collaborative Review, Spring 2006, 12
McWhorter Sember, The Complete Divorce Handbook: A Practical Guide (2009)
Meissel, Unterhaltsansprüche aus Lebensgemeinschaft? Nichteheliche Lebensgemeinschaften und Unterhalt (Teil II), EF-Z 2008/4
Memmer, Eheähnliche Lebensgemeinschaften und Reproduktionsmedizin, JBl 1993, 297
Meyer, Adoptionsrecht. Kurzkommentar (1991)
Mickley, Mediation in der Schule: Das Schaffen von Gerechtigkeitsinseln, in
Dieter/Montada/Schulze (Hg), Gerechtigkeit im Konfliktmanagement und in der Mediation (2000) 81

Monk/Solomon, What Language Do You Speak? Strengthening the Lawyer – Mental Health Professional Relationship, Collaborative Review, Winter 2008, Volume 10, Issue 3

Mossman, Families and the Law in Canada. Cases and Commentary (2004)

Möschl, Die nichteheliche Lebensgemeinschaft[2] (2002)

Müller-Fohrbrodt, Konfliktorientierte Moderation in inhaltsorientierten Gruppen, in *Dieter/Montada/Schulze (Hg)*, Gerechtigkeit im Konfliktmanagement und in der Mediation (2000) 119

Nademleinsky/Neumayr, Internationales Familienrecht (2007)

Nagler, Handbook of Public Policy Evaluation (2001)

Nurse, Family Assessment: Effective Uses of Personality Tests with Couples and Families (1998)

Nurse/Thompson, Collaborative Divorce: An Interdisciplinary Approach For Resolving Divorce

Conflicts, in *VandeCreek/Jackson (Hg),* Innovations in Clinical Practice: A Source Book: Volume 18 (2000) 169

Oberloskamp/Hoffmann, Wir werden Adoptiv- oder Pflegeeltern[5] (2006)

Oehlerking, Die Mediation im Visier der nationalen Gesetzgebung, in *Greger/Unberath (Hg),* Die Zukunft der Mediation in Deutschland (2008) 55

Oertel, Generationenmanagement in Unternehmen (2007)

Österreichisches Netzwerk Mediation, Ethikrichtlinien für MediatorInnen (2005)

Ostheim, Kennt das österreichische Adoptionsrecht eine „Kindesenteignung"? JBl 1966, 184

Ott, Adoptivkinder, in *Dörflinger/Elsässer (Hg),* Internationale Adoptionen[5] (2005) 9

Palkovits, Familienmediation und Gerichtsbarkeit, in *Töpel/Pritz (Hg)*, Mediation in Österreich[2] 89

Peper/Spierings, Settling Disputes between Neighbours in the Lifeworld: An Evaluation of Experiments with Community Mediation in the Netherlands, European Journal on Criminal Policy and Research, Volume 7, Number 4, Dec 1999

Pichler, Probleme des Unterhalts, ÖA 1987, 91

Pichler, Das neue Kindschaftsrecht, ÖA 1978, 21

Pollak, System des österreichischen Zivilprozessrechts[2] (1932)

Prokop-Zischka/Langer, Konzepte der Mediation, in *Töpel/Pritz (Hg)*, Mediation in Österreich[2] (2005) 33

Prokop-Zischka, Selbsterfahrung im Rahmen der Ausbildung von Mediatoren, in *Töpel/Pritz (Hg)*, Mediation in Österreich[2] (2005) 285

Pruckner, Recht der Mediation (2003)

Purtscheller/Salzmann, Unterhaltsbemessung (1993)

Rabl, Die Schenkung auf den Todesfall im Pflichtteilsrecht, NZ 2005/32
Rae/Stewart, Conversation peace. Can collaborative law become the norm of family lawyers? Familiy Law Journal, March 2008, 20
Rechberger (Hg), Kommentar zum Außerstreitgesetz (2006)
Rechberger (Hg), Kommentar zur ZPO[3] (2006)
Rechberger/Simotta, Grundriss des österreichischen Zivilprozessrechts[7] (2009)
Reif, Interkulturelle Mediation, in *Metha/Rückert (Hg)*, Streiten Kulturen? Konzepte und Methoden einer kultursensitiven Mediation (2004)
Riedler, Privatrecht II. Schuldrecht Allgemeiner Teil[3] (2006)
Risak, Mediation in Arbeitsrechtssachen, ZAS 2008/28
Risse, Mediation von Erbstreitigkeiten, in *Scherer (Hg),* Münchener Anwaltshandbuch[2] (2007)
Röchling, Eltern und Kinder bei Trennung und Scheidung[2] (2006)
Röchling, Adoption[3] (2006)
Rose, The Client-Centered Process: Common Ground for Mediators and Collaborative Professionals, Collaborative Review, Winter 2007, Volume 9, Issue 3
Rosenberg, Gewaltfreie Kommunikation. Eine Sprache des Lebens[7] (2007)
Roth/Gherdane, Mediation in Österreich. Zivilrechts-Mediations-Gesetz: Rechtlicher Rahmen und praktische Erfahrungen, in *Hopt/Steffek (Hg)*, Mediation (2008) 105
Roth/Markowetz, Bundesgesetz über Mediation in Zivilrechtssachen – Ein Überblick über die neuen Bestimmungen, JBl 2004, 296
Rummel (Hg), Kommentar zum ABGB[3] (2003)
Rummel, Der Bereicherungsanspruch nach § 1435 mit besonderer Berücksichtigung der vermögensrechtlichen Auseinandersetzung nach Auflösung einer Lebensgemein- schaft, WR 1987 H 17, 6
Sadoghi, Mediative Aspekte im Außergerichtlichen Tatausgleich (2008)
Saner, Abgrenzung zwischen Mediation und Verhandlung, perspektive mediation 2005/3, 135
Schalich, Das neue streitige Eheverfahren, RZ 1985, 26
Scherpe/Vollers, Mediation in England. Rechtliche Rahmen und praktische Erfahrungen, in *Hopt/Steffek (Hg)*, Mediation (2008) 259
Schiek (Hg), Allgemeines Gleichbehandlungsgesetz (AGG). Ein Kommentar aus europäischer Perspektive (2007)
Schmidt, Erfahrungen aus der anwaltlichen Mediation, in *Greger/Unberath (Hg),* Die Zukunft der Mediation in Deutschland (2008) 121
Schoen, Konfliktmanagementsysteme für Wirtschaftsunternehmen (2003)
Schrenk, Rückblick und Vorschau im Arbeitsrecht 2008/2009, taxlex 2008, 522
Schröder, Familienmediation (2004)

Schumacher, Rechtstitel und Bestimmtheit als Voraussetzungen der Vollstreckbarkeit des Notariatsaktes, NZ 1996, 195
Schürmann, Befrieden statt bekriegen. Kindeswohlorientierte Sachverständigentätigkeit in Familienrechtssachen (1993)
Schwimann, Das österreichische Adoptionsrecht nach seiner Reform, FamRZ 1973, 345
Schwimann (Hg), Praxiskommentar zum ABGB[3] (2005)
Schwimann, Familienrecht[6] (2007)
Schwimann/Kolmasch, Unterhaltsrecht[3] (2004)
Schwingenheuer, Die Technik der Mediation in Theorie und Praxis (2008)
Slovin, The Basics of Collaborative Family Law – A Divorce Paradigm Shift, The American Journal of Family Law, Volume 18, Number 2, Summer 2004
Slovin, Negotiation and the Attorney in the Collaborative Process, Collaborative Review, Volume 6, Issue 2, Summer 2004
Spencer/Brogan, Mediation Law and Practice (2007)
Spindler, Gerichtsnahe Mediation in Niedersachsen. Eine juristisch-rechtsökonomische Analyse (2006)
Stabentheiner, Überlegungen zum Einsatz von Mediation im Wohnrecht, wobl 2004, 291
Steinacher, Die Mediationsrichtlinie, AnwBl 2000, 124
Steininger, Kritische Studien zum Adoptionsrecht, JBl 1963, 453
Steinlechner, Außerordentliche Auflösung des Lehrverhältnisses, taxlex 2008, 349
Strecker, Versöhnliche Scheidung[3] (2006)
Strempel, Mediation in Rechtspflege und Gesellschaft – Eine Einführung, in *Strempel (Hg)*, Mediation für die Praxis (1998) 7
Tesler, Collaborative Law: What It Is and Why Lawyers Need to Know About It, American Journal of Family Law, Volume 13, 1999, 215
Tesler, Collaborative Law. Achieving Effective Resolution in Divorce without Litigation (2001)
Tesler/Thompson, Collaborative Divorce. The Revolutionary New Way to Restructure Your Family, Resolve Legal Issues, and Move on with your Life (2007)
Thouvenin, Das künftige Berufsbild der Anwälte aus Schweizer Sicht – Abschied vom Einzelkämpfer, der Anwalt als Unternehmer, Mediation als neues Tätigkeitsgebiet, anwaltliche Werbung, in *Europäische Anwaltsvereinigung (Hg)*, Das künftige Berufsbild des Anwalts in Europa (2000) 111
Trams, Die Mediationsvereinbarung – eine vertragsrechtliche Analyse (2008)
Trenczek, Recht in der Mediation, perspektive mediation 2006/2, 92

Tull, From the Editor: Reaching Out; Reaching In, Collaborative Review, Winter 2008, Volume 10, Issue 3, 2

Van Tuyll, Adoptiveltern, in *Dörflinger/Elsässer (Hg),* Internationale Adoptionen[5] (2005) 17

Verschraegen, Die einverständliche Scheidung in rechtsvergleichender Sicht (1991)

Völkl/Perner, Die Haftung von Schiedsrichtern und Mediatoren, NZ 2006/24

Von Bargen, Gerichtsinterne Mediation: Eine Kernaufgabe der rechtsprechenden Gewalt (2008)

Von Hertel, Professionelle Konfliktlösung. Führen mit Mediationskompetenz (2003)

Von Marcard, Das Berufsrecht des Mediators (2004)

Von Schlieffen, Ponschab, Rüssel, Harms, Mediation und Streitbeilegung, Verhandlungstechnik und Rhetorik (2006)

Webb/Ousky, The Collaborative Way to Divorce: The Revolutionary Method That Results in Less Stress, Lower Costs, and Happier Kids – Without Going to Court (2007)

Weber/Schilling, Eskalierte Elternkonflikte: Beratungsarbeit im Interesse des Kindes bei hoch strittigen Trennungen (2006)

Wegmann, Außergerichtliche Streitbeilegung, insbesondere Mediation, und Vertragsgestaltung, in *Strempel (Hg)*, Mediation für die Praxis: Recht, Verfahren, Trends (1998) 29

Wehinger, Rechte und Pflichten im Zusammenhang mit Verschwiegenheit in sozialen Berufen (2007) 26

Weihing, Mediation und Familienmediation – Partner statt Gegner beim Lösen von (familiären) Konflikten (2007)

Weiser, Mehr Licht für die Schattenseite. Zu hoch, zu dicht: Wer pflanzt soll künftig auch zurückschneiden. Streit unter Nachbarn, Die Presse 2003/36/02

Weiss, Beziehungsmanagement. Eine Schlüsselkompetenz im Offenen Verhandeln nach dem Harvard-Konzept, in *Europäische Anwaltsvereinigung (Hg)*, Mediation - 18. Tagung in Luxemburg (1999) 43

Winkler, Eine neue Möglichkeit der vorzeitigen Auflösung von Lehrverhältnissen, ZAS 2008/37, 244

Wittmann/Leimbeck/Tomp, Innovationen erfolgreich steuern (2006)

Zauner, Mediation im zivilgerichtlichen Alltag im Vergleich – interessensgerechtes und effizientes Vorgehen bei Konflikten am Beispiel der Scheidungsmediation (2009)

Zenz, "Staatlich anerkannte Pflicht zur Verschwiegenheit" bestimmter Berufsgruppen im Verhältnis zur Zeugnisablegung im Verwaltungs-, Zivil- und Strafverfahren, JRP 2005, 230

Zingeler, Jenseits des Muttermythos. Über die Trennung von Gebären und Aufziehen (2005)

Zitelmann, Kindeswohl und Kindeswille im Spannungsfeld von Pädagogik und Recht (2001)

Zollner, Die neuen Herausforderungen an das Erbrecht. Stiftungsrecht und Pflichtteilsrecht – ein unlösbarer Widerspruch? EF-Z 2008/2

Internet

www.bafm-mediation.de

www.bmwa.de

www.bmev.de

www.collaborativepractice.com

Hoksbergen, Motive von Adoptiveltern und Entwicklung ihrer Kinder, in *Familienhandbuch des Staatsinstituts für Frühpädagogik* (2004) www.familienhandbuch.de (1.5.2010)

Jall, Verpflichtende Programme bei familiären Veränderungsprozessen in den USA, in *Becker-Textor/Textor (Hg)*, Online Handbuch (1990-2005) www.sgbviii.de (20.8.2009)

Lueck, The Collaborative [R]evolution: An Idea Whose Time Has Come In Nevada, www.lueckfamilylaw.com/cl.jsp (22.8.2009)

Salzburger Studien zum Europäischen Privatrecht

Herausgegeben von J. Michael Rainer

Band 1 Marc Herzog: Die Haftung des Gastwirts für eingebrachte Sachen des Gasts nach §§ 701 - 703 des Deutschen Bürgerlichen Gesetzbuchs. 1999.

Band 2 Andreas Reinhart: Familienplanungsschaden. Wrongful birth, wrongful life, wrongful conception, wrongful pregnancy. Eine rechtsvergleichende Untersuchung anhand des deutschen und des anglo-amerikanischen Rechts. 1999.

Band 3 Markus Frank: Untersuchungen zu den *Politika* des Aristoteles. 1999.

Band 4 Stefan Josef Schermaier: Der Gemeinschaftsrechtliche Staatshaftungsanspruch. Entwicklung, Perspektiven und Auswirkungen auf das österreichische Recht. 1999.

Band 5 Carmen Windhaber: Reiserecht in Österreich, Deutschland und Kanada. 2000.

Band 6 Korbinian Dietl: Unfallhaftung beim Expeditions- und Trekkingbergsteigen. Zugleich ein Beitrag zum Reiserecht für den Bereich der Bergreisen sowie zum Sporthaftungsrecht für den Bereich des Bergsports. 2000.

Band 7 Erich Jeroscheg: Eigentum an beweglichen Sachen. Französisches Recht und Rechtsvergleich. 2000.

Band 8 Thomas Tschaler: Das Moment der Gefahr als Element der Schadenszurechnung im System des Haftpflichtrechts. Eine rechtstheoretische Untersuchung der möglichen Schwächen gängiger Haftungsmodelle. 2000.

Band 9 Christian Hellenthal: Zulässigkeit einer supranationalen Fußball-Europaliga nach den Bestimmungen des europäischen Wettbewerbsrechts. 2000.

Band 10 Wolfgang Bengen: Die Systematik des § 823 I BGB im Deliktsrecht. Zugleich ein Beitrag zu den Verkehrspflichten. 2000.

Band 11 Gerhard Pöttler: Vergleichende Verbraucherschutzrichtlinienumsetzung in europäischen Mitgliedsstaaten. Anhand ausgewählter Beispiele der Pauschalreise-, Timesharing- und Produkthaftungsrichtlinie. 2001.

Band 12 Johannes Michael Rainer: Europäisches Privatrecht. Die Rechtsvergleichung. 2., überarbeitete und ergänzte Auflage. 2007.

Band 13 Erwin Schön: Allgemeines Vertragsrecht und Kaufvertragsrecht - ein Rechtsvergleich Österreich, USA, Spanien und UN-Kaufrecht. Unter Einbeziehung von PECL und UNIDROIT-Prinzipien. Gemeinsamkeiten, Unterschiede, Bewertungsversuche. 2003.

Band 14 Patrick Schenner: Skiunfall! Wer haftet? Schadenersatz im österreichischen Skirecht. 2003.

Band 15 Peter Unterkofler: Die rechtliche Stellung des Pflichtteilsberechtigten im Spannungsverhältnis zwischen Erbrecht und Privatstiftungsrecht. 2003.

Band 16 Susanne Spaun: Der Herausgabeanspruch bei Diebstahl oder illegalem Export von Kulturgütern. 2003.

Band 17 Josef Wolff: Trust, Fiducia und fiduziarische Treuhand. Historisch-rechtsvergleichende Untersuchung mit einer Darstellung des Trust in Schottland sowie des römischen und österreichischen Fideikommiss. 2005.

Band 18 Johannes Michael Rainer / Johanna Filip-Fröschl: Transfer of Title Concerning Movables Part I – Eigentumsübertragung an beweglichen Sachen in Europa Teil I. Introduction, Estonia, Italy, Poland, Portugal, Scotland, Slovenia, Spain. Einführung, Estland, Italien, Polen, Portugal, Schottland, Slowenien, Spanien. Edited by Johannes Michael Rainer – Herausgegeben von Johannes Michael Rainer. 2006.

Band 19 Mary-Rose McGuire: Transfer of Title Concerning Movables Part II – Eigentumsübertragung an beweglichen Sachen in Europa Teil II. National Report: Germany. Edited by Johannes Michael Rainer – Herausgegeben von Johannes Michael Rainer. 2006.

Band 20 Claes Martinson: Transfer of Title Concerning Movables Part III – Eigentumsübertragung an beweglichen Sachen in Europa Teil III. National Report: Sweden. Edited by Johannes Michael Rainer – Herausgegeben von Johannes Michael Rainer. 2006.

Band 21 Arthur Salomons: Transfer of Title Concerning Movables Part IV – Eigentumsübertragung an beweglichen Sachen in Europa Teil IV. National Report: The Netherlands. Edited by Johannes Michael Rainer – Herausgegeben von Johannes Michael Rainer. 2006.

Band 22 Viola Heutger: Ein gemeineuropäisches Kaufrecht. Vision oder nahe Zukunft? 2007.

Band 23 Thomas Käferböck: Erleichterungen und Erschwernisse zur Realisierung des Erblasserwillens im internationalen Erbrecht. Das Haager Testamentsübereinkommen einerseits und die Problematik der Pflichtteilsermittlung bei Nachlassspaltung andererseits. 2008.

Band 24 Astrid Hauser: Der Europäische Gerichtshof und der U.S. Supreme Court. Eine vergleichende Analyse ausgewählter Aspekte. 2008.

Band 25 Philipp Riesenkampff: Die Beweisbarkeit der Übermittlung unverkörperter Willenserklärungen unter Abwesenden in Deutschland, Österreich und England. 2009.

Band 26 Daniele Mattiangeli: Vorteile der *Romanitas* im Bereich des Vertragsrechts aus einer historisch-vergleichenden Perspektive. 2009.

Band 27 Johannes Michael Rainer (Hrsg.): Vis a potestas legum. Liber amicorum Zoltán Végh. Herausgegeben von Michael Rainer. 2010.

Band 28 Lorenz Wolff: Pflichtteilsrecht – Forced Heirship – Family Provision. Österreich – Louisiana – Schweiz – England und Wales. Ein Rechtsvergleich. 2011.

Band 29 Karin Schwarz: Mediation und Collaborative Law unter besonderer Berücksichtigung relevanter Rechtsbereiche im österreichischen Zivilrecht. 2011.

www.peterlang.de